위대한
봄을 만났다

이이화의 역사 노트

교유서가

일러두기

_ 일부 지명은 편의상 외래어표기법을 따르지 않았다.
_ 역사를 이야기하기 위한 근현대사 인물에는 존칭을 붙이지 않았다.

머리말 _007

1부 **거리에서 역사를 만들다**
새로운 역사를 쓰는 시대의 상징, 촛불 _013
거리의 역사를 만든 촛불문화제 _020
촛불 시위, 시민혁명의 새로운 획을 긋다 _029
사탄인가, 애국자인가 ─ 문창극·유영익·이인호 _039
새 시대에 맞는 리더십 _048

2부 **한국 휴머니즘의 좌절과 희망**
동학농민혁명은 기층민의 변혁운동 _065
국권피탈 100년, 역사와 만나다 _105
과거의 기억과 청산 _133
오늘, 분단과 통일을 생각한다 _141
노무현과 현대사의 뒤안길 _161
이명박 정부를 말한다 _179
박원순은 누구인가 _188

3부 **한국 인권의 역사**

인습의 굴레에 짓밟힌 인권 _201

여성 인권 유린의 표본, 공녀와 화냥년 _210

제도로 만들어진 궁녀와 기생 _217

여성의 굴레, 쓰개를 벗어던지다 _226

일제식민지 시기에 짓밟힌 인권 _231

한국전쟁과 독재정권 아래에서 실종된 휴머니즘 _255

4부 **겨레의 발자취를 찾아**

백두산 탐방, 국경지대를 가다 _283

고려 왕도 개성을 돌아보다 _299

원평에서 전봉준을 만나다 _313

전봉준은 어떻게 죽었나 _336

블라디보스토크와 연추에서 찾은 옛 발자국 _352

시베리아 한민족 이주의 역사 _365

연해주에 건설한 독립운동 기지 _382

5부 **뒤틀린 현대의 한국사**

한국사를 바르게 알아야 한다 _409

한국 근현대사 왜곡과 교과서 문제 _433

일본의 교과서 왜곡과 독도 영유 문제 _452

동북공정의 실상과 허구 _468

중국의 중화주의와 동북공정의 역사 조작 _489

나는 지난 촛불문화제를 바라보면서 그것을 한국 현대사의 거대한 소용돌이라고 느끼며 감격했다. 늙은 역사학자는 이 현장을 보고서 남다른 감회에 젖었다. 아하, 저게 민중의 저력이요 민중혁명의 동력이구나 하고 거듭 되뇌었다. 이를 몇 가지로 뭉뚱그려 얘기해보자.

무엇보다 나는 4·19세대로서 그 현장에 있었던 경험이 있다. 경찰이 당시 중앙청(지금 경복궁) 앞에서 효자동을 거쳐 경무대(청와대)로 올라가는 연도에 몰려 있는 학생데모대를 향해 총을 마구 쏘아대는 현장을 목격했다. 발포 명령에 따라 전국 곳곳의 거리에서 경찰의 총탄이 날아다녔던 것이다. 게다가 서북청년단 따위의 테러단체에서 반공청년을 모아 개편한 반공청년단에서 동원한 깡패들이 학생들을 습격하는 일도 벌어졌다. 시민들은 숨을 죽이면서 문틈으로 이를 엿보았다.

둘째로 나는 근현대사를 공부하면서 간접 체험을 통해 이런 역사 사실을 경험했다. 수십만 명을 대량 학살한 동학농민혁명과 평화시위를 총칼로 제압한 3·1운동, 그리고 4·19혁명과 5·18광주민주화운동과 6월 민주항쟁을 여러 자료를 통해 검토하고 때로는 글로 썼었다. 그 과정을 통해 처절한 민족운동과 민중항쟁과 민주투쟁의 진실을 이해하게 되었다. 나는 역사학자로서 이런 일련의 역사경험이 우리의 정신사에 도도히 흐른다고 여겨왔다. 그동안 나는 이 문제들에 대해 학술발표회의 기조강연이나 시민강좌나 신문·잡지 등을 통해 발표해왔다. 또 역사기행을 다니면서도 독립투쟁이나 민중항쟁의 현장을 답사하면서 기행문 형식의 글을 써왔다. 또한 우리 역사에 나타난 민중항쟁에 관련된 글을 모아『민란의 시대』라는 책을 펴낸 적도 있었다. 나름대로 열성을 다했다고 생각하기도 한다.

다음으로 나는 우리 역사에 나타난 인권에 관련된 주제에 관심을 기울여왔다. 고대의 순장과 중세의 열녀와 기생·궁녀 등이 여기에 포함된다. 또 조일전쟁(임진왜란)과 조청전쟁(병자호란) 시기 강제로 끌려간 여성과 성 피해자들, 일제 식민지 시기의 일본군 위안부와 군인 노동자로 강제동원된 이들은 인권 유린의 한 표본이라 여겨 관심을 기울여왔다. 특히 일본군 위안부 문제는 현재진행형이다. 그리고 한국전쟁 시기 민간인 학살은 세계 곳곳에서 벌어지고 있는 '홀로코스트' 또는 '제노사이드'라는 이름과 같은 인권 유린의 극치라고 보아도 틀리지 않을 것이다.

한 가지 더 있다. 중국에서는 동북공정이라는 이름으로 1990년대부터 고구려를 자기네 역사라고 우기는 따위로 한국 고대사를 왜곡하고 있으며 일본에서는 독도 문제를 비롯해 한국 근현대사를 억지와 독단으로 왜곡하고 있다. 아무튼 이와 관련된 모임이나 대중강좌에 나가 강연도 하고 주장도 폈으며 언론매체에 단편적인 글도 써서 발표했다.

한편, 나는 팔십 평생을 살면서 세대와 학연·지연을 넘어 많은 분야의 인사들과 교류해왔다. 술과 대화를 즐기는 성품 때문일까? 그들과 얼굴을 붉힌 때도 있고 언성을 높인 때도 있지만 배우는 게 너무나 많았다. 나의 견문을 넓혔다고나 할까? 그런 자리에서 나는 술이 거나해지면 곧잘 "혁명을 해야 해!"라고 외쳤다. 그들 속에는 박원순과 문재인 같은 인사가 있었지만, 그래도 독재정권에 빌붙은 인사나 극우적 사고를 지닌 자들은 없었다.

한 가지 더 밝혀둘 것은 나는 젊을 적에 문학청년 시절을 보내면서 습작으로 자연을 읊조리고 정서를 노래하는 시나 수필을 쓴 적이 있었다. 하지만 역사공부에 몰두하면서는 한가하다고 느껴 애써 그런 글을 거의 쓰지 않았고 삼가기도 했다. 그러니 여기에 실린 글과 구분되어야 할 것이다. 아무래도 현실인식에 충실을 기하려는 의지 때문일 게다.

아무튼 이번에는 짧은 글보다 내용이 조금 긴 글을 추려 분류했으나 한 주제를 다룬 책과는 달리 완전하지는 못할 것이다. 또 주제에 따라 정리를 했지만 내용이 중복되는 부분이 있음을 이해해주기 바란다. 무엇보다 그저 시민의 집단지성의 발로인 촛불문화제에 감격하여 이 책을 독자에게 선보이고 싶었을 뿐이다. 책으로 묶어 내보라는 친지들의 권유를 받아들여 책을 펴내니, 독자들은 그저 재미 삼아 읽어주기 바란다.

촛불문화제 1주기에 즈음해 저자 쓰다

1부

거리에서 역사를 만들다

새로운 역사를 쓰는 시대의 상징, 촛불

나는 요즈음 전국의 밤을 밝히는 거리의 촛불 시위를 보면서 착잡한 상념에 잠겼다. 청소년, 어린아이, 비정규직 노동자, 아르바이트 학생 등 다양한 계층의 시위대를 바라보면서 옛일을 떠올렸다.

노무현 대통령 후보 시절, 이상한 이메일 한 통을 받았다. 정년퇴직을 한 어느 노교수가 보낸 것이었다. 그는 미국에 있는 제자에게서 받은 편지를 혼자 보기 너무 아까워 지인들에게도 보냈는데, 기억을 더듬어 그 내용을 요약하면 이렇다. 다음 대선에 노무현(원문에 존칭을 쓰지 않았다)이 자기 패거리의 승리를 위한 음모를 꾸미는 데 전면적으로 전자투표기를 조작해 부정행위를 꾀한다는 것이요, 노무현과 김정일이 정상회담을 벌여 대한민국의 적화통일 음모를 꾸민다는 것이었다.

나는 이런 내용을 읽고 참을 수 없어 답글에 애써 점잖은 표현으로 "달나라에 살든지 태평양에 빠져 죽으시오"라고 써서 보냈다. 이것이 오늘날 한국 사회에 널리 퍼진 시대상의 한 단면이다. 온갖 유언비어, 허위, 과장, 왜곡, 음모의 말과 글 등을 유포시키는 부류가 넘쳐나고 있다. 그래서 대중은 이런 말과 글을 상당 부분 믿고 있기도 하다. 조선시대는 음모와 흉계로 점철된 당쟁으로 인해 정치가 난장판이 되어 사회가 유리되고 부정부패로 기강이 무너져 나라가 망했다고 하지만 오늘의 현실을 보고 비분강개해 말하면 '멍게 앞에서 여드름 짜기'의 수준에 지나지 않을 것이다.

보수 반동의 기득권 세력은 김대중·노무현 정부가 하는 일이라면 시비와 곡직을 가리지 않고 무조건 매도하고, 민주화 세력이 벌이는 일이라면 거짓을 섞어 무함하며, 바른 역사를 추구하는 학자들에게 주사파라고 꾸짖는다. 그뿐인가. 현재 이 사회는 온갖 부정부패로 점철되어 있고 공산주의자들이 사회를 지배하고 있다고 입에 거품을 문다. 예를 들면 의사들은 의료법 개정을 반대하며 "사회주의 주사파들이 자신들을 죽이려 음모를 꾸미고 있다"고 외치고 있다. 이런 현상은 절차민주주의의 완성된 결과요, 언론과 표현의 자유를 누리는 부산물이다. 민주 국민이 뽑은 대통령을 두고 한 극우 언론인이 "쿠데타를 일으켜야 한다"고 외쳐도, 한 정치인이 "김정일과 야합한 정권이다"라고 떠들어도 웃고 넘어가는 세상이다. 그야말로 국헌을 문란하게 하고 반역에 해당하는 주장인데도 사법의 칼날에서 비켜가고 있다.

우리는 곧잘 사회의 양극화 현상을 말한다. 양극화란 무엇인가. 두 세력이 극단적으로 간격을 두거나 갈라섰다는 뜻이다. 외환 위기 이후 신자유주의라는 이름 아래 경제 불균형, 소득의 격차가 심화되었다. 많은 실업자가 발생해 거리에서 노숙을 하는 현상이 생겨났다. 그런데도 힘든 노동판과 작은 공장에서는 일꾼이 없어 외국 노동자를 고용할 수밖에 없는 이율배반 현상이 일어나고 있다. 실업자들은 무료 급식을 받아먹으며 거리에서 구걸해 소주를 마시고 담배를 피우면서도 힘든 노동판에서는 일을 하지 않는다.

한쪽에서는 100채의 아파트를 투기해 미성년자인 손자의 이름으로 사두고, 한쪽에서는 쪽방에서 지내는 여든 살의 노인이 구걸하여 집을 나간 아들, 며느리 대신 손자, 손녀를 돌본다. 또 한쪽에서는 미국, 유럽, 태평양 섬 등지에 가서 어학연수를 하거나 여가 활동을 즐기는데, 또다른 한쪽에서는 등록금을 내지 못해 자살을 한다.

그런데 정작 심각한 양극화 현상은 엉뚱한 곳에서 벌어지고 있다. 뉴라이트니, 뭐니 하는 이름으로 나라를 바로잡겠다고 성조기를 들고 거리를 누비며 시위를 벌이거나 자기네 주장과 털끝만치라도 다르면 그 세력을 향해 좌파나 빨갱이라고 매도한다. 어디 그뿐인가. 비리로 얼룩진 사학의 재단 이사장을 옹호하고, 독재정권이 무고한 무수한 사람을 반공의 이름으로 죽인 국가보안법을 고수하려 입에 거품을 물며, 친일파를 청산해 민족의 정기를 바로 세우고 한국전쟁 시기에 아무 죄도 없이 빨갱이라는 이름으로 죽은 민간인의 학살 진상을 밝히려 해도 분열과 갈등을 일으킨다고 떠들어대며 외면한다. 심지어는 목숨을 건 5·18 시민군을 두고 북한군이 침투해 남한을 전복하려는 음모를 꾸몄다고 떠드는 자들도 있다. 진정 과거사를 청산해 역사를 바로 세우고 미래의 화합과 통합을 이룩해야 한다는 역사적 의의는 진흙 속에 파묻히고 만다.

기득권을 거머쥐고 온갖 영화를 누리던 세력은 이명박·박근혜 정부 밑에서 새로운 역사와 사회의 진전을 거부하면서 과거로의 회귀 또는 영속적 특권을 누리려 온갖 음모와 주장을 펴는 것이다. 그런 목적에서 이른바 식민지 근대화론이 대두되거나 자유민주주의로 포장한 해괴한 논리로 독재정권을 옹호한다. 그리하여 그들은 지난 민주 투쟁의 역사를 거부하고, 개혁 세력을 매도하며, 독재자를 옹호하는 의식으로 끝내 많은 대중을 매몰시키고 있다. 이는 사실 민주 정부의 작은 시행착오를 이용해 역으로 전면적 전복을 기도한 결과였다. 실제로 지난 시기 두 정부는 시행착오와 함께 진정한 민주 가치와 민주 질서를 바로 세우지 못했으며 민주 세력과 진보 개혁 세력도 제 역할과 사명을 제대로 실현하지 못했다.

하지만 두 민주 정부 아래에서도 일정한 진전이 있었다. 사상, 집회, 언론 등 의사 표현의 자유가 무질서라 할 정도로 현저히 신장되었으며, 관리들의 부정부패도 줄어들었고, 경제 발전도 일정한 수준을 유지하고 있다. 부정선거도 사라져 선거법을 조금이라도 어기면 당선 무효가 되었다. 선거에 돈도 쓰지 못하게 만들었다. 이렇듯 잘못된 과거사도 미흡하나마 청산의 단계를 밟고 있으며 사학의 비리 구조도 하나씩 매듭을 풀어가고 있다. 남북의 화해 정책도 실망스러운 단계로 전개되지는 않은 듯하다. 거듭 말하면 우리 사회가 그동안 해결하지 못한 곪은 분야에 대한 개혁이 일정하게 추진되고 있다. 비록 느슨하기도 하고 과정이 불확실할지라도 예전에 이룩하지 못한 과제를 하나씩 해결해나가고 있다. 인권도 현저히 개선되었다.

그런데도 이런 개혁의 의미는 퇴색이 아니라 매몰되는 현상을 보이고 있다. 완강한 기득권 세력의 방해공작이 먹혀들고 있는 것이다. 늙은 역사학자가 진단을 하건대 이명박·박근혜 정부는 반민족적·반민주적 보수 반동의 정부였다. 그리하여 현재 우리 사회는 중대한 고비를 맞고 있다. 이념의 혼돈이 거듭되고 있다. 참된 민주 가치를 훼손하는 신보수니, 중도 개혁이니 하며 난리법석을 떨고 있다.

나 개인으로는 이런 이념적 혼란이 매우 못마땅해 자폐의 길로, 은둔의 골짜기로 숨어버리고 싶은 의식 속에서 방황하고 있다. 가끔 '어디 오지로 이민이라도 가버릴까?' 하는 공상을 한다. 나는 사회와 단절하고 글 쓰는 일에만 몰두하려는 각오를 다지고 있다. 어디 나만이 그렇겠는가. 시대와 현실을 고민하는 많은 지식인이 이와 비슷한 생각을 하는 모습을 주위에서 흔히 보았다. 하지만 역사 경험에 비추어보아도 현실도피는 비겁하거나 용기가 부족하거나 의지가 박약한 자들의 몫일 것이다.

아무튼 2016년 겨울, 광화문과 부산역, 금남로의 거대한 촛불 시위를 보면서 6월 민주항쟁보다 더 세찬 민주혁명의 길이 열리고 있다는 생각이 들었다. 분명 역사의 전환기를 맞고 있다. 과거 퇴행의 길로 가는가, 일보 전진의 미래를 여는가 하는 분기점이 되고 있다. 얼마 전에 있었던 대선이 바로 그 당면의 분기점이라 할 수 있을 것이다.

최순실-박근혜 게이트를 보고 있노라면 역사가 퇴보하고 있다고 생각할 수도 있을 것이다. 하지만 이런 비리를 낱낱이 밝혀 처단하는 것이 혁명이요, 개혁이요, 민주 질서의 회복이다. 박근혜 정부에서 저지른 비정을 세 가지로 나누어 살펴보면, 첫째 인사의 지역 편중과 난맥, 부적절한 공직자 임명, 둘째 개성공단 폐쇄 등 남북대화의 단절, 셋째 유신독재를 미화하는 한국사 교과서 국정 추진을 꼽을 수 있다. 게다가 언론인을 탄압하고 민주 인사를 종북몰이하는 따위의 케케묵은 유신독재의 수법을 전가의 보도처럼 써먹었다. 그 과정에서 최순실 같은 괴담과 망령이 등장했다. 최순실의 국정 농단은 전체로 보면 하나의 비리에 지나지 않을 것이다.

촛불혁명의 완성은 국회청문회와 특별검찰, 헌법재판소에 있는 것이 아니라 대선에 달려 있을 것이다. 역사의 소명을 받은 참된 민주 정부가 들어서서 반민주적 적폐를 청산해야 한다. 특히 해방 이후 호남은 불의에 대한 저항과 절차민주주의 실현에 중심을 잡고 기여해왔다. 호남의 역할이 바로 현대 한국 민주주의의 바로미터였기 때문이다. 과거로 거슬러 올라가면 동학농민혁명, 항일의병, 3·1운동, 광주학생항일운동의 주역이었던 것이다. 이번에도 그 역할이 주어졌다.

이런 엄중한 시대 상황에서 조금이라도 민주의식이 있거나 역사를 똑바로 보는 지식인은 골방에서만 구시렁거리지 말고, 혼자 한숨으로 세월을 죽이지 말고 적극적으로 현실의 광장으로 나와야 한다. 우리 사회의 구석구석을 살피면서 혼란 속에 방황하는 대중을 이끌어야 한다. 역사를 바르게 이끌고 사회를 개혁하는 작업은 용기 있는 자의 몫이다. 우리는 새로운 각오를 다지고 주어진 역사의 계기를 만들어야 한다.

어쨌든 어둠이 걷히고 새벽이 올 때까지 거리마다 촛불을 들고 밝히자. 그러면 촛불은 역사를 새로 쓰는 시대의 상징이 될 것이다.

거리의 역사를 만든
촛불문화제

2008년 6월 10일, 몇몇 친구와 함께 광화문 촛불문화제 구경에 나섰다. 여기에서 쓴 '구경'이란 표현에는 나름대로 각별한 의미가 담겨 있다. 박재승 변호사, 인병선 관장, 김정기 총장 등 우리 일행은 촛불문화제의 주역이 아니라 방관자임을 드러내려 한 것이다. 나는 몇 차례 차를 갈아타고 돌고 돌아 겨우 약속 장소인 청진동 올갱이집에 이르렀다. 어렵사리 찾아온 것은 다른 이들도 마찬가지였다.

5시 무렵부터 팻말과 깃발을 든 행렬이 종로1가에서 광화문 쪽으로 계속 모여들었다. 행렬이 외치는 구호 소리가 올갱이집까지 들렸다. 우리 일행은 소주를 몇 잔 기울인 뒤 어슬렁거리며 세종로 거리와 광화문으로 나왔다. 종로를 지나 들어오는 장애인 행렬이 보였다. 의외로 모두 차분한 분위기였다.

이순신 동상 앞에 이르자 길게 늘어선 컨테이너가 눈에 들어왔다. 그 순간 베를린 장벽이 떠올랐고 컨테이너가 소통을 차단하는 상징물처럼 여겨졌다. 분명 그것들은 대화를 단절시키는 벽이었다. 사람들은 그 앞에 자리를 펴고 앉아 열띤 토론을 벌였다.

건물 벽, 길바닥, 컨테이너 등 눈에 보이는 모든 곳에는 스티커가 붙어 있었다. 스티커에는 쇠고기 재협상 같은 온건한 구호부터 이명박 퇴진, 이명박 타도, 이명박 탄핵 등에 이르는 과격한 구호가 쓰여 있었다. 심지어는 자본독재라는 신조어도 있었다. 이날의 구호는 쇠고기 문제보다 이명박 정권과 대결하는 슬로건이 압도했다.

시간이 지날수록 비집고 다니기 힘들 정도로 많은 인파가 몰려들었다. 그때 한쪽에서 기자들의 카메라 플래시가 터졌고 "매국노"라는 외침이 들렸다. 쇠고기 파동의 주역인 정운천 장관이 시민들에게 사과 발언을 하려다가 제지를 당하고 쫓겨가자 "매국노"라는 구호가 터져나온 것이다. 다행히 그가 물러가자 폭행과 같은 불상사는 일어나지 않았다.

안치환, 양희은이 부르는 〈아침 이슬〉과 이어지는 발언을 뒤로 한 채 우리 일행은 수많은 인파를 비집고 조선일보 쪽으로 나왔다. 그러면서 나는 많은 선전물을 챙겼고 학생들의 어깨를 가볍게 두드리며 격려를 했다. 조선일보 앞에서도 이따금씩 "조선일보 반성하라", "조선일보 폐간하라"라는 구호가 들렸다. 우리 일행은 서로 떨어지지 않기 위해 열심히

앞사람의 뒤를 따랐다.

시청 앞을 비롯해 외곽과 지하도 입구에는 김밥, 커피, 생수 등을 파는 장사가 대열을 이루어 물건을 벌여놓고 있었고, 프레스센터 건물 옥상에는 사진 기자와 시민 들이 올라가 있었다. 시청 앞에서는 뉴라이트 관계 인사들이 드문드문 모여 소리를 지르거나 기도를 했다.

우리 일행은 시청 앞 지하철 통로에서 민족문제연구소 박한용 실장과 그 가족, 서울대 한정숙 교수 등 친지 여럿을 만났다. 사실 우리 일행은 얼굴이 좀 팔린 탓인지 한 바퀴 도는 동안 여러 사람에게서 인사를 받았다.

잠시 인사를 나눈 뒤 인파를 헤치고 어렵게 지하철을 타고 운현궁 옆 낭만으로 향했다. 사실 늙은이들이 인파로 뒤덮인 거리를 3시간쯤 걸어 다니다보니 피로감이 몰려왔고 소변도 급해 낭만으로 발길을 돌렸던 것이다. 낭만에는 그 집 주인 김용태 한국민족예술인총연합 이사장을 비롯해 화가 여운, 평론가 구중서, 언론인 성유보 등이 있었고 우리는 자연스레 그들과 함께 어울렸다. 오히려 거리에 있는 사람들보다 그들이 더 들떠 있는 듯했다.

그들은 오늘 집회에 참가한 사람이 50만 명쯤 될 것이라는 데 의견을 모으며 이렇게 빨리 이명박 정부의 지지도가 추락하고 거부 국면이 전개될 줄은 몰랐다고 했다. 더욱이 쇠고기 문제가 정권 타도의 계기가되는 것이 아니냐는 우려 반, 기대 반의 말이 터져 나왔다.

어쨌든 내가 이렇게 신문이나 인터넷을 보면 등장하는 촛불문화제

장면의 소묘(素描)를 장황하게 늘어놓는 이유는 따로 있다. 우리의 역사가 이런 시위를 통해 발전하고 있다는 사실을 내가 직접 보고 들은 이야기를 통해 증명해보려는 직업의식이 발동한 것이다. 비록 그 묘사가 부분적이기는 하지만 작은 견문기는 될 수 있을 것이다.

나는 21년 전인 1987년 6월 민주항쟁 시기에 이 일대 곳곳을 누비고 다녔다. 내 나이 쉰이 조금 넘었을 때였다. 나는 전경들에게 "할아버지는 빨리 들어가세요"라는 말을 자주 들었고 그때마다 괜히 발끈해 "너희는 아비도 없느냐"고 소리쳤다. 그런데 그 자리에 내 아들과 딸이 나온 것을 보니 세대가 달라졌다는 생각이 들었다.

내 아들 웅일은 시위 대열 맨 앞에 있다가 새벽에 붙잡혀 강서경찰서 유치장에 48시간 동안 갇혀 있다가 벌금 50만 원을 내고 풀려났다. 그때 벌금을 내지 못한 동료를 위해 아비한테 구걸해 대납해주기도 했다. 그뒤에도 웅일은 자동차에 현수막을 달고 맹렬하게 사진을 찍으며 아고라 활동을 벌이다 경찰의 채증 사진에 찍혀 면허 정지 2년을 받았고, 민주사회를 위한 변호사 모임의 변호사들은 웅일의 면허 정지가 부당하다는 소송을 제기했다.

내 딸 웅소는 거의 하루도 빠지지 않고 중심부에 서서 집회에 참가했는데, 오빠 웅일이 새벽 시간에 몇백 명이 남은 대열 맨 앞에 서 있는 것을 보고 아마추어라고 혀를 끌끌 차면서 나에게 일러주었다. 아이들은 4·19혁명이나 6월 민주항쟁 시기의 나보다도 더 맹렬한 듯한 모습이었다. 아이들은 자신들의 행동에 아비인 내가 나무라지 않을 것을 알고 있는 것 같았다.

　그런데 시위는 분명히 예전과 달라진 것이 있었다. 첫째, 6월 민주항쟁 때에는 최루탄과 화염병이 난무했다. 그래서 모두 마스크를 쓰고 골목을 누볐다. 성공회 성당과 남대문 교회에서는 데모대를 격려하는 종소리가 요란하게 울려퍼졌고 시위대를 환영하는 자동차 경적 소리가 거리마다 들렸다. 하지만 이번에는 최루탄과 화염병 대신 촛불과 선전물이 거리를 가득 메웠다. 비폭력을 외치는 평화 집회였다. 둘째, 6월 민주항쟁 때에는 학생들을 중심으로 회사원들이 참여했다. 하지만 이번에는 부모 손을 잡고 나온 어린아이, 중고등학생 등 디지털 세대가 중심을 이루었고 나이든 세대도 많이 참여했다. 참여계층이 다양해졌다고 할 수 있었다. 셋째, 예전에는 쫓겨 다니느라 기자들 이외에는 사진을 찍지 못했다. 그런데 이번에는 곳곳에서 휴대전화로 사진을 찍고 서로 연락을 주고받았으며 참여자의 발언과 토론이 여기저기에서 벌어졌다. 새로운 시위문화를 보여주었다.

　이처럼 평화적으로 발전한 광화문 촛불 집회의 뿌리는 어디일까. 1898년 대한제국 시기, 나라에서 러시아 등 외국에 이권을 팔아먹을 때 독립협회 회원을 중심으로 종로의 상인들과 학생들은 종로와 광화문 일대에서 집회를 열어 연일 토론을 벌였다. 그동안 독립협회에서는 수백 명씩 모여 토론회를 벌였는데, 1897년 1년 동안 34회에 이르렀다. 참여한 사람들은 하급 벼슬아치, 유학을 다녀온 신청년, 각 학교의 교사들과 학생들이었고, 심지어는 장사꾼, 농민 등도 있었다. 그들의 토론 주제는 사회 인습의 개량, 위생과 청결 운동, 러시아에 넘겨준 두만강과 압록강의 삼림채벌권이나 절영도 저탄장(貯炭場) 조차 등 국익과 관련된 문제였다.

사례를 들어 좀더 자세히 살펴보자. 1898년 3월 10일 오후 2시, 종로에 있는 백목전(白木廛) 앞으로 1만여 명이 구름떼처럼 몰려들었다. 이 대회 회장으로 추대된 쌀장수 현덕호는 여러 연사의 의견을 모아 러시아의 재정고문과 군사고문을 해임하고 군사권을 자주적으로 수행하라고 요구했고 군중은 "아라사 놈들 물러가라"라는 구호를 외쳤다. 만민공동회 주최측은 회원들의 명부를 작성하고 회표(會標)를 배부해 귀속감을 심어주었다. 더욱이 사법위원과 경찰위원을 두어 회원들의 행동을 단속했으며 총대위원으로 하여금 결의사항을 책임지고 집행하게 했다. 이들은 처음에 자주독립과 사회개량운동을 펼쳤으나 차츰 정치 활동으로 전환했다.

또다른 사례로는 1898년 10월 6일 경운궁(뒤에 덕수궁) 정문 앞에 있는 고등재판소에서 벌인 연좌 철야 데모가 있다. 한양 시전 상인들은 외국 상인들 때문에 장사를 못 하자 그들의 침투를 막기 위해 황국중앙총상회를 조직하고 광통교를 중심으로 지계(地界)를 설정해 외국 상인의 통제구역을 만들고 독점적 상권을 설정해줄 것과 무명잡세를 금단할 것을 주장했다. 하지만 조정에서는 외국과 맺은 통상조약에 따라 허가해줄 수 없다고 결정하고 이를 허락해주겠다고 약속한 관계자들을 해임하고 감옥에 가두었다. 그러자 시위대는 비리를 성토하면서 종로의 상가를 철시하고 꼬박 5일 동안 철야 농성을 벌였다.

그때 종각 앞에서 만민공동회를 열고 시위대를 결성해 지금의 서울역과 남대문 앞을 지나 황제가 있는 경운궁 대한문으로 몰려갔다. 당시에는 광화문에서 덕수궁 뒤쪽으로 황토현이라는 작은 언덕이 있어 지금의 태평로는 뚫리지 않은 상태였다. 경복궁에서 뻗은 길은 풍수지리상 보호해야 한다는 생각에서 작은 등성이의 언덕길로만 통행하게 했던 것이다. 이 길은 일제 식민지 시기에 경성부청을 신축하면서 덕수궁을 약간 뒤로 물리고 넓혔다.

아무튼 그들은 시위를 벌일 때 장작불을 피워놓고 밤을 새웠으며, 시민들은 거리에서 돈을 모아 감옥에 갇힌 사람들을 도와주었고, 주위에서 장사를 하던 군밤 장수들도 돈을 모으기 위해 나섰다. 한 독지가는 5000냥의 거금을 내놓았다. 북촌에 사는 찬양회 여성들은 주먹밥을 날랐으며, 부녀자들은 김밥을 싸거나 물통을 들고나와 나누어주었다.

조정에서는 보부상 패거리를 모아 황국협회라는 이름으로 어용단체를 조직했다. 황국협회에 소속된 보부상 패거리는 권총과 몽둥이를 들고 나와 광화문 만민공동회 집회를 습격했다. 많은 살상자가 나왔고 가벼운 무기를 든 시민들은 대항하다 뿔뿔이 흩어졌다. 만민공동회는 꼬박 1년쯤 활동을 전개하다 조정의 사주를 받은 보부상 패거리에 의해 강제 해산되었다.

만민공동회는 자주국권, 자유민권 사상을 바탕으로 국토와 이권 수호, 인권 보장, 국민 참정 등의 활동을 벌였다. 이에 한 역사학자는 성숙한 시민의식의 상징성이 있으므로 종로 일대를 한국판 '아크로폴리스'라고 부르자고 주장했다. 서울대 도서관 앞 광장을 '아크로폴리스'라고 하는 것보다 훨씬 역사적 사실에 부합될 것이다.

그런데 이번 서울광장과 청계천 입구, 광화문 일대에서 벌어진 촛불문화제에는 '아고라'라는 네티즌의 역할이 컸다. 우스갯소리로 이들을 배후 세력으로 지목하기도 한다. '아고라'는 자유게시판이나 자유토론장을 열어 토론을 벌여 수많은 사람의 의견을 종합하고 행동의 지침을 삼기도 한다. 이는 개인 지성이 아니라 집단 지성의 한 표본이 되고 있다.

어떤가? 촛불문화제가 열린 이 일대의 거리를 아고라라고 명명하는 것도 민주광장의 의미를 살리는 한 방법이 아닐까? 아크로폴리스나 아고라는 시대와 장소는 다르지만 많은 사람이 모여 토론을 벌이고 의견을 모은다는 뜻에서 보면 굳이 거부할 이유는 없을 것이다.

우리는 이명박 대통령이 쫓겨나기를 바라는 것은 아니다. 총체적 부실이 무엇인지 지금이라도 깨달아 버릴 것은 버리고 추진할 것은 추진하고 바로잡을 것은 바로잡아 21세기 첫 시기를 이끌어가야 한다. 신자유주의와 경쟁, 빈부 격차와 소외계층, 국민복지와 비정규직 등 꼬여 있는 수많은 문제를 합리적·균형적으로 풀어가면 불행한 사태를 미리 막을 수 있을 것이다.

그런 뒤 다음 공화국에서는 민주시대에 걸맞은 인물을 대통령으로 뽑아 역사를 한 걸음 더 발전시키는 계기로 삼아야 할 것이다. 그렇게 되면 우리는 좌절의 역사가 아니라 진보의 역사를 만들어내는 성숙한 국민임을 자부해도 좋을 것이다. 그때는 지금 촛불문화제에 참여한 중고등학생들이 유권자로 투표하는 세대가 될 것이므로 기대해도 좋을 것 같다.

촛불 시위,
시민혁명의 새로운 획을 긋다

2012년 박근혜가 대통령으로 당선되던 날 나는 새벽부터 하루종일 방에서 나오지 않았다. 그저 창밖으로 하늘을 내다보며 한숨만 내쉬었다. 그렇게 하루하루를 보냈다. 그러다가 2015년 교학사 발행의 검인정교과서 파동이 일어났고 이어 국정교과서 문제가 불거졌다. 나는 이 일과 관련해 기자 회견을 하거나 거리에서 성명서를 읽는 집회에 참석했다. 본의 아니게 바쁜 나날을 지내게 되었으니 이제 더이상 방관자가 아니었다.

아침 집회나 기자 회견이 있을 때 겨울날 아침 일찍 늙은이가 파주 헤이리에서 서울 시내로 나오려면 여간 힘든 일이 아니었다. 그래도 어쩌나. 빼먹지 않으려고 안간힘을 썼다. 나는 밤새워 글을 쓰고 아침나절에 자는 습관이 평생 이어지고 있는데, 시간을 맞추려고 새벽부터 도사리고 앉아 잠을 쫓고 있다가 부랴부랴 버스를 타고 나왔다.

그럼 지금부터 내가 하고 싶은 말을 열어볼까.

민족문제연구소에서 국정교과서를 반대하는 국민 서명을 청와대에 전달하려고 청운동 주민센터 앞에서 집회를 가졌다. 그곳에는 나를 비롯해 한상권, 이준식 등 관련자가 참석했고, 김희선 전 의원, 정운현 언론인, 박혜숙 푸른역사 사장, 학부형 등이 시민의 자격으로 자리를 채웠다. 나는 한국사 국정교과서는 독재자의 발상일 뿐 아니라 세계에서 북한과 이슬람권 몇몇 나라에서만 시행하고 있는 제도라고 목소리를 높였다. 또 이승만, 박정희를 근대화의 주역으로 내세우려는 음모라고 소리쳤다. 이준식은 이 교과서에서는 독립운동 세력을 축소, 왜곡하고 친일파를 미화시킬 것이라고 말했다. 그 자리에는 기자와 시민 300여 명이 모여 박수를 보내며 성원해주었다.

또다시 민족문제연구소 주최로 저녁 시간에 세종문화회관 앞 인도에서 국정교과서 반대 집회를 가졌다. 그 자리에는 함세웅 신부와 내 강연이 마련되어 있었다. 원로교수 안병욱, 국회의원 도종환과 김기수 등이 참석했다. 좁은 인도는 길게 늘어선 수천 명의 시민으로 가득했다. 시민들의 호응이 점점 높아지는 것 같아 용기가 났다.

역사문제연구소 주최로 서울역사박물관 광장에서 가진 집회에는 현직 대학교수와 역사학도 모임인 만인만색연구자네트워크, 한국사 전공 대학원생 등 500여 명이 참석했다. 성대경, 윤경로, 남지대 등 전·현직 역사교수들이 대거 참여했다. 이를 준비한 역사문제연구소 부소장 배경식은 역사교수와 역사학도 들이 이렇게 많이 참여한 적이 없었다고 했다. 이 집회에 참석했던 많은 사람은 경향신문사 앞 골목을 돌아 정동 거리를 지나 청계광장 앞으로 모였다. 이어 청계광장에서는 전국민주노동조합총연맹(민노총), 전국교직원노동조합(전교조), 역사교사모임 등의 단체에서 국정교과서 반대 집회를 가졌다. 그때 대구에서 온 한 여중생은 "국정교과서는 창의를 막는 독재자의 수법"이라고 외쳐 많은 박수를 받았다.

또 한국역사학회, 민족문제연구소, 역사문제연구소 등의 회원들 중심으로 서대문 독립공원 앞에서 집회를 가졌다. 이 모임에는 안병욱, 최갑수, 이지원, 윤경로, 하일식 등 전·현직 교수들이 참여해 반대 성명을 내고 기자 회견도 가졌다. 특히 jtbc에서는 특집으로 뉴스의 머리기사로 다루었다. 집회 참가자들은 현수막을 앞세우고 청계광장에서 민노총 등 여러 단체가 갖는 집회에 참석했다. 안병욱 교수가 요령 있고 설득력 있게 강연을 했고, 성대경 교수는 늙은 나이에도 끝까지 자리를 지켰다. 이만열 교수가 와서 여러 교수를 모아 격려하는 뒤풀이를 마련해주었다.

민족문제연구소에서는 역사학계의 원로들을 모아 기자 회견을 몇 차례 가졌다. 국정교과서가 단계를 거치면서 추진될 때마다 기자 회견을 가졌던 것이다. 이 일에는 조세열 총장이 선언문 등 문건을 만들고 각본을 도맡았다. 원로들은 대체로 나를 포함한 박현서, 성대경, 강만길, 이만열, 윤경로, 조광, 안병욱, 서중석, 그리고 민족문제연구소 소장 임헌영 등이었다. 이 자리에서는 전국의 원로 역사교수 30여 명의 이름으로 국정교과서의 부당성을 지적한 성명서를 낭독하고 그에 대한 발언으로 이어졌다. 주로 강만길, 이만열이 발언했는데, 내 차례가 돌아오면 생각나는 대로 발언했다. 나는 흥사단 건물에서 가진 기자 회견에서 국정교과서 오적을 박근혜, 황교안, 김무성, 황우여, 김정배로 보고 『경향신문』에서 이를 중요하게 다루었다.

그동안 교육부에서는 청와대 지침에 따라 일사불란하게 국정교과서의 집필 기준을 마련하고 진행했다. 그 집필진은 신형식, 이기동 등 극우로 채웠고 근현대사 집필은 역사교수들이 거의 빠진 대신에 정치학자, 경제학자 들이 메웠다. 주진오, 오수창, 정용욱, 정태헌, 김성보, 허수 등 현직 교수와 교사 대부분이 집필을 거부한 여파이기도 했다. 무엇이 그리 두려운지 모두 비밀로 진행되었다.

이렇게 2015년과 2016년 여름을 보냈다. 분노가 뒤섞여 한숨이 터져 나왔다. 일제 식민지 시기 지배에 대해 "우리 민족에게 고난을 주어 더욱 하느님을 잘 섬기라는 뜻"이라고 한 국무총리 지명자 문창극의 말을 듣고 나는 기가 막혔다. 또 유신의 하수인 김기춘을 청와대 비서실장으로 임명한 것을 보고 '막 가는구나'라고 생각했다.

이렇게 여러 번 집회를 갖고 촛불을 들었으나 아직 본격적으로 광화문 촛불 집회가 열린 것은 아니었다. 그런데 jtbc에서 감추어둔 파일을 찾아 최순실의 국정 농단 사실을 널리 알렸고 『한겨레』, 『경향신문』, 『오마이뉴스』, 『프레시안』 등에서 잇따라 최순실 비리를 파헤쳤다. 흥밋거리가 아니라 나라를 말아먹는다는 의식이 팽배해서 국민의 관심을 끌었다.

그리하여 시민들은 밤이 되면 광화문에 모여 촛불을 들었다. 특히 토요일 오후가 되면 약속한 대로 촛불을 들고 광화문광장으로 몰려 나왔다. 때는 2016년 늦가을, 나는 삶의 생동감을 찾았다. 광화문 촛불 시위를 보고 마음이 들떴다. 그래서 토요일이면 모든 일을 제쳐두고 광화문으로 나와 촛불을 들었다. 때로는 몇 사람이 약속한 장소에서 만났다. 자주 모인 사람들은 대체로 박재승, 정남기, 전진우, 박원홍, 신영우 등이었다.

역사문제연구소와 민족문제연구소에서는 여러 번 집회를 주관했다. 먼저 역사문제연구소에서는 배경식, 장원아, 김지윤의 주선으로 역사교수와 만인만색연구자네트워크 회원을 중심으로 종로1가에서 집회를 가졌다. 그 자리에는 박재승 변호사와 전·현직 교수인 조광, 안병욱, 권태억, 임현진, 오수창 등 전공학자 100여 명이 참석했다. 나는 이곳에서 짧은 연설을 하라는 부탁을 받고 거리 연설을 했다.

나는 광화문광장은 19세기 말에 만민공동회가 열린 '아크로폴리스'라는 전제 아래 박근혜를 단두대에 세운다는 결의를 다지며 촛불 시위를 해야 한다는 내용으로 조금 과격하게 연설을 시작했다. 그리고 내 나이 20대에는 종로 거리를 뛰어다니면서 4·19혁명에 참여했고, 50대에는 6월 민주항쟁에 참여했다는 사실도 이야기했다. 그리고 마지막으로 젊은 연구자들은 역사인이 되어달라고 당부했다.

그 무렵부터 광화문 일대는 100만 명이 촛불 시위에 참여했다는 보도가 나왔다. 광화문 언저리는 그야말로 인산인해여서 사람에 치일 지경이었다. 늙은이와 어린이, 유모차를 끌고 다니는 주부, 학생, 회사원 등이 어우러졌고 가수와 코미디언 들도 노래를 부르고 만담을 나누었다. 촛불 시위 중간에는 교수, 학생, 자영업자 등의 짧은 발언도 이어졌다. 그야말로 문화 축제였다. 그런데 예전과 다른 특이한 점이 눈에 띄었다. 독재 타도와 같은 구호는 찾아볼 수 없었고 최순실의 국정 농단과 같은 문제를 비롯해 비리와 적폐를 청산하자는 구호가 중심을 이루었다. 거대 담론보다도 우리가 직접 부딪치고 겪은 미시담론이었고 현실에 보이는 모순을 적시하고 있었다. 이런 현상은 촛불 시위가 마무리될 때까지 거의 변함이 없었다. 이를 두고 누구인가는 "집단 지성의 표현"이라고 말했다.

어쨌든 나 같은 늙은이는 자칫 부딪혀 쓰러지기 십상이었다. 더욱이 소변을 보기가 어려워 오래 버티기 힘들었다. 개방이 되어 있는 교보문고나 동화면세점 화장실에 들어가면 줄이 길어 차례를 기다리기 어려웠다. 늙은이라고 양보해주지도 않았다. 일행 몇몇은 자주 변호사회관 뒤편에서 편안하게 화장실을 이용하고 막걸리를 마시면서 왁자지껄 떠들며 들떠 있었다.

또 민족문제연구소 주관으로 동숭동 방송통신대 앞에서도 집회를 열었다. 여기에는 임헌영, 장병화, 조세열, 이준식, 한상권, 배항섭, 그리고 동학농민혁명 유족회장을 지낸 정남기와 태안유족회에서 올라온 문영식이 참여했다. 나는 연설을 하면서 마지막까지 힘을 내자고 외쳤다.

시위대는 선두를 이끄는 방은희의 구호 선창에 따라 행진을 했다. 그녀의 목소리는 직업 일꾼들도 못 따라갈 정도로 선동적이었다. 아무튼 종로 거리의 현장에는 최순실 국정 농단이나 국정교과서 반대라는 구호가 날카롭고 우렁차게 울려퍼졌다. 그러자 연도의 시민들은 대열을 따라오면서 박수를 보냈다. 하지만 미친놈들 어쩌고 하는 늙은이들의 소리도 가끔씩 들렸다.

광화문에서는 너무 인파가 많아 대오를 정리할 수 없었던 탓에 각자 행동하라는 지침이 내려졌다. 그리하여 삼삼오오 뿔뿔이 흩어졌다. 인파에 일행을 놓치기 일쑤였다. 조금만 돌아다녀도 아는 얼굴을 자주 만났다. 그러면 악수를 하거나 안아주면서 격려를 보냈다. 모두 희망에 차 있는 듯이 보였다. 이명박·박근혜 정부에서 블랙리스트에 오른 사람들이 아닌가. 더욱이 광화문에서 천막을 치고 장기 농성을 하는 예술인들은 결의에 차 있었다.

일행 몇몇은 늘 가던 변호사회관 뒤편 막걸릿집으로 몰려갔다. 여기에는 청주에 우거하고 있는 신영우와 강릉에서 온 전순표, 태안에서 온 문영식도 합류했다. 먼 곳에서 온 사람들과 어울렸으니 전국구인 셈이었다. 그날 나는 늦은 저녁에 작은 사고를 내고 말았다. 정남기와 함께 지하철을 타기 위해 에스컬레이터를 타고 내려오다가 넘어졌다. 그러면서 어깨가 삔 모양이었다.

집에 돌아와 다시 맥주를 마시면서 「오마이뉴스」의 오마이 TV 광화문 중계를 새벽까지 시청했다. 그야말로 나라가 들썩거리는 듯했다. 아침에 일어나니 어깨 통증이 심하게 느껴졌다. 아내가 옷을 벗기고 살펴보니 등뒤 어깨 쪽에 심하게 멍이 들어 있었다. 가까운 병원에 가보니 어깨 근육이 파열되었다는 진단을 받았다. 한 달 동안 치료를 받아야 했다. 집에 돌아와 앉아 있거나 누워만 있자니 여간 불편한 것이 아니었다. 이 작은 사고로 그뒤로 촛불 집회에는 자주 나가지 못했다.

농담 하나 해보자. 훗날 그들을 만나 어깨 다친 이야기를 했더니 진료 기록을 잘 챙겨 광화문 촛불 시위 참여자 포상할 때 인증으로 내놓으라고 일러주었다. 그럴까? 4·19혁명 때에는 총탄이 갈비뼈를 스쳐 지나가서 죽음은 면했지만 4·19혁명 부상자 명단에는 오르지 못했다. 이런 일화도 있어야 조금 재미를 줄 것 아닌가. 나중에 손자들에게 들려주면 재미있어할 것이다.

이는 나만 그런 것이 아니었다. 내 친구 박재승은 광화문에서 막걸리를 마시고 밤늦게 집으로 들어가다가 아파트 계단에서 넘어졌다. 그래서 머리를 크게 다치고 손에 상처를 입어 새벽에 응급실로 실려가 치료를 받았다. 그도 한 달쯤 치료를 받았다.

여하튼 다친 이후로 조금 뜸하게 촛불 집회에 참석했다. 시간이 지날수록 거리의 열기는 더욱 뜨거워졌다. 구호도 갖가지였다. 최순실 국정 농단뿐 아니라 온갖 적폐를 나열했다. 게다가 세월호 진상 조사나 4대강 비리를 조사하라는 팻말이 보였고 이정희와 이석기 사진이 걸린 승용차에는 통합진보당 해체를 항의하는 구호가 내걸렸다. 또한 농민들은 전봉준투쟁단이라는 이름을 내걸고 고속도로를 타고 올라오기도 했다.

더욱이 부산, 광주, 대전, 대구, 청주, 제주 등 지방도시에서도 광화문 촛불 집회에 호응해 열기를 더했다.

하지만 시위 내내 평화 집회로 마무리하는 모습을 보며 감탄을 했다. 종이 한 장 없이 깨끗이 거리를 청소했고 폭력을 쓰지 않아 그야말로 평화 시위로 마무리했다. 여기에 외국 시위에서 볼 수 있는 것처럼 방화, 약탈, 절도 등의 행위가 일어날 수 있겠는가. 그저 촛불과 함성이 어우러져 거리를 밝히고 광장에 메아리쳤을 뿐이다. 분명히 우리 시위문화의 자랑거리였다. 예전과 달리 시위를 통제하는 경찰도 질서를 유지하면서 폭력을 쓰지 않았다.

마지막으로 하나만 더 이야기하자. 제주 4·3항쟁 기념일을 맞이해 서울에서 고문 자문회의를 갔던 날, 나와 박용현은 대한문 앞과 서울광장으로 나와 이른바 태극기 집회를 구경했다. 이 집회에는 어울리지 않게 태극기와 성조기가 물결을 이루었다. 한 여인이 다가와 말을 걸기에 그녀가 들고 있는 성조기를 가리키면서 성조기와 박근혜 탄핵이 무슨 관련이 있냐고 조금 높은 목소리로 물었다. 그랬더니 무엇이 불쾌했던지 태극기와 성조기를 흔들면서 대들었다. 서로 말다툼이 일어나자 몸집이 큰 박용현이 뜯어말렸다. 나는 시위대가 올라오는 쪽으로 밀려갔다.

서울역 쪽에서 오는 시위대를 바라보니 군가를 요란하게 틀고 구호를 외치면서 행진하고 있었다. 그들이 든 깃발에는 제3사관학교 몇 기 또는 재향군인회 ○○지부 등이 쓰여 있었다. 그리고 시청 앞 본부석에서는 종북 좌파의 책동이니 뭐니 하는 구호가 들려왔다. 아뿔싸, 내가 못올 곳을 왔구나. 그들을 바라보는 내 가슴이 아렸다. 역사에는 어느 한 쪽의 주장만이 있는 것은 아닐 것이다. 하지만 그들은 너무나 가당치 않았다. 역사의 역행이지 않은가.

아무튼 광화문 촛불 시위는 헌법재판소의 박근혜 탄핵 결정으로 마무리되었다. 우리는 한국 근현대사에 나타난 만민공동회를 비롯해 동학농민혁명, 3·1운동, 4·19혁명, 5·18광주민주화운동, 6월 민주항쟁이라는 민족과 민주운동의 전통을 갖고 있다. 이 광화문 촛불 시위는 이를 계승해 미완의 혁명이 아니라 완성의 혁명으로 승화해야 할 것이다. 나는 위대한 봄을 보았다.

사탄인가, 애국자인가 —
문창극·유영익·이인호

처음 나는 문창극이 발언한 보도를 보고 내 귀를 의심할 정도로 깜짝 놀랐다. 유수한 언론인이 이 정도의 상식을 갖고 있었던가. 그런 그를 국무총리로 추천하다니 더더욱 놀랄 사건이었다. 나 같은 수수한 늙은이가 이 정도로 놀라고 분노하고 있으니 양식 있는 역사학자들이나 시민들은 어떠할까?

박근혜 정부가 들어섰을 때 나는 심한 스트레스를 받아 밤잠을 이루지 못했다. 그래도 참고 잘되기를 바라야지라고 다짐하며 지냈다. 그 뒤 마구잡이 논리로 언론 지면을 더럽히는 윤창중을 청와대 비서실 대변인으로 발탁했을 때에도 그런대로 넘어갔다. 하지만 잇따라 발표된 인사를 보고 점점 실망의 구렁텅이로 빠졌다. 군대 안 가기, 부동산 투기하기, 위장 전입하기, 부하에게 갑질하기, 권력에 빌붙기 등 손가락으로 차마 셀 수 없을 지경이었다. 일부러 이런 인사만 고르려 해도 여간해서 힘을 쏟지 않으면 안 될 정도였다. 그런 인사 가운데 문창극을 국무총리 후보로 내세운 뒤 언론매체에 드러난 그의 설교 발언을 보고 더욱 암담해 귀를 의심할 지경이었다. 그의 발언을 차분하게 살펴보자.

먼저 "일제의 식민 지배는 하나님의 뜻이다"라고 했다. 조선왕조 500년은 허송세월을 했고 우리 민족이 게을러서 식민 지배를 자초했다는 것이다.

근대 시기에 들어 이른바 일본의 정한론자들은 조선 민족은 나태하고 분열적이고 타율적이고 미개하고 정체되어 있어서 독립국을 유지할 수 없으므로 일본이 근대화시켜야 한다는 논리를 줄기차게 펴왔다. 이는 유럽 국가들이 침략행위를 자행하면서 내세웠던 우승열패(優勝劣敗)와 적자생존(適者生存)의 진화론을 흉내낸 것이다. 그리하여 일제는 개항 이후 이 논리로 무장하고 구실과 꼬투리를 잡아 한반도에 진출했으며 청일전쟁을 일으켜 청나라의 입김을 제거했다. 또한 경복궁을 점령한 뒤 내정을 간섭했으며 러일전쟁을 벌여 러시아의 진출을 막아내고 조선 말기의 외교권을 박탈하는 등 차근차근 식민 지배를 이룩했던 것이다.

그리하여 식민지 시기에 조선의 역사를 말살하고 조선어를 쓰지 못하게 했으며 성과 이름을 바꾸게 했다. 게다가 동방요배(東方遙拜)를 하게 하여 천황만을 받들게 하면서 종교마저 짓밟았다. 또 식량 등 자원을 강제로 빼앗고 인력을 조달하기 위해 강제 징용을 하는 것으로도 모자라 어린 소녀들을 끌고 가 위안부로 내몰기도 했다.

이런 논리와 식민지 정책에 영합하고 식민지 지배 정책에 동조한 세력은 교활한 친일파인 김윤식, 박영효, 윤치호 등이다. 특히 윤치호는 "조선은 미국과 같은 문명국의 식민지가 되어야 한다"라고 주장했다. 문창극은 감리교 지도자였던 윤치호의 말을 인용해 자기의 논리로 포장해 떠벌렸다. 현재 이런 논리는 식민지 근대화론을 주장하는 뉴라이트 계열로 이어졌고 일부 극우 기독교인들이 동조하고 나섰다.

이렇게 되면 200만 명이 목숨을 걸고 참여한 3·1운동은 민족사적으로 아무 의미가 없게 되며 3·1정신을 계승했다는 대한민국 헌법은 무효나 다름없게 될 것이다. 또 친일행위도 하나님의 뜻에 따라 행해졌고 독립투사들은 부질없는 짓을 한 것에 지나지 않는다. 더욱이 제국주의 국가의 식민 지배가 현대사에서 부정되고 있는 세계적 추세와는 달리 역사의 단계라는 긍정의 논리로 포장될 수도 있다.

둘째, 독립국을 이룩하지 못하고 "민족 분단이 된 것도 하나님의 뜻"이라고 했다. 다시 말해 고난이라는 시련을 주어 미국의 지원을 받아 공산화를 막았으며 일본의 기술을 배워 오늘날의 부강을 이룩할 수 있었다는 것이다. 미국과 일본이 없었다면 한국은 발전할 수 없었다는 논리를 편 것이다.

제2차세계대전 이후 한국을 분단시킨 것이 누구인가? 얄타회담을 통해 트루먼이 제안했고 미국 국무장관 애치슨이 동의했으며 맥아더 사령부의 고위 장교들이 38선을 그어 소련의 동의를 받았다. 이것은 엄연한 객관적 사실이다. 문창극은 전체 모습을 볼 줄 모르고 한쪽 눈만 뜨고 있었던 것이 아닌가. 또 한국전쟁 시기 민족상잔의 비극으로 무수한 군인의 살상과 민간인이 희생된 사실은 무엇으로 설명할 것인가. 이것이 시련이고 축복인가. 한민족은 열등해서 아무런 일도 할 수 없다는 논리로 귀결되고 만다. 우리의 민족성은 바꾸어야 할 대상으로 귀결될 것이며 민주화는 쓸모없는 유물에 지나지 않을 것이다. 아무튼 악마도 성경을 인용한다고 했으니 여기에 적용해도 맞을 것 같다.

셋째, 위안부 문제에 대해 일본이 사과할 필요가 없다고 했다. 그 논지로 한일협정으로 이미 해결되었으니 배상과 사과는 이미 끝났다고 주장하는 것이다. 위안부 문제는 한국을 비롯해 중국과 동남아시아 국가들의 공통 문제로 일제의 식민지나 점령지에서만 제기되었다. 세계 인권의 역사에서 지울 수 없는 반인권의 사례여서 미국의 정부와 의회, 세계 인권운동가들이 일본의 반성과 사과를 줄기차게 요구하고 있는 사항이다. 문창극은 겉치레 사과가 아닌 진정한 사죄를 하라고 외친 것이라고 궤변을 늘어놓았는데, 한일협정에서 해결되었다는 말과 모순되지 않는가.

위안부 문제를 두고 문창극은 한일협정으로 타결되었다고 했지만 개인의 인권에 관계되는 문제는 국가나 정부에서 결정짓는 것이 아니라는 법원의 판결이 잇따라 나오고 있다. 명문대에서 이런 분야를 전공하고 유수한 언론사에서 주필까지 지낸 이의 입에서 나온 의견이라니 어떻게 풀어야 할지…….

자, 어떻게 할 것인가? 앞으로 이렇게 무지한 문창극이 국무총리 자리에 앉는다면 아베 정권과 어떤 대화를 할 수 있겠는가. 일제 군국주의를 미화하고 한일병합이 국제법상으로 아무 문제가 없다는 아베의 궤변과 그의 궤변이 어우러져 하나의 이데올로기를 만들어낼지 두렵고도 두려울 따름이다. 더욱이 지금 일본의 극우파들은 그를 바른말을 하는 지성인으로 추어올리면서 소란을 피우고 있으니 이를 해결할 묘책이라도 있겠는가.

문창극은 기독교 신자로 교회에서 한 발언은 정서상 다를 수 있다고 말한다. 이렇게 경우와 장소에 따라 언행이 달라도 된다고 한다면 국무총리 자격으로서 언행이 또 달라져야 한다는 주장이 나오게 될 것이다. 그러므로 개인 수양과 인격이 이중적이라는 비판을 면할 수 없게 될 것이다. 그가 목사 아들로 기독교 집안에서 자라고 기독교 계통 단체에서 장학금을 받으면서 신앙생활을 충실히 하는 것을 나무라는 것이 아니다. 이를 빙자해 엉뚱하게 역사에 대입시키는 인생관을 꾸짖는 것이다. 그는 분명히 반민족적·반역사적·반헌법적으로 포장된 언론인이다. 이런 그가 국무총리 자리에 앉아서 또다른 언행으로 많은 것을 포장한다면 우리는 어떻게 판단해야 할지 암담할 뿐이다.

박근혜 정부는 친정체제 구축이라는 교묘한 정치 술수를 부리지 말고 과감하게 그를 내쳐야 한다. 그래야 국론 분열을 잠재우고 진정한 민주 발전과 일제 과거사 잔재를 청산하는 고리를 만들 수 있을 것이다. 박근혜 정부는 인사 정책을 바르게 시행해야 경제 발전과 다른 것을 이룰 수 있을 것이다. 하지만 돌아가는 상황으로 미루어보아 기대하는 것이 부질없을 것 같다.

또다른 예를 들어보자. 이승만 숭배자 유영익은 독재자 이승만을 국부로 받들자고 했다. 그는 재벌의 돈을 끌어들여 대학에 이승만연구소를 설립하고 "이승만은 터키공화국 초대 대통령 케말 아타튀르크, 중국의 진시황, 이스라엘의 모세"라고 비유했다. 게다가 "세종대왕과 맞먹는 유전자를 가졌던 인물"이라 추어올린 것으로도 모자라 "이승만이 대한민국을 건국한 것은 하나님과 밤새도록 씨름을 한 끝에 드디어 하나님의 축복을 받아낸 야곱의 이야기를 연상시키는 위업"이라고도 했다. 한 역사 인물을 두고 이런 표현이 이성적 판단에서 나왔다고 볼 수 있겠는가. 이쯤 되면 학자나 상식인이 아니라 광기 어린 사람, 사이코 수준이라고 할 수 있을 것이다.

유영익은 한국정치사를 연구하면서 일찍이 이승만과 친일파를 옹호하는 근대화론자들과 손을 잡았고 미국에 유학하면서 미국 관계자들로부터 많은 후원과 혜택을 받은 것으로 알려져 있다. 더욱이 그는 이승만 추종자들인 일부 기독교계 인사들과도 오랜 교류를 해왔다고 한다. 그러면서 유영익은 이권을 챙기고 출세를 했다. 이런 배경 때문에 이승만을 건국의 아버지로 받들면서 신격화하려 했다면 그는 학자의 기본자세에서 벗어나는 모리간상배나 다름없을 것이다.

또 유영익은 2008년에 정부수립일을 건국절로 바꾸자고 외쳤다. 대한민국을 이승만이 건국했으므로 나라를 처음 세웠다고 주장한 것이다. 다시 말해 이는 분명하게 정부수립이 3·1운동 정신 계승과 임시정부의 법통을 잇고 4·19혁명을 이어받는다는 헌법정신에 배치되는 것이다. 그는 이를 밑천으로 하여 대학에 연구소도 세우고 재벌에게서 연구비도 듬뿍 받아냈다.

그리고 유영익은 이승만이 대통령 취임 등 공식적인 국가 행사에서 기독교식으로 선서를 하고 기독교를 국교처럼 받든 것을 두고 "이승만 대통령의 기독교 장려 정책에 힘입어 우리나라는 역사상 처음으로 기독교 정권을 창출했고 아시아 굴지의 기독교 국가가 되었다"라고 하면서 로마제국을 기독교 국가로 만드는 데 기여한 콘스탄티누스에 필적한다고 했다. 이처럼 그는 이승만 정권을 기독교 정권이라고 표현했는데, 이는 심대한 대한민국 헌법 위반이다.

그런데도 한국사 교과서를 국정으로 추진하면서 그를 국사편찬위원장으로 임명했다. 유영익은 저 위대한 미국에서 정치학 박사를 받고 대학교수로 한국 근대사 관련의 논문을 썼다. 국사편찬위원장은 역대 정권에서 한국사 전공자를 임명해왔는데, 이 관례마저 깨고 그를 임명한 저의는 바로 박정희를 미화시키려는 노림수였을 것이다. 그런데 유영익은 박정희를 별로 좋아하지 않았던 모양이다. 박근혜는 국정교과서를 추진하면서 이승만만을 좋아하는 유영익을 껄끄럽게 여겨 "책상 빼"를 외쳤다고 한다. 유영익, 그는 픽션으로 작품을 꾸미는 소설가도 아니면서 소설가 흉내를 내다가 늙은 나이에 왜 망신을 당했는지 돌아볼 일이다.

또 한 사람이 있다. 이인호는 2014년 전국경제인연합회 강연에서 "친일파 청산은 소련에서 내려온 지령이었다"라고 주장해 세상 사람들을 놀라게 했다. 이게 무슨 말인가. 그는 미국의 유수한 대학에서 러시아사를 전공하고 한국에서 교수 노릇을 했다. 그는 늘 평생 역사학자로 살아왔다고 큰소리를 치면서 진보적인 척했다. 그런데 한국사 관련의 논문이나 저술은 하나도 없다. 하지만 여성으로서 폴란드·러시아 대사를 지냈고 한국국제교류재단 이사장, 아산정책연구원 이사장을 거쳐 한국방송공사 이사장까지 꿰찼다. 출세가도를 잘 달려오지 않았는가. 그런데 이인호는 평소 역사학자라고 입버릇처럼 말하고 다니면서 뉴라이트 학자들 단체에서 고문을 받거나 그들이 집필한 교과서를 감수하거나 강연 등을 했다. 그뿐 아니라 친일파를 옹호하거나 이승만을 추앙하는 발언도 서슴지 않았다. 그의 이야기를 마지막으로 살펴보자.

이인호는 민족문제연구소에서 이승만의 행적을 폭로한 다큐 〈백년전쟁〉이 발표되었을 때에도 "사실 왜곡이다"라고 외쳤다. 또한 "나라를 건국하고 발전시킨 분 자체를 반민족 세력이라 규정하고 대한민국 건립에 반대했던 사람들은 민족주의자로 부각시키는 영상이 나왔다"고도 했다. 이어 "내용을 보면 마치 이완용부터 대한민국이 연결되는 것같이 그려놓는 등 분명한 의도를 갖고 사실과 다른 내용이 전체 영상에 담겼다. 국가에 대한 도전이요, 역사를 교란시키려는 목적을 가졌다"고 했다.(『오마이뉴스』) 역사학자의 입에서 도통 이해할 수 없는 요령부득의 말이 쏟아져나왔다.

이인호는 2014년 문창극의 교회 설교 내용에 비난이 쏟아지자 되레 "마녀 사냥이다. 나는 그의 말에 감동을 받았다"라고 하면서 상식에서 벗어난 발언을 서슴없이 토해냈다. 왜 그랬을까? 그의 할아버지가 친일파였기 때문일까? 여기에서 나는 연좌법을 반대하는 사람으로서 그의 할아버지 이름은 굳이 밝히고 싶지 않다. 하지만 그의 할아버지는 친일파를 넘어서서 이승만 독재정권에 빌붙어 폭력으로 성균관을 접수했고 3·15부정선거에도 가담했던 사실만은 알리고 싶다.

이인호는 청와대 원로 모임에 참석해 박근혜 옆에 앉아 교과서에 이승만, 박정희의 기술에 왜곡이 많다고 말하고 한국사를 국정으로 해야 한다고 꼬드긴 인물이다. 그 공로 때문인지 방송 전문가가 아닌데도 한국방송공사 이사장을 맡았으니 대단한 출세가도를 달려오지 않았는가. 그뒤에 KBS에서는 '친일파'라는 용어가 금기어가 되었다 한다. 친일파 프로그램을 만드는 데 견제를 했다는 것이다. 그는 학자인 척, 지성인인 척하면서 교묘하게 줄타기 삶을 이어오고 있다.

사이비와 아이러니의 표본인 문창극과 유영익, 이인호, 교묘한 대비가 되겠지만 박근혜 정부는 이런 인물들을 끌어안으려 하다가 실패를 거듭했다. 이들이 촛불문화제의 조연급으로 등장했던 것이다.

새 시대에 맞는 리더십

2012년 대선을 앞두고 한완상, 이정우, 이학영, 유시춘, 도종환 등이 담쟁이포럼을 조직하고 민주통합당 문재인 후보를 지원했는데, 6월 무렵 국회 귀빈식당에서 가진 첫 조찬 강연회에서 내가 첫 강연을 맡았다. 나에게 주어진 제목은 "2013년 체제의 리더십, 역대 지도자의 궤적"이었는데, 조금 딱딱하다는 느낌을 받았다. 문재인 후보도 참석해 "사고 한번 치세요"라고 하면서 끝까지 듣지 못하고 중간에 선약이 있어 나가야 한다는 말을 건넸다. 정세균, 배재정 등을 포함한 몇몇 국회의원도 참석했다.

어쨌든 나는 역사학자로서 오랫동안, 그저 역사 인물의 평전을 쓰면서 역사 인물의 판단력, 결단력, 지도력을 살펴보고 시대정신에 얼마나 철저했는지에 대해 관심을 기울이고 평가했다는 서두를 시작으로 강연을 했다. 내 나름대로의 평가 기준에서 지도자를 살펴보면 시대에 영합하는 현실 안존형, 과거와 현실을 연결하려는 균형형, 현실을 부정하고 새로운 시대정신을 추구하는 개혁형이 있다. 이 세 유형은 지도력과 통치 스타일에서 많은 차이를 보인다. 이런 기준에서 모델이 되는 옛 군주와 현대사에 부침한 역대 지도자의 모습을 살펴보고 소박하게나마 미래 지도자상을 그리되, 긍정적 평가보다는 비판적 검토를 했다. 그 강연 내용을 지도자의 공과를 시대의 순서에 따라 소개해볼까 한다.

세종과 정조의 리더십

조선 왕조의 역사에서 창조와 개혁을 추구하거나 구현한 군주로는 세종과 정조를 꼽을 수 있다. 세종은 안정기에 수성(守成)의 군주 역할을 했다. 세종의 리더십은 스스로 학문의 소양을 쌓고 문화의 수양을 길렀던 데서 출발했다. 그의 창조적 업적도 여기에 기초했던 것이다.

세종은 성품이 자애로웠고 근면, 검소했으며 신하에게 함부로 하지 않았다. 그가 천문학과 과학기기를 발명하거나 훈민정음을 창제할 때 알고 있는 기초 이론을 바탕으로 유능한 인물을 알맞게 등용했다. 그는 동기만 부여하고 집현전을 설치해 학자들을 극진하게 대우하면서 맡은 업무에 충실할 수 있게 지원을 아끼지 않았다.

또한 세종은 벼슬아치를 임명할 때에도 청렴성과 함께 능력을 고려했다. 그는 척족이나 왕실의 인물은 중용하지 않았는데, 아버지 태종이 만들어놓은 정치적 정지(整地) 작업의 혜택을 입었다고 할 수 있다. 그리하여 그가 등용한 황희, 맹사성 등의 관료들은 유능하기보다 합리적이고 청렴했으며 신숙주, 성삼문, 장영실, 이천 등의 학자들은 자신이 맡은 분야에 철저한 인물이었다.

세종은 유학 이론에 밝은 유학자였으나 학문적 경직성과 교조성을 갖지 않았다. 아버지 태종은 도교, 불교를 이단이라 하여 심한 압제를 가했으나 그는 이를 따르지 않았다. 그렇다고 아버지의 정책을 정면으로 반대하지도 않았다. 그는 내불당을 헐었다가 다시 지었고, 불승의 수를 제한하는 도첩제를 따랐으며, 사찰에서 금불사 등의 화려함과 사치를 막으면서도 직접적 압제를 가하지 않았다.

무엇보다 세종은 어떤 경우에서든 사람을 죽이지 않았다. 그가 직접 부리는 내시나 궁녀 들의 인권을 존중했다. 궁궐도 화려하게 짓지 못하게 했으며 좋은 음식도 금지했다. 그가 소갈병 같은 병고에 시달리지 않았다면 더 많은 업적을 남겨 민족문화를 더욱 빛냈을 것이다.

그렇다면 조선 후기의 정조는 어떠했는가. 정조가 재위한 시대는 세종의 시대와 너무나 달랐다. 관인사회는 당쟁이 격화되어 빙탄(氷炭)의 관계에 놓여 있었으며 수령은 부정행위를 일삼았다. 향촌사회는 향반과 향리가 극한으로 대립하고 있었으며, 농민은 삼정문란에 저항해 봉기를 일으켰고, 노비는 신분 투쟁을 도모해 도망치거나 반항했다.

정조를 따르는 세력은 소수였다. 그는 규장각을 설치하고 친위 세력을 모았으며 암행어사 제도를 개편해 수령의 부정을 막으려 했다. 또 당파 세력을 억제하면서 기득권 세력을 누르기 위해 수원으로 도읍을 옮기려고 시도했다. 더욱이 그는 죄인의 인권을 보장하려 불법의 고문 형벌을 개선했으며 서민의 고통을 덜어주려 격쟁(擊錚, 징을 치면서 소원하는 것)제도를 실시했다. 또한 도망 노비를 잡아들이지 못하게도 했다.

정조는 수령들이 여러 폐단을 적은 응지소(應旨疏)를 올리면 승지들이 보지 못하게 하고 직접 밤을 새워 읽으면서 눈물을 흘렸다. 또 흉년이 들어 백성이 굶으면 밥을 먹지 않고 눈물을 흘렸다. 모든 정책을 스스로 챙기려고 잠은 네댓 시간만 자다보니 건강했지만 피곤했다.

정조는 주자학을 신봉한다고 내세우면서도 불교를 탄압하지 않고 오히려 이용했다. 부모의 효를 내세워 용주사를 창건하고 불승을 통섭했다. 또 척사위정(斥邪衛正)의 논리를 내세워 서학(천주교)을 견제하면서도 주자학도들의 빗발치는 항의를 막고 처형을 억제했다.

정조는 과격한 면도 있었다. 신하들과 논쟁을 벌이면서 욕설도 서슴지 않았고 무식하다고 꾸짖기도 했다. 하지만 고통받는 백성에게는 인자했다. 정조는 세종의 덕성과는 다른 개성을 지녔지만 인간 또는 인권을 존중한 점에서는 세종보다 훨씬 더 철저했다.

해방 후 역대 지도자의 모습

해방 공간은 혼란과 광란의 시대였다. "난세에 영웅이 난다"고 하지만 많은 지도자는 영웅이기보다 졸부로 전락했다. 그 대표적 인물이 이승만이다. 이외에도 장면, 박정희 등을 평가 대상으로 삼아 살펴보자.

이승만은 한마디로 말해 독립운동 현장에 있어본 적도, 일본 경찰에 체포된 적도 없다. 굳이 찾는다면 상하이 임시정부에서 잠깐 머물렀던 것이 전부였다. 그런 그가 맨 처음 명망을 얻을 수 있었던 것은 뛰어난 영어 실력 때문이었다. 배재학당 학생 시절 미국 선교사의 인정을 받았던 것이다. 마침 독립협회와 만민공동회가 활발한 활동을 벌이던 때여서 청년이었던 이승만은 활기찬 활동을 벌였다. 그는 대한제국 시기에 부정으로 얼룩진 과거에 몇 차례 낙방했고, 그 때문인지 황해도 출신 전주 이씨 종친에 대한 반감이 높았을 것이다.

이승만은 청년의 몸으로 선배이자 명망가인 박영효, 서재필, 이상재 등과 함께 활동하면서 황제제를 반대하고 미국식 대통령제나 영국식 입헌군주제를 주장해 주목을 받았다. 그가 체포되어 사형 언도를 받은 것은 황제를 부인한 역적률을 적용한 때문이었다. 그는 사면을 받은 뒤 미국으로 도망쳤다.

이승만은 미국에서 정식 박사 학위를 받아 명성에 날개를 달았으나 잠시 기독교청년운동 일을 보러 귀국했다가 미국으로 돌아가 해방이 될 때까지 돌아오지 않았다. 그는 3·1운동 뒤 출범한 상하이 대한민국 임시정부의 대통령이 되었는데, 이때 그는 대한민국을 국제 위임통치를 해야 한다거나 무력 항쟁을 하지 말아야 한다는 따위의 애매한 주장을 해 탄핵을 받았다.

이승만은 미국으로 돌아간 뒤 여러 국제회의에 참석해 대한민국의 독립을 외치면서 연합국인 소련을 향해 반공정책을 발표하는 등의 활동을 하면서 해방을 맞이했다. 그는 국내의 정치적 기반이 취약한 점을 만회하려 미국의 힘을 빌렸고 친일파를 이용했다. 그런 정치 기반에서 경찰 권력을 거머쥐고 정적들에게 테러 암살을 자행했다. 송진우, 장덕수, 여운형, 김구 등이 죽으면서 그는 친일파를 끌어안고 단독정부를 수립하는 데 성공했다.

이승만은 집권한 뒤 반공주의를 표방해 국시로 내걸고 절차민주주의를 짓밟았다. 그가 내세운 민주주의는 반공의 바탕에서 미국을 모델로 근대화를 이루는 것이었다. 그의 미국식 모델은 곧 기독교 국가를 만드는 것이었다.(『강원용 나의 현대사』) 하지만 그는 절차민주주의를 철저하게 짓밟고 한국의 민주주의를 후퇴시켰다.

이승만이 추구한 자주는 허구투성이였다. 한국전쟁 시기 군사작전 지휘권을 스스로 미국에 넘겨주고 정전 회담 합의사항에 대한 서명을 거부했다. 이로써 반공을 국시로 내건 냉전체제는 굳어졌다. 그는 온갖 무리한 방법으로 장기 집권을 꾀하다가 마침내 불명예를 뒤집어쓰고 역사 속에서 사라졌다.

이승만은 옹고집쟁이로 '독불장군'이었다. 나 아니면 할 사람이 없다는 아집 속에서 권력을 휘둘렀다. 군주적 군림과 권위주의의 화신이라고 해도 지나치지 않을 것이다. 이승만은 독재자인가, 반공의 화신인가, 대한민국의 국조인가.

다음은 장면에 대해 살펴보자. 그는 누구인가. 장면은 이승만 독재가 키운 인물이다. 그는 이승만처럼 잘생기고 영어도 잘했지만 성격이 이승만과는 다르게 부드러웠다. 전형적인 신사라고 할까. 이 점이 그의 가장 큰 결함이었다. 그는 천주교 국가를 만드는 것이 소원이어서 정치를 시작했다고 한다. 이게 무슨 뜻인가. 종교의 자유를 규정한 헌법에 위배되는 종교관이었다.

장면은 이승만 정권에서 주미 대사와 국무총리를 지냈는데도 자신의 정치적 위치를 적절히 활용한 적이 없었다. 그는 이승만의 장기 집권에 항의해 이승만 정권의 반대 세력에 가담해 반독재 투쟁에서 나섰으나 선거를 통한 민주주의를 수호한다는 의지 말고는 뚜렷한 비전이 없었고, 집권한 뒤 맹목적 친미 노선을 견지할 뿐 남북문제에는 별다른 관심을 기울이지 않은 한계를 보여주었다. 더욱이 민주당 신구파 갈등의 과정에서 내부 수습에 역량을 발휘하지 못했다. 신구파의 갈등 조정을 도모하기보다는 참모들에 이끌려 갈등을 조장한 측면이 있었다.

5·16군사정변이 일어났을 때 장면은 수습하기보다 구명도생(苟命圖生)으로 일관해 나약함을 보여주었으며 지도력의 한계를 드러냈다. 우유부단의 전형적 지도자였다. 짧은 집권 기간이 변명거리가 될 것이다.

그렇다면 박정희는 어떤가. 알다시피 박정희는 일제 식민지 시기와 해방 공간에서 출세주의, 기회주의의 삶을 살았다. 그는 해방 공간과 여순 사건 전후에 줄타기와 배반으로 목숨을 건졌다. 그가 만주군으로 활동하면서 독립투사를 토벌했다는 기록은 없으나 독립군(광복군)으로 변신하려 했고 해방 공간에서 남조선노동당(남로당)에 가입했다가 그 정보를 제공해 생존과 출세의 도구로 이용했다는 혐의에서는 벗어날 수 없을 것이다.

박정희는 5·16군사정변이 성공한 뒤 만주군관학교 출신의 친일 군인을 끌어안고 매판자본가를 끌어들이면서 '조국 근대화'의 기치를 내걸었다. 그 과정에서 전향적 친일, 친미 출신의 관료사회를 구축했다. 이런 점에서 그는 태생적으로 반민족적·기회주의적 성향을 지녔다고 할 수 있을 것이다. 더욱이 초기 단계에서 공산당 혐의를 씌워 민족, 민주 인사를 숙청하다시피 제거했다. 그 대표적인 사례가 한일협정이다. 이를 주도한 인사들은 친일파와 친미파였다. 그 동기는 취약한 쿠데타 세력의 정권 기반을 공고히 하고 미국의 동북아 평화 정책에 따라 한국 국교 정상화를 추구하는 것이었지만 너무 성급하게 추진해 굴욕적인 결과를 가져왔다. 강제동원자와 원자폭탄 피해자를 축소하고, 위안부 문제를 빼고 제시하고, 무상 차관을 합해 6억 달러를 받는 것으로 합의했다. 이 문제는 지금도 무효 논란을 빚고 있다.

박정희 정권은 파독 간호사와 광부, 베트남 파병을 이루면서 내부로는 경제적 효과를 노렸으나 파병 문제는 청부전쟁의 한 표본이라는 비난을 받아야 했다. 박정희 정권은 경제 발전과정에서 재벌을 키우면서 중화학공업 육성에 중점을 두고 수출 증대에 나섰으나 공룡 재벌의 길을 열었다는 역사적 책임을 져야 했다. 그로 인한 대기업 중심의 기형적 경제 구조의 폐해는 지금 크게 불거지고 있다.

10월 유신은 자유민주주의를 확립하고 한국적 민주주의를 이룩한다고 내세웠으나 1948년에 이룩된 제헌 헌법의 정신을 유린하고 절차민주주의를 차단하는 역사의 오류를 기록했다. 이른바 유신체제 아래에서 이승만 정권과 비교할 수 없을 정도로 인권 탄압을 자행했고 언론 집회 결사의 자유는 여지없이 짓밟혔다. 역사의 암흑기였다.

박정희는 때때로 결단력과 과감성을 보여주었으나 전제적 수법을 동원해 장기 집권을 도구로 이용했다는 점에서 잘못된 리더십이란 오점을 남겼다. 흔히 그를 두고 긍정적 관점에서 개발독재라고 평가하지만 절차 민주주의를 짓밟고 민족 경제를 그릇된 길로 이끌었다는 점에 대해서는 소홀히 다루는 것 같다.

박정희가 선글라스를 끼고 케네디를 만나는 모습에서 보았듯이 그는 신비롭게 보이려 했으며 연설을 할 때에도 어김없이 써온 원고를 읽었다. 장발 단속이나 대중가요의 검열은 엄숙주의의 한 단면이요, 독재자의 모습이다. 그는 병영국가를 만들려 했다. 지금부터라도 박정희 망령에서 벗어나야 진정한 민주주의를 이룩할 수 있을 것이다.

한 가지 부칠 말은 전두환은 병영국가를 지향하는 등 모든 것을 박정희 방식을 따랐으나 민중의 저항에 부딪혀 장기 집권에 실패했다. 전두환은 호헌을 외치다가 6월 민주항쟁으로 백기를 들었다. 그는 폭압적이고 깡패 의리가 있으면서도 얼뜨고 모자란 면이 있었다. 그는 스스로 장기 집권을 할 수도 있으나 미국의 국부인 조지 워싱턴을 닮고 싶다는 말을 했다. 이를 보더라도 그가 얼마나 자가당착과 자기도취에 빠져 있었는지를 짐작할 수 있을 것이다.

절차민주주의 시기의 지도자

겉으로 보기에 민주정의당 대통령 후보로 유력한 노태우의 결단으로 대통령 직선제 개헌이 이루어지고 대통령 직접선거가 실시되었다. 직접선거제에 의한 대통령 5년 단임제는 두 가지 상충되는 쟁점으로 나누어 살펴볼 수 있다. 장기 집권의 통로를 차단했다는 것과 그 대가로 장기 정책의 일관성을 유지할 수 없다는 것이다. 이런 기본 원칙에서 통치자는 일관성 있는 정책을 수행하기가 매우 어려웠다.

노태우 정권의 태생은 전두환 정권의 연장선에 있었지만 선거를 통해 선출되었다는 점에 그나마 차별을 두어야 할 것이다. 이런 정통성을 지닌 배경에서 노태우는 최소한의 통치력을 발휘했다. 곧 냉전체제를 불식시키는 7·4남북공동성명을 바탕으로 한발 나아가 남북 기본 합의서를 이끌어내어 다음 정권에 넘겨주었다. 하지만 권위주의적 통치의 잔재를 유지했으며 정권 실세의 부정부패로 정당성을 상실했다.

김영삼 정부는 태생의 한계가 있었으나 노태우 정권보다 현실 개혁을 몇 가지 추진해 성과를 얻었다. 신군부의 잔재인 하나회를 해체하고, 두 군부 통치자의 법적 책임을 물었으며, 금융실명제로 경제적 불법행위를 막으려 했다. 하지만 눈먼 관료들에게 포위당해 바람직한 개혁 정책을 진행하지 못했고 국가 부도의 사태를 불러왔다.

김영삼은 나름대로 민주의식을 추구하려 도모했으나 새로 형성된 지식기반 사회의 리더로는 너무나 전문성이 없었고 즉흥적으로 정책을 처리했다는 평가를 받아야 했다.

김대중 정부는 민주주의에 대한 집념을 갖고 개혁을 추진했다. 그는 민주화 과정에서 가장 많은 열매를 얻은 인물이라고 할 수 있다. 그의 업적은 무엇보다 통일 문제에 있을 것이다. 지난 기본 합의서에 따라 화해 협력과 남북 불가침의 기조 위에서 남북 정상회담을 이루고 실질적으로 협력 사업을 추진했다. 훗날 남북평화통일이 이룩되었을 때 그 실마리를 제공했다는 역사적 평가를 받을 것이다.

또한 정치 보복을 중지하고, 정보 정치를 타파하고, 과거사 정리 등 역사 문제의 고리를 풀었다는 평가도 있을 것이다. 그러나 국회의 여소야대로 말미암아 제대로 된 개혁을 추진할 수 없었다. 정권에 참여한 인사들이 민주의식은 지녔지만 개혁 의지는 별로 굳건하지 못했다는 논란도 있다.

한편, 국제구제금융에 대응하는 과정에서 신자유주의 정책을 상당 부분 도입한 것은 역사의 다른 평가를 받을 것이다. 그 여파로 지금도 투기자본이 유입되고 있지 않은가. 불가피한 시대 상황 때문이라고 할지라도 스스로 구상한 대중경제론에서 벗어나 미국 재벌에 포위되었다는 평가에서는 벗어날 수 없을 것이다.

김대중은 모든 일을 혼자 챙기려는 성품을 지녀 소통이 부족했고 아랫사람들을 권위적으로 다루었다는 평가가 있을 수 있다.

노무현 정부는 김대중 정부의 연장으로 볼 수도 있지만 정부에 참여해 주도한 인사들은 조금 성격이 다르다고 할 수 있다. 무엇보다도 지역 갈등을 실질적으로 일정 부분 해소하는 데 공헌했다는 평가를 내릴 수 있을 것이다. 또 고질적인 학벌사회에서 인사 정책이나 인재 등용에서 학벌을 타파한 성과도 이룩했다고 해야 할 것이다. 한편, 왜곡된 과거사 청산에 힘을 실어주고 희생적인 민주운동 세력에게 용기를 주었다.

그러나 정치 개혁에는 많은 개혁 정책을 낸 것으로 비칠지 모르지만 경제 정책에는 실질적 경제 정의를 이룩한 것으로는 보이지 않는다. 더욱이 극단적인 비민주 세력과 손을 잡으려는 연정 제의는 그 한계를 보여주는 사례가 될 것이다. 또 신자유주의 정책을 청산하지 못한 한계를 지녔다. 하지만 부패한 정치 관행을 깨고 정보 정치를 불식하고 서민의 고통을 해결하려는 의지는 역사적 평가를 받을 것이다.

한 가지 덧붙이면 리더십에 과단성이 결여되었다고 평가할 수 있을 것이다. 재벌과 보수 언론의 불법과 비리를 적발하고 규제해야 하는데도 섣부른 화해의 제스처를 취하며 오히려 끌려다녀서 지도력에 상처를 입었던 것이다. 이 역시 개혁의 한 대상이었다는 점에서 유념할 필요가 있을 것이다.

앞에서 지적한 정책들은 절차민주주의에 따른 5년 단임제에 그 일차적 원인을 둘 수 있을 것이다. 또 지난 정권의 좋은 정책도 통치자의 개인적 포퓰리즘에 따라 함부로 뜯어고치는 데서도 일관성이 없게 되었다. 간단히 예를 들면 정부 부처의 명칭을 정권마다 뜯어고치지 않는가.

현재와 미래의 새 지도자상

이명박 정부는 한마디로 말해 노태우 정권 이래 가장 최악의 정권이라고 평가해도 지나치지 않을 것이다. 이 정부에 참여한 자들은 집단 협잡형이라 볼 수 있다. 4대강을 마구잡이로 토목공사를 하고 천민자본주의로 치장한 재벌과 고소득층의 이익을 보장하고 법망을 피하는 사기 수법과 대중매체를 통한 이미지 쇼를 잇달아 보여주어 통치자의 천박한 리더십을 보여주었다. 남북관계는 파탄이 나서 냉전체제 수준으로 돌아갔으며 신자유주의는 더욱 심화되었다. 대통령 단임제 시행 이후 최악의 정권이라는 평가가 나올지도 모른다.

그러면 앞으로의 바람직한 지도자상은 어떠해야 할까? 새로운 시대는 상황이 매우 달리 전개되고 있다고 보아야 할 것이다. 정책으로는 외부로부터의 신자유주의 물결을 저지하고, 비정규직을 철폐하며, 복지를 확대하는 것은 현실적 당면 문제일 것이다. 또 남북의 화해 협력을 추진해 최소한 이산가족 상봉을 이루고 금강산 관광사업을 재개해야 할 것이다. 또 누구든 해묵은 지역 갈등을 해소해야 하는 숙제를 안고 있다.

현대는 가치관과 의식이 하루가 다르게 달라져 변화를 추구한다. 수많은 정보 전달과 확산, 새로운 세대를 중심으로 새로운 질서를 만들어내고 있다. 특히 청년문화는 2008년 촛불 시위에서 볼 수 있듯이 기성 권위를 거부하고 새로운 수평적 리더십을 요구한다. 그 전환점을 2013년이라 규정할 수 있을 것이다. 새 지도자상은 이승만식 허위의식으로 포장된 노회형도 아니요, 장면식으로 이 눈치 저 눈치 살피는 우유부단형은 더욱 아니요, 박정희식으로 인권을 짓밟으면서 민주주의를 철저히 왜곡한 과단형은 더더욱 아니다. 권위주의 시대는 이미 사라졌다.

새로운 시대의 지도자로는 진정한 스테이츠먼(statesman)을 요구할 것이며 음모와 술수로 이미지를 조작하는 폴리티션(politician)은 거부한다. 역사 속에서 이런 지도자를 오래 경험했기 때문에 대중은 이를 알아차리고 거부하는 것이다. 허위의식으로 이미지를 조작하는 시대는 사라졌다고 해도 틀림없을 것이다.

적과 동지를 구분하지 못하는 천박한 의식을 갖고 있고 판단력이 모자란 대중집단이 노동자와 농민, 빈곤층에 존재할지라도 그리 우려할 수준은 아닐 것이다. 지도자들은 그들을 품고 계층의 갈등을 해소해야 할 것이다. 그들이 "그놈이 그놈이다"라고 말할지라도 포기의 대상으로 여기면 지도자의 한계를 드러내는 결과를 낳게 된다. 이 시대 지도자의 모습은 대중영합이 아니라 대중의 정서를 자극하고 공감을 불러일으켜야 할 것이다. 감동은 대화와 행위를 통해 불러일으켜야 한다. 진솔한 대화를 통해 공감대를 형성하고 민중 정서를 존중해야 미래 민주적 지도자가 될 수 있을 것이다. 진정성 없이 시장에서 떡볶이를 사먹는 행위만으로는 서민에게 다가갈 수 없다.

다가올 시대에는 공감을 통한 수평적 리더십이 요구된다. 수평적 리더십은 공감, 곧 '너의 처지는 이해해'라는 전제를 바탕으로 갈등을 조정하면서 '하지만 이렇게 이해하는 게 좋겠어'라고 소통하는 데서 결실을 얻는다. 이것이 통합의 논리요, 21세기형의 수평적 리더십이라 할 수 있을 것이다.

이를 효과적으로 수행하려면 대통령은 모든 국가 행사마다 참석하는 것이 아니라 국정에 보다 몰두하는 관행을 만들어야 하며, 전문성을 지닌 참모를 선별하고 위임해 국정을 분담해야 할 것이다. 다양한 사회, 복잡한 국제사회에서 최고 통치자 혼자서 국정을 모두 재단하는 것은 오히려 비능률과 부실화를 가져올 수 있다. 그러므로 세종의 방식을 배울 필요가 있을 것이다.

앞에서 이야기한 "문재인 후보를 지원하는 담쟁이포럼 강연" 내용은 객관성을 유지하려 하면서도 그 밑바탕에는 발표자 나름의 주관이 실려 있음을 밝혀둔다. 2013년 대선에는 독재자 성향, 불통의 지도자, 묵은 리더십을 지닌 지도자를 배제하고 새 시대에 맞는 수평적 리더십을 갖춘 지도자를 내세워야 미래의 시대정신과 역사정신에 맞을 것이다.

마지막으로 한마디하면 검은 고양이든 흰 고양이든 쥐를 잡자.

2부

한국 휴머니즘의 좌절과 희망

동학농민혁명은 기층민의 변혁운동

나는 한국사를 공부하면서 한 사건을 두고 회의에 빠진 적이 있다. '동학농민혁명이 과연 역적의 무리인가'라는 주제에 대해 깊이 생각하게 되었고 고민 끝에 이를 재해석하고 재평가하는 작업에 나섰다.

1894년에 일어난 동학농민혁명은 한마디로 요약하면 기층민의 변혁운동이었다. 이는 한국의 역사에서 민중 봉기가 전국적으로 확대된 첫 사례에 해당하며, 그들의 이념적 지향은 차별적 신분제도 철폐, 독점적 토지제도 혁파, 지배 세력이 저지르는 비리의 척결이었고, 주권을 짓밟고, 이권을 앗아가는 외세의 구축(驅逐)이었다. 이를 반봉건, 반외세라 부른다. 이는 종교조직인 동학과 체제를 바꾸려는 변혁 세력이 연합되어 수행되었다. 그 배경과 과정, 그리고 역사적 의미와 평가를 살펴보자.

조선 후기 새 지배 세력의 등장과 수탈체제 강화

조선 후기, 사족 중심의 향촌 지배 구조는 변화를 보여 위기에 부딪
혔다. 첫째, 조일전쟁과 조청전쟁으로 인한 사회경제적 기반의 동요 둘
째, 중앙집권층의 세도 정치와 지배층의 분열 셋째, 농업생산력 증대와
그에 따른 화폐경제의 발달에 따른 것이었다. 다시 말해 재지사족(在地
士族)이 문중의 힘과 향약을 이용해 향권을 장악하고 평민과 천민을 압
제했으며, 중앙권력은 일부 벌열 중심의 문벌 정치 세력이 권력을 독점
하면서 당쟁이 격화되었고, 이앙법(移秧法)의 보급으로 농업생산력이 높
아지고 화폐경제가 발달하게 되면서 잉여생산물을 팔아 자본을 축적한
부농층이 등장해 향촌 지배 구조의 변화를 보인 것이다. 그 결과 조선
후기에는 향권을 둘러싸고 사족끼리 서로 다투었다.

조선 후기에 재지사족에 맞서 지방권력에 도전한 세력은 이향(吏鄕)
이었다. 이향은 향권을 두고 지방 실정에 어두운 수령과 결탁해 기존의
사족 지배질서를 무너뜨렸는데, 이들을 신향(新鄕)이라 불렀다. 신향은
삼정의 수취 등 지방권력을 장악했다. 향권을 장악한 신향은 기층민인
평민과 천민을 대상으로 수탈 구조를 만들고 작폐를 일삼았다. 19세기
초 안동 김씨의 문벌 정치가 들어설 무렵에는 그 모순이 더욱 극대화되
었다. 전호(佃戶)를 비롯해 중소 자작농은 수탈 구조로 바뀐 삼정문란에
따라 과도한 수취에 시달렸고 고리채로 파산하게 되어 최소한의 생계마

저 유지할 수 없었다. 소작농들은 소작료 납부를 거부하는 항조운동을 벌였으나 성과를 거두지 못했다. 그리하여 극심한 이농 현상이 빚어졌다.

이와 달리 두레는 18세기 이후 마을 단위로 본격적으로 조직되었다. 조선 후기의 촌락은 양반, 상인, 서자, 구실아치, 백정 등 신분에 따라 형성되었는데, 이들이 두레의 구성원이 되었다. 두레는 행정조직이 아니므로 구성원 자격에 기준이 없었고 남녀 불문하고 누구나 가입할 수 있었다. 두레의 기본 규칙은 공동 노동이었다. 노동의 중심은 대개 모내기, 물 대기, 김매기, 벼 베기, 타작하기 등이었다.

촌계는 향약과 두레를 아우르는 공동조직체였다. 그래서 여러 제제 규정도 있었고 규약을 어기면 쫓아냈다. 촌계는 수령에 협조하기도 했지만 수령을 견제하는 역할도 했다. 여러 촌계 구성원은 향회(鄕會)를 집단으로 열어 부정부패한 수령을 잡아들여 죄를 나열하고 멍석말이한 뒤 지경 밖으로 내쳤다. 삼남 농민 봉기 당시 이런 일이 많았는데, 어느 정도는 합법적이었다.

한편, 19세기에 들어서서는 하층민을 중심으로 비밀결사체의 활동이 활발했다. 또한 수령, 아전 등 관료의 수탈을 폭로하고 항의하는 와언(訛言), 산호(山呼), 거화(擧火), 투서(投書) 등도 잇따랐다. 관아에 부정을 폭로하는 글을 붙이거나 관아로 쳐들어간다는 글을 보내 경고했다. 또 곳곳에서는 관아를 들이닥치는 음모를 꾸미거나 변란을 모의한다는 고변이 이어졌다.

이런 일련의 과정에서 1862년의 농민 항쟁은 삼정문란에 항거해 경상도, 전라도, 충청도를 중심으로 경기도, 황해도, 함경도 일부 지방 등 71개 군현에서 전개되었다. 19세기 후반기에 들어 세도 문벌 정치는 더욱 부정을 저질렀고 삼정문란도 더욱 심해졌다. 1870년대 민씨의 독점 체제가 이루어진 뒤에는 더욱 국가 수탈과 지주 수탈이 가중되었다. 잡세를 더욱 늘렸는데, 영세 어민들의 하찮은 고기잡이에도 무거운 어업세를 물렸다.

지주들은 소출의 7할에서 8할을 소작료로 받았으며 부호들은 1년에 고리의 이자를 받는 장리쌀을 풀었다. 끝내 도조와 장리의 대가로 남은 논을 빼앗긴 소작농들은 먹고살 길이 없어 고향을 떠나 떠돌며 밥을 빌어먹기 일쑤였고, 중간 지주들은 온갖 명목의 잡세를 내느라 농사를 지어도 손에 쥐는 것이 없을 지경이었다. 그리하여 중간 지주들도 불평불만에 가득차 있었다.

민중은 "에이, 이놈의 세상 빨리 망해야지"라고 수군거렸으며 중간층도 "민가 놈들 때문에 못 살겠어"라고 불평을 토해내기 일쑤였다. 유리민을 비롯해 최하층민인 노비들과 백정들은 세상이 뒤집어지기만을 바라면서 세상 돌아가는 꼴을 살폈다.

여러 모순이 얽힌 시대 배경

흥선대원군이 한창 보수적 개혁 정치를 펼 때 프랑스와 미국의 군함이 강화도를 침범해 병인양요(1866)와 신미양요(1871)를 일으켰다. 이를 계기로 흥선대원군은 일대 서양배척운동을 벌이면서 대대적인 선전 활동을 전개했다. 또한 서양인들과 적당히 타협하려는 주장을 배척하고 "화의를 주장함은 나라를 팔아먹는 것이다(主和賣國)"라고 선언했다. 이어 철저한 항전을 독려하는 구호를 적은 척화비를 전국의 중요한 곳마다 세우게 했다.

무엇보다 조선을 충격에 빠뜨린 사건은 1876년에 이루어진 개항이었다. 민씨 정권에서는 어쩔 수 없이 일본과 교섭을 벌여 부산, 인천, 원산 등 세 항구를 개항해 일본 상인들이 거주하면서 무역을 하게 하고 일본 영사관도 설치했다. 또 일본이 조선의 연해와 섬들을 측량할 수 있는 권리도 주었다. 이것을 강화도조약이라 부른다.

이 개항으로 말미암아 조선은 서양의 여러 나라와도 문호를 개방하게 되었고 외교관계도 맺게 되었다. 그리하여 개항은 아무런 내부 준비도 없이 일본과 서양 세력의 활동 무대를 제공하는 결정적 계기가 되었다. 그 결과 일본인과 서양인은 금광개발권, 삼림채벌권, 철도부설권 등의 이권을 가져갔으며 조선은 쌀, 콩 등의 식량과 금, 은 등의 자원을 수출하는 대신 양복지, 옥양목, 사치품 등의 상품을 수입하는 소비시장이 되었다.

이른바 개항이 이루어진 뒤에는 온 나라가 들끓었다. 민씨 정권은 외세와 결탁해 이권을 하나씩 거머쥐었으며 척사파는 개항을 반대하는 운동을 벌였다. 백성들은 식량이 모자라는 현실에 부딪혔으며 높은 벼슬아치와 부호는 수입 물품으로 사치스러운 생활을 했다. 나라의 자원이 유출되었고 전통의 시장경제는 마비되었다. 그런 속에서 조선은 동등한 조건의 국교를 수립하지 못하고 계속 불평등조약에 시달렸다. 게다가 척화파와 개화파가 서로 으르렁거리면서 대립해 나라는 더욱 혼란스러웠다.

외세의 본격적 개입

1868년 일본에서는 메이지유신이 이루어진 뒤 대륙진출론과 정한론이 대두되어 새로운 동아시아 질서의 개편이 예고되었다. 1876년 강요된 개항이 이루어진 뒤 조선에는 서양 세력이 진출했고 청나라와 일본은 단순 통상뿐 아니라 군사적으로도 개입하면서 팽팽한 패권을 겨루었다. 조선은 프랑스, 미국 등 문호 개방을 요구하는 열강에 시달렸고 그에 따라 한양에 열강의 공사관이 들어섰다.

몇 가지 구체적인 사례를 좀더 살펴보자. 미국 선교사 앨런은 갑신정변 때 부상을 당한 민영익을 치료해준 뒤 민비의 신임을 얻었다. 그는 궁중의 어의가 되어 전등, 전화, 수도 가설권 등의 이권을 따냈다. 한반도에 진출한 미국은 많은 이권을 거머쥘 수 있었다. 미국은 경인철도 부설권을 양도받았다가 일본에 팔아먹었으며 1895년에는 '노다지 금광'인 운산금광 채굴권을 따내 40년 동안 1400만 달러의 순이익을 챙겼다.

독일인 묄렌도르프는 1882년부터 1885년까지 재정 고문이 되어 무지한 후진국 조선의 재정과 외교를 주물렀다. 그는 처음에는 중국의 이익, 다음에는 독일의 이익을 챙기다가 마지막에는 조선의 평화를 위한다는 명분으로 러시아와의 관계 설정에 힘을 기울이다 쫓겨났다. 그는 기묘한 술수, 회유, 협박, 사기의 방법으로 고종과 민비, 민씨 세력을 좌지우지했다.

1889년 조선 조정은 아시아에서는 가장 늦게 프랑스와 통상조약을 맺었다. 조약 항목에는 일반적인 통상 외교 외에 새로운 항목이 삽입되었다. 통상조약에서 가장 금기시되는 아편의 수입권과 함께 기독교 선교권을 인정하는 항목이 들어간 것이다. 프랑스는 천주교의 자유 선교권을 위해 이 조항을 넣었다. 이로써 조선은 오랫동안 탄압을 가했던 천주교를 공인하게 되었다. 선교사 앨런이 이 조항을 넣도록 공작한 것은 바로 미국이 개신교 선교권을 자동으로 인정받기 위해서였다. 그리하여 마침내 천주교와 개신교는 척사파의 강력한 반발에도 마음대로 기독교 선교 활동을 벌일 수 있었다. 기묘하게도 영국이 중국을 아편시장으로 만든 것처럼 조선의 아편 수입과 함께 기독교의 선교가 공인된 것이다. 조선 땅에 사치품을 중심으로 한 외국 상품이 넘쳐나자 불매운동이 세차게 일어났다. 더욱이 동학교도들이 그 불매운동의 중심 역할을 했다.

한편, 청나라와 일본의 패권 다툼은 매우 복잡했다. 1882년 구식 군인들이 부당한 대우에 항의해 폭동을 일으켰는데, 이를 임오군란이라 부른다. 구식 군인들은 신식 군인과의 차별에 항의해 집권 세력인 민씨 타도에 나섰다. 구식 군인들은 경복궁으로 몰려가 고종을 압박했고 민씨 세력의 배후 인물인 민비를 잡아 죽이려 했다. 구식 군인들은 권력에서 밀려나 있던 흥선대원군을 받들어서 정권을 맡게 했다. 한양에 주둔해 있던 청나라 군인들은 민씨 세력의 요구에 따라 구식 군인들을 무너뜨렸고 흥선대원군을 잡아 중국 톈진에 유폐시키는 불법적 행동을 멋대로 저질렀다. 국가 주권은 청나라에 의해 처참하게 짓밟혔다.

1884년에는 개화파들이 민씨 정권을 타도하려는 일대 사건을 일으켰는데, 이를 갑신정변이라 부른다. 개화파들은 민씨 세력이 자신들이 추구하는 개화 정책을 반대하자 일본의 힘을 빌려 민씨 정권을 무너뜨리려 했다. 그러나 다시 청나라 군대가 민씨 세력을 몰아냈고 일본 군인들은 처음 약속과는 달리 적극적으로 나서지 않았다. 그리하여 김옥균, 박영효 등 주동자들은 일본으로 망명했다. 이 사건은 사흘 만에 실패로 끝났으나 나라는 청나라와 일본 군대의 손에 놀아나고 있었다.

이렇게 두 사건으로 국가의 주권이 크게 훼손되었다. 청나라와 일본 두 나라의 외세는 더욱 기승을 부렸고 이권을 앗아갔다. 그런데 청나라만은 열강과 다른 외교 정책을 추구했다. 청나라는 군대를 파견해 임오군란과 갑신정변 시기에 일본군을 제압했다. 이어 청나라는 조선이 전통적으로 중국의 번속(藩屬) 국가이므로 외교관계가 성립될 수 없다고 우기고 중국공사관 대신 통상 업무 관련기구인 상관만을 설치했다. 그리고 총지휘자로 위안스카이(袁世凱)를 파견했다. 위안스카이는 내정 간섭을 하지 않는 사대 외교와는 달리 청나라가 조선의 종주국이라고 하면서 식민지 총독처럼 군림하고 조선의 외교권을 대행하려 했다.

이런 과정을 거치면서 한반도는 열강의 각축장이 되어 아시아의 발칸반도라고 비유하기도 했다. 열강의 이권이 걸려 분쟁이 일어난다는 뜻이다. 통상을 통해 사치품, 석유, 옷감 등 외국의 신문물이 수입되는 대신 조선의 쌀, 콩, 소가죽, 금, 은 등 1차 산품인 식량과 원료가 유출되어 농민생활이 더욱 궁핍해지면서 배외의식이 널리 퍼져나갔다.

특히 청나라는 조선을 속국으로 다루면서 우월적 지위를 확보하려 했고 일본은 이에 맞서 겉으로는 조선의 중립화 방안을 추진했다. 일본은 이런 대외 정책을 추진하면서 외교관, 기자, 상인, 유학생을 이용해 정보를 수집해 조선 민중의 동향을 어느 나라보다도 정확하게 파악했다. 일본은 양두구육(羊頭狗肉)의 방식으로 조선의 독립을 주장했다. 조선을 독립시켜 중립국으로 만들어야 일본이 청나라를 대신해 조선에 패권을 행사할 수 있다고 판단했던 것이다. 그리하여 일본은 갑신정변 때 입은 피해에 대한 배상을 요구하기에 이르렀고 상황은 전쟁 직전의 대결 양상으로 번졌다.

청나라는 국내의 복잡한 정세로 인해 일본과 전쟁을 벌일 수 없었다. 그리하여 일본과 조약을 추진해 1885년 톈진조약을 체결했다. 이 조약에 따라 두 나라 군대는 조선에서 물러나기로 하고 "조선에 변란이 일어나 출병할 적에는 어느 한 나라가 상대국에게 알려 출병한다(知照出兵)"는 조문을 삽입했다. 곧 조회로 알려서 군대를 보낸다는 것이다. 훗날 동학농민혁명이 일어났을 때 이에 따라 청나라군과 일본군이 출병했다.

일본은 조선의 정치적 동향과 민중의 동태 등을 기초로 정세를 분석했는데, 독립국이라고는 하나 실제는 없고, 동양의 화평을 유지하기 위해 신중하게 대처해야 하나 조정을 싫어하는 토민은 다투어 이에 응하

여 그 세력이 대단히 창궐했다고 주장하기도 한다.(편자는 익명인 함남일
인函南逸人의 『갑오조선내란시말甲午朝鮮內亂始末』 서론에 나온다.) 동양 평
화를 내세우면서 조선 내부의 사정을 논급하고 있는데, 여기에서 말하
는 불평당은 동학교도들이었다. 조선 내정의 위기 상황은 곧 일본의 역할
이 커지는 것을 의미한다고 보았다. 곧 조선에서 내란이 일어나면 일본은
전통적 관계로 보아 하나의 임무가 주어진다는 의미를 던지고 있다.

동학의 변혁운동과 재건운동

최제우가 좌도난정(左道亂正)의 죄목으로 처형당한 뒤 최시형은 잠행
을 거듭하면서 7년쯤 포덕 활동을 벌였다. 최시형은 강원도를 중심으로
포덕을 하다가 충청도와 경상도로 진출해 많은 동학교도를 확보했다.
따라서 동학의 조직이 확대되었고, 그 결과 최시형은 동학의 재건을 이
룩했다.

이필제는 여기저기 출몰하면서 끊임없이 변혁운동을 일으켰다. 그는
영해에서 동학교도와 최시형의 동조를 얻어 1871년 10월 무렵 영해부
를 습격했다. 이들은 성중을 손아귀에 넣고 호령하면서 부사를 죽이고
하룻밤 호기를 부린 뒤 물러갔다.

그뒤 최시형은 잠행하는 동안 최보따리라는 별명을 얻었고 쉴새없
이 옮겨다니면서 포덕을 했다. 1883년에는 손병희, 손천민, 박인호, 황하
일, 서인주 등이 몰려와 교도가 되었다. 이들은 충청도를 중심으로 활동
하던 인사들로 지식인 그룹에 속했으며 훗날 지도자로 떠올랐다. 조직

도 육임제(六任制)로 정비했다. 그리하여 동학 포덕은 더욱 활기를 띠었다.(『천도교교회사초고天道敎敎會史草稿』 '지통地統') 최시형은 거처를 보은 장내리로 옮겨 도접소를 두었고 많은 교도가 이곳으로 찾아들었다. 이 무렵부터 장내리가 본거지가 되었다.

1888년에 최시형은 전주에서 기도식을 거행하고 삼례로 나와 포덕 활동을 벌였다. 이때부터 최시형은 호남지방으로 진출했고 포덕식을 거행할 정도로 많은 인파가 몰려들었다. 하지만 관가에서는 문경새재의 사변으로 지목을 받은 최시형을 체포하려고 수색령을 잇따라 내려 그는 인제로 피신했다.

그뒤 최시형은 충청도 서쪽에 위치한 공주 등지에서 포덕 활동을 하고 다시 호남으로 진출해 손화중, 김기범(김개남의 본명), 김덕명 등을 입도시켰다. 이때부터 호남에서는 많은 교도가 몰려들어 새로운 분위기가 조성되었다. 이제 최시형은 최보따리가 아니라 엄격한 동학 교조로 지위를 굳혔다. 그 무렵 교도들은 왕조에서 소외된 지식인 그룹을 비롯해 새 세상을 열망하는 민중과 일대 변혁을 도모하려는 세력이 복잡하게 얽혀 있었다.(『해월선생문집(海月先生文集)』)

공주-삼례 집회와 광화문 상소운동

동학의 교세가 충청도, 전라도를 중심으로 확대되자 관가에서는 이를 포착했다. 그리하여 1892년 1월 충청감사 조병식과 전라감사 이경직은 "동학은 좌도난정의 도이니 금압한다"는 금령을 내리고 도인 수색에 나섰다. 그러자 서인주, 서병학 등 강경파는 이 기회에 최제우의 신원(伸冤)을 위해 상소문을 만들어서 광화문에 모여 호소하자고 건의했다.

서인주, 서병학은 최시형의 허락을 받지 않고 공주에서 교도들을 모아 조병식과 이경직에게 항의의 글을 보냈다. 조병식과 이경직은 동학교도들의 움직임이 심상치 않다고 판단해 동학교도의 금압을 중지하게 하고 거세게 항의하는 교도들을 무마하려는 조처를 취했다.

지도부의 강경파들은 잇따라 복합 상소를 주장했고 이는 거스를 수 없는 흐름이었던 탓에 최시형도 허락할 수밖에 없었다. 최시형은 다시 통유문을 내서 광화문 앞에서 복합 상소에 참여하라고 독려했다. 1893년에 들어 복합 상소운동이 구체적으로 추진되었고 2월에 김연국, 손천민, 박광호, 손병희 등이 한양에 봉소도소(奉疏都所)를 차리고 소수는 박광호, 소문 작성은 손천민이 맡아 광화문 앞에서 복합 상소를 단행했다. 이들 대표자 수십 명이 광화문에 엎드려 소문을 올렸는데, 그 요지는 다음과 같다.

첫째, 동학을 서학으로 지목해 최제우를 좌도난정으로 엮어 극형에 처한 것은 부당하다 했고 둘째, 벼슬아치들은 민족 보기를 초개와 같이 하고, 향간과 토호는 도인 보기를 화천(貨泉)과 같이 하여 주구(誅求)와 토색하기를 끊임이 없지만 셋째, 동학교도는 안심정기(安心正氣)로 근본을 삼고 있으니 이를 막아달라고 호소했다. 이는 궁극적으로 교조의 원통함을 풀어주고 동학을 공인하라는 요구에 지나지 않았다.

이에 대한 임금의 전교는 "정학을 높이고 이단을 배척하는 것은 열

성조(列聖朝)에서 전해오는 법"이라 전제하고 "이단을 내세워 야료를 부리는 자들은 선비로 대우할 수 없으며 나랏법에 따라 죽음이 내려질 것이다"(『고종실록(高宗實錄)』 고종 30년 2월 15일조)라고 했다. 그리하여 교도들은 아무런 성과도 얻지 못하고 물러났다.

반외세운동

외국의 이권 침탈 문제는 개항 이전부터 꾸준하게 제기되었다. 척사파는 서학의 금지와 함께 이를 과감하게 배격하라고 조정에 요구했다. 동학교단도 척사파의 이런 의지에 동의했다. 그들은 서구의 자본주의 발달에 따른 무역관계는 전혀 몰랐지만 그들의 주장에 동의할 내용은 상당히 많을 것이다. 그 시기에 아시아에서도 후발주자인 조선이 강요에 따라 가장 불평등한 통상조약을 맺었다.

1893년 2월 광화문 복합 상소 뒤에 한양에서는 서양과 일본 배척운동이 크게 일어났다. 기독교를 배척하고 선교사를 추방하고 침략 세력을 몰아내자는 방문이 프랑스공사관, 미국공사관, 일본공사관을 비롯해 미국인 교회당, 학당 등 전국 곳곳에 붙었다. 척왜양창의(斥倭洋倡義)를 분명하게 내걸었다.

일본공사가 외무대신에게 보낸 보고서에서 전라감사 전보에 따르면 동학당 수만 명이 한양을 향해 올라갔다고 전했다. 또 전라감사에게 외국의 선교사와 상인은 모두 나라에 해를 끼치니 속히 물리치라는 요구조건을 내걸었고, 총대(總代) 20여 명이 한양으로 올라와 조정에 건의하려다 포도청에 끌려갔으며, 그들 무리 1만여 명이 한양에 모여들었다고 했다.(『동경일일신문』 1893년 음 3월 3일자)

외무대신을 지낸 김윤식이 쓴 『속음청사(續陰晴史)』에는 이와 관련된 기록이 있다. 맨 먼저 프랑스공사관에 "너희는 우리나라에서 금하는 법을 어기면서 교당을 짓고 선교하고 있다. 만약 행장을 꾸려 속히 돌아가지 않으면 3월 7일 우리 당이 너희 공사관으로 들어가서 깡그리 쓸어버릴 것이다"라는 방문을 붙였다 한다. 이와 비슷한 내용의 방문이 미국공사관, 일본공사관, 교회당, 학당, 그리고 한양 거리 곳곳에 나붙었다. 일본공사관에 붙은 방문의 내용은 다음과 같다.

> 너희는 비록 오랑캐이지만 천품(天稟)을 받음이 대략 같음을 아는가, 모르는가? 이미 인도에 처했으면 각기 나라를 다스리고 각기 생산을 보호하여 길이 강토를 보존하며 위로는 받들고 아래로는 백성을 기르는 것이 옳을 것이다. 망령되이 탐욕의 마음을 갖고 남의 나라에 웅거하여 공격을 장기로 삼고 살육을 근본으로 삼으니 진실로 무슨 마음이며 끝내는 무엇을 하려는가. 안위의 기회는 너희 스스로 잡는 것이니 후회하지 말라. 우리는 두말하지 않으니 급히 너희 땅으로 돌아가라.
>
> —『일본외교문서(日本外交文書)』 1893년 4월 10일자

이 방문은 광화문 복합 상소의 내용과는 달리 척왜양(斥倭洋)을 분명

하게 내걸었다는 점에서 주목을 받는다. 그들은 3월 7일(양력 4월 21일)을 거사일로 내세우고 있다. 그리하여 한양의 민심은 요동을 쳤다. 프랑스공사관에서는 이를 대비하기 위해 본국에 군함 세 척을 인천에 보내 달라고 요청했고 일본공사관에서는 연일 본국에 정세를 보고하고 대책 강구에 나섰다. 한양에 거주하는 외국인들은 두려움에 떨며 몸을 숨기고 나들이를 삼갔고 도성민들은 난리가 난다고 보따리를 싸서 낙향하는 사람들이 줄을 이었다.

그러면 이를 이끈 세력은 누구인가. 관계 기록을 종합해보면 서인주 등 강경파 또는 남접을 이끄는 전봉준, 김개남 등의 계열이었다. 따라서 훗날 최시형 중심의 북접 세력은 보은 장내리로 모였고 전봉준 등 남접 세력은 금구 원평으로 모였던 것으로 추정할 수 있다.

반외세를 외친 보은 – 원평 집회

광화문 복합 상소에 아무런 성과를 거두지 못하고 물러난 뒤 강경파는 다음 단계로 대대적인 집회를 열었다. 3월 10일 충청도와 경상도 내륙, 전라도 지역의 동학교도들이 중심 세력을 이루고 있는 보은 장내리에 수만 명이 모여들었다. 장내리 근처에 보국안민(輔國安民), 제폭구민(除暴救民), 광제창생(廣濟蒼生), 척양척왜(斥洋斥倭)의 기치를 내걸고 기세를 올리고 있었다. 이날 보은 관아의 3문 밖에는 동학, 창의, 유생의 이름으로 통고문이 붙어 있었다. 그 내용은 "지금 왜양의 도둑이 심복에 들어 있어 큰 난리가 극도에 달해 있도다. 진실로 지금의 한양을 보건대 끝내 이적의 소굴이 되었다"라고 했고 "왜양을 쏠어 대보(大報)의 의리를 본받고자 한다"라고도 했다. 이에 대해 조정에서 선무사로 파견된 어윤중은 다음과 같이 분석했다.

> 처음에는 부적이나 주문을 끼고 사람들을 현혹시키고 참위를 전해 세상을 속이려 했다가 끝내 지략과 포부와 재기를 안타깝게 펴지 못하는 자가 여기에 들어왔고, 탐관오리가 횡행하는 것을 분히 여겨 백성을 위해 그 목숨을 바치려는 자가 여기에 들어왔고, 외국 오랑캐가 우리 이권을 빼앗는 것을 통분히 여겨 망령되이 그들을 내쫓는다고 큰소리치는 자가 여기에 들어왔고, 탐욕스러운 장수나 부정한 관리의 학대를 받아도 호소할 곳 없는 자가 여기에 들어왔고, 경향에서 무단에게 위협을 받아 스스로 목숨을 보존할 수 없는 자가 여기에 들어왔고…….
>
> ─『취어(聚語)』의 선무사 재차 장계

어윤중은 조정에 보고하면서 동학교도에 대해 소외되어온 계층으로 불평불만에 찬 세력이 모여들었다고 분석했다. 관변측에서 최초로 동학교도의 성향을 정확하게 분석한 사례가 될 것이다. 이들 불만 세력은 바로 기층민이었다.

조정에서는 이들을 해산시킬 선무사로 어윤중을 임명하고 충청병사 홍재희에게 군사 300명을 내주었다. 어윤중은 용기 있게 장내리로 와서 임금이 내린 칙유문을 반포하고 관리의 횡포를 막겠다는 등의 온갖 감언이설로 동학교도들을 회유했다. 어윤중은 군사를 시켜 대포를 설치하는 한편, 동학교도들의 뜻을 임금에게 전해 풀겠다는 강온작전을 펼쳤다.

그러자 순진한 교도들은 눈물을 흘리면서 감읍했고, 일부 교도들은 믿어보아야 한다는 뜻을 보여 흔들렸다. 이에 지도부에서는 4월 1일, 3일 안에 해산하기로 약속하고 추후의 조치를 기다리기로 했다. 최시형, 손병희 등 지도자들은 야금을 타서 도피했으며 서병학은 자신이 불행하게도 동학에 들었다고 말했다.

이와 같은 어윤중의 기술은 과장되었다고 할 수 있다. 선무사가 보은 집회에 나타나 회유를 하자 동학교단 지도부에서는 무기도 제대로 갖추지 않은 상태에서 대결할 수 있는 의지가 약했던 것이다. 하지만 보은 집회의 역사적 의미는 특별하다고 할 수 있다. 무엇보다 2만 명에서 3만 명이 최시형의 통유문에 따라 일시에 한자리에 모였다는 것은 그만큼 교도들의 결집력이 견고했다는 증거가 될 것이다. 아래로부터의 변혁 의지를 이 집회를 통해 충분히 읽을 수 있다.

다음 집회에서는 처음으로 보국안민, 광제창생, 척양척왜의 기치를 내걸어 농민군의 강령과 같은 슬로건이 드러난 점을 읽을 수 있다. 이 집회에서는 단순한 교조 신원에 초점이 맞추어져 있었던 것이 아니다. 반봉건과 함께 반외세의 지향이 분명하게 드러나 있었다. 또 조정을 향해 크게 네 가지 요구조건을 내걸었다. 첫째, 교조 최제우의 원통함을 풀어줄 것 둘째, 교도의 탄압을 중지할 것 셋째, 외국 세력은 물러날 것

넷째, 외국 상품을 배격하고 목면(무명)을 입으며 국산품을 애용할 것 등이다.(김영상, 『율산일기』) 이 집회는 양목(洋木)의 불매 등 외국 수입 상품을 배격하고 면포 등 국산 상품을 보호해야 한다는 농민적 이해를 내건 외국 상품 배격운동이었다.

어윤중은 선무사 자격으로 4월 3일 호남으로 향했다. 조정에서도 호남의 집회를 미리 알고 취한 조처였다. 하지만 어윤중은 호남으로 내려오다 금구의 원평집회가 해산되었다는 전갈을 듣고 발길을 돌렸다. 전봉준 일파는 보은집회와 때를 같이하여 원평에서 집회를 열고 있었다. 이 집회에는 수만 명이 참석했다. 기록에는 "전봉준이 사사로이 교도들을 빼앗아 전라도 금구군 원평에 주재했다"고 했으며, "전라도에는 금구 원평의 도회가 있었는데 괴수는 보은에 사는 황하일, 무장접주 손화중으로 1만여 명을 거느리고 내도한다는 뜻으로 통문을 보냈다 한다"(『면양행견일록沔陽行遣日錄』, 『시천교역사侍天敎繹史』)라고 쓰여 있다.

또 이를 이끈 세력에 대해 의정부에서는 통문을 보내고 방문을 붙인 인물로 호서의 서병학, 호남의 김봉집, 서장옥 등을 지목하고 잡아들일 것을 지시했다고 기록했다.(『일성록日省錄』 계사년 4월 10일조) 여기에 나타난 김봉집을 두고 일본 신문에서는 전봉준의 익명이라고 했다.

황현은 동학의 포에는 최시형 일파의 법포(法布)와 서장옥 일파의 서포(徐布)가 있었다고 전제하고 "서포가 먼저 일어나고 법포가 뒤에 일어났기 때문에 서포를 기포(起包)라 하고 법포를 좌포(坐包)라 이름 지었는데 전봉준이 일어날 때에는 모두 서포였다"(황현, 『오하기문』)라고 했다.

이는 원평집회를 이끈 세력이 서포였다는 것이요, 전봉준이 원평집회를 이끌었다는 것이다. 이들을 남접이라 불렀는데, 남접은 처음 서장옥, 황하일 등이 지도했다고 했다. 아무튼 남접의 행동대장 전봉준을 비롯해 김개남, 손화중 등은 보은집회가 해산하는 것을 보고 원평집회를 해산시킨 뒤 계속 잠적하면서 준비를 거친 끝에 1894년 동학농민혁명을 이끌었던 것이다.

일본 내각은 한양 방문 사건과 보은집회, 원평집회가 전개되자 입수한 정보를 바탕으로 조선 출병을 준비했다. 일본은 겉으로는 한결같이 일본 거류민을 보호한다는 구실을 내세웠다.

반봉건·반침략 전쟁의 전개과정

1894년 3월 전봉준 등 지도부는 고부 봉기에 이어 무장에서 정식으로 선전포고했다. 전라도 각지에서 모여든 농민군은 백산에서 총집결해 부서를 결정하고 항전을 다짐했다. 동학농민군은 규율을 엄히 하고 민심을 끌어들이려 했는데 실제로는 민폐를 끼치지 않았다.

농민 봉기 첫 단계에는 고부 관아를 다시 점령하고 황토현에서 전라감영군을 쳐부수었다. 그러자 중앙에서는 장위영군 800명을 파견했는데, 이들 군사는 한양에서 남쪽으로 내려오면서 고을을 휩쓸며 횡포를 부렸다. 농민군은 중앙군을 유인해 장성에서 관군 선발대를 격파했고 이어 4월 27일 전라감영을 점령했다.

전라감영을 차지한 농민군은 중앙군 초토사 홍계훈과 협약을 맺었다. 홍계훈은 농민군이 제시한 폐정을 중앙에 보고해 시정하겠다고 약속했다. 여기에는 조세를 중심으로 한 개혁 조항이 포함되어 있었다. 이는 휴전 협상이라고 할 수 있었다. 그 무렵 일본군이 경복궁을 점령한 사태를 맞이해 양측은 현실적으로 휴전을 할 수밖에 없는 처지였다. 농민군은 일단 후퇴해 각지에 집강소를 차리고 스스로의 힘으로 폐정의 개혁에 나섰다. 집강소는 농민통치기구였고 집강소 활동은 반봉건운동이었다. 7월 무렵부터 농민 봉기는 산발적이기는 하나 경상도, 경기도, 강원도로 확산되었다.

민씨 정권은 농민 봉기가 일어나자 청나라에 파병을 요청했고 일본군도 톈진조약의 조항에 따라 군대를 파견했다. 일본군은 6월 21일 불법으로 경복궁을 점령하고 고종을 유폐하는 등 주권을 짓밟은 뒤에 군사 지휘권을 거머쥐었다. 이에 나라는 반식민지 상태로 접어들었다. 일본군은 청일전쟁을 일으켰다.

그해 9월 전봉준 등은 전라도 농민군에게 동원령을 내려 접경지대인 삼례로 모이게 했다. 전봉준은 준비를 한 뒤 추수기를 기다렸다가 그때 일본과 정면 승부를 겨루려고 모든 농민군을 집결시켰던 것이다. 전봉준은 삼례에 전라도 창의대중소(倡義大衆所)를 두었다.

전봉준은 흥선대원군과 연계를 모색했고 북접의 호응을 요구하는 밀사도 보냈다. 마침내 전봉준은 북접의 호응을 얻었다. 교단 지도자들은 관군이 계속 동학교도들을 탄압하고 일본군의 침략행위가 더욱 정도를 더해가자 전국에서 봉기 명령을 내려달라는 빗발치는 재촉을 받았다.

그동안 최시형은 신중하게 정세를 지켜보며 때를 기다렸다. 최시형은 마침내 "앉아서 죽겠는가?"라고 분연히 외치고 전국에 대동원령을 내렸다.

최시형의 대동원령은 강원도, 경상도, 황해도 등지의 농민군에게 큰 호응을 얻었다. 그리고 농민전쟁을 전국적 규모로 확산시키는 효과를 가져왔다. 이때 모인 농민군은 10만 명이었다. 북접 농민군은 손병희 지휘 아래 논산으로 집결했다. 하지만 일본군은 다른 지역의 농민군이 논산, 공주로 합류하는 길을 완전히 통제했다. 그리하여 경상도, 강원도, 황해도, 경기도, 충청도 해안지대의 농민군은 오던 길로 되돌아가서 현지에서 활동을 벌였다.

전봉준과 손병희는 논산에서 연합전선을 형성하고 공주에서 관군 일본군 연합부대와 처절한 전투를 벌였다. 동학농민군은 우금재전투에서 신무기 스나이더 연발총으로 무장한 일본군에게 패했다. 전봉준은 노성으로 후퇴해 조선군과 구실아치, 시민(장사꾼)에게 "나라를 위해 힘을 합하여 일본을 몰아내자"라는 고시의 글을 피를 토하듯 띄웠다. 전봉준이 이끈 주력군은 마지막 태인전투에서 해산되었으나 그뒤에도 남쪽의 장흥·강진 전투, 북쪽의 영동·북실 전투가 전개되었다.

동학농민혁명 기간 동안 박은식은 사망자 30만 명, 장도빈과 권병덕은 사상자 10만 명, 전주부사는 사망자만 3만 명으로 기록하고 있다. 일반적으로 동학농민혁명의 1차 봉기는 반봉건, 2차 봉기는 반침략으로 그 성격을 구분하나 그 기본 흐름은 앞에서 살펴본 대로 정도의 차이는 있지만 근본적으로는 두 슬로건을 동시에 추구했다고 할 수 있다. 그 과정에서 제기되는 문제는 농민과 동학과의 연관성이다. 참여 세력의 성격에 대해 어윤중은 보은집회는 소외된 잡다한 부류가 끼어들었다 했고, 황현은 봉기과정을 보고 동학과 난민(亂民)이 결합했다고 했으며, 전봉준은 고부 봉기 당시 동학도보다 원민(怨民)이 많았다 했고, 일본 분석가들은 참여 세력을 진동학당과 위동학당으로 나누었다. 그러므로 변혁을 추구하는 세력은 동학의 가르침을 따르기도 했지만 교단조직을 이용하려는 의도도 숨기고 있었다고 보아야 한다. 그 대표적 인물이 전봉준일 것이다.

신분해방운동 ― 양반, 상놈, 노비, 백정을 없애자

전봉준 등 지도자들이 전주에서 후퇴할 때 홍계훈에게 농민군의 요구사항을 보냈는데, 국가 정책의 비리와 농민의 과중한 부담을 개혁해 달라는 항목으로 채워져 있었다. 홍계훈은 농민군의 27개의 항목에 달하는 폐정 개혁 요구사항을 조정에 보고하겠다고 약속했다. 그리하여 갑오개혁 때 신분 차별의 철폐 등 여러 조항이 포함되었다. 하지만 농민군은 집강소를 통해 스스로 폐정 개혁에 나섰다. 집강소는 군현 단위로 설치되어 지방 행정을 접수했다.

전라감사 김학진은 이 문제를 풀어야 했다. 7월에 들어 전봉준과 김학진은 선화당에서 회합을 갖고 당면 문제를 상의했다. 김학진은 면리(面里)에 집강을 두고 수령이 협조하게 했으나 전봉준은 일단 합의를 한 뒤에도 군현 단위로 농민 통치를 실시했다. 김학진은 전봉준에게 전라도 행정권을 공식적으로 이양한 것이나 다름없었다. 김학진은 임금에게서 감사 임명장을 받을 때 편의종사(便宜從事)의 관례에 따라 현지 사정을 감안해 임금에게 보고하지 않고 일을 처리하는 권한을 받았다. 이에 따라 전봉준에게 집강소 행정을 맡기는 권한을 주었던 것이다.

전봉준은 독자적으로 잘못된 정사를 바로잡을 계획이었다. 따라서 감사의 동의와 협조가 없었더라도 어차피 집강소는 운영되었을 것이다. 그래서 수령이 협조하지 않으면 한바탕 소동이 일어날 수밖에 없었던 상황이었다. 김학진은 이런 정세를 감안하여 관과 민이 서로 협조하는 모양새를 보여주었던 것이다. 이를 관민상화(官民相和)라고 한다.

김학진은 편의종사의 권한을 위임받은 감사 자격으로 관과 민이 서로 화합하는 계책을 전봉준과 의논해 집강소를 설치하기로 했다. 이에 농민군은 공식으로 각 고을에 활거하면서 집강소를 설치하고 이를 집행할 집강을 비롯해 서기, 성찰, 집사, 동몽의 직책을 두었다.

그리하여 김학진은 전라도 모든 고을의 수령에게 공문을 보내 농민군은 무기를 반납하고 수령은 농민군의 금압을 일체 중지하라고 지시했다. 또 수령들은 집강소의 일을 적극 협조하라고 당부했다. 만약 수령이 명령에 따르지 않으면 처단하기도 했다. 추진 강도는 지역에 따라 달랐다. 김개남의 지시를 받는 고을에서는 더욱 강렬했는데, 남원과 보성이 가장 치열했다.

그리하여 전봉준은 선화당을 차지하고 김학진을 대신해 감사 노릇을 하게 되었고, 김학진은 선화당 골방에서 뒷짐을 지고 전봉준이 하는 일

을 바라보고 있었다. 그래서 사람들은 전봉준을 예전 후백제를 세운 진
훤에 비유했고 김학진을 '도인 감사'라 불렀다. 전봉준이 일을 보던 곳을
대도소라 했는데, 전주 대도소에서 일을 보기도 했고 원평에 대도소를
두기도 했다. 당시 집강소 실시 기간은 길게 보아도 8개월에서 9개월 정
도로 보인다.

집강소에서는 나라에 납입할 전세, 군포, 공물을 대신 받아 경비로
썼고 별도로 군수전 등을 거두어 2차 봉기의 군수물자를 마련했다. 호
남 집강소는 지역 단위로 설치했으나 다른 지역에서는 인적 단위 또는
지역 단위로 설치해 제한적이나마 독자적 행정을 맡아보았다. 집강소는
농민자치조직이 아니라 통치조직이라고 해야 마땅할 것이다. 바로 전라
감사 김학진이 뒤로 물러나고 일선 행정은 전봉준, 김개남 등 농민군 지
도자들이 맡았고, 군현 단위에서는 집강소와 도소(都所)의 소임들이 수
령을 골방에 들어앉히고 구실아치를 턱짓으로 부렸다.

집강소의 전위 행동대는 규율과 감독, 경찰 역할을 맡은 성찰(省察)과
동몽(童蒙)이었다. 이들은 부정한 벼슬아치와 구실아치를 잡아 징치하거
나 집강소 규율을 어긴 자들을 감시하거나 적발했다. 심지어는 결혼 적
령기의 양반집 딸을 찍어 강제로 혼인하는 역할을 맡기도 했다. 그래서
동몽군은 중국 공산당의 전위조직인 '홍위병'에 비유될 만했다.

집강소의 농민군은 존비와 귀천을 떠나 서로 동등한 호칭을 써서 접
장이라 불렀으며 서로 같은 자세로 맞절을 하여 평등의식을 실천적으로
보여주었다. 전봉준을 부를 때에도 '전봉준 접장'이라 불렀고 어린아이

나 부녀자를 부를 때에도 예외가 아니었다. 종과 상전, 백정과 양반, 여자와 남자, 어린아이와 어른, 평민과 벼슬아치를 가릴 것 없이 동등한 호칭으로 부르고 대등하게 맞절을 했던 것이다.(황현, 『오하기문』)

인류 역사에서 평등을 실현하려는 호칭은 1914년 러시아에서 혁명이 일어난 뒤 '동무'를 사용한 것을 첫 사례로 꼽고 있다. 최시형도 포덕을 하면서 도인들끼리 접장이라 부르게 했다. 동학과 농민군은 평등의 호칭을 러시아의 사례보다 적어도 20여 년 앞서 실행에 옮겼다. 또 맞절은 신분의 차이를 형식부터 없애는 방법이었다. 예전 중국 당나라의 무측천(武則天)은 남녀의 차별을 없애는 첫 방법으로 남자와 여자가 절을 할 때 대등하게 하라고 지시한 바 있다. 이런 절 형식은 한때 발해에서도 유행한 적이 있었다.

집강소 기간, 노비, 백정 등 천민의 활동이 두드러졌다. 고창에서 농민군 지도자로 활동한 홍낙관은 천민으로만 구성된 농민군 부대를 거느렸다. 그 천인은 재인패를 중심으로 한 노비와 백정을 말한다. 또 김개남포에도 노비와 백정을 중심으로 한 천민부대가 크게 활동했는데, 동몽군이 그 주역이었다. 천민부대의 활동은 아주 강력했고 신분 차별 타파에 앞장섰다.

오지영은 집강소에서 수행한 일을 두고 다음과 같이 적고 있다.

이른바 부자와 빈자, 양반과 상놈, 상전과 종놈, 적자와 서자 등 모든 차별적 명색은 그림자도 보지 못하게 되었으므로 세상 사람들

은 동학군의 별명을 지어 부르기를 나라에 역적이요, 유도에 난적
이요, 부자에 강도요, 양반에게 원수라고 하는 것이며, 심한즉 양반
의 뒤를 끊으려고 양반의 고환까지 까는 흉악한 놈들이란 말까지
떠돌았다.

—『동학사(東學史)』

당시 떠도는 말을 매우 사실적으로 적었다. 황현은 적당 모두가 천
인과 노예여서 양반과 사족을 가장 미워했다고 전제하고 다음과 같이
썼다.

노비로 도둑을 따르는 자는 말할 것도 없거니와 비록 도둑을 따르
지 않는 자도 모두 도둑들에 묶여 상전을 겁주었다. 그래서 노비문
서를 불태워 강제로 해방하여 양인으로 만들게 했다. 또는 그 주인
을 결박하여 주리를 틀고 매질을 했다. 노비를 둔 자들은 지레 겁을
먹고 노비문서를 태워 그 화(禍)를 풀었다. 순박한 노비들이 더러
태우지 말기를 원했지만 기세가 원체 거세어 노비 상전들이 더욱
두려워했다. 혹 사족이나 노비 상전들이 노비와 함께 도둑을 따르
는 자들은 서로 접장(接長)이라 불러 그 법을 따랐다. 백정, 재인이
평민, 사족과 맞절을 하자 사람들은 더욱 이를 갈았다.

—『오하기문』

90

여기에서는 노비들의 처지를 중심으로 기술하고 있으나 서로 접장이라 불러 평등을 구현하려 했다. 이는 당시의 사회를 평등하게 만들려는 노력이었다.

집강소 활동보다 2개월 정도 늦게 7월에 공포된 갑오개혁에는 문벌과 반상을 타파하고 인재를 등용한다는 것, 부녀의 재가는 귀천을 가리지 않고 자유에 맡긴다는 것, 공사 노비를 혁파하고 인신매매를 금지한다는 것, 역인·재인·백정을 모두 천인 지위에서 벗어나게 한다는 것 등의 조항이 있었다. 그런데 농민군의 요구사항인 조세, 부채, 토지, 무역 등의 항목은 빠져 있었다. 따라서 갑오개혁은 농민군의 실천사항을 부분적으로 수용한 것이었다. 봉건체제가 바탕에 깔려 있던 신분 문제는 풀어야 할 가장 주된 당면 과제였다. 조선 후기에 들어 신분에 따른 계급 사이의 갈등과 저항이 사회의 통합 기능을 저해했다. 어떤 방식이나 제도로든 풀어야 했다. 갑오개혁이 공포되자 농민군은 처음에는 확실하게 파악하지 못했으나 7월 15일 남원대회에서 정식으로 논의되었고, 전라감사 김학진과 관민상화책을 약속한 뒤 실천 항목이 되었다.

이 사실이 다른 지역에도 알려지자 크게 동요한 노비들은 상전에게 항의해 해방되었고 일부는 먹고살 재산을 나누어달라고 요구했다. 일반 천인과 백정은 노비와 함께 재빠르게 움직였다. 이는 집강소가 있는 곳에서만 벌어진 일이 아니었다. 충청도 청주에서는 정승을 지낸 신응조의 손자 신일영을 잡아 아랫도리를 벗기면서 "이런 도둑의 종자는 씨를 받아서는 안 된다"라고 호통을 쳤다. 충청도 홍성에서는 홍주군(지금의 홍성) 갈산리 안동 김씨의 종으로 있던 문천검과 이승범이 상전인 김씨를 대추나무에 발가벗겨 매달고 고환을 깠다고 한다.(기쿠치 겐조, 『동학당의 난과 전봉준』) 이는 평소에 양반의 횡포에 울던 민중이 양반을 징벌하는 동시에 그 가문의 씨를 없애려 한 것이었다. 이런 사실로 보아 양반에 대한 천민의 원한이 얼마나 심각했는지를 알 수 있을 것이다.

빈민 구제와 토지 문제

집강소 활동과 농민군이 열성적으로 전개한 항목은 빈민을 구휼하는 빈민 구제일 것이다. 전봉준은 지주와 부호에게 강제로 돈과 쌀을 빼앗지 않았다. 그 대신 부호로부터 시세보다 싼 값으로 쌀을 사서 빈민에게 팔았다. 빈민들은 부호의 남는 식량을 거저나 다름없는 가격으로 살 수 있었다. 그때 표지(標紙, 어음과 같이 훗날 지불을 약속하는 증표)를 발행했다. 전봉준 관할의 집강소에서는 이를 실행한 것으로 보이나 김개남 관할의 집강소에서는 강제로 빼앗은 것으로 여겨진다.

앞에서처럼 고리채 정리를 내세웠으나 구체적 사례는 많이 찾아볼 수 없다. 고리채는 장리(長利)라고 하는 비싼 이자를 말한다. 적어도 빚을 내서 1년 뒤에 갚는다면 원금의 배를 이자로 내야 한다. 이런 민간금융의 관례는 자연스럽게 해소된 것으로 보인다.

다음에 살펴볼 것은 봉건체제의 버팀목이었던 토지 문제다. 이는 그야말로 단순하지 않았다. 이 항목은 신분제도보다 더욱 정부와 쉽게 동의할 사항이 아니었을 뿐 아니라 일개 현지 사령관이 함부로 합의할 사항도 아니었다. 하지만 농민군이 지향한 가장 핵심적 개혁 조항임에는 틀림없을 것이다. 이에 대해 전봉준이 문초를 받을 때 법관은 다음과 같은 질문을 했다.

네 감히 도당을 불러 모아 난리를 지은 자라. 반란군을 몰아 고을을 함락하고 군기와 군량을 빼앗았으며, 크고 작은 벼슬아치를 마음대로 죽이고, 나라의 정사를 참람하게 마음대로 처단했으며, 나라의 세금과 공공의 돈을 사사로이 받고, 양반과 부자를 모조리 짓밟았으며, 노비문서를 불을 질러 강상을 무너뜨렸고, 토지를 평균 분배하여 국법을 혼란하게 만들었으며……

여기에서 "토지를 평균 분배하여"라는 구절이 나오는데, 오지영은 동학군의 강령으로 "토지를 평균 분작하게 할사"라는 조항이 있다고 했다.(오지영의 『동학사(東學史)』 필사본) 느슨한 사적 소유, 불분명한 재산권 인정 관계에서 이를 제외하고는 아래로부터의 변혁은 알맹이가 없는 꼴이 될 것이다. 그런데 구체적 사례가 거의 없다. 이것이 한계라고 지적할 수도 있지만 짧은 집강소 기간에 실현할 수 없는 시간적 제약에 그 원인이 있을 것이다.

동아시아 질서를 재편한 청일전쟁

중국과 일본 두 나라가 서두른 조선 출병의 배경과 청일전쟁의 과정

및 결과를 살펴보자.

앞에서 이야기한 대로 갑신정변 시기 청나라군이 일본군과 군사 대결을 벌이면서 일본 군인이 살상되고 일본공사관이 피해를 입었다. 이로 인해 일본은 조선에서 한발 물러나면서 갑신정변의 배상 문제를 거론했다. 일본은 청나라에 대해 전면 전쟁을 불사한다고 압박했고 청나라는 복잡한 내정, 열강과 대치하면서 전면전을 벌일 수 없는 처지였다. 이에 따라 북양대신 리훙장(李鴻章)은 일본 총리대신 이토 히로부미(伊藤博文)에게 굴복하고 보상금 합의를 했다.

1885년에 체결한 톈진조약은 겉으로는 청일조약이지만 한마디로 말하면 조선에 대한 패권 싸움을 위한 장치였다. 그런데 그 조항 3조에 "조선에 변란이 일어나 출병할 때에는 어느 한 나라가 상대국에게 통고하기로 한다"는 내용이 들어갔다. 이는 이토 히로부미가 주장해 삽입했는데, 청나라가 조선 정책에 대해 일방적으로 간섭하는 일을 배제하려는 공작이었다. 겉보기에는 하찮은 장치 같지만 내용으로는 청나라의 일방적 군사 행동을 견제하는 것이었다.

동학교도들이 잇따라 척양척왜를 주장하면서 먼저 외국공사관에 방문을 붙여 돌아가라고 외치자 일본 내각과 외무성에서는 일본공사관과 거류민 보호를 명분으로 출병을 논의하고 육군과 해군은 행동으로 옮기려는 공작을 꾸몄다.(『일본외교사료관문서日本外交史料館門書』, 1893년 4월 10일자, 15)

동학농민군이 봉기한 뒤 전주성을 점령하자 고종과 민씨 정권은 청나라에서 군대를 보내 토벌해달라고 요청했고 청나라는 톈진조약에 따라 일본에 알리고 군대를 파견했다. 청나라는 속방을 보호하는 옛 관례에 따라 군대를 파견한다고 했다. 일본은 호시탐탐 기회를 노리고 있다가 톈진조약을 빌미로 군대를 파견하면서 일본 거류민 보호를 내세웠다. 두 나라 군대가 한양과 인천 앞바다에 멋대로 출몰했다.

청나라군은 톈진조약에 따라 철병해야 한다고 통고했으나 일본은 이미 계획된 대로 마침내 청일전쟁을 일으켰다. 용산에 주둔하고 있던 일본군 혼성여단은 1894년 6월 말경 용산을 출발해 청나라 주둔지인 아산으로 진격했다. 이와 동시에 일본 군함은 6월 23일 풍도 근처에서 청나라 군함에 선제공격을 했다. 멍청하게 바다를 구경하고 있던 청나라 해군은 대포 몇 방에 여지없이 깨졌다. 6월 27일에 마침내 성환에서 육전이 개시되었다. 청나라군은 전투를 개시하자마자 밀리기 시작했고 평택의 전투에서 완전히 격파되어 주력 부대가 흩어졌다.

일본군은 그해 8월 1일에야 정식으로 선전포고를 하고 청나라군을 격파한 여세를 몰아 계속 추격했다. 8월 17일 평양의 대회전에서 청나라군이 다시 패전하여 북으로 도망쳤다. 일본군은 중국 영토로 들어가 랴오둥과 산둥반도 일대에서 청나라군을 계속 공격해 승리를 거두었다. 일본군은 북양함대 사령부가 있는 웨이하이(威海)에 진격해 청나라군의 항복을 받아냈다. 7개월 정도 전쟁을 벌인 뒤 일본군의 대승으로 마무리되었다.(박종근, 『청일전쟁과 조선』)

청나라의 북양대신 리훙장은 부패한 군대로 일본에 맞서 전쟁을 했으나 여지없이 깨졌다. 그리하여 그는 항복하고 청나라 전권대신의 자격으로 1895년 3월 일본의 시모노세키(下關)로 건너갔다. 톈진에서 조약을 맺은 뒤 꼭 10년 만에 두 나라 대표인 리홍장과 이토 히로부미가 마주앉은 것이다. 톈진조약 때 리홍장이 거드름을 피웠다면 이번에는 이토 히로부미가 고향땅에서 거만을 부렸다.

아무튼 이토 히로부미의 의지대로 조약이 체결되었다. 이를 요약하면 조선은 자주국으로 일본과 평등한 권리를 가진다는 조항을 넣어 조선의 독립을 보장하고 조선이 청나라에 바치는 조공은 길이 폐지하며 대만, 랴오둥반도, 펑후제도(澎湖諸島)를 일본에 영원히 할양하고 충칭(重慶), 쑤저우(蘇州), 항저우(杭州) 등을 일본에 개방한다는 내용으로 1항이 채워져 있다. 이렇게 해서 일본은 북쪽으로는 랴오둥반도, 남쪽으로는 대만을 영토로 차지할 수 있었다.

하지만 모든 것은 일본의 뜻대로 이루어지지 않았다. 이 조약 소식을 들은 러시아, 독일, 프랑스는 일본의 랴오둥반도 점령을 막았다. 세 나라는 자신들의 진출을 위해 랴오둥반도를 청나라 영토로 두라고 간섭했던 것이다. 그래서 일본은 대만을 식민지로 확보했다. 이때 일본은 대만과 류큐 사이에 있는 무인도 댜오위다오(釣魚島)를 센카쿠 열도(尖閣列島)로 개칭해 일본 영토로 만들었다. 일본은 이렇게 중국 남쪽에서 동남아시아로 진출하는 교두보를 확보했다.

이 조약에는 조선의 국가적 운명이 걸려 있었지만 조선 대표는 참석할 수 없었다. 이 조약으로 인해 조선에서 일본과 청나라의 대등한 역학

관계가 이루어졌다고 볼 수 있다. 곧 조선은 두 나라 사이에서 자주라는 미명 아래 중립국이 될 수 있었다. 하지만 청나라의 종주권은 일단 배제되었으나 일본은 중립국 조선을 멋대로 보호국 또는 식민지로 만들수 있는 조건을 만들었다. 이 조약은 일본 제국주의의 한 표상이었고 동학농민혁명을 빌미로 이용한 침략의 상징이었다.

중국의 근대 사상가 량치차오(梁啓超)는 조선의 지배 세력과 양반의 부패와 폭압으로 동학농민혁명이 일어났고, 일본이 이를 이용해 청일전쟁을 일으켰으며, 그 결과 청나라가 조선의 지배권을 상실하고 일본이 조선을 병탄한 사실을 기술하면서 통탄해했다. 이는 현실관의 차이로 어디까지나 중국적 이해관계의 관점에서 바라본 것이었다.

이런 조건에서 일본 외무성은 열강의 대조선 정책을 파악하고 영국, 미국 등 강대국을 이용해 러시아와 청나라의 대조선 정책을 견제했다. 그리하여 조선을 중립국으로 만들자는 정책을 제시했다. 일본은 동학농민혁명을 이용해 대조선 침략 정책을 수행하는 결정적 계기로 삼았다. 그래서 청일전쟁 전선의 후방에 일본군을 투입해 동학농민군 토벌에 나섰던 것이다.

전봉준의 체제 구상과 현재적 의미

전봉준은 봉기의 동기와 대상을 밝히는 포고문에서 적대 세력을 분명하게 밝혔는데, 나라를 좀먹고 민중을 압제하는 다음과 같은 세력이었다.

지금 신하가 된 자들은 나라에 갚으려는 생각을 아니하고 한갓 작록과 지위를 도둑질하여 임금의 총명을 가리고 아부를 일삼아 충성스러운 선비의 간언을 요사스러운 말이라 하고 정직한 사람을 비도라 한다. 그리하여 안으로는 나라를 돕는 인재가 없고 바깥으로는 백성을 갈취하는 벼슬아치만이 득실거린다. 위로는 공경대부, 아래로는 방백, 수령에 이르기까지 국가의 위태로움은 생각하지 아니하고 자기 몸을 살찌우고 집을 윤택하게 하는 계책만을 깊이 생각하여 벼슬아치 뽑는 문을 재물을 모으는 길로 만들고 과거 보는 장소를 교역의 장터로 만들고 있다. 그래서 수많은 재물이나 뇌물이 국고에 들어가지 않고 도리어 사사로운 창고를 채운다. 나라에는 쌓인 부채가 있는데도 갚으려는 생각은 아니하고 교만, 사치, 음탕, 안일로 나날을 지새워 두려움과 거리낌이 없어서 온 나라는 어육이 되고 만백성은 도탄에 빠졌다. 진실로 수령들의 탐학 때문이다.

—『오하기문』

전봉준은 당시 조정에 몸을 담고 있는 벼슬아치와 지방관을 부정 세력으로 보았다. 다시 말해 당시의 지배 세력을 모두 적으로 본 것이다. 한편, 봉기 당시에는 부정한 수령과 이서를 징치하면서 청산해야 할 첫 대상으로 꼽았다. 집강소 실시 기간에는 불량한 양반배와 포악한 토호를 일차 대상으로 삼았다.

그렇다면 전봉준은 봉기과정에서 단순한 응징이 아니라 어떤 정치체제 구상을 했다고 보아야 할 것이다. 맹목적으로 행동을 벌인 것만이 아님을 미루어 짐작할 수 있을 것이다. 적어도 의사결정, 정책 집행, 민중의 정치 참여 문제 등을 구상했다고 보아야 할 것이다. 무엇보다 집강소에서 폐정 개혁을 결정할 때 중요 문제에는 의사원(議事員)을 두고 합의제로 운영했다는 기록이 있다. 일본 기자는 전봉준에게 한양으로 올라온 뒤 누구를 지도자로 추대할 것인지를 물었고 전봉준은 다음과 같이 답했다.

> 일본 병사를 물러나게 하고 나쁜 간신배의 관리를 쫓아내 임금 곁을 깨끗이 한 뒤에는 몇 주석(柱石)의 선비를 내세워 정치를 맡게 하고 우리는 곧장 농촌에 들어가 생업인 농사에 종사할 생각이었다. 하지만 국사를 들어 한 사람의 세력가에게 맡기는 것은 크게 폐해가 있는 것을 알기 때문에 몇 사람의 명사에게 협합(協合)하여 합의법에 따라 정치를 담당하게 할 생각이었다.
>
> — 『동경조일신문』, 1895년 3월 6일자

합의법에 따라 정치를 맡긴다고 하면서 기존의 세력을 참여시키지 않는다고 해석할 수 있다. 이 합의제는 근대적 입헌군주제나 선출직 국회와 같은 정치체제를 언급했다고 볼 수 없으나 적어도 한 사람의 권력 집중을 막으려는 의지는 읽을 수 있다. 이의 실현은 아래로부터 올라오는 민중의 동력이 뒷받침될 수 있을 것이다. 그러므로 흥선대원군이나 민씨 세도가들은 이 범주에 들지 않는다고 보아야 한다. 다음을 살펴보자. 포고문에는 이렇게 쓰여 있다.

> 지금 우리 임금은 어질고 효성스럽고 자애로우며 지혜롭고 총명하다. 현량하고 정직한 신하가 있어 잘 보좌하여 다스린다면 예전 훌륭한 임금들의 치적을 해를 가리키며 바랄 수 있다…… 우리 무리는 비록 초야의 유민이나 임금의 토지를 갈아먹고 임금이 주는 옷을 입으면서 망해가는 꼴을 좌시할 수 없어서 온 나라 사람이 마음을 함께하고 억조창생(億兆蒼生)이 의논을 모아 지금 의로운 깃발을 들어 보국안민을 생사의 맹세로 삼노라.
>
> ―『오하기문』

여기에는 전통적 근왕(勤王)의식이 깔려 있다. 농민군은 때로 허위로 가득찬 국왕의 효유문(曉諭文)을 받고 감격해했다. 이를 두고 농민군이 왕조체제를 인정하고 폐정만을 개혁하는 수준으로 구체제를 고수하려 했다고 보기도 한다. 곧 보수 개혁에 머물렀다는 의미다. 처음부터 왕조 타도를 외쳤다면 동조 세력을 끌어모으는 데 전략·전술적으로 큰 결함을 지니게 되었을 것이다. 그러므로 왕조체제를 받치고 있는 신분질서와 관료제도를 거부하는 그 자체가 반왕조적 지향이었고 기득권을 거부하는 중심 과제였다. 임금이 효유하려 보낸 사자를 전봉준이 처단한 것이 바로 그 방증이 될 것이다.

농민군의 체제 구상은 실천적 행동을 제외하고는 매우 단편적으로만 나타난다. 하지만 그들이 아래로부터의 변혁을 지향하면서 기층민의 의사를 대변하려는 의지는 곳곳에서 찾아볼 수 있다. 의사결정이라는 관점에서 볼 때 이는 소박한 수평적 리더십이라고 할 수 있다. 너와 내가 같은 수준에서 의사를 소통하려는 것이다.

마지막으로 현재적 의미를 살펴보자. 일제의 식민지 지배가 한국 근대화에 공헌했다는 주장이 있다. 곧 식민지 근대화론이다. 한국이 식민지로 전락한 근본 원인이 군사·경제적으로 국력이 모자란 것과 일본 침략 세력의 강력한 정치 외교 또는 군사력 때문이라고 규정할 수 있다면, 민족 분단의 근본 원인도 일본에 있다고 볼 수 있으며 새로운 변수인 미국과 소련도 그 책임 범주에 포함된다. 무엇보다 일본의 일차적 역사 책임을 묻지 않을 수 없다. 그러므로 농민군의 반침략, 반외세를 지향한 자주의식은 통일 문제와 연결되어 있다고 할 수 있다.

민족적·현재적 의미

오늘날 이 농민 봉기를 '농민전쟁', '농민혁명'이라 부른다. 1차 봉기는 봉건체제의 모순을 척결하려는 아래로부터의 변혁운동이었으므로 내전에 해당되며, 2차 봉기는 일본 등 침략 세력을 구축하려는 봉기였으므로 국제법의 인정을 받을 수 있는 전쟁이었다. 하지만 근본적으로 신분 평등, 사회 개혁, 토지 개혁, 민씨 정권 타도, 부정부패 척결 등과 제국주의적 침략 세력을 몰아내고 자주국가를 지향했기에 혁명운동이라 규정할 수 있을 것이다. 프랑스혁명의 기본 이념이 자유, 평등, 박애였다면 동학농민혁명은 정치적·경제적·사회적 평등과 인간의 존중을 표방한 인권, 자주국가의 지향이었다. 프랑스혁명의 과정을 참고해보면 1848년에 도화선의 불을 댕긴 뒤 1871년 파리 코뮌을 발표하고 노동자의 권익, 여성의 권리, 청소년 교육 균등을 외쳤다. 이에 보수파는 관련자 1만 5000여 명을 일주일 사이에 처형하고 나머지 관련자는 해외로 추방했다.

동학농민혁명은 일제의 식민지 지배로 프랑스혁명과는 달리 연속선상에 있지 않았다. 그러나 일제에 저항하는 의병 항쟁에 가담했고, 일제 식민지 시기에 3·1운동을 전개했으며, 그뒤 민족운동에 나섰고, 해방 뒤에는 새로운 세대에 의한 민주운동으로 민족사의 맥을 이었다고 볼 수 있다.

한편, 동학농민혁명 시기에 제기되었던 신분 평등은 시간이 흐르면서 어떤 동기에서건 완전히 실현되었다. 양반의 특권은 물론 상인, 노비의 불평등관계는 흔적도 찾아볼 수 없는 사회를 이룩했다. 유럽, 인도 등 관습으로라도 귀족 또는 천민이 존재하는 사회보다 훨씬 진전되었다. 다만 백정만이 일제 식민지 시기에 형평운동을 통해 관습을 깨려는 활동을 전개했고 이에 대한 차별은 해방 뒤에 완전히 사라졌다.

농민군 세력이 추구한 토지의 평균 분작과 지주제 문제는 일제 식민지 시기에 그대로 존재했으나 해방 뒤 남쪽의 경우에는 1949년 농지 개혁이 단행되어 사라졌고 북쪽의 경우에는 토지의 몰수와 분배를 통해 근원적으로 해소되었다.

그렇다면 현재적 의의는 무엇일까? 일본 제국주의의 식민지 지배 결과로 남북 분단의 실마리를 열었고 강대국인 미국과 소련의 합의로 민족 분단이 결정되었다. 지금도 미국, 일본, 중국 등 강대국은 때로 우리의 주권을 짓밟고 재단하기도 한다. 이런 시대 상황에서 우리에게는 자주국가, 자주 통일이 역사적 과제로 남아 있다. 동학농민군이 지향한 시대정신은 조국 통일의 자산이 될 것이다. 그러므로 농민군의 반침략, 반외세를 지향한 자주의식이 통일 문제와 연결되어 있다고 할 수 있다.

동학농민혁명이 지향한 정신은 불의에 맞서는 저항정신이요, 민의를 따르는 민주주의 정신이다. 일제 때문에 실패했지만 그들이 추구했던 양반, 상놈을 차별하는 신분제도가 사라졌으며 지주 소작제도 없어졌다. 또 자주국가를 지향한 정신은 오늘날의 국제사회에서 여전히 역사적 교훈을 주고 있다. 일제에 의해 좌절을 맛보았지만 그뒤를 이은 3·1운동의 민족적 저항도 독립운동사뿐 아니라 세계 식민지 해방운동사에 하나의 전범이 되었다.

오늘날의 시대정신에 맞게 여기에 새로운 의미를 부여해 분단 구조, 민족모순(民族矛盾)을 청산하는 동력이 되고 진정한 평등과 자주를 실현하는 과제를 안고 인권을 보장하는 학습장 또는 토론장이 되어야 할 것이다. 그렇게 함으로써 현재에도 농민군의 지향과 정신은 역사적 자산이 될 것이며 통합과 화해는 오늘날의 화두가 될 수 있을 것이다.

4·19혁명은 반독재 투쟁에 금자탑을 이룩했으나 군사혁명으로 결실을 맺지 못했다. 하지만 반독재 민주주의 역사를 새로 쓰게 했다. 신군부독재에 맞선 5·18광주민주화운동과 6월 민주항쟁은 참된 민주주의 실현이라는 과제를 던져주었다. 마지막 촛불시민혁명은 이 역사적 과제를 새로운 시대를 위해 우리에게 안겨주었다. 따라서 동학농민혁명은 3·1운동, 4·19혁명, 6월 민주항쟁, 촛불시민혁명의 시발이요, 실마리가 될 것이다.

국권피탈 100년, 역사와 만나다

2010년 국권피탈 100년을 맞이하여 이를 반성하고 기억하기 위해 여러 단체가 모여 '진실과 미래, 국치 100년사업공동추진위원회'를 결성했는데, 나를 포함해 박원철, 이석태 등이 상임 대표로 추대되었다. 나는 상임 대표 자격으로 다음과 같이 기조 발제를 했다.

되새기자, 국권피탈 100년

망각 속에 묻어두었던 기억을 다시 되살려보자. 그동안 한국 근현대사는 굽이굽이 별별 곡절을 겪어왔다. 조금 따분하고 짜증이 나겠지만 차분하게 더듬어보자.

1800년대 후반 일본 제국주의자들은 대륙 진출을 위한 첫 단계로 정한론을 청개구리가 울어대듯이 제기했다. 그 과정에서 강요로 개항을 이루어냈고 1894년 청일전쟁을 일으켰으며 동학농민군을 토벌했다. 일본은 이 두 사건을 목적한 대로 성공한 뒤 일본의 견제 세력인 러시아 함대를 1904년 선제공격하여 다시 승리를 거두었다. '빛나는 해가 하늘로 떠오른다'는 욱일승천(旭日昇天)의 깃발이 동아시아 바다와 뭍에서 펄럭거렸다.

러시아와 강화조약을 맺기 직전인 1905년 7월에 일본 수상 가쓰라 다로는 미국 육군장관 윌리엄 하워드 태프트를 도쿄에 초청해 이른바 가쓰라-태프트 밀약을 맺었다. 이 비밀조약의 내용은 미국은 필리핀을 식민지로 만들고, 일본은 대한제국을 식민지로 만드는 데 서로 간섭하지 않기로 합의한 것이다. 이어 일본은 영국과 동맹을 맺고 영국의 인도 지배를 동의해주는 대가로 대한제국 식민지 지배를 영국으로부터 묵인을 받았다.

이 일미 밀약과 영일 동맹은 비밀에 부쳐져 국제 정세가 어떻게 돌아가는지 아무것도 모르는 대한제국인들은 고종을 비롯해 아무도 몰랐다. 음모를 꾸미는 데 능수능란한 이토 히로부미는 즉각 대한제국으로 건너와 공작을 폈다. 이토 히로부미는 "동양 평화와 대한제국의 안전을 위해 대한제국과 일본 두 나라는 친선과 협조를 강화해야 하며, 그러기 위해서는 일본이 대한제국을 보호해야 한다. 황실의 안녕과 존엄은 조금도 훼손하지 않는다"는 말로 고종과 대신들을 설득했다.

이토 히로부미는 대신들을 회유와 협박으로 마침내 '보호조약'을 체결했다. 이를 우리는 강제로 체결되었다고 하여 '을사조약'이라 부른다. 이 조약에 따라 미국공사관은 일주일 뒤 가장 먼저 한양에 있던 공사관을 폐쇄했고 이어 다른 공사관도 문을 닫았다. 한편 러시아, 미국, 프랑스 등지에 주재한 대한제국의 해외공사관도 자동으로 철수했다. 그리하여 500년 독립국은 반식민지 상태로 전락했다.

전국 각지에서는 다시 의병이 일어났고 민영환 등 애국지사들은 순국을 결행했다. 하지만 일제는 한국통감부를 설치해 외교권을 접수한 뒤 행정을 맡아보고 경찰과 군대를 해산시켰으며 만국평화회의에 참석한 헤이그 밀사 사건을 빌미로 고종을 퇴위시켰다.

고종의 밀사인 이위종, 이상설, 이준 등이 헤이그 평화회의에서 보호정치의 부당성을 호소했으나 그동안 제국주의 식민지 경영에 단물을 빨아먹은 강대국들은 귀를 기울이지 않았다. 국내에서는 곳곳에서 평민과 유생 중심으로 의병을 일으켜 저항했으나 일제 군대는 남한대토벌작전이란 이름으로 섬멸전을 펼쳤다. 안중근은 1909년 이토 히로부미를 하얼빈역에서 저격해 우리 민족의 의지를 보여주었으나 일제는 코웃음을 치며 식민지 지배의 뜻을 굽히지 않았다.

마침내 1910년 8월 22일 순종을 협박해 강제로 한일병합을 단행했다. 8월 29일에 이 내용이 공표될 때 한양에는 용산에 주둔해 있던 일본 기마대가 삼엄한 경비를 펼쳤고 백성들은 처음에는 무슨 영문인지도 몰랐다. 며칠 뒤 소문을 들은 백성들이 통곡을 하거나 저항을 한들 무엇 하리오. 이미 사태는 끝나 있었다.

일제는 천황 직속의 조선총독부를 설치하고 헌병-경찰을 동원해 강압통치를 하면서 우리 민족의 모든 자유를 억압하고, 식량 등 자원 공급기지로 만들어나갔다. 거족적 3·1운동이 일어난 뒤 문화정치를 내세웠으나 양두구육의 사술에 지나지 않았다. 더욱이 1931년 만주사변을 일으키고 이어 중일전쟁과 태평양전쟁을 일으켰는데, 이 시기의 전시체제에 따라 공출(供出)이란 이름으로 식량과 물자를 약탈해갔다. 학생, 농민, 노동자, 심지어 여성까지 군인, 탄광 노동자, 군수공장 노동자, 근로정신대, 일본군위안부 등으로 내몰았다. 또 해외에 있는 우리 동포를 잔인하게 학살했다. 예를 들면 의병항쟁 활동과 3·1운동 진압과정에서 무수한 민간인을 학살하거나 방화와 고문을 했고, 만주의 봉오동과 청산리-어랑촌에서 일본 토벌대가 독립군에게 패전한 보복으로 무수한 민간인을 학살하거나 한인 마을을 쑥대밭으로 만들었다. 또한 일본군이 러시아 땅 연해주로 진출해 그곳에서 평화롭게 농사를 짓는 동포들도 마구잡이로 학살했다.

이는 다른 식민지에서는 보기 힘든 '제노사이드'였고 킬링필드였다. 일제 식민통치의 특성이나 잔혹성을 들어보면 다음과 같다.

첫째, 민족 또는 민족문화 말살 정책이었다. 무엇보다 우리말과 우리글을 쓰지 못하게 했다. 일본어만을 쓰게 했다. 씨름, 풍물 등 우리의 놀이나 풍속도 야만스럽다거나 미신적이라 하여 통제했다. 둘째, 성과 이름을 일본식으로 바꾸게 했다. 창씨개명(創氏改名)은 다른 식민지에서도 유례를 찾아볼 수 없는 만행이었다. 이를 동화 정책이라 불렀지만 고유의 혈연을 부정하고 일본 '쪽발이'로 만드는 출발이었다. 셋째, 역사와 전통을 왜곡했다. 우리나라의 국조인 단군이 일본의 천황 폐하와 한 뿌리였다든가, 한민족의 전통문화는 미개하고 역사는 분열을 일삼고 정체되어 사회 발전을 이룩하지 못했다는 이론을 내세웠다. 게다가 학교에서 조선의 역사를 가르치지 못하게 했다.

유럽의 제국주의 국가들 가운데 식민지 정책의 모델에는 영국형과 프랑스형이 있다. 영국형은 세계 여러 지역에 식민지를 두고 영국 왕이 보낸 총독이 현지를 다스렸다. 총독은 현지의 종교나 풍속 등 민족문화를 허용하거나 방임했다. 프랑스는 아프리카나 동남아시아의 베트남 등을 식민지로 경영하면서 식민지 대표를 프랑스 의회에 진출시키고 프랑스의 언어와 풍속을 강요했다. 프랑스형은 영국형보다 자국화 식민지 경영을 추구했던 것이다. 일본형은 이 유형의 나쁜 점만을 택했다. 곧 조선어와 조선 역사 등 조선의 정신을 말살하고 참정권을 전혀 주지 않으면서 군대에 강제 동원하고 차별 정책을 쓰면서도 창씨개명을 통해 일본인으로 만들려 했던 것이다.

오늘날 일본의 자민당 정권은 일제의 강제 병합에 대해 미지근하게 사과를 하면서도 강제 병합조약의 무효화는 선언하지 않았다. 간 나오토 총리도 강제 병합 100년이 되는 해에 좀더 진전된 사과를 했으나 무효화는 선언하지 않았다.

100주년을 즈음해 2009년 봄 한국에서는 80여 개 시민단체가 참여해 '진실과 미래, 국치 100년사업공동추진위원회'를 발족하고 여러 관련 사업을 진행했으며, 2010년 봄에는 강제병합 100년 공동행동 한일실행위원회를 발족하고 일본 시민네트워크와 연합해 공동선언 등 다양한 행사를 펼쳤다.

친일파, 대한민국을 장악하다

친일파 문제는 과거의 일만이 아니다. 친일파라는 용어는 '일본과 친하게 지냈다'는 뜻을 담고 있으므로 그 의미가 정확하게 전달되는 것은 아니다. 그래서 '친일 부역배'라 쓰기도 한다. 아무튼 친일파는 을사조약 시기부터 등장했다고 할 수 있을 것이다. 그 전 시기인 동학농민혁명과 민비 시해에서도 친일파가 등장했으나 역사적 실체로 보아 을사조약 당시부터 등장했다고 하는 것이 구체성을 띤다고 할 수 있다.

을사조약 당시 '을사오적'이 있었는데, 이 '을사오적'은 다시 한일병합의 주역이 되었다. 조선총독부가 들어선 뒤 친일파들은 처음에는 강제병합에 앞장을 선 공로로 작위와 은사금을 받아 떵떵거리며 살았다. 이완용은 관료 출신의 우두머리, 민영휘는 민씨 족벌의 우두머리, 송병준은 일진회 등 친일단체의 우두머리로 일급 친일파가 되어 대지주가 되었다. 어쨌든 이 땅의 친일파는 다음과 같은 부류로 나눌 수 있다.

첫째, 나라를 팔아먹는 데 앞장선 박영효, 박제순, 박중양, 송병준 같은 인물로 조선 말기 기득권 세력 또는 고위 관료 그룹이다. 둘째, 김석원, 오제도, 이익홍, 백선엽, 김종원 같은 직업적 친일분자들로 판사, 검사, 장교, 경찰 등 이른바 직업을 가진 이들이다. 셋째, 최남선, 이광수, 장혁주, 현제명 등 언론인 또는 교수를 하면서 전문직에 종사한 학자, 문인, 예술가 들이다. 넷째, 전시체제에서 앞장서 학병, 정신대 권유 등으로 협조한 지식인 그룹의 최린, 김활란, 배상명, 윤치호 등이다. 다섯째, 박흥식, 문명기, 김갑순, 현준호, 김연수, 민대식 등 지주 자본가들로 일제에 협력한 자본가 그룹으로 앞의 부류와 성격이 조금 다르다.

이들은 일제에 빌붙어 온갖 이권을 얻고 청년들의 강제 징용, 학병 권유, 정신대와 위안부 동원, 노동자의 징발 등 반민족적·반인권적 행위를 일삼았다. 그들은 때로는 거리에서, 때로는 공회당에서, 때로는 방송과 신문을 통해 앞잡이 노릇을 했다. 더욱이 1937년 중일전쟁과 1941년 태평양전쟁 기간에는 동방요배와 신사참배, 애국반 활동에 적극적으로 참여했으며 공출이라는 이름으로 농민의 고혈을 짜내는 일에 열을 올렸다.

해방 이후에도 이들은 권력에 빌붙어 온갖 비리를 저질렀다. 미군정 아래에서 여전히 기득권을 누리면서 정관계, 경제계, 문화예술계, 교육계, 특히 군경찰의 주류로 화려하게 복귀했다. 또 대한민국 정부가 수립되었는데도 이들은 권력과 부를 누리면서 독재정권의 주역으로 등장했다. 이승만은 분단 극복보다 단독정부 수립을 추구하면서 철저한 반공주의로 일관했다. 북한에서는 친일 관료나 친일 지주를 청산했다. 이와 달리 이승만은 친일파를 끌어안고 반공전선을 구축했다.

북한의 친일파들은 대거 월남했다. 이들 친일파는 서북청년단 등을 조직해 활동하면서 이승만 노선의 졸개가 되었다. 그들은 이승만의 반공전선을 철저히 따르면서 정치 세력으로 변신했다. 그리하여 대구 10월 항쟁이나 제주 4·3사건 등 현장에 어김없이 출몰했다. 더욱이 1948년 국회에서 반민족행위처벌법이 통과되어 악질 친일분자를 처벌하려 하자 친일 경찰들이 동원되어 서류를 강탈하고 직원을 연행하며 탄압했다. 1950년 3월까지 680여 명이 조사를 받았으나 실형을 받은 일곱 명을 비롯해 30여 명만이 가벼운 처벌을 받고 흐지부지되었다.

5·16군사정변이 일어난 뒤 박정희 정권에서는 친일 군인들이 대거 등장했다. 이들은 주로 박정희와 함께 만주군관학교를 졸업하고 관동군 산하에서 독립투사들을 토벌하거나 중국군 공격에 앞장섰던 자들이었다. 정일권, 백선엽, 김백일, 김창룡 등은 이승만 정권에서도 출세를 했다가 박정희 정권에서는 정치 세력으로 군림했다. 그뒤에도 친일파들은 여전히 활개를 치면서 우리 사회의 주류로 민족사를 오도했다.

제2차세계대전 이후 중국, 프랑스를 비롯해 여러 나라는 부역배를 엄중하게 처리했다. 또 북한에서도 친일파를 완전히 제거했다. 아프리카 공화국은 '진실과 화해, 미래위원회'를 만들어 진실을 규명하고 새로운 화해를 도모해 미래지향적 역사를 만들려 했다. 하지만 우리나라만이 이를 소홀히 한 국가가 되어 민족사를 왜곡하고 민족정기를 짓눌렀다.

한편, 특수한 친일파들이 있었다. 많은 지주와 박흥식, 문명기, 김연수 등 기업형 친일파들이다. 이들은 자신들의 이익을 유지, 확대하기 위해 거액의 국방헌금이나 비행기 헌납 등 적극적인 부역을 서슴지 않았다. 또 먹고살기 위해 하급 경찰관 또는 면서기, 금융조합 직원이 된 이들은 생계형 친일파라고 할 수 있으나 일반 민중은 이들의 횡포를 더 악랄하게 기억하는 경우가 많다. 직접 대면하고 통제하는 위치에 있었기 때문이다.

순수한 생계형 친일파를 제외하고는 거의 자신들의 반민족 행위를 반성한 적이 없으며 독립투사 등 반대 세력을 탄압하는 데 앞장섰다. 이들 자식들은 우리 사회의 여러 분야에서 지도자로 활동하면서 할아버지나 아버지의 친일 행위를 변명하거나 옹호하는 일을 했다. 민족사를 왜곡한 것이다.

더욱이 이들은 친일 행위의 진실을 규명하는 작업을 방해했다. 17대 국회에 제출된 친일행위진상규명 관련의 법을 왜곡하거나 축소했다. 현재 이 관련법의 개정안이 통과된다 하더라도 3000여 명만이 조사 대상에 포함되며 처벌 조항은 전혀 없다. 다만 진실을 규명해 정당한 민족사를 바로 세우려는 목적이다. 한편, 순수한 민간단체인 민족문제연구소에서는 온갖 방해를 무릅쓰고 『친일인명사전』을 간행했으며 지속적으로 친일청산운동을 벌이고 있다. 또 친일반민족행위자재산조사위원회에서는 악질적 친일파 재산을 환수하여 국고로 돌렸다. 이런 일들은 늦었지만 민족사적 의미를 던지고 있다.

좀더 자세히 설명하면 이는 역사적 의미를 갖는다. 60여 년 동안 미적거리던 진상을 바로 밝혀 민족사의 정당성을 확립하고, 진실을 규명하여 화해를 이룩해 미래사회를 열어가는 데 의미가 있다. 이번에 규명하지 못하면 두고두고 이 문제로 다시 논란이 벌어져 분열의 양상이 이어질 것이다. 더욱이 목숨을 걸고 독립운동을 한 애국자들을 소홀히 하는 꼴이 되고 앞으로 민족정기를 바로 세우는 데 커다란 걸림돌이 될 것이다.

왜 다시 해방전후사의 인식인가 — 여운형, 김구, 김규식, 이승만, 박정희의 엇갈린 행보

해방 공간은 혼돈의 시대였다. 여러 정치 세력이 등장해 각기 자기의 주의-주장을 펼쳤다. 가장 중요한 쟁점은 남북 분단을 해소하고 통일정부를 수립하는 문제였다. 여기에 맞물려 미국-소련의 군정 종식과 그에 따른 미소공동위원회, 국내 정치 세력의 좌우 합작이 논란의 초점이 되었다. 이런 속에서 좌파, 우파, 중도파가 나뉘었고 이를 다시 강경파, 온건파 따위로 구분했다. 사망 순으로 그 주역들의 주장과 행동을 살펴보자.

먼저 여운형(1886~1947)의 노선을 살펴보자.

여운형은 일제의 패망을 앞두고 혼란기의 치안을 유지하려면 무장력 확보가 시급하다고 보고 건국동맹의 조직을 통해 이를 실현시키려 했다. 미래를 대처하는 원대한 구상이었다. 정무총감 엔도 류사쿠(遠藤柳作)는 조선총독부의 패망을 앞두고 여운형에게 조선의 치안을 협조해달라고 부탁했고 그는 이를 받아들이면서 조건을 달았다. 정치범과 경제범을 즉시 석방할 것, 치안 유지와 건설사업에는 간섭하지 말 것 등이었다. 조선총독부를 대신해 치안을 맡겠다는 뜻이었다. 다급해진 엔도 류사쿠는 거절할 처지가 아니었다.

어찌되었건 8·15해방은 왔고 여운형은 재빨리 건국동맹을 모태로 조선건국준비위원회를 조직하고 위원장에 취임하면서 안재홍을 부위원장으로 앉혔다. 조선건국준비위원회는 치안대의 조직을 확대해 8월 말 전국에 걸쳐 145개의 치안대 지부를 설치했다. 이어 조선건국준비위원회가 모체가 되어 새로이 조선인민공화국을 발족하고 이승만을 주석, 여운형을 부주석으로 추대했다. 우익이 임시정부 추대운동을 벌이자 이에 대항하려는 수단이었다. 삽시간에 남한의 모든 지역에서 면, 동, 리의 인민위원회가 조직되었다.

그러나 미군정이 실시되고 이승만이 환국했을 때 인민공화국과 인민위원회는 강한 압박을 받아 무산될 수밖에 없었다. 하지만 해방 공간에서 적어도 주체적 정부 수립을 계획했다는 데 커다란 의미가 있는 것이요, 미군정의 피점령국 정책에 맞선 자주적 노선을 추구했다는 의미를 지닌다. 하지만 좌우의 갈등은 더욱 심화되었다.

이어 신탁통치 문제로 좌우익이 극한 대립을 보일 때 그의 노선이 빛을 발하기 시작했다. 극우의 이승만은 남한 단독정부 수립을 내세웠고 극좌의 박헌영은 부르주아 민주주의 혁명을 토대로 신전술을 채택하여 미군정과 심한 마찰을 보였다. 혼란의 도가니였다.

이때 여운형은 중도좌파를 대표해 중도우파의 김규식과 좌우합작위원회를 구성하고 조국 분단과 민족 분열을 저지하고 통일정부 실현에 앞장섰다. 이 운동이 미군정 당국의 교묘한 방해공작으로 좌절되자 북한 지도자들과 네 차례에 걸쳐 좌우 합작과 통일정부 실현을 위해 회담을 했다. 김구보다 훨씬 조직적이고 실천적인 운동을 펼쳤다.

여운형은 1947년 5월 근로인민당을 창당하고 좌우 합작을 위해 미소공동위원회 성사를 지원하던 중 극우 청년 암살자가 쏜 총탄을 맞고 쓰러졌다. 이에 대해 다양한 배후설이 분분하게 떠돌았다. 미국이 사주했다거나 이승만을 따르는 수도 경찰청장 장택상이 있다거나 김두한 등 우익 청년이 있다고 했다. 오늘날까지 그 배후는 밝혀지지 않았다.

여운형의 빈소에 수많은 사람이 몰려와 통곡했고 장례 행렬에는 자발적으로 온 조문객이 따랐다. 그는 해방 공간에서 가장 인기 있는 정치인이었다. 1945년 11월 선구회에서 한 여론조사에 따르면 "조선을 이끌어갈 양심적 지도자" 항목에 여운형 33퍼센트, 이승만 21퍼센트, 김구 18퍼센트, 박헌영 16퍼센트, 김일성 9퍼센트, 김규식 5퍼센트의 지지를 받았다. 물론 어수선한 시기였고 정치 활동이 본격적으로 시작되지 않은 시기여서 국민의식이 자리잡았다고 보기에는 한계가 있었다.

그런데 그는 좌우합작운동을 하면서도 그 실패를 예견했다고 하며, 죽기 전에도 측근들에게 "나는 결국 죽을 거야. 그렇지만 죽더라도 분단만은 막으려 노력해야 하지 않겠나?"라고 했다고 한다. 다시 말해 실패를 하더라도 끝까지 남북 분단을 막기 위한 운동을 중지해서는 안 된다는 것이니 이를 두고 그를 이상주의자라고 탓할 수 있겠는가.

여운형의 좌우합작운동은 김구가 벌인 남북 협상 이전에 일어났다.

이에 대해 극우와 극좌는 합작 노선의 계급적 기반이 약하다고 비판했는데, 사실 이들 중도파는 박헌영이 이끄는 극좌처럼 운동의 강도와 대중조직을 갖지 못했다. 또한 이승만과 한국민주당이 이끄는 극우처럼 자금, 경찰, 행정기구, 청년단체도 장악하지 못했다는 해석이 나온다.

그리하여 '좌우합작운동은 반드시 성공할 것'이라고 굳게 믿은 것만은 아니었다. 그것을 추진할 때에는 내외의 조건으로 따져보아 국토의 분단과 민족의 분열을 당장은 막지 못하더라도 극좌, 극우 노선에 의해 양극화된 민족 내의 대립을 중화시키고 약화시켜 상호 간의 증오와 살상을 최소화해야 한다는 판단도 작용했다는 평가가 나온다.(서중석, 『한국현대민족운동연구』)

여운형이 죽은 뒤 그의 집안은 심한 고통을 받았으며 취직도 제대로 할 수 없었다. 그의 딸은 해방 당시 이화여자전문학교에 다녔는데, 늘 미군정청 경찰의 감시를 받았으며 생명의 위협을 느꼈다. 그리하여 1946년 여운형이 북쪽에 갔을 때 그의 딸을 데리고 가서 북쪽에서 살게 했다. 아버지로서 딸의 생명을 보호하려는 간절한 바람이 있었겠지만 이것도 그를 나무라는 빌미가 되었다.

여운형의 동생 여운홍은 정치 활동을 벌였으나 늘 견제를 받았고 그의 추종 세력인 조선건국준비위원회 또는 인민위원회 또는 근로인민당 당원들은 끊임없이 감시와 압박을 받았다. 툭하면 빨갱이로 몰려 정치 활동은커녕 사회 활동조차 할 수 없었다.

최근 들어 그에 관한 연구가 매우 활발히 전개되어 전기와 전집, 연구서가 계속 출간을 기다리고 있다. 이런 현상은 그동안 권위주의 정권의 반공 이데올로기 정책으로 그에 대한 조명이 제대로 이루어지지 못한 현실 탓이기도 하지만 그보다는 새로운 통일 기운에 그의 사상과 의지가 큰 기준이 되기 때문일 것이다.

결론적으로 말해 여운형은 중단 없는 통일운동가였고 목숨을 바쳐 민족을 사랑했으며 언제나 남보다 한발 앞서 이끌어나간 탁월한 지도자였다.

다음은 김구(1876~1949)를 살펴보자.

김구는 대한민국 임시정부의 창설 일원은 아니었으나 임시정부가 약화되었을 때부터 임시정부를 지키기 위해 평생을 바친 탓에 임시정부의 파수꾼으로 우러름을 받았다. 그는 해방이 된 뒤 미군정의 방해로 개인 자격으로 귀국했다. 그의 정치적 고난은 이때부터 시작되었다.

해방 공간에서 김구는 다음의 활동에 총력을 기울였다.

첫째, 임시정부의 법통성(法統性) 확인이었다. 임시정부 요인들은 개인 자격으로 들어왔으나 한때 미군정을 접수하려 하여 점령군 사령관을 놀라게 만들었고, 점령군 사령부는 임시정부 요인들을 처치하려는 계획까지 세웠다. 김구는 처음 임시정부가 정부의 기능을 맡아야 한다는 한민당계의 주장 등에 고무되었으나 인공계와 공산당계의 거부로 좌절되었다. 그러자 김구는 불만에 차 다음과 같이 선언했다.

다시 말하면 우리 임시정부는 결코 모일계급(某一階級), 모일파(某一

派)의 정부가 아니라 전 민족, 각 계급, 각 당파의 공통한 이해 입장
에 입각한 민족 단결의 정부였습니다. 그러므로 우리 정부의 유일
한 목적은 오직 전 민족이 총단결하여 일본 제국주의를 타도하고
한국에 진정한 민주공화국을 건립하는 데 있습니다.

— "임시정부개선 환영대회 답사"

이런 호소에도 임시정부는 여러 현실적 사정과 정치적 이해에 의해
그 법통성을 실현하지 못했다. 이것이 임시정부의 한계였다. 김구는 계
속 그가 거처하는 경교장을 임시정부의 청사처럼 꾸미고 국무회의를 소
집하는 등 많은 활동을 했다.

둘째, 신탁통치 반대운동이었다. 모스크바 3상회의에서 한반도를 일
정 기간 위임통치하게 한다는 결정을 내렸는데, 김구는 즉각 이를 반대
해 반탁을 주장했다. 그는 반탁의 지도 요령을 발표했는데, 반탁운동이
독립운동으로 재출발할 것과 신탁안이 완전히 취소되고 자주독립이 성
취될 때까지 반대운동을 계속하자고 강조했다. 공산당계와 중도좌파계
가 찬탁을 할 때 김구는 늘 정치적 견해를 달리하던 이승만과 반탁에서
만은 완전히 뜻을 같이했다.

셋째, 통일정부 수립운동이었다. 미소공동위원회가 결렬되어 통일정
부안이 실현되지 못하자 유엔에서 남한만의 총선거로 단독정부 수립을
결정했다. 이승만과 한국민주당은 이를 환영했으나 김구는 "나는 한국
을 분할하는 남한 단독선거도, 북한 인민공화국도 반대한다. 오직 정의

의 깃발을 잡고 남북통일에 최후까지 노력하겠다"고 발표했다. 김구는 단독정부반대운동을 펴기 위해 홍명희, 김창숙 등과도 손을 잡았으나 끝내 실현성이 없자 김규식과 함께 남북 협상을 위해 북으로 넘어갔다.

김구는 평양에서 김일성, 김두봉과 만나 의견을 나누었으나 이데올로기를 등에 업고 정권욕을 채우려는 자들의 동의는 얻어낼 수 없었다. 그의 뜻대로 이루어질 일이 아니었으니 빈손으로 돌아온 것은 당연하다고 할 수도 있을 것이다. 끝내 그의 계열이 참여하지 않은 가운데 1948년 5·10총선거가 이루어져 남한의 단독정부가 수립되었다. 김구는 모든 정치 활동을 중단하고 회한의 나날을 보내던 중 한 암살자의 손에 쓰러졌다.

김구의 암살은 민족적 비극을 연출한 사건이지만 그의 개인사로 보면 커다란 정치적 소득을 얻었다. 그의 의지와 열정이 민중에게 더욱 커다랗게 다가갔고 동정심도 불러일으켰다. 이를 통해 그를 역사 인물로 존경하는 이미지가 제고되었다. 이 죽음은 그의 홍커우 공원 거사가 성공할 때보다 훨씬 더 정치적 의미를 띠었다. 오늘날 굳어진 분단 구조 아래에서 김구는 되살아나고 있다.

김구는 중국 땅에서도 순수하고 철저한 민족주의자였던 탓에 좌우합작 및 통일전선에 미온적이거나 거부의 태도를 보였다. 그는 해방 공간에서 때로는 민족주의 우파의 단결을 모색하기도 하고 때로는 좌우합작을 도모하기도 하다가 끝내 김일성과도 만났던 것이다. 이런 행동이 그의 이상 탓만이겠는가.

오늘날에는 통일의 새 기운을 맞이하고 있다. 그의 통일정부 수립 노력에 새롭게 역사적 의의가 주어지고 있다. 그런 때문인지 많은 사람이 존경하는 역사적 인물로 꼽고 있으며 역사 인물 인기도 조사에서도 김구가 첫자리를 차지한다. 하지만 과장된 면도 있는 것 같다.

다음에는 김규식(1881~1950)을 알아보자.

김규식은 임시정부 태동기부터 외교를 전담해 활동했다. 그는 사교적이고 온건하며 영어에 능통해 외교가로서의 자질을 갖추었다. 고아였던 어린 시절에 선교사에게서 익힌 영어를 평생 소중하게 써먹었다.

김규식은 망명한 지 32년 만에 해방된 조국으로 돌아왔다. 하지만 정국은 혼란스럽기 짝이 없었다. 그는 해방 공간에서 두 가지 일을 추진했다. 당시 남쪽에는 미국, 북쪽에는 소련의 군정이 실시되었다. 이때 모스크바에서 회의를 열어 한반도를 미국, 소련, 영국, 중국이 일정 기간 위임통치할 것을 결의했다. 그러면 한국의 독립은 적어도 당분간 보장되지 않았기에 전국은 이를 지지하는 좌익의 찬탁과 이를 반대하는 우익의 반탁으로 나뉘어 치열한 싸움이 벌어졌다.

김규식은 과감하게 반탁의 지도자로 활동했다. 미군정 당국은 이를 무마시키려고 좌우 합작을 주선했는데, 김규식은 우익 대표로, 여운형은 좌익 대표로 참석했다. 좌우 합작회의에서는 부르주아 민주공화국 수립, 새 정부에 좌우를 가리지 않는 진정한 애국자 참여 등을 합의했다. 그러나 우익 진영의 이승만과 김구, 좌익 진영의 허헌과 박헌영 등은 각기 다른 주장을 내세워 합작에 찬물을 끼얹었다. 김규식은 이를 감당하지 못하고 병이 도져 입원하고 말았다. 당시 미군정 당국은 온건하고 합리적인 김규식을 새 정부의 수반으로 내세우려는 공작을 펼쳤다 한다.

김규식은 미군정의 권유로 입법의원이 되어 그 의장을 맡고 좌우 합작을 성사시키려 했으나 다시 실패했다. 입법의원은 당시 국회의 구실을 했고 뒤에는 과도정부로 개칭하여 임시정부의 역할을 했다. 모든 일이 그의 뜻대로 이루어지지 않았다. 1948년 국제연합에서는 남한의 단독정부 수립을 결정해 대한민국 정부의 출범을 앞두고 있었다. 이제 그에게는 마지막 할 일이 남아 있었다.

그해 2월, 김규식은 입법의원 의장을 사퇴하고 남북 협상에 나섰다. 남북 협상에는 김원봉, 홍명희, 허헌 등 많은 지도자가 참여했으나 김규식의 진정한 동반자는 김구였다. 여운형은 암살당해 이 세상에 없었다. 두 지도자는 이승만의 반대를 물리치고 통일정부 수립을 위해 남북 협상을 제의했다. 그해 4월 그들은 38선을 넘어 북으로 갔다. 국토의 중간지대는 신록이 돋아나 만물이 생기를 내뿜고 있었으나 마음은 꽁꽁 얼어붙어 있었다. 평양에서 남쪽의 지도자들과 북쪽의 김일성, 김두봉 등이 머리를 맞대고 앉았다. 그러나 북쪽에서는 두 지도자의 진의를 외면하고 이승만과 다를 바 없는 정치적 술수를 부렸다. 모두 정권욕에 눈이 멀어 있었던 것이다. 김규식과 김구는 한을 품고 다시 발길을 돌렸다.

북쪽에서 다시 남북 협상을 제의해왔으나 김규식과 김구는 이를 거절했다. 그들은 남한의 단독선거도 반대해 참여하지 않았다. 좌우 합작과 남북 협상은 현실 정치와 국제 역학 구조에서 성공할 수 없었다. 하지만 정권 문제를 떠나 실패를 각오하면서도 분단을 극복하고 통일정부를 수립해야 한다는 민족통일정신은 영원한 귀감이 될 것이다. 김규식은 정치가라기보다 민족운동가였다. 이런 지도자는 현실 정치에서 실패할 수밖에 없을 것이다. 그 과정에서 그는 민족진영의 우파로 중도 노선을 선택했다.

김규식은 울분의 나날을 보냈다. 단독정부의 대통령이 된 이승만은 오랜 동지인 그를 외면했다. 그는 한국전쟁 시기 병든 몸으로 납치되어 북한으로 끌려가 1950년 12월 몹시도 추운 만포진 용암포에서 죽었다고 한다. 민족 지도자의 비극적 말로였다.

김규식은 병들었는데도 아랑곳하지 않고 독립운동에 열정을 쏟았으며, 능통한 영어 회화와 해박한 지식으로 외교를 맡아 조국에 공헌했고, 온건한 성품으로 늘 합작과 타협을 이끌면서 분열에서 단결로 역량을 모으려 했다. 안정된 사회에 살았더라면 그는 학자 또는 문인의 길을 걸었을 것이다. 오늘날 타협을 모르는 극단적 성향의 정치가들이 판을 치는 것을 보고 있노라니 그의 순수한 애국 정열이 그리워진다.

마지막으로 평가가 극도로 엇갈리는 이승만(1875~1965)을 살펴보자.

청년 이승만은 독립협회 활동으로 명망을 얻었다. 그뒤 미국으로 건너가 미국통이 되었다. 그는 안전한 지대인 미국에서 지내면서 한국의 미국 위임통치를 주장해 분란을 일으켰으나 평생 미국에 기대는 성향은 변함이 없었다. 죽을 때에도 미국으로 망명해 그곳에서 죽음을 맞이했다. 그의 행동은 늘 극우로 치달았다.

해방 공간에서 이승만은 미국, 소련, 중국, 영국이 이끄는 한국의 위임통치안이 제의되었을 때에도 반대했고 미소 공동위원회에서 좌우 합작을 추진할 때에도 동조하지 않았다. 이때 미 국무부에서는 소련에 대항하기 위한 인물로 극단적인 이승만과 김구를 제외하고 중도적 인물을 등장시키라고 지시해 이승만은 한때 소외되기도 했다.

그뒤 이승만은 철저하게 반공, 반소의 발언을 했고, 파업을 조종하는 공산당을 극렬하게 비난했으며, 이승만 노선에 동조하는 한국민주당은 찬탁을 주장하는 공산당을 타매했다. 여운형은 한국인에게 민정을 이양하고 김규식을 수반으로 임명하라고 존 하지 사령관에게 요구했다.

그 무렵 이승만은 남쪽에서라도 임시정부가 이끄는 위원회를 조직해 소련이 38선 이북에서 철퇴하도록 세계 여론에 호소해야 한다고 발언했다. 이것이 남한 단독정부 수립을 주장한 것으로 받아들여져 여론이 들끓었다.

해방 공간에서 이승만은 사설 정보기관을 가동해 여러 정보를 수집했다. 특히 그와 정치적 라이벌이 될 인물의 동정을 집중적으로 살피는 일에 열중했다. 그리고 반공, 반소를 거듭 내세웠다. 또 미국에 가서 외교를 펼치거나 한국 문제를 유엔에 상정시키려는 노력을 기울였다. 이때 김구는 미군정을 접수하려고 국민의회를 결성해 이승만을 주석, 자신을 부주석으로 선출했으나 이승만은 이를 무모한 짓이라고 하며 중지시켰다.

그러나 이승만은 귀국한 뒤 자율적인 정부 수립 운동을 벌였고 이로 인해 존 하지와의 관계가 나빠졌다. 그의 정치 생명의 위기라고 할 수 있었다. 하지만 결국 유엔 감시 아래 남한 단독정부 수립을 위한 선거가 실시되었다. 이승만은 북한의 정부 수립 준비과정을 적극 지지했고 김일성의 제안으로 1948년 4월 평양에서 개최된 하나의 정부 수립을 위한 남북 협상을 비난했다. 이렇게 하여 제헌의회를 구성할 5·10총선거가 실시되었고 이승만은 국회의 간접선거를 통해 대통령에 당선되었다. 이 과정에서 정치적 라이벌인 여운형, 송진우, 장덕수, 김구가 차례로 암살되었고 뒤이어 조봉암, 신익희, 조병옥 등 반대 세력도 처리했다. 그 진상은 지금도 명확하게 밝혀지지 않았지만 정치적 라이벌들은 한 명씩 사라졌다.

대한민국 초대 대통령인 이승만은 건국의 아버지인가, 독재자인가? 이 명제는 오늘날에도 논란을 낳고 있다. 그러면 마지막으로 그에 대한 몇 가지 평가를 살펴보자.

해방 공간에서 정치 활동을 하면서 이승만을 찾아다녔던 강원룡은 이승만에 얽힌 일화를 소개했다. 그가 이승만을 이화장에서 처음 만났을 때 이승만은 깨엿을 망치로 쪼개 주면서 "그대들은 내 아들이나 다름없다"라고 말했다. 그러고는 중간에 얼굴을 찌푸리고 손가락을 후후 불었다. 강원룡 일행이 혹시 엿을 깨다가 손가락을 다친 줄 알고 놀라자 그는 "아냐, 내가 왜놈들한테 붙잡혀갔을 때 고문당한 손가락이 지금도 종종 아파서 그래"라고 대꾸했다.

강원용은 나중에 이승만이 일본에 잡혀간 사실이 없는 것을 알고

"그 사람은 필요에 따라 얼마든지 거짓말을 할 수 있는 사람이었다. 게다가 그는 음성과 표정까지 배우 뺨치게 꾸며대어 듣는 사람이 그의 말을 절대적으로 믿도록 하는 재주가 뛰어난 사람이다"라고 기록했다.(강원룡, 『역사의 언덕에서』)

또 이승만 정권에서 정치적으로 성장했던 조봉암은 이승만을 두고 역대에 유례가 없는 독재자로 규정하면서 방문객들을 만날 때마다 "이승만이 아직도 죽지 않았나?"라는 말로 인사를 대신했다 한다. 민주운동가였던 장준하는 가끔 이승만을 접촉했는데, 늘 입버릇처럼 이승만을 "희대의 사기꾼"이라 말했다 한다.

한편, 이승만 집권 시기에는 이승만을 국부(國父)로 부르기도 했고 자유세계의 가장 위대한 지도자로 추앙하기도 했다. 이화여대 총장을 지낸 김활란은 이승만을 두고 조지 워싱턴, 토머스 제퍼슨, 벤저민 프랭클린, 에이브러햄 링컨을 종합한 지도자라고 주장했다. 정치학자 유영익도 이에 못지않았다. 이승만 추종 세력들은 이런 주장을 폈던 것이다.

아무튼 이승만은 지나친 권위에 빠져 있었다. 그와 맞서는 인물이나 충고를 하려는 사람들은 철저하게 배제시켰다. 그의 아내 프란체스카는 이런 인물의 접근을 막고 김활란, 박마리아 같은 추종자들만 이승만 곁에 두었다. 이승만은 스스로 인의 장막을 즐겼다. 이 대목에서 일화 하나를 살펴보자. 시인 서정주는 이승만의 구술을 받아 1949년에 『우남이승만전』을 썼는데, 이승만의 아버지에 대해 경칭을 붙이지 않았다. 이를 본 이승만은 굉장히 불쾌한 기색을 드러냈다. 이승만은 "서정주가 시인이라? 버릇없는 사람이군!"이라고 비서들에게 말해 서정주는 머쓱하여 다시는 이승만을 만날 수 없었다 한다.

어쨌든 오늘날 이승만에 대한 국민의식은 사뭇 다르게 나타난다. 한 여론조사(『경향신문』 2008년 8월 15일자)에 따르면 현대사에서 "가장 존경하는 인물"에서 이승만은 3.6퍼센트를 얻었고 가장 "큰 업적을 남긴 정권"에서는 이승만 정권이 3.3퍼센트를 얻었다. 아주 바닥인 것이나 다름없다.

해방 전후사는 바로 분단 구조의 고착, 단독정부 수립, 한국전쟁의 근원, 독재정권의 출현 등 현대사의 모든 문제가 뒤엉켜 있다. 이를 바르게 인식하는 일은 현대를 사는 우리의 과제일 것이다.

박정희 바로 보기―박정희의 실체와 유산

박정희는 이승만보다 훨씬 평가가 엇갈린다. 친일파였다거나 남로당원이었다거나 반민주 개발독재자였다거나 한국적 민족주의자였다는 등의 문제가 복잡하게 얽혀 있기 때문이다. 어쨌든 그는 현대사를 바꾸어 놓은 5·16군사정변의 주역이었다.

훗날 박정희는 5·16군사정변에 대해 이렇게 말했다. "단순한 정권의 교체가 아니라 멀리는 나라가 갈리고 서로가 죽이던 고·중대―가까이는 이조 500년간의 뒤처짐과 일제 36년간의 피맺힌 학정―해방 이후 이질적인 기를 위해 움터난 갖가지의 난치병을 깨끗이 씻어버려 다시는 가난하지 아니하고 약하지 아니하고 못나지 아니한 슬기로움과 용기와 자신을 가진 새로운 민족의 우렁찬 새 출발임을 말한다. 따라서 이 혁명은 시간적으로 보아 한국 근대사가 바뀌는 기점이며 해방 전후 다음에 가는 제3의 출발이고 그것은 우리 민족이 다시 한번 일어서보려는 크나큰 성업의 마지막 기회인 것이다."(박정희, 『국가와 혁명과 나』) 이 표현은 그의 단순한 수사일까, 늘어놓은 변명일까, 아니면 진정한 의지일까?

박정희는 원대(原隊)로 돌아가겠다고 몇 차례 식언한 끝에 대통령에 입후보해 당선되었고 3선 개헌을 무리하게 단행한 뒤 바로 장기 집권의 수단으로 유신정권을 출범시켰다. 파시즘의 전형인 유신체제 이후의 현대사는 긴장과 갈등, 공포의 연속이었다. 긴급조치가 잇따라 발표되었고, 그에 따라 유신을 반대한다는 말만 해도 구속되었다. 남북 대화도 중단되었고 미국을 비롯한 세계의 나라들은 유신독재를 비난했다.

박정희 정권 18년은 분명히 한국 현대사의 가파른 고비였다. 이 시기에 개발독재로 경제 발전을 이룩했다고 말하기도 하고 민주주의를 파탄시킨 암흑의 시대라고 말하기도 한다. 어쨌든 유신시대야말로 암흑의 시대였다. 나는 유신 시절에 우울증과 의심증 등 조현병 증상으로 많은 고통을 겪었다. 글을 쓸 때에도 늘 자기 정화를 거듭했다. 나만이 그랬겠는가.

우리는 근현대 100년 동안 과학기술의 발전과 문화·예술의 성숙을 통해 한국전쟁 이후 전쟁이 없는 분단 상태에서나마 성장을 거듭하고 물질생활의 풍요를 누릴 수 있었다. 그 공적을 근면한 기업인 노동자에 둘 것인지, 개발독재에 둘 것인지는 앞으로 냉철히 판단해야 할 것이다.

그러면 유신이라는 봉건적 용어는 어디에서 비롯되었는가. 일본의 사관학교 교과서로 사용한 '본방사(本邦史)'에는 '유신'이라는 단어가 단원마다 깔려 있다. 그러면 '유신'이란 무엇인가? 중국 고전인 『시경(詩經)』에 고대 주나라의 문왕(文王)을 두고 "주나라는 비록 옛 나라이나 그 천명은 유신하다"라고 했다. 곧 문왕이 천명을 받아 나라를 새롭게 통치한다는 뜻이다. 그뒤 왕조들은 통치질서를 새롭게 전개한다는 의지를 내세울 때 이 '유신'이란 단어를 곧잘 사용했다. 일본 근대를 열었다는 메이지유신이 그렇고 대한제국의 고종이 '광무 유신'을 내세웠다.

박정희는 사범학교와 군관학교에서 황국신민화 교육을 받으면서 군인으로서 우수한 성적을 기록했고 그가 집권했을 때 '10월 유신'을 내걸고 영구 집권을 도모했다. '본방사'의 '유신'은 박정희를 각인시켜 훗날 큰 역사적 사건을 일으킨 것이 아니겠는가.

유신체제는 바로 인권 탄압의 역사였다. 이 체제 아래에서 긴급조치 9호시대 4년 동안 무수한 구속자가 양산되었다. 1979년 유신 종말에는 한 해 동안 구속된 양심수가 1239명을 헤아렸고 의문사를 한 경우는 거의 미궁에 묻혔다. 거듭 말하지만 이를 유지하는 방법으로 국민들을 현혹시키는 갖가지 공작을 펼쳤는데, 반공을 내세워 간첩 사건을 조작하거나 저항하는 학생을 강제 입대시키기거나 불법으로 체포해 고문을 자행했다.

그 예로 유신 앞 시기에는 민족일보 사건, 인혁당 사건, 동백림 사건, 통혁당 사건, 오적필화 사건 등이 있었다. 유신 시기에는 김대중 납치 사건, 민청학련 사건, 동아일보 광고 탄압 사건, 장준하 문사 사건, 함평 고구마 사건 등이 있었다. 이런 과정에서 국가보안법을 전가의 보도처럼 이용했다.

한국전쟁을 전후로 민간인 희생자들은 옥석을 가릴 것 없이 대부분 적색분자로 몰렸다. 물론 여기에는 보도연맹 희생자와 남로당에 가입한 경력이 있거나 반정부 활동을 벌인 인사들도 포함되었다. 이승만 정권의 인권 유린이 박정희 정권 아래에서 그대로 답습되거나 더욱 가혹한 조치를 만들어냈다.

오늘날에도 박정희에 대한 역사적 평가는 두 갈래로 나뉜다. 현대사회에 이르러 절차민주주의는 단계를 거쳐 성숙되어가고 있다. 그런데도 인권을 억압하고 온갖 정치적 파행과 비리를 저지른 박정희에 대한 리더십에는 후한 평가를 내리고 있다. 근래에 들어 역대 대통령에 대한 인기도와 업적도의 여론조사에서 박정희는 단연 첫번째 손가락에 꼽혔다. 여기에는 연속되는 어려운 경제적 여건도 작용했고 지역 정서도 한몫 거들었을 것이다. 다음과 같은 평가가 있다.

> 박정희 체제는 분명히 개발을 성공적으로 추진한 모델이었지만 실상은 '위기의 모델'이자 조야(粗野)한 폭력성으로 점철된 것이었다.
>
> ─ 『박정희와 개발독재시대』

이처럼 박정희에게는 '개발'과 '폭력성'이 상충되어 따른다. 그는 분명히 두 개의 얼굴을 가진 인물이었다. 또 기회주의적 인생 역정을 자주 걸었고 여러 번의 배신 행위도 있었다. 게다가 정치적 진로를 두고 여러 번 반복의 식언을 했다. 그런 속에서도 한 가지 목표만은 뚜렷했다고 평가하고 있다. 국민을 잘살게 하려는 의지였다. 그야말로 굶주리던 시대에 먹을거리를 해결해주었던 것이다.

식민지와 한국전쟁을 겪은 뒤 경제 성장의 기회가 찾아왔다. 그리하여 농민, 노동자, 기업인, 공무원 등이 그 대열에 나섰고 효과를 올릴 수 있었다. 그들의 근면과 지적 기반을 무시할 수 있을까? 그들은 서독에 파견된 광부와 간호사, 서아시아의 뜨거운 모래 바람에 맞서 싸운 건설 기술자, 베트남에서 활동한 기업인 들이었고 국내에서 10시간 넘게 노동한 청계천 직공과 YH 여성 노동자 들이었다. 수출입국 자립경제를 내세운 박정희의 열정이 무시되어서는 안 되겠지만 모든 공로가 그에게 돌아가는 것은 실상과 거리가 있을 것이다. 그는 기회를 만들어주었다는 인정만 받으면 될 것이다.

이와 달리 박정희 정권 아래에서 전개된 운동을 성격에 따라 규정하면 민족해방운동, 조국통일운동, 민주화운동으로 나눌 수 있다. 이 운동이 우리나라 민주주의 발전의 원동력이 되었다고 할 수 있다.

박정희의 인간성은 그의 정치 행각과 맞물려 많은 논란을 빚었다. 그와 가까이 지내는 사람들은 그의 속셈을 쉽게 알지 못했다고 한다. 그는 집권 시기에 정치가를 비롯해 학자, 문인, 재야인사 등을 만날 때에도 거의 자기 말은 하지 않고 듣기만 하여 속내를 알 수 없었다. 한 인사가 그의 면전에서 "단군 이래 최고의 민족 지도자"라고 아부를 떨면 불쾌한 표정을 지으며 톡 쏘아붙이기도 했다(여기의 한 인사는 윤치영 또는 이선근이라는 말이 전해진다).

우리는 나라를 잃고 100년을 지내면서 35년 동안 식민지 지배를 겪었고, 남북이 분단되어 75년을 보냈으며, 다시 동족상잔의 한국전쟁을 치른 지 68년이 지났다. 그동안 여러 세력이 때로는 갈등, 때로는 통합을 하면서 역사의 시대를 보냈으나 매듭이 풀리지 않고 원점에서 맴돌고 있다. 어찌 아픈 역사가 아닌가.

'진실과 미래, 국치 100년 공동행동 한국실행위원회 공동 대표 기조 강연'은 역사학자로서 학술적 이론을 제시한 것이 아니라 살아오면서 경험을 근거로 이야기를 늘어놓았다는 점을 밝혀두고 싶다. 나는 일제 식민지 시기와 독재정권시대를 살아왔으니까.

과거의 기억과 청산

2000년대 초 나는 계절에 상관없이 여의도 거리를 바삐 돌아다녔고 국회의사당을 드나들다 그 앞에 있는 지하 음식점에서 맥주를 마시며 울분을 토했다. 그 자리에는 한국전쟁 피해자인 채의진이 거의 빠지지 않고 함께했다. 왜 그랬을까? 이 글을 읽으면 조금 이해할 수 있을 것이다.

오늘날 우리 사회는 해묵은 이데올로기 문제로 사회적 갈등을 빚는다고 진단한다. 과연 그럴까? 나는 동의하지 않는다. 또한 근래에 들어 우리 사회는 묵은 과거사 청산 문제로 사회 분열을 조장한다고 주장한다. 나는 여기에도 동의하지 않는다. 오히려 그 반대로 올바른 역사의식을 높이고 민주 가치를 존중하고 인권사회로 향하는 과정이라고 생각한다.

그 과정을 한번 살펴보자. 일단 여기에서는 왕조사회의 사례는 제외하기로 한다. 우리는 해방 뒤 역대로 이승만, 박정희 전두환, 노태우 정권으로 이어지는 독재정권의 정치적 지배를 받았다. 독재정권은 권력을 유지하면서 온갖 정치적 음모를 자행하고 인권을 짓밟는 작태를 보여주었다.

좀더 구체적으로 말하면 이승만은 경찰, 검찰, 군인 계통의 친일파를 하수인으로 등장시켜 정치적 반대자를 암살하거나 반대당의 파괴 공작을 펴거나 민주 통일 인사를 간첩으로 조작했다. 여운형, 김구, 조봉암 등이 독재정권의 대표적 제물이었다.

특히 박정희 정권은 온갖 정치적 파행과 폭압을 일삼으면서 장기 집권을 했다. 이를 유지하는 방법으로 국민을 현혹시키는 갖가지 공작을 펼쳤다. 반공을 내세워 간첩 사건을 조작하고 저항하는 학생을 강제 입대시켰으며 불법으로 체포해 고문을 자행했다.

이미 알다시피 대표적인 사례로 민족일보 사건, 통혁당 사건, 인혁당 사건, 민청학련 사건 등을 꼽을 수 있다. 더욱이 불법 감금 고문을 자행한 끝에 무수한 의문사를 낳았다. 또 1965년에 맺은 한일협정을 통해 식민지 시기 핵심적 인권 유린 사건인 징용, 징병, 정신대, 위안부의 문제를 돈 몇 푼에 팔아먹었다.

이승만, 박정희의 수법을 고스란히 이어받은 독재자가 바로 박정희의 도당인 전두환과 노태우였다. 두 정권은 약간의 차이는 있지만 근본적으로 이승만, 박정희의 수법을 그대로 이어받아 우리 사회의 민주질서를 가로막고 인권을 짓밟았다. 전두환은 지금도 5·18광주민주화운동 당시 북한 인민군이 개입했다고 떠드는 망나니 행태를 보여주고 있다.

이런 과정에서 국가보안법을 전가의 보도처럼 이용했고, 일제 식민지 시기의 친일파 청산과 강제 동원의 진실 규명 등이 역사의 뒤안길로 사라졌으며, 암살 사건과 의문사 등이 땅에 묻혔다. 그 과정에서 4·19혁명 이후 잠시 반짝했던 잘못된 과거사를 청산하려는 운동이 한풀 꺾였으나 시민과 학생은 독재 권력에 반대하고 저항하는 운동을 줄기차게 벌여왔다. 그리하여 한동안 체육관에서 간접선거로 뽑았던 대통령을 직접 선출하고 간접방식으로 선출하는 유신 국회를 없애버렸다.

아무튼 이런 과정을 거쳐 사생아이기는 했지만 김영삼 정부가 탄생했다. 김영삼 정부는 문민정부를 내세웠다. 이때부터 진보적 민주 인사의 목소리가 조금씩 높아지기 시작했다. 아울러 왜곡된 과거사 문제도 제기되었다. 이어 국민의 정부를 내세운 김대중 정부가 출범했다. 국민의 정부에서는 과거사 문제가 더욱 탄력을 받아 본격적으로 제기되었다. 오래 논란이 되었던 동학농민혁명, 친일반민족행위자, 민주화운동 과정에서 파생된 의문사, 일제 식민지 시기에 자행된 강제 동원, 양민학살의 제주 4·3사건, 한국전쟁 시기의 민간인 학살, 5·18광주민주화운동을 중심으로 한 민주운동 등에 대한 진상 규명과 명예 회복을 해야 한다는 주장이 강력하게 제기되었던 것이다.

그리하여 국회에서 입법과정을 거쳐 공표되었다. 다수당인 한나라당의 완강한 방해와 물타기로 누더기 법이 되어 목적한 바의 뜻을 이룰 수 없었으나 상당한 역사적 의미는 있었다. 그러나 한국전쟁 시기 민간인 학살과 여러 암살 사건, 간첩 조작 사건의 진상 규명은 끝내 국회를 통과하지 못했다. 이 일을 추진하던 관련 단체와 유족 들은 줄기차게 요구했으나 한나라당은 철저히 외면했다.

아무튼 후세의 역사가들은 21세기 초 10년쯤의 기간을 왜곡된 과거사를 청산하려는 운동의 시기였다고 기록할 것이다. 관련 민간단체에서 이 작업의 한 역할을 맡았던 나도 이에 동의하는 바다. 과거사 청산 작업은 '국민의 정부'가 출범된 뒤 본격적으로 그 실마리를 열기 시작했다. 따라서 민주단체의 요구와 시민의 호응, 여당의 동조에 힘입어 그 입법이 추진되었다. 그리하여 오랜 숙제였던 민주화 과정에서 파생되었던 5·18광주민주화운동 관련법, 제주 4·3사건 관련법, 친일파 청산 관련법, 의문사 관련법, 일제 강제 동원 관련법 등이 국회에서 통과되었다. 이들 입법은 미비하나마 상당한 역사적 의미를 담고 있다. 하지만 야당인 한나라당은 친일파 청산 관련법을 희석시켜 무용지물로 만들려 했고 그들 나름의 성과를 거두었다. 특히 한나라당은 국가보안법 폐지, 사립학교법 개정안, 한국전쟁 전후 민간인 학살자 진상 규명과 명예 회복을 위한 관련법의 통과를 한사코 막으려 했다. 그 중심에는 박근혜가 있었다.

그 과정에서 동학농민군 참여자 명예 회복 특별법이 어설프게 통과되었다. 당시 국회의장이었던 박관용은 "100년 전의 이 사건 참여자의 명예를 회복시켜주려면 임진왜란 때 희생된 사람들도 명예를 회복시켜야 한다"는 참으로 무지한 발언을 서슴지 않아 논란거리가 되기도 했다. 한나라당이 이 법안의 통과를 동의한 것은 개혁 입법을 막으려 선심을 쓴 것이나 다름없었다. 이 입법의 내용에는 배상-보상은 배제되어 있고 순전히 '역적의 굴레'를 벗기는 명예 회복에 맞추어져 있었다.

2004년 2월에는 일제강점하 강제동원피해진상규명등에관한 특별법이 의결, 공포되었다. 이 특별법에 따라 위원회가 발족되었고, 2005년 2월부터 6월까지 일제 식민지 아래에서 군인, 군속, 노무, 군위안부로 징용된 피해자 22만여 명이 신고했으며 그들 가운데 생존자 52만여 명, 사망자 16만여 명을 분류했다. 아직도 후유증을 앓는 사람이 많지만 그 피해 보상의 문제는 해결되지 않고 있다.

여기에는 두 가지 현실적 장애가 가로놓여 있다. 일본의 총리를 비롯한 정치인들은 전범의 위패를 안치한 야스쿠니 신사를 참배하면서 위안부 강제 동원을 부정하고 있다. 또한 식민지 근대화론을 제창하는 일부 학자들도 위안부 동원을 부정하는 발언을 서슴없이 하고 있다. 이 엉성한 특별법은 이 문제를 제대로 해결할 조건을 갖추지 못하고 있다.

참여정부의 여당인 열린우리당은 17대 국회에서 탄핵 정국의 바람을 타고 과반수 의석을 차지했다. 그리하여 새로운 입법안의 청원이 쏟아져 나왔다. 노무현은 2004년 8·15경축사를 통해 포괄적 과거사 청산을 제의했다. 대통령으로서는 최초의 발언이었다.

마침내 노무현 정부가 들어서고 여당인 열린우리당이 집권당으로 다수 의석을 차지하는 정치 상황에서 관련자와 유족 들은 고무되었다. 그리하여 4대 개혁 법안, 곧 국가보안법 철폐, 사립학교법 입법, 한국전쟁 전후 민간인 학살 진상 규명과 명예 회복 특별법, 군의문사법 등이 활발히 논의되었다.

노무현의 제의에 따라 2005년 5월 국가보안법과 사립학교법, 군의문사법을 제외한 '진실·화해를 위한 과거사 정리 기본법'이 마침내 통과되었다. 하지만 한나라당의 완강한 물타기로 다시 누더기 법이 되고 말았다. 대한민국의 정통성을 부정하는 세력에 의한 테러, 기결 사건의 재심 불허, 피조사자의 제재 불허 등 독소 조항이 삽입된 것이다.

여기에 심각한 문제도 포함되어 있었다. 한국전쟁 전후 민간인 학살의 경우 학살을 자행한 자는 경찰, 군인, 우익 청년, 미군 들이었다. 민간인 피학살자는 어린이, 노인, 여성 등을 비롯해 반정부 활동과 좌익운동을 했던 형무소 재소자와 보도연맹원 들이었다. 물론 당시 이데올로기가 첨예하게 대립되는 현실에서 남로당 또는 사회주의 사상을 지닌 인사들도 포함되어 있었으나 그야말로 순 무식쟁이의 농민들과 여성들, 어린이들이 빨치산 출몰지역에 산다는 이유로 학살되었던 것이요, 형무소 재소자와 보도연맹원 들은 후퇴하는 국군의 손에 불법으로 집단학살을 당했던 것이다. 그야말로 빨치산 출몰지역은 이 땅의 '킬링필드'였다. 따라서 이는 이데올로기나 정치 문제가 아니라 인권 문제였다.

우여곡절을 겪은 끝에 '진실·화해를 위한 과거사 정리 기본법'이란 어정쩡한 이름으로 국회에서 통과되었다. 이 입법안에도 한나라당의 입김이 강력하게 반영되었다. 그 조사 범위에 조봉암, 조용수 등 간첩 조작 사건 등 정치적 사건의 진상 규명과 박정희 정권 아래에서 자행된 통혁당, 민혁당 등 간첩 조작 사건, 한국전쟁 시기 민간인 학살의 진상 규명이 포함된 것은 당연하다 하겠으나 항일민족운동, 건국에 공헌한 해외동포와 함께 대한민국의 정통성을 부정하는 세력의 테러 등을 포함시킨 것은 뜻밖이었다.

특히 박근혜 한나라당 대표는 유신 시절 자행된 정치 음모 사건을 은폐, 희석시키려 앞의 독소 조항과 함께 기결 사건의 재심을 막고 조사 피의자에 대한 강제 규정을 삭제하게 하는 따위를 흥정해 성공을 거두었다. 결정권을 쥔 위원들이 이 독소 조항을 이용해 얼마든지 진실과 진상의 본질을 왜곡할 수 있었다.

과거사 청산 관련법은 언뜻 매우 복잡한 것처럼 보인다. 하지만 그 해답은 아주 단순하다. 역사적 진실을 규명해 명예를 회복시키고 오랫동안 쌓인 원한과 갈등, 분열을 봉합하고 화해와 통합을 이룩해 미래사회를 열어가야 한다는 것이다. 특히 국가 폭력으로 이루어진 '제노사이드' 문제는 제2차세계대전 이후 세계적 이슈로 떠올라 인권을 보장하는 잣대 역할을 했다.

특히 한국전쟁 전후에도 국군과 경찰, 미군에 의해 100만여 명이 불법적으로 학살된 것으로 추정되지만 '빨갱이'이란 누명을 벗기는 명예 회복이 제대로 이루어지지 않고 있고 진실·화해를 위한 과거사 정리 위원회에서도 인력 예산 부족으로 극히 일부 사건만 다루고 있다. 그런데도 기득권을 누리는 가해자 집단인 한나라당과 역대 독재정권에 빌붙어 이익을 챙겨온 극우 보수 언론사들은 끊임없이 과거사 입법으로 사회를 분열시키고 예산 낭비를 가져와 민생을 더욱 어렵게 한다고 선동하고 있다.

우리나라는 인권 연구와 인권 문제를 해결하는 데 후발국이었다. 하지만 앞에서 살펴본 것처럼 근래에 들어 관심이 높아져 인권연구가 홍순권, 정근식 등이 중심이 되어 '제노사이드학회'를 발족하는 등 중진국 수준을 유지하고 있다. 지금도 서아시아 지방의 국가들, 동남아시아의 국가들, 아프리카의 국가들, 그리고 중국 소수민족인 위구르자치구와 티베트자치구 등에서 제노사이드가 자행되고 인권이 유린되고 있다. 국가 간, 지역 간, 민족 간, 종교 간에 벌어지는 국가 폭력과 전쟁으로 인한 제노사이드와 인권 탄압이 그치지 않고 있다.

우리가 사는 오늘의 시대에는 왜곡된 과거사를 청산하고 폭압으로 짓밟힌 인권을 보장하는 미래사회를 열어야 한다. 그리하여 정치적 폭압, 민족적 편견, 종교적 차이, 국가 간의 이해에 따른 인권의 유린과 대량 학살을 예방하는 일에 운동가의 국제적·사회적 연대를 통해 동참해야 할 것이다.

오늘,
분단과 통일을 생각한다

                       오늘날 젊은이들은 남북통일을 진지하게 생각해보지 않는 것은 물론 남의 일처럼 여긴다. 그저 할아버지들 이야기일 뿐 자신의 삶과 별로 관계가 없다는 생각을 하는 것 같다. 하지만 결코 자신의 삶과 동떨어진 담론이 아니다.

    우리나라는 현재 세계 유일의 분단국가이고 여전히 갈등을 빚고 있다. 역사적으로 민족국가를 형성하고 유지했던 과정을 간단히 살펴보자. 또한 강대국의 패권주의로 분단되고 한국전쟁이 일어나 분단이 더욱 고착화된 사실에 대해서도 알아보자. 끝으로 왜 통일을 해야 하는지, 통일의 효과가 무엇인지 생각해보자.

한민족의 분열과 통합

신석기시대 말, 청동기시대 초에 옛조선이 처음 나라를 열었다. 중국에서는 옛조선과 고구려의 민족을 동이족(東夷族) 또는 예맥족(濊貊族)이라 불렀다. 옛조선의 뒤를 이어 고구려가 북쪽에서 먼저 들어서서 그 영역을 만주와 한반도에 걸쳐 확보했고, 이어 백제와 신라가 남쪽에서 왕조를 세웠다. 고구려, 백제, 신라 삼국은 같은 민족국가임을 증명하는 요소들이 많다. 민족 구성의 기본 요건은 혈연과 언어, 문화, 풍습을 공유하는 것인데, 삼국은 혈연은 물론 언어가 똑같았으며 윷놀이, 씨름, 온돌, 음식 등 똑같은 문화권을 형성했다. 이처럼 한국 역사에는 다른 민족이 끼어 있지 않아 단일민족이라는 용어가 생겨나기도 했다. 남북의 국민은 혈연, 언어, 풍습, 역사, 문화 등이 같아 하나의 민족 요건을 충족시킨다. 이는 통일의 기본 요건이 될 것이다. 이렇게 한민족이 수천 년 동안 민주국가를 이어왔다.

삼국시대 말기에 신라는 당나라의 도움을 받아 백제와 고구려를 정복했다. 하지만 당나라에서 안동도호부 등을 두어 신라를 식민지 상태로 만들려 하자 그들을 몰아냈다. 그러고 나서 대동강과 원산만 일대를 차지해 나라를 유지했다. 이를 그동안 통일신라라 불렀다.

고구려 영역에서는 고구려 후예인 대조영이 중국 땅인 영주에서 일어나서 요동지대에 나라를 세운 뒤 발해라 부르고 당나라와 맞섰다. 발해는 말갈족을 거느리고 나라를 유지하면서 도읍지를 북쪽으로 옮겼다. 발해는 고구려 후예가 세운 나라이기에 한민족이 세운 왕조라 하여 북국, 신라를 남국으로 불렀다. 실학자 유득공과 정약용, 그리고 현대의 이우성이나 나 같은 역사학자들은 이 시대를 남북국시대라 부른다.

그뒤를 고려가 고구려의 후예라 내세우고 신라와 후백제를 병합한 뒤 고구려의 수도였던 서경(평양)을 제2 수도로 삼아 고구려의 옛 영토를 회복하려 했다. 발해가 거란족이 세운 요나라에 멸망하자 그 유민을 모두 받아들여 동일한 민족의식을 보여주었다. 그러므로 고려는 한민족의 정통을 이은 민족통일국가였다.

압록강 아래 지역을 영역으로 한 고려시대에는 무수한 외침이 있었다. 그때마다 이를 물리쳤고 외교 교섭에 나선 서희의 담판 사례와 같이 고려는 고구려를 계승했음을 끊임없이 밝혔다. 그리하여 송나라 외교관 서긍도 이를 인정하는 기록을 남겼다. 몽골족이 세운 원나라에게 굴복해 간섭을 받았지만 민족국가를 튼튼하게 유지했다.

고려의 뒤를 이은 조선은 고구려보다 두만강 지대 등 영역을 확실히 확보한 뒤 민족국가를 계승했다. 근세조선은 비록 명나라에 사대의 예를 취했지만 500년 동안 독립국가를 유지했다. 그러나 19세기에 들어 국력이 소진되어 끝내 일본의 식민지로 전락했다. 이때 처음으로 국권을 상실했다.

일제 식민지 시기 35년 동안 독립국가를 다시 세우려고 줄기차게 투쟁했다. 독립전쟁을 벌이고 임시정부를 수립하고 국제적 공인을 받으려 했다. 하지만 일본 제국주의자의 강압과 방해로 뜻을 이루지 못했다. 제2차세계대전이 일어났을 때 우리 민족은 참전국의 자격을 얻지 못했다.

그리하여 1945년에 일본이 패망하자 미국과 소련에 분할 점령을 당하는 민족적 비극을 맞이했다.

5000년 동안 유구한 역사와 문화를 지닌 우리 민족국가는 이렇게 어이없게 분단되고 말았다. 서아시아의 이슬람 국가들도 갈라졌고 아프리카 국가들도 나뉘어 독립했다. 하지만 한 민족과 한 역사를 지닌 민족국가가 분단된 나라는 한국을 비롯해 독일과 베트남 세 나라밖에 없다. 하지만 알다시피 현재 독일과 베트남은 통일되었으나 한국만 분단이 고착된 상태로 남아 있다.

분단의 고착과 한국전쟁 발발

먼저 분단이 어떻게 이루어졌는지 좀더 자세히 살펴보자. 소련은 독일과의 전쟁을 승리로 마무리짓고 동아시아로 눈을 돌렸다. 이때 얄타회담이 열려 영국의 처칠, 미국의 트루먼, 중국의 장제스, 소련의 스탈린이 참석해 소련의 대일본 참전을 요청해 스탈린의 동의를 얻어냈다. 잇따라 미군이 태평양전쟁을 하면서 일본 본토 진격작전을 수행할 때 소련이 태평양전쟁의 참전을 선언했다. 그러자 맥아더 사령부는 소련군의 참전에 대비했다. 맥아더 사령부의 고위 전략 장교들은 머리를 짜낸 끝에 한반도를 점령하면서 소련군은 38도선 이북, 미군은 38도선 이남에 진주하기로 결정했다. 두 군대는 유엔 연합군이었지만 충돌을 막으려는 조치였다.

미국 국무부와 육군부 등 유관기관이 이를 동의했고 대통령 트루먼이 마침내 승인했다. 남북 분단의 일차적 책임은 말할 나위도 없이 조선을 식민지로 만든 일본이었다. 그다음 책임은 누구에게 있는가. 바로 전승국인 미국과 소련이었다. 두 강대국은 한국을 분할 점령하기로 합의하면서 우리의 의사를 깡그리 무시했다. 그러므로 38도선은 어디까지나 군사 진주를 가르는 선이었다. 두 군대는 한민족 해방군이 아니라 적국에 상륙하는 진주군으로 행동했다. 소련군은 전투 한 번 벌이지 않고 38도선 이북에 진주한 뒤 열흘이 채 안 되어 일본이 항복했다. 이렇게 해서 38도선을 중간에 두고 각기 점령하면서 군정이 실시되었고 연이어 38도선은 한반도의 영구 분단선으로 굳어졌다. 해방으로 한민족이 식민지 질곡에서 풀려났다면 38도선은 영구 분단의 민족 비극을 만들어내는 빌미가 되었다.

이후 한국전쟁이 어떤 조건에서 일어났는지 살펴보자. 미국과 소련은 3년의 군정 기간을 끝내고 물러갔다. 남북은 여러 과정을 거쳐 단독정부가 수립되었다. 양쪽 정부가 들어선 뒤 38도선을 중심으로 잦은 분쟁이 일어났으나 남북 교류의 통로는 군사분계선이 성립된 시기보다 경색되지 않았다. 이 무렵부터 이승만과 그 일파는 남북 협상파와 합작 세력을 누르고 끊임없이 북진통일을 외쳤다.

1950년 1월 12일 미국 국무장관 애치슨은 애치슨 라인 선언을 발표했다. 미국의 동아시아 방위선을 알래스카, 일본, 오키나와, 필리핀으로 획정함으로써 한국은 미국의 방위 라인에서 벗어난 것이다. 김일성은 여기에 주목했을 것이다.

김일성은 미군이 개입하지 않을 것이라는 전제 아래 한국전쟁을 일으키면 남쪽에서 지하 활동을 하는 남로당 계열이 봉기해 이승만 정부를 전복하는 역할을 할 것이라고 기대했다. 또한 이승만 정부가 부패해 곧 무너질 것으로 판단했고 국방군도 후생사업이나 하면서 무기도 열악하고 훈련도 제대로 받지 않은 부패한 군대라고 여겼다. 그리고 군 병력이 10만 명이라는 사실도 감안했을 것이다. 그러나 잘못된 판단이었다.

게다가 유엔에서 상임이사국인 소련이 불참한 가운데 예상과는 달리 유엔군 파견이 결정되어 미군이 이끄는 16개국 유엔군이 참전하게 되었다. 소련군은 참전하지 않았으나 유엔에 가입하지 않은 중국인민해방군이 뒤늦게 참전해 국제전의 양상을 띠었다.

이런 일련의 과정을 두고 한국전쟁의 용어 문제가 떠올랐다. 이승만 정권 시기에는 6·25동란 또는 6·25사변이라 불렀지만 공식 용어가 아니었고 학자들은 6·25전쟁 또는 한국전쟁으로 불렀다. 하지만 한반도에서 전쟁이 일어났기에 한국전쟁으로 명명해야 한다는 주장이 설득력 있고 많이 쓰이고 있다.

강대국에 의한 정전의 성립

1950년 6월 25일 새벽, 인민군은 일제히 38도선을 넘고 남침을 시작했다. 아무런 대비도 하지 않았던 이승만은 가장 먼저 세 가지 조치를 내렸다. 그는 남쪽으로 도망치듯 내려가면서 전쟁 발발 이틀 뒤에 대전 방송국에 들러 서울을 사수할 터이니 서울 시민과 국민은 안심하라는 방송을 했다. 이어 여러 개의 한강 다리를 폭파해 피난민의 발을 묶어놓고 후방에 있는 보도연맹원 등 불순분자를 처단하라는 명령을 내렸다.

유엔군이 파견되자 부산에 도사리고 있던 이승만은 군사작전 지휘권을 유엔군에 넘겨주는 조치를 취했다. 그리하여 국방군은 유엔군의 지휘를 받아야 했다. 주권국의 군사권이 사라진 것이다. 인민군이 낙동강 전선에서 뜨거운 공방전을 펼치는 가운데 9·28 서울 탈환을 계기로 전세가 역전되었다. 중국인민해방군이 참전해 국방군과 유엔군은 압록강에서 다시 밀려나 서울이 다시 점령되는 사태를 맞이했다. 이어 지루한 공방전이 계속되었다.

1951년 7월 정전회담이 판문점에서 시작되었다. 이 회담에 남측에서는 유엔군 대표, 북측에서는 인민군 대표가 자리를 잡았으나 국방군은 대표에서 빠지고 참관인으로 옆자리에 참관하는 꼴을 보였다. 양측은 서로 유리한 조건에서 정전을 성사시키려 입씨름을 벌였다. 양측에서는 동시에 군사작전을 치열하게 벌였다.

이렇게 소모전은 계속 이어져 회담이 진행되는 동안에도 공산군은 육군 병력을 증강하면서 방어선을 구축했고 유엔군은 항공작전과 해상권을 강화했다. 그리하여 모든 전선에서 점령지를 확대하려고 치열한 전투가 벌어졌고 미군 비행기는 쉴새없이 적지에 폭탄을 퍼부었다. 정전회담은 지루하게 계속되다 마침내 1953년 7월 27일 판문점에 설치된 평화의 전당에서 정전협정의 서명이 이루어져 밤 10시를 기해 전 전선에 전투가 중지되었다.

한국전쟁이 벌어진 지 3년 1개월 3일 뒤, 정전회담이 열린 지 2년 18일 만에 성사를 본 것이다. 정전협정 전문은 5개조 63항으로 이루어졌는데, 그 주요 골자는 다음과 같다.

- 평화적으로 해결될 때까지 무력 충돌 정지
- 군사분계선 및 비무장지대 설정
- 국경 밖으로부터 모든 군사력의 도입 금지, 단 일대일의 교체는 가능
- 정전협정의 실시와 감독을 위한 군사정전위원회 및 중립국 감시위원회 설립
- 정전협정 발효 후 60일 이내에 송환 희망 포로 송환

이로 인해 38도선은 군사분계선(DMZ)으로 대치되었고 군사분계선을 중심으로 비무장지대가 설정되었다. 군사분계선은 38도선과 달랐다. 서로가 점령지를 넓히려고 치열한 전투를 벌여 대체로 서쪽에는 38도선 이남에 들었던 개성지역이 북쪽에 속했고, 동쪽에는 38도선 이북에 들었던 고성지역이 남쪽에 포함되었다.

이렇게 정전은 이루어졌으나 평화협정이 아니요, 전쟁을 중지한다는 협정도 아니었다. 그저 군사적 충돌을 정지시킨다는 협정이었을 뿐이었다. 더욱이 협정이 이루어진 뒤 이승만은 반공 포로를 불법으로 석방했고, 비무장지대는 중무장으로 강화되었으며, 무력 충돌은 곳곳에서 심

심치 않게 벌어졌고, 시간이 흐르자 중립국 감시위원회의 기능은 정지되었다. 남쪽은 회담을 주도하지 못한 상태에서 그를 이행할 책임을 졌던 것이다. 그러나 서로가 충실하게 이행하지 않았다. 현재 이런 긴장관계 속에서 60년이 넘는 세월을 보내고 있다.

NLL은 통일의 장애물

오늘날에도 소모적 논쟁이 벌어지고 있는 NLL(Northern Limited Line)은 동해와 서해에 그은 북방한계선을 말한다. 서쪽 바다에는 임진강과 한강이 만나는 입구에 공동구역을 설치했는데, 그 위쪽 바다에 해상분계선이 그어졌다. 육지의 군사분계선이 서쪽에서 상승 곡선을 그리면서 동쪽으로 올라가 그어졌지만 NLL은 서쪽 바다의 군사분계선 연장선상에서 서해 5도 쪽으로 삐뚤삐뚤 요철처럼 올라가 그어져 있다.

유엔군은 군사 요지인 개성지역을 확보하려 흥정을 벌였으나 한 치의 땅도 확보하지 못하고 실패했다. 대신 서해의 다섯 섬, 곧 백령도, 연평도, 소청도, 대청도, 우도에 대해 예외 규정을 두었다. 이들 다섯 섬은 한국전쟁 이전부터 남쪽에 속해 있었고, 전쟁중에도 국방군과 유엔군의 유격대 활동 근거지였으며, 정보를 수집하는 근거지도 되었다. 인민군과 중국인민해방군은 항공과 해군력이 약해서 미군이 항공권과 해상권을 완전 장악했기 때문에 서해 5도를 내주지 않았던 것이다. 이와 달리 동해에서는 별다른 탈이 없었다.

미국은 영해와 해상분계선을 명시하지 않으면서 5도를 계속 확보하려 했다. 인민군은 5도를 군사적으로 확보할 수 없었기에 유엔군의 확보를 인정했다. 이에 대해 관련 전문가인 김보영은 다음과 같이 설명한다.

공산군측의 요구로 서해 5도를 잇는 선이나 해상봉쇄선은 존재할 수 없다는 단서를 부속 조항에 명시했지만 이는 지켜지지 않았다. 전후 유엔군은 한국 해군의 북상하는 무력 충돌을 막기 위해 서해 5도를 잇는 서해 북방한계선(NLL)을 설정했고 남한은 이를 해상분계선으로 주장하며 실효적으로 지켜왔다. 그러나 북한은 현재 남한이 주장한 NLL을 해상분계선으로 인정하지 않고 있다.

— 「위기의 한반도, 평화의 길을 묻다」, 『역사비평』, 2013년 가을

그러므로 해상분계선은 인정되지 않았지만 남쪽에서 실효적 지배를 하고 있는 셈이다. 이게 바로 분쟁의 빌미가 되고 있는 것이다. 특히 북한은 1973년부터 해군력을 증강한 뒤 해상분계선 문제를 제기하면서 육상분계선의 연장선상에서 해상분계선을 설정해야 한다고 주장하고 있고 남한에서는 어림없는 소리라고 외치고 있다.

이에 대해 유엔군은 "1953년 당시 유엔군 사령관 클라크는 한반도 해역에서 남북 간의 우발적 무력 충돌 가능성을 줄이고 예방한다는 목적으로 동해 및 서해에 우리 해군 및 공군의 초계 활동을 한정하기 위한 선으로 설정했다고 알려져 있다"라고 말했다. 클라크는 1953년 8월 30일 우발적 무력 충돌을 막기 위해 해상경계선을 설정한다고 공포했지

만 공산군측은 동의하지 않았다. 이를 대부분의 한국전쟁 연구자는 당연한 전제로 삼고 있다. 다시 말해 NLL은 국제법상 법적 근거가 없으며, 북한이 NLL을 공식적으로 인식했다는 증거가 없고, 나아가 1960년대 이전에 그어졌다는 아무런 사료도 없다는 것이다. 이에 대해 한국 정부는 그동안 북한은 이를 묵인해왔으므로 이를 침범하는 것은 정전 협정 위반이라고 주장하는 것이다.

이를 해결하는 솔로몬의 지혜는 없을까. 노무현은 평양에서 김정일과 회담하면서 NLL 지역을 공동어로구역으로 만들면 분쟁이 해결될 것이란 취지의 발언을 했다고 전해지지만 공식적으로 확인되지 않는 사실이다. 만약 그렇게 된다면 분쟁도 해결되고 해상 평화를 가져오는 방안이 될 것이다. 한편, 이명박 정부 시기에 북한은 연평도에 포격을 가해 민간인이 희생되는 등 사고를 일으켜 긴장을 고조시켰다. 이 지역이 위험한 화약고임을 여지없이 증명한 것이다.

그동안 이승만은 정전회담을 반대하면서 전쟁을 계속해야 한다고 했고, 정전회담이 이루어진 뒤에도 먼저 불법으로 반공 포로를 석방해 분쟁을 일으켰으며, 끊임없이 북진통일을 주장했다. 이승만의 휴전 반대와 북진통일 주장은 불리한 내정의 인기를 만회하려는 정치적 조작이었던 것으로 보이며 정전회담에서 배제된 소외의식을 절감하고 존재감을 과시하려는 행동이었다고 보기도 한다. 아무튼 NLL을 두고 정쟁의 도구로 삼아서는 반평화적·반통일적 행위가 될 것이라는 비판을 받을 위험성이 높으므로 합리적인 이성을 찾아야 한다.

통일의 의미

통일 방안은 여러 가지로 제기된다. 앞에서 분단의 역사적 과정을 살펴보았는데, 오늘날 통일은 우리에게 어떤 의미를 주는지 살펴보자. 우리나라는 민족국가를 유지하면서 이민족과 갈등을 빚은 적이 없었다. 이는 단일민족의 논리보다 이민족이 민족 구성원으로 존재하지 않았다는 현실조건에 있었다. 우리나라는 외부 침략을 받았을 때 자기를 지키기 위한 방어적·생존적 민족주의는 존재했으나 외부 침략을 도모한 침략적 민족주의, 약탈적 민족주의, 우월적 민족주의는 존재하지 않았다. 평화를 지향한 민족이었다는 평가는 틀리지 않을 것이다. 이는 자랑이면서 한국 역사의 기본 흐름이었다. 그러므로 한 민족이 한 국가 또는 공동체 사회를 구성하는 것은 평화를 위해서만 아니라 자연스러운 역사과정이 될 것이다. 이것이 바로 한국의 특성이라 할 수 있다.

그리고 우리나라에는 전면적 종교전쟁이 없었다. 유럽 중세에는 기독교와 이슬람의 100년 전쟁을 꼽을 수 있다. 무수한 살상을 자행하면서 세계 평화를 깨고 인권을 짓밟았다. 유교와 불교는 적절하게 조화를 이루었다. 비록 조선 후기에 천주교 박해로 순교자가 많았지만 '찻잔 속 태풍'에 지나지 않았다. 그러므로 통일의 결정적 장애 요인이 되지 못한다.

다음은 통일의 현실적 효용성 문제다. 통일에 따라 남북 갈등의 해소는 더 말할 것도 없거니와 엄청난 현실적·경제적 효과를 가져오게 된다. 현재 남한 인구는 5000만 명 수준이며 남북한 합하면 8000여만 명에 이른다. 세계의 중간 수준이다. 자본주의 시장경제 수준에 따라 이런 시장을 확보하게 되면 상품 유통이 원활하고 이윤이 확보된다. 경제 발전의 기본 토대가 되는 것이다.

그러면 통일을 위한 바람직한 방안은 무엇일까? 먼저 이승만이 줄기차게 주장한 전쟁을 통한 무력통일을 살펴보자. 한국전쟁 시기에 적어도 몇백만 명이 죽었다. 지금 북한은 자기 생존을 위해 핵과 미사일을 개발하면서 나랏돈을 몽땅 쏟아부었다. 그리하여 인민은 굶주려 죽어가고 있다. 남한도 정도의 차이는 있지만 세계 7위 수준의 막대한 국방비를 쏟아붓고 있다. 자체 무기 개발뿐 아니라 미국의 신무기를 도입하느라 막대한 국방비를 쓰고 있다. 통일이 되면 이런 비용을 줄여서 복지와 문화에 돌릴 수 있다.

무력통일 방식으로 막상 통일을 이루었다 해도 더 큰 난제가 가로놓여 있다. 이른바 주사파를 줄잡아 5000여 명으로 잡아보자. 이들이 배에 폭탄을 끌어안고 서울의 강남을 비롯해 부산, 광주, 공단지대에 터뜨린다고 하자. 이 사회는 혼란에 휩싸이고 경제나 민주는 모조리 날아갈 것이다. 두렵지 않은가.

무엇보다 통일 방안으로는 흡수통일과 평화통일을 들 수 있다. 흡수통일은 북한이 저절로 무너지기를 바라는 현실에서 나올 수 있다. 남한에서 북한이 무너지는 모습을 보고 접수하는 것이다. 여기에는 엄청난 통일 비용이 들어가게 마련이다. 경제 발전이 멈출 수밖에 없을 것이다. 부유층이 가장 우려하는 사태가 일어난다. 통일 비용을 대기 위해 세금을 엄청나게 물어야 할 것이다. 참아내기 힘들 것이다. 상당히 피곤한 현실이 가로놓인다.

다음은 평화통일이다. 먼저 북한의 통일 세력이 권력을 잡든 마음을 바꾸든 통일에 나서는 것이요, 남한에서는 이들에게 끊임없는 지원을 하는 것이다. 그리하여 한 국가, 두 체제, 또는 각기 사회의 특성을 인정하면서 최소한으로 더불어 사는 사회를 만들어가는 것이다. 상징적 최고 통치자는 남북한 주민의 선거로 뽑고 실제적 행정 수반은 각기 내세운 방안이다. 평화통일을 대비하기 위해 쌀과 의약품을 주면서 평화관계를 유지하는 것이다. 길게 보면서 더불어 사는 것이다.

평화협정 맺고 교류와 대화를 해야

정전체제 아래에서 군사정전위원회가 전쟁 재발을 막으려 했지만 이 기구는 불완전하게 운영되어 아무런 결정권도 갖지 못했다. 이 회담에서는 입씨름만 난무했다. 그나마 전쟁이 재발하지 않아 구실을 인정받았을 뿐이다. 남한, 북한 가릴 것 없이 통계상 정전협정 위반 건수는 현재까지 100만 건이 훨씬 넘는다.

냉전 시기에 남북 긴장관계는 일촉즉발의 양상이었다. 더욱이 이런 상황에서 남북의 대립 구도는 극한 상황을 달렸다. 이승만 독재정권 이후 남쪽의 역대 군사독재정권은 늘 남북 긴장관계를 정치적으로 이용해왔다.

이런 조건에서도 7·4남북공동성명, 남북기본합의서, 6·15남북공동성명, 10·4남북공동성명이 이루어져 남북문제의 평화적 해결을 위한 모색이 이루어졌으며, 실제로 김대중 정부 이후 교류 협력을 통해 공동 번영을 모색해왔다. 구체적으로는 남북이산가족 상봉, 금강산관광, 개성 공단 설립 및 관광 등이 이루어졌고 러시아를 연결하는 철도 부설과 여러 사회단체의 교류도 진행되었다. 게다가 앞에서 이야기한 것과 같이 노무현은 NLL을 공동어로구역으로 만들자고 제안했다고 전해졌고, 박근혜는 대선에 즈음해 비무장지대를 평화공원으로 만들자고 제안했다. 하지만 이명박 정부는 그동안 천안함 등 여러 사태와 맞물려 긴장관계를 다시 조성하는 상황을 야기했다. 역사의 수레바퀴가 일시 거꾸로 돌아갔다.

이제 미래의 남북관계는 어떻게 진행되어야 할 것인지 다시 고민해야 할 시대를 맞이하고 있다. 한반도에서 전쟁이 전개되면 민족 공멸의 길로 치닫는 것은 언급할 의미조차 없다. 평화를 모색하면서 평화통일의 길로 나아가야 한다. 만일 미국이나 남한에 의해 무력통일이 이루어진다면 주체사상으로 무장한 수천 명이 서아시아 지방에서 벌어지고 있는 자살 테러처럼 서울 곳곳에서 폭탄 테러를 자행할 것이다. 이런 사태는 모든 것을 무너뜨릴 것이다.

그러면 다시 한번 소박하게나마 평화적 교류와 협력, 평화통일이 이루어지는 미래를 그려보자. 첫째, 통일 이전의 단계에서 남북 긴장을 해소하면서 핵이나 미사일 개발 비용을 줄이고 군사력을 축소할 수 있다. 둘째, 북한의 풍부한 지하자원의 개발권 또는 공동 개발을 통해 상호 이익을 얻을 수 있다. 현재 중국은 북한 광물 개발권의 70퍼센트를 따내고 있다 한다. 셋째, 남북의 상품시장을 남북한 전역으로 확대해 개척할 수 있다. 현재 북한에는 중국의 상품 80퍼센트가 모든 시장을 독점하고 있다. 넷째, 고구려의 문화유산 등 민족문화를 공동으로 연구, 개발하고 새로운 한류를 통해 세계에 한국 문화의 우수성을 알릴 수 있다. 한민족의 민족문화를 전파하는 기본 길잡이가 될 것이다. 다섯째, 북한의 개방을 이끌어내고 남북의 자유로운 왕래를 통해 상호 이해를 높이고 평화통일의 노둣돌을 놓는 실마리를 열 수 있다.

오늘날 반통일 세력은 국제적으로는 중국과 일본, 국내로는 다음의 세 세력으로 분류할 수 있다. 먼저 극우 세력이다. 북한에서 내려온 맹목적 반공 세력과 극단적 기독교 보수교회를 그 예로 들 수 있다. 그들은 건전한 통일과 민주 절차를 이야기해도 종북 좌파로 몰고 간다. 지만원, 조갑제 같은 부류다. 둘째, 재벌이나 부유층 세력이다. 탐욕적 자본주의로 무장하고 남을 억누르면서 나누어주는 데 매우 인색하다. 통일해보아야 손해만 본다고 생각한다. 셋째, 방관자다. 젊은 세대들은 저질 대중문화나 스마트폰에 빠져 통일에 전혀 관심을 갖지 않는다. 그저 얄팍한 저질문화에 매몰되어 있다.

중국은 현재 동북공정과 랴오허문명론을 진행하고 있다. 여기에는 역사적으로 조선이 중국의 영향을 받았고 오늘날에도 변함이 없다는 논리가 바탕에 깔려 있다. 현재 중국은 북한의 핵 개발과 미사일 개발을 견제하면서 북한의 지하자원 개발권과 상품 수출의 70퍼센트에서 80퍼센트를 거머쥐고 있다. 중국이 경제적으로 북한을 예속시켰다고 볼 수 있다. 중국은 북한에 대한 군사적·경제적 지배권을 확보하기 위해서라도 통일을 바라지 않는다.

일본은 지금 자위권 확보를 위해 헌법 개정을 서두르면서 한반도를 견제하려 하고 있다. 일본은 남북이 분단되어 있어야 자기네 발언권이 높다고 판단하고 있다. 한반도가 통일이 되어 동북아시아의 발언권이 세지면 그만큼 일본의 발언권과 영향력이 줄어든다고 보는 것이다. 그동안 일본은 한일병합이 국제법적으로 하자가 없다고 우기고 식민지 지배와 제2차세계대전에 따라 이루어진 남북 분단의 책임에 대해 반성한 적이 없다.

미국과 러시아는 중국이나 일본보다는 상대적으로 남북통일의 방해 세력으로 강도가 약할 것이다. 하지만 패권주의의 수법으로 군사적·경제적 영향력을 행사하려 한다. 더욱이 미국은 중국을 견제하면서 한반도의 영향력을 유지하려 하고 있고 중국은 북한을 거느리고 경제적 이익을 독점하려 하고 있다.

현재 한국은 많은 상품과 수출품을 만들고 있고 기술력도 높다. 수출시장을 계속 찾고 있다. 북한에는 현재 세계에서 몇번째로 꼽는 지하자원이 엄청나게 매장되어 있다. 거의 개발되어 있지 않다. 이 자원에는 금과 석유도 포함되어 있다. 통일이 되면 중국이 따낸 개발권을 정리하고 남한의 기술력을 투입해서 개발해야 한다. 이런 바탕에서 남한의 상품과 식량이 공급되고 북한의 자원이 남한의 기술력에 의해 개발되는 것이다. 그럼으로써 상품시장이 확대되고 국방비가 줄어들어 남북한 공동의 번영이 확보되는 것이다. 통일은 누구 말처럼 로또 복권이나 파친 코 같은 저질의 대박이 아니요, 생태공원은 전혀 실현성이 없는 구호에 지나지 않는다.

먼저 미국과 북한은 상호 불가침을 보장하는 평화협정을 맺어야 한 다. 북한은 늘 "미국이 공화국을 침범하면 워싱턴을 불바다로 만들겠다" 고 말한다. 앞에 접두사와 같은 말이 붙는 것이다. 먼저 미국을 공격하 겠다는 주장이 아니었다. 북한이 자위 수단으로 핵과 미사일을 개발한 다는 점을 인정하고 이를 포기하게 하는 조건으로 미국과 한국은 합동 군사훈련을 중지하고 주한미군도 철수해야 한다. 미국과 한국은 합동훈 련을 하면서 늘 방어훈련이라고 말하지만 그게 그거 아닌가.

한편, 방어 차원에서라도 한반도에 전술핵을 배치하면 북한의 핵 개 발을 막을 합리적 논리를 제시할 수 없다. 이것은 미국에 맡기면 된다. 그도 아니면 핵 문제는 우리가 6자회담에 참여하면서 주요 역할은 미국 이나 중국에 맡긴다. 우리는 군사작전 지휘권을 환수하고 자주권을 지 키면서 개성공단과 금강산 관광을 재개하고 NLL 같은 문제부터 대화로 풀어야 하며 인도적 지원은 계속해야 한다. 무엇보다 끊임없는 대화를 요구해야 한다.

이에 대해서는 문재인의 원칙론과 유연한 접근방식을 대체로 지지하 며 일방적인 미국 정책을 수정해 평화협정을 제시하는 문정인, 정세현 두 통일 문제 전문가의 방안에 찬성한다. 따라서 이명박-박근혜의 통일 론 접근방식을 근본적으로 뜯어고쳐야 한다. 미사일을 쏘아올리고 김정은이 활짝 웃는 장면을 보면 철딱서니 없는 그의 행동에 어이없는 웃음이 나오지만 트럼프가 최신 무기를 자랑하면서 세계와 한국에 팔아먹는 꼴을 보면 분노가 치밀어오른다. 미국은 이스라엘의 핵 개발은 묵인하면서 북한에 대해서는 아무것도 받아들이지 않으며 일방적으로 강요만 해오지 않았는가.

하지만 전쟁을 피하려면 어쩌겠는가. 북한에 당근을 주면서 유인책을 써서 차분하게 다음을 기다려야 한다. '왕조와 정권은 영원하지 않다'라는 진리를 스스로 터득하게 하는 지혜를 깨우치게 해야 한다. 더욱이 북한 주민의 고통을 덜어주는 일은 준엄한 생존과 인권 문제. 너무 장구하다고 생각하는가. 이게 우문이라면 현답을 제시해보기를 바란다.

통일은 우리 민족의 필요 생존조건이요, 미래의 큰 희망이요, 민족 갈등 해소와 민족 번영을 이루는 지름길이다. 자, 촛불시민혁명의 시대를 맞이해 통일조국의 미래를 내다보며 굳은 결의를 다지자. 마지막으로 1990년대 한 순수한 어린 중학생이 「철마는 달리고 싶다」라는 제목의 시 한 구절을 소개하면서 이런 정서를 자극해보려 한다.

……40년 전 개성 가는 길
화통을 울리며
힘차게 달리던 저 길

눈이 시리도록 가을 하늘 보며

그 하늘 끝 지평선 두리에서

끊어진 철도 보며

그날이 오면

달리고 싶어

달리고 싶어

저 뻗은 길 따라

세찬 눈보라 치는 벌판

얼음 같은 기관에 불을 때어

옷솟음 치며 달리고 싶다…….

── 이응일, 광장중학교

    2016년 당시 고양과 파주 시민들이 비무장지대에 평화공원을 설치하자는 논의를 벌이고 있다. 서쪽 지대인 파주와 중간지대인 연천이 알맞은 지정 장소로 떠오르고 있다. 지금 개성공단 가는 길인 자유로는 교통 왕래가 활발하게 이루어지고 있다. 그 길목인 고양과 파주 시민들은 새로운 관심과 각오를 다져야 할 것이다.

노무현과 현대사의 뒤안길

　　　　　　　　　　　　나는 노무현을 세 번 만난 적이 있
다. 처음 대면은 1980년대 신군부의 서슬이 퍼럴 때 부산의 어느 민주
운동 단체의 강연 자리에서였다. 내가 강사로 갔는데, 그는 강연이 끝
날 무렵 나타나서 잠시 대화를 나누고 바삐 사라졌다. 두번째는 2001년
11월, 민주언론인 송건호 선생의 장례식에서 거행된 추도식에 그가 나
타나서 몇 마디 안부의 말을 건넸다. 마지막은 청와대에서 만났다.
2005년 7월 역사와 미래를 위한 범국민자문위원회 모임에 나와 평소에
친분이 있는 강만길, 조정래, 신인령, 서중석, 안병욱, 안병우 등이 초청되
었다. 우리는 평소에 안면이 있는 문재인, 이강철 등 비서진의 접대를 맡
았다. 대통령과 점심도 먹고 사진도 찍고 청와대 이곳저곳을 안내받았

다. 나는 노무현 옆에 앉은 강만길 옆에 앉았으니 한 사람 건너에 앉았던 것이다. 나이를 따져 자리를 배치한 것 같았다. 나는 위암 수술을 받은 지 7주쯤 되었는데, 특별히 제의할 말이 있어서 억지로 참석했던 것이다. 나는 한국전쟁 시기에 희생된 사람들의 인권의 차원에서 잘 돌보아주어야 한다는 등의 과거사 문제를 두고 진지한 표정으로 발언했다.

마지막으로 대통령이 30분 정도 발언했다. 한국전쟁 시기의 인권 문제는 접어놓고 다른 발언을 했다. 그는 중요한 결단을 내리려고 기를 불어넣고 있다 했다. 나는 신중하게 들었지만 심각한 문제는 아닐 거라고 생각했고 유머러스하지도 않았다. 평소와는 느낌이 달랐고 우리 말을 듣기보다 혼자 떠든다는 느낌을 받았다. 중요한 결단은 한 달쯤 뒤에 발표한 대연정 제의였던 것으로 보인다. 박근혜 야당 대표를 대상으로 제안한 것이었다. 결국 별것 아니었고 꼴통 보수 세력에게 공격의 빌미만 주는 꼴이 되었다.

아무튼 나는 꿈속에서 세종, 정조, 정약용, 전봉준 등을 만나 대화를 나누었지만 현실세계에서는 가장 높은 분으로 김대중과 노무현을 만났다. 이승만, 박정희야 어림도 없었지만. 전두환을 만날 기회가 있었다. 유네스코 한국위원회에서 창립기념식 파티 자리에 나를 필자 자격으로 초청하면서 고위 인사가 참석하니 정장을 해달라고 했다. 나는 전두환이 '참석하는구나'라고 직감하고 참석하지 않았다. 이 예감은 맞았다. 정말 천재일우의 기회를 놓쳤던 것인가. 시인 서정주, 이대 총장 김활란 등은 이승만과 악수한 뒤 붕대를 감고 몇 달 동안 손도 씻지 않았다는 말이 떠돌았다. 그런 은총의 악수를 할 기회를 스스로 버렸다니……. 왜소하고 백면서생의 역사학자인 나는 쪼그맣고 분단되어 있고 대(大) 자를 붙인 대한민국 대통령인 김대중, 노무현과 악수한 것만으로 만족할 수밖에…….

상고 출신 노무현을 보고서

노무현은 모두가 알다시피 상업고등학교 출신이다. 그는 대학에 진학할 가정 형편이 못 되어 사법고시로 출세의 길을 걸었다. 김대중도 상업고등학교 출신이었으나 일제 식민지 시기에는 상업학교를 졸업하면 은행이나 회사에 취직할 수 있어서 명문에 들었다. 하지만 해방 뒤에는 곳곳에 공립 인문고등학교가 설립되고 이른바 명문으로 꼽혀 실업계인 상업고등학교를 비롯해 농업고등학교, 공업고등학교를 눌렀다. 그리하여 학력이 높은 학생들은 인문고등학교에 진학했다.

조선시대에는 학벌보다 학연이 중요시되었다. 과거에 합격하면 성균관에 입학해 관리 수업을 받았지만 여느 선비는 사설 교육기관인 서원에서 수학했다. 전국에 퍼져 있는 서원은 계파가 분명했다. 곧 노론, 소론, 남인 계열 따위로 분류되어 학연을 잇고 출세의 도구로 이용했다. 학연을 잘 잡으면 벼락출세나 탄탄대로의 길을 걸을 수 있었다. 하지만 이런 학연이 없으면 향촌에서 행세할 수 없었다. 그래서 서원은 당쟁의 소굴이 되었고 흥선대원군은 이런 서원을 철폐하는 조치를 내렸다.

유림들이 서원 철폐를 반대하자 흥선대원군은 "진실로 백성을 해치는 자가 있다면 공자가 다시 태어나더라도 나는 용서하지 않겠다. 하물며 서원은 이 나라의 선유(先儒)를 제사지내는 곳인데도 그곳이 도둑의 소굴이 되고 있음에랴"라고 소리쳤다. 이에 유림들은 흥선대원군을 선비를 구덩이에 파묻어 죽인 '진시황'이라고까지 매도했지만 끄떡도 하지 않았다.

지역 중심의 학파도 형성되었다. 기호학파는 율곡 이이를, 영남학파는 퇴계 이황을 주로 받들었는데, 기호학파는 영남학파를 두고 "스승은 제자를 칭찬하고 제자가 스승을 칭찬해 한 무리를 만들었다"고 비난했고, 영남학파는 기호학파를 두고 "산림의 도학자를 존중하자는 허울좋은 미명을 내걸고 권세 잡기에 급급하다"라고 몰아쳤다. 여기에 건전한 논쟁이나 합리적인 이론은 끼어들 틈이 없었다.

일제 식민지 시기에는 도청 소재지 중심으로 인문계인 고등보통학교가 설립되었다. 한양에서는 경기고 전신인 경성제일고보가 전국에서 첫 번째로 꼽히는 명문이 되었다. 경성제일고보의 입학 자격은 무엇보다 원서를 낼 때 학부모의 재산 상태와 신분을 알려주는 사항을 적어야 했다. 곧 학부모의 재산 상태와 신분이 입학 사정에 반영되었다. 부호와 친일파의 자녀들은 입학 특혜를 받았던 것이다. 이런 특혜가 해방 뒤에도 한동안 이어졌다. 해방 뒤에는 보결생이 비공식으로 입학하게 되었다. 학교에 일정한 기부금을 내면 입학시켜준 것이다. 보결생 제도는 학교마다 한 학급 정도로 채워졌다.

이와 달리 실업계 고등학교는 진학보다 취직을 위해 가난하거나 농촌 출신의 학력이 낮은 학생들이 입학하는 경우가 많았다. 노무현도 가난한 농촌 출신이어서 실업계 고등학교를 선택한 것이다. 그는 두뇌가 명석해 당시에는 대학 학력이 없어도 응시할 수 있는 고등고시에 합격했다. 매우 드문 경우였다.

실업계 고등학교를 나와 취직하고 나서 중견 간부가 되면 통과의례처럼 대학의 고위과정인 행정대학원이나 경영대학원에 다녀서 이력서에 학력을 보충하는 것이 일반적이었다. 이 제도는 나무랄 일이 아니었다. 그런데 노무현은 판사로 재직할 때나 변호사로 있을 때 이런 과정을 외면했다. 그러고는 인권 변호사로 변신해 열띤 활동을 벌였다.

또다른 학벌 비리도 있다. 해방 뒤 사립대학이 곳곳에 우후죽순처럼 생겼다. 여기에 입학한 대학생의 상당수는 등록금만 내고 적당히 출석만 하면 졸업장을 받을 수 있었다. 또 석사, 박사 학위도 등록금을 내고 대필을 써서 적당히 논문만 제출하면 학위를 받을 수 있었다. 5·16군사정변 이후 벼락출세한 군인들이 너도나도 박사 학위를 받은 사례가 그 좋은 보기가 될 것이다. 지탄의 대상이 되었던 대통령 경호실장 차지철도 아무개 대학에서 정치학 박사 학위를 받았다.

학연과 학벌은 사회 활동에서 끈끈한 관계를 만들어냈다. 학교마다 동창회를 결성해 친목을 도모했다. 학연이 닿으면 직장에서 승진 기회를 얻었고 국회의원에 입후보하게 되면 동문들의 지지를 받기 마련이었다. 품위와 체면은 내팽개치고 동문끼리 끌어주고 밀어주었다. 그뿐인가. 학벌이 화려하면 지레짐작으로 실력파로 인정을 받았다. 평소의 인품이나 능력은 검정하지도 않고 덤으로 인정을 받았던 것이다. 참으로 편리한 장식품이었다. 그래서 학위 위조 현상이 일어났고 논문 표절 시비도 끊이지 않았다.

또다른 예를 살펴보자. 경기고등학교 출신이었던 한 대통령 후보의 동문인 한 유명한 만화 작가는 명문학교 출신이 대통령이 되어야 한다는 주장을 공공연하게 말하는 것은 물론 글로 쓰기도 했다. 명문 경기고등학교 출신이 대통령이 되어야 국격이 높아진다는 뜻이었기에 대통령 자격 기준에 학벌을 포함시키는 꼴이었다. 이를 뒤집어 말하면 노무현은 대통령으로서 결격 사유라는 뜻이었다.

2002년 16대 대통령 선거를 치르면서 학력 논쟁이 곳곳에서 일어났다. 이 문제를 놓고 술집에서 열띤 논쟁이 벌어졌다. 특히 명문고 출신들은 노무현을 매도할 정도로 거부감을 보였다. 이와 달리 학력이 낮은 사람들은 별로 내세울 것이 없어서 대체로 입을 다물고 있었다. 노무현은 원광대학교에서 당시 민권운동가의 경력을 높이 평가하여 명예박사 학위를 수여한 적이 있었다. 하지만 노무현은 구차스럽다고 여겼는지 이를 별로 내세우지 않았다.

노무현은 아무런 학연과 학벌을 내세우지 않거나 이용하지 않고도 대통령에 당선되었다. 그가 바위에 계란 치기에 비유될 정도로 용감하게 타개하여 대통령에 당선되고 나서야 학벌이 없는 인사나 실업계 출신들은 새로운 용기를 얻었다. 나도 할 수 있다는 희망을 얻었던 것이다.

나는 『한국의 파벌』을 쓰면서 학연, 학벌이 지연과 같이 악성 파벌의 한 부분으로 한 사회의 발전을 가로막는 병폐라 진단했고 그 비리를 역사적 사례를 들어 지적한 바 있다. 그래서 이를 타파해야 한다는 논지를 끊임없이 폈다. 노무현은 바로 여기에 도전해 승리를 쟁취했다고 할 수 있을 것이다.

여기에서 잠깐 내 경험을 이야기해보자. 나는 아버지가 한문만을 가르치면서 학교에 보내주지 않았다. 그래서 가출하여 어렵사리 중학교와 고등학교를 마치고 대학에 들어갔으나 형편이 너무 어려워 중퇴했다. 그 뒤 신문사의 임시 직원으로 들어갔으나 늘 가방끈이 짧아 불이익을 받았다. 업무 능력이 있고 없고를 따지기에 앞서 대학 졸업장이 없다는 것이 그 이유였다. 나는 야간대학에서 대학 졸업장을 받을 수 있었으나 시기를 놓친 처지에 구차하다는 생각이 들었다.

그런 뒤에 자유소득자로서 논문을 쓰고 책을 쓰는 일에 열중했다. 물론 이 일에는 아무 제약이 없었다. 하지만 결코 대학교수가 될 수 없었다. 아무리 학문적 업적이 있더라도 기본 자격이 결여된 것이다. 또 강연을 할 때에도 이력 사항에 꼭 학력을 기재해야 했는데, 여기에서도 제대로 인정을 받지 못했다. 어디 나만이 그러했겠는가. 학력 부족으로 사회 활동에 불이익을 받은 작가, 예술가 들이 너무나 많을 것이다.

학벌과 학력은 신분이나 재산과 같이 기득권을 확보하는 지름길이 되었다. 조선시대 선비들은 학맥의 줄을 어떻게 잘 잡아야 하는지에 관심을 가졌다. 그리하여 그 일에만 열중하고 학문 연구는 소홀히 했다. 근대에는 학교를 통해 이것을 추구했다. 일제 식민지 시기에 일본 유학파들은 일본 대학 출신을 중심으로 학연을 형성했다. 제국대학파와 와세다대학파 따위로 나뉘어 출세 경쟁을 벌였고 이들은 친일파가 되어 기득권을 누렸다.

해방 뒤에는 인문고등학교 출신이 기득권 세력으로 사회에 자리를 잡았다. 이들은 정계를 비롯해 관계, 재계를 주름잡았다. 특히 미국 유학파가 똬리를 틀고 기득권을 누렸다. 더욱이 서울대학교 출신들이 모든 분야에서 세력을 잡고 기득권을 거머쥐었다. 이들은 인품이나 능력보다는 학벌의 혜택을 받아 출세가도를 달렸다.

내 친구인 유명한 변호사 아무개는 "창의력 없이 영어, 수학만 잘하고 교과서를 달달 외우기만 하는 학생이 서울대학교에 입학하고 사회에 나와서는 창의적 활동이 모자라는데도 인정을 받는다"라고 하며 서울대학교 출신들에 대해 한탄했다. 덧붙일 말은 그의 자녀들도 서울대학교 출신이었다. 이 말을 그대로 수긍할 수는 없겠으나 일리가 있는 분석일 것이다(나는 이들의 명예를 고의로 훼손할 생각은 티끌만큼도 없다).

시민사회단체인 '학벌 없는 사회'에 참여한 인사들은 우리 사회에 만연한 학벌을 타파하기 위해 다양한 활동을 벌인 바 있다. 이들 운동가는 능력과 의지로 학벌을 극복하고 건전한 경쟁을 통해 사회 참여를 보장해야 한다는 주장을 폈다. 여기에 참여한 인사들은 대학을 나오고 박사 학위도 받은 교수와 언론인 들이었다. 나도 때때로 여기에 참여해 학벌, 학연의 폐단을 지적했다.

오늘날은 예전과 달리 가정 형편이 어려워 대학을 못 다니는 경우는 상대적으로 적을 것이다. 하지만 자녀를 좋은 대학에 입학시키려고 막대한 사교육비를 쓰면서 온갖 무리한 짓을 하고 있다. 이를 두고 한 교육자는 "망국의 현상"이라고 진단했다. 돈 많은 이들이 벌이는 이런 짓은 쉽게 수그러들지 않을 것이다.

노무현은 분명히 이를 극복했으며 조금도 위축되지 않고 사회 활동과 정치 활동을 벌이면서 자기의 삶을 꾸려왔다. 우리는 그를 학벌과 학연을 뛰어넘은 상징적 존재로 기억해도 좋을 것이다.

노무현을 말하다

노무현이 대통령 후보가 되었을 때 역사의 진보를 위한 새로운 고비라고 여겼다. 지난 2003년 16대 대통령 선거 기간에 나는 몹시 초조해 서두르기도 하고 들뜨기도 했다. 국민 경선방식으로 선출된 노무현이 가난한 농민의 아들이요, 어렵게 상업고등학교를 졸업하고 사법고시에 합격해 출세의 길로 들어선 대통령 후보였기 때문이다. 또한 기득권에 들어 이른바 주류에 합류할 수 있었는데도 이를 거부하고 민주화 운동 대열에 참여해 군부독재에 맞서 투쟁했고, 새천년민주당에 합류했으나 '국민의 정부'에서도 잇따라 국회의원 선거에 패배하면서 찬밥 신세를 면하지 못한 정치인이었기 때문이다.

아무튼 나는 그를 열렬히 지지했다. 이유는 명확했다. 그의 경력이 말해주듯이 극단적 보수 반동 세력에 맞서 우리 사회에 만연한 여러 모순과 파행을 청산할 수 있다고 보았기 때문이다. 또 '국민의 정부'가 개혁의 기치를 내걸고 출범했으나 결과적으로 말로만 외치고 실효를 거두지 못한 조건에서 그에게 다시 한번 기대를 걸 수 있다고 판단했기 때문이다. 한편, 내 개인의 정서는 진보 정당을 지지했으나 이상보다 현실을 택해야겠다는 생각도 작용했다.

선거를 치르는 동안 나는 몇 가지 사건으로 당황했다. 이 나라 정치인의 작태를 보고 더욱 정치 개혁을 이룩해야 한다는 생각이 절실하게 들었다. 적어도 노무현 대통령 후보의 반대당인 정치인들보다 자신이 몸담고 있는 민주당의 철새 의원들을 더욱 미워하는 마음이 생겼다. 또 국민들에게도 원망스러운 마음이 들었다. 지역감정으로 제 고향 출신 후보를 외면하는 일은 접어두고서라도 재벌 2세로 서민의 생활이 어떠한지도 모르고 국회의원으로 직무를 방기한 인물, 오직 축구를 유치하고 유능한 축구 감독을 끌어와 축구 신화를 만들어냈다는 사실 하나만으로 인기를 얻고 있는 현실이 혐오스러웠다. 아무리 그동안 기성 정치인들이 미움을 받아 국민 정서가 그런 인물에 관심이 쏠렸다 할지라도 어리석은 대중의 표본이라고 여겼던 것이다.

그런데 또하나 시빗거리가 일어나는 것을 보았다. 먼저 지역감정이 표로 나타났다는 지적이었다. 이는 노무현 후보 지지표가 호남지역에서는 93퍼센트, 영남지역에서는 25퍼센트로 나뉜 현상을 두고 하는 말이었다. 영남 사람들, 특히 부산 사람들은 미묘한 지역감정을 그대로 드러냈다.

호남 사람들은 15대 대통령 선거 때 김대중 후보에게 몰표를 주었다.

그때는 그야말로 이 땅에 역사가 있고 난 이래 처음 호남정권이 탄생할 것이라는 기대에 부풀어 있었고 무수한 탄압을 받으며 살아온 정치인 김대중에게 쏠린 관심 탓이었다. 이런 현상은 분명히 그만한 사정이 있었다 할지라도 지역감정의 한 현상이었다고 할 수 있을 것이다.

하지만 이번에는 달랐다. 노무현 후보는 호남에 기반을 둔 민주당 후보였으나 호남 출신이 아니었다. 일반적으로 세계 곳곳에서도 자기 고장 출신을 지지해준다. 훌륭한 민주제도로 운영되는 사회도 거의 예외가 없을 정도다. 더욱이 노무현은 항상 라이벌 의식을 갖고 있는 지역 출신이었다. 그런데도 호남 사람들은 왜 몰표라 할 정도로 밀어주었을까? 그만한 이유가 있었다. 노무현 후보는 신군부가 광주에서 무차별적 집단학살을 벌일 때 신변의 위험을 무릅쓰고 싸웠다. 그뿐 아니라 기회가 닿는 대로 광주로 달려가 신군부의 부당성을 폭로하고 호남의 민주항쟁을 찬양했다. 노무현은 호남 사람들의 영원한 동지였다.

반면에 이회창 후보는 호남의 민주화 운동을 외면해왔으며 만행을 저지른 신군부에 한 번도 맞서 싸우거나 비판한 적이 없었다. 뒤늦게 마지못해 한두 번 망월동에서 형식적인 참배를 하는 정도였다. 더욱이 이회창을 후보로 추대한 한나라당 국회의원들은 5·18광주민주화운동을 불온 세력들이 일으킨 것이라는 인식을 갖고 있었다. 그 예로 5·18광주민주화운동에 불을 붙인 장본인인 정호용은 대구의 국회의원 선거 홍보물에서 "광주의 불순 세력을 타도하여 국가의 위기를 막아낸 공로자"라고 떠벌였다. 가해자가 먼저 화해를 하고 피해자가 이를 받아들이는 것이 갈등의 초보적 해소방법이다. 그런데도 진정한 화해가 이루어진 적이 있는가. 어떻게 내 자식, 내 형제를 죽인 당 후보를 찍을 수 있겠는가.

호남 사람들은 노무현 후보가 경상도 사람인데다 5·18광주민주화운동의 동지였으므로 앞으로 지역 차별을 하지 않을 것이라고 여겼다. 일종의 피해의식을 보상받으려는 단순한 의식이었다. 결코 김대중을 위해서, 민주당을 위해서가 아니었다. 그들은 김대중 아들들의 비리와 민주당의 편중 인사가 호남 사람들의 체면을 먹칠했다고 여겼다. 호남 사람들의 소박한 정서를 읽어야 한다. 아무리 호남 사람들이 몰표를 던졌다 하더라도 영남에서 얻은 이회창 후보의 득표보다 200만 표 이상이 모자랐다. 이것도 쏠림 현상을 빚은 한 요인이 될 것이다. 곧 영남의 유권자가 호남보다 다수라는 사실을 주목해야 할 것이다.

둘째, 세대 간의 갈등이었다. 하지만 이도 정확한 말이 아닐 것이다. 2, 30대의 이회창 후보 지지율은 32.8퍼센트, 50대 이상의 노무현 지지율은 39.9퍼센트였다. 상대적으로 차이를 보이기는 하지만 결코 절대적 지지율 수치가 아니었다. 물론 어느 쪽에도 극렬분자가 있기 마련이다. 부산의 한 기성세대는 노무현이 대통령에 당선된 뒤부터 "나라가 망했다"고 한탄하며 텔레비전을 보지 않는다고 한다. 한 반동적 보수 언론인은 대통령 선거가 끝난 뒤 "군부에서 들고 일어나야 한다"는 쿠데타를 선동하는 글을 올린 적도 있다. 이들이야말로 반역사적·반민족적 얼간이들일 것이다.

이와 달리 젊은이들은 보수 언론의 선동과 과장 왜곡 보도에 맞서 인터넷 활동으로 의사를 전달해 여론을 환기시켰다. 이들은 적어도 선동과 기만의 방법을 동원하지 않았으며 매수나 폭력의 수법을 사용하지도 않았다. 한 논객의 말대로 이들이 "역사를 돌려놓은 철부지들"과 "우중정치의 한 표본"이 아님은 자명하다. 이들은 건전한 새로운 세대들이다. 기성세대와 신세대는 시국을 대처하는 의식이 다르고 새로운 개혁에 대한 열망이 다르다.

냉전적 사고에 찌들고 물불 가리지 않고 기득권을 움켜쥔 세대들은 젊은이들의 진보적 사고가 못마땅한 경우가 많을 것이다. 하지만 극단적 대결 징후는 거의 찾아볼 수 없다. 작은 의견 충돌이 있는 정도다. 나는 평소에 이들이 출세와 돈을 버는 데 열중하여 인문정신이나 사회의식이 부족하지 않나 의심한 적이 있었으나 이번 일을 보고 그런 시각마저 버렸다. 앞으로 우리 사회는 희망이 보인다. 보수 언론들과 기득권을 누리는 주류들은 이를 과장하지 말라. 꼭 그렇게 가야만 직성이 풀린다면 정확한 데이터와 논리를 제시하라.

노무현 정부가 제시한 미래

군부독재가 물러간 뒤 우리는 두 정부가 추진한 민주개혁을 익히 보아왔다. 잘한 부분도 있으나 미지근한 개혁으로 국민의 열망을 충족시키지 못해 개혁의 피로감만 가중시켜왔다. 금융실명제, 하나회 해체, 비리로 인한 전직 대통령의 구속 등의 조치는 역사의 평가를 받을 것이다. 하지만 김영삼 정부는 태생적 한계를 지니고 있었고 민주의식이 철저하지 못했다.

이어 들어선 국민의 정부의 국제구제금융 해소, 북한과의 화해 정책, 재벌의 부분적 개선, 언론 집회의 자유 보장, 과거사 정리, 민주화 운동의 인정 등은 분명 역사의 평가를 받을 것이다. 김대중 정부 시대는 결코 혼란의 시대, 유래가 없는 독재사회, 총체적 위기의 사회가 아니었다. 진일보한 역사의 시대였다. 대통령 아들들의 비리는 어느 시대에도 있어서는 안 되지만 군부독재시대의 대통령 아들들이나 인척들의 비리와 비교하면 너무 순진한 수준일 것이다. 그러나 우리 사회에 맞지 않는 신자유주의의 추구 등 새로운 시대정신에 부응하지 못한 부분이 많았다.

아무튼 지난 두 민주정부의 개혁 작업은 다음 정권의 반면교사가 될 것이다. 그러나 너무 요란한 개혁에 매달리지 말아야 할 것이다. 알맹이 없는 겉치레 개혁이나 인기에 편승한 개혁은 금방 들통이 난다. 그리고 한꺼번에 모든 개혁이 이루어지는 것은 아닐 것이다. 흔히 우리는 18세기 정조의 훌륭한 개혁 정치를 말한다. 그런데 그가 죽은 뒤 다시 원점으로 돌아간 역사적 사실을 명심해야 한다. 기반이 약했던 것이다.

개인적 바람이 있다면 딱 세 가지만 확실하게 개혁하고 넘어가는 것이다. 첫째, 미국과의 관계를 확실히 정리해야 할 것이다. 우리나라는 결코 미국의 종속국이 아니요, 미국의 주변부도 아니다. 미국과 대등한 외교관계를 정립하여 자주국가를 건설해야 한다. 적어도 북한과의 관계에서 한국이 주도권을 잡아야 한다. 북한과 한국은 대결 당사자이면서 대화 상대다. 이 당사자들을 제쳐두고 제3자가 그 정책을 주도하는 것은 파행이요, 모순이다. 더욱이 미국의 역대 정부는 북한과 전쟁을 벌인 지 50년 넘게 적성국가로 인정하여 국민이 굶어죽고 있는데도 경제 봉쇄를 계속하고 있다. 세계사에 이런 사례가 있는가. 군사 지휘권을 쥐고 장기 주둔한 사례가 또 있는가. 한국은 적어도 미국으로부터 당사국의 지위를 보장받아야 한다. 군사 지휘권을 찾아오고 주한미군의 철수까지 이루지 못하더라도 북한과의 관계에서 주도권을 넘겨받아야 한다. 촛불 시위를 통해서도 이런 국민의 정서와 바람을 읽을 수 있다.

둘째, 국내 정치에서 두 가지만은 꼭 실현시켜야 할 것이다. 재벌 개혁을 꼭 이루어야 한다. 이 땅의 재벌이 경제 발전에 공헌했다는 말은 접어두고 그들이 그동안 벌여온 여러 비리를 척결해야 한다. 그들은 중소기업을 압박하고, 노동자의 권익을 외면해왔으며, 세습체제로 경제 정의를 짓밟아왔다. 역사시대 이후 언제나 있는 자의 항거는 단순하지 않았다. 그만큼 힘이 있기 때문이다. 재벌의 힘에 밀려서는 아무 일도 하지 못할 것이다.

셋째, 보수 언론을 확실하게 바로잡아야 한다. 보수 언론은 자신이 저질러온 행태를 결코 인정한 적이 없다. 언론인들은 불법을 통해 온갖 비리와 특권을 누려왔다. 그런데도 자신의 비리는 감추고 역대 독재정권, 재벌, 기득권 세력과 결탁해 개혁과 진보의 발목을 잡아왔다. 그것도 왜곡, 과장, 선동의 방법을 동원해 물고 늘어졌다. 더욱이 최소한의 실정법을 지키지 않으면서 정의를 외치는 것처럼 위장해왔다. 이런 언론사를 바로잡아 탈세 등의 실정법을 지키게 하고, 왜곡과 과장 기사로 피해를 본 사람들의 인권을 보장하게 하며, 허위 보도에 따른 책임을 물어야 한다. 이런 조치는 결코 언론 탄압이 아니요, 언론의 책임을 다하는 진정한 언론 자유로 가는 길이다. 이번에도 언론 개혁 없이는 모든 개혁이 수포로 돌아갈 위험성이 있다.

이 세 가지 개혁이 분명하게 이루어진다면 다른 개혁들은 저절로 이루어지고 성공을 거두는 지름길이 될 것이다. 5년은 너무 짧기는 하나 기반을 다져놓아야 한다. 노무현 정부 5년이 지난 뒤 언론, 출판, 집회의 자유가 현저히 신장되었지만 기득권을 누리는 보수 언론은 여전히 살아 있다. 하지만 정보 계통의 기관들은 정치 사찰을 중지했고 검찰, 경찰은 중립을 지켰으며 정치인과 관료 들의 부정부패는 눈에 띄게 줄어들었다. 다만 빈부 격차 해소와 재벌 개혁은 미지근한 수준에 머물렀을 뿐이다. 안타깝다.

역사인 노무현을 위해

노무현은 이제 역사인이 되었다. 누구나 역사인이 되는 것은 아니다. 한 시대에 일정한 역할을 한 사람이어야만 역사인이 될 수 있다. 그는 분명히 한 시대의 지도자로 살면서 많은 족적을 남겼다. 그런데 이를 인정하지 않으려는 사람들이 많다.

노무현이 임기를 마치고 고향에 내려가 사는 동안 일부 정치인과 언론은 그를 두고 '좌빨', 위선자, 경박한 사람, 아방궁을 짓고 사는 전직 대통령으로 몰아붙이는 등 온갖 음해와 증오를 퍼부었다. 또 이명박 정부는 그의 가족과 친지들의 비리를 캔다고 재산과 통장을 샅샅이 뒤져 먼지를 털었다. 게다가 검찰은 수사 도중 피의 사실을 낱낱이 언론에 흘렸고, 심지어 증거도 없이 명품 시계를 논두렁에 버렸다고 망신 주기 음해도 꾸몄다. 한 어설픈 보수논객은 그에게 자살을 하라고 외치기도 했다. 집단적 사디즘 현상이 일어났던 것이다. 하지만 그는 그래도 꿋꿋하게 버텼다.

노무현은 고향 논밭에서 일을 하고 자전거를 타고 마을을 돌면서 그야말로 유유자적 전원생활을 즐겼다. 동네 사람들과 농담을 주고받으면서 친구로 지냈다. 정치적 발언은 극도로 삼갔다. 여느 전직 대통령과 분명히 달랐다. 전직 대통령들은 정치적 영향력을 행사하려고 곧잘 뒷전에서 훈수를 두는 경우도 있지 않았는가.

노무현은 전원생활을 하면서 말년을 보내기로 했던 것으로 보인다. 그런데 불행하게도 가족, 친지, 부하들이 비리에 연루되어 줄줄이 조사를 받고 구속되었다. 그는 포괄적 뇌물 수수라는 혐의로 압박을 받은 끝에 자살하고 말았다. 노무현은 살 의욕을 잃고 말았던 것이다. 그의 죽음은 순국이 아니었고 산화(散華)도 아니었다. 그런데도 모든 국민이 그를 추모하는 것은 단순한 동정심에서 유발된 현상이 아닐 것이다.

노무현은 독재 시절 민주투사로 활동했고 인권 변호사로 고통받는 사람들을 위해 온 힘을 기울였다. 정치인이 되어서는 지역 통합을 외치고 부패 권력에 맞섰다. 대통령이 되어서는 소외된 사람들의 복지 확대, 정치 자금 등 정치 부패 척결, 자주적 외교 정책 수립, 남북 화해와 협력에 힘을 기울였다. 비록 반대 세력의 방해와 자신의 의지 부족으로 결실을 맺지 못한 부분도 있었고 시행착오도 잦았으나 그 성과는 결코 적지 않을 것이다.

무엇보다 그는 권위에서 벗어나 국민에게 다가가려 노력했다. 이런 분위기는 직설화법을 구사하는 서민적 언어 사용에서도 나타났다. 그런데 이런 모습이 권위주의 풍토에서는 품위를 손상하는 것으로, 또는 경박한 행동으로 비쳤던 것이다. '대통령 각하'가 '대통령님'으로 바뀐 호칭에서 알 수 있듯이 대통령이 국민에 군림하는 권위는 차츰 깨졌다.

노무현은 폭넓은 독서로 지식을 쌓아 이를 정치에 대입했다. 그는 상급학교에 진학할 수 없는 가난한 학생들과 불우한 청년들에게 의지를 북돋워주었고 신념을 키워주었으며 용기를 불어넣어주었다. 또 가방끈이 짧은 사람들에게 하면 된다는 신념을 심어주었다.

아무튼 개혁은 항상 어렵지만 이 저급한 정치 풍토와 강고한 보수 세력이 판을 치는 환경에서는 더더욱 이루기 쉽지 않을 것이다. 우리 역사에서 개혁의 상징인 정조도 개혁을 미완성한 채 죽었지만 그도 많은 과제를 남기고 갔다. 한 철학자는 "실패한 혁명이라도 결코 실패하지 않은 혁명"이라는 말을 남겼다.

노무현의 바른 평가는 미래의 역사에서 다루겠지만 아직도 민주주의 발전의 과도기에 놓여 있는 한국 정치 풍토에 비추어볼 때 그가 이룩한 절차민주주의는 일정한 성과를 거두었다고 판단할 수 있을 것이다. 우리는 그를 기억하고 미래사회를 열어가야 할 것이다. 지금 국민들이 그를 추모하는 뜻을 외면하지 말아야 할 것이다.

이명박 정부를 말한다

광화문에서 벌어지고 있는 쇠고기 수입 반대 촛불 시위를 보고 있노라면 진행 단계에 따라 몇 가지 변화를 읽을 수 있다. 처음에는 광우병과 관련된 구호가 적힌 피켓이 주로 눈에 띄었지만 시간이 지날수록 "이명박 탄핵" 또는 "이명박 out"이 등장했다. 그러고는 어느새 "이명박 하야", "이명박 독재 타도"로 변했다. 단순한 쇠고기 수입 반대에서 정권 퇴진으로까지 이어져 그 강도가 높아진 것이다.

직접선거로 뽑은 노태우, 김영삼, 김대중, 노무현 등 역대 정부의 시기별 지지 추이를 살펴보면 대통령 취임 100일이 지난 시기에는 탄핵, 타도, 하야와 같은 구호가 등장하지 않았다. 이명박 정부가 그 첫 사례가 아닌가. 나는 조금 두려운 마음이 앞섰다. 역대 군사정권에 맞서 수많은 피를 흘리며 확보한 절차민주주의가 무너져서는 안 된다는 소박한 생각이 들었기 때문이다. 이것이 틀린 생각일까.

어떤 이유든 선거를 통해 정권을 교체하는 것은 민주 절차의 기본이요, 그 전통을 확립해가야 민주방식이 무너지지 않고 정착할 것이다. 그러므로 이명박 정부를 견제하여 독주를 막고 잘못된 정책을 바로잡아가면서 임기를 채우게 하는 지혜가 필요하다고 판단했던 것이다. 그 다음에 새로 좋은 정부를 뽑으면 된다고 여겼다.

그런데 현실은 그렇게 돌아가지 않았다. 촛불문화제가 시위로 이어지고 정권 타도로 번지는 것은 광우병 쇠고기 문제만이 아님을 시민들이 확실히 인지하고 있었기 때문이다. 즉 쇠고기 수입 협상을 벌이면서 부시 미국 대통령에게 선물을 안기려 의도한 것과 협상 당사자들이 대통령의 지시를 받았는지, 눈치를 살폈는지는 모를 일이지만 검역 주권을 팽개치고 허겁지겁 타결지은 사실을 어린 여학생을 비롯해 모든 국민이 알고 분노했기에 정권 타도의 대열에 나섰다고 보아야 할 것이다.

이명박 정부 출범 초기에 벌어진 몇 가지 사실을 간단히 살펴보자.

첫째, 4대강 대운하 추진을 들 수 있다. 대운하 추진 계획으로 운하지역 주변은 벌써 땅값이 천정부지로 뛰고 관련 지방자치단체와 건설회사들은 한몫 잡으려고 설치고 있다고 전한다. 서울대학교 대운하 반대 교수들은 한반도의 대운하는 자연환경만 파괴하는 것이 아니라 국가 재정 압박을 가져올 것이요, 몇몇 업자의 이권만 보장할 것이라고 주장한다. 평생 토목공사로 출세하고 돈도 번 이명박은 이 사업이 자기가 가장 잘할 수 있는 전공 분야라고 여긴 것으로 보인다. 이도 아니라면 전국의 토목공사 업자와 결탁해 한몫 챙기려는 것일까.

만일 4대강 대운하를 무리하게 추진한다면 쇠고기 수입 협상을 반대하는 시민들보다 훨씬 강도 높은 반대 열기가 치솟을 것이다. 이를 계기로 극심한 국민적 저항과 혼란이 야기될 것이다. 아아, 21세기 한국의 재앙이 정말 일어날 것 같다. 이를 알아듣기 쉽게 4대강 사업이라고 부른다.

둘째, 이명박 정부에 몸담은 사람들은 좌파정권 10년 동안 나라가 무너졌다고 기회만 있으면 외친다. 좌파정권이 남북 화해를 추진하면서 퍼주기로 일관했고, 여러 개혁을 단행한다면서 사회 통합을 해쳤으며, 과거사 청산 등을 통해 갈등을 일으켰다고 주장한다. 여기에서 그에 대한 세세한 평가를 할 수 없지만 남북 화해를 통해 냉전과 긴장이 해소되고, 제한적이나마 개혁 정책으로 민주 절차가 신장되고, 과거사 청산 작업은 오히려 갈등에서 화해로 가는 계기를 제공해주고 있다는 평가들은 깡그리 무시되고 있다.

그들의 주장을 들은 많은 국민은 현혹되어 거짓을 진실인 양 믿고 있다. 게다가 먹고살기 힘든 것도 모조리 좌파정권의 실정 탓으로 매도했다. 북한의 핵 개발 비용도 퍼주기로 준 자금이라고 했다.

셋째, 그동안 좌파 인사들에게 내준 '감투'를 모두 찾겠다고 온통 들쑤시고 있다. 국공영 회사와 단체를 비롯해 법으로 규정된 단체장과 관련 이사, 심지어 선출된 대학총장과 위원장마저 갈아치우고 있다. 지금 진행되고 있는 이른바 물갈이 폭은 매우 넓어 수천 명에 이른다고 한다. 그런데 정작 물갈이는 좌파들을 몰아내려는 것이 아니라 자기네 패거리를 논공행상에 따라 앉히려는 공작이었다.

말로 통고해 듣지 않으면 감사라는 칼을 들이대고, 그래도 불응하면 노골적으로 압력을 넣는 것으로도 모자라 불법, 탈법의 수단을 써서 몰아내고 있다. 그 가운데에는 지난 정권과 밀착되어 있는 인사들도 있지만 전문가 그룹이 다수를 차지하고 있다. 아무튼 그 결과는 일대 사회 분열을 조장했다. 그들이 말하는 좌파정권에서 이런 일이 있었는가.

넷째, 외교 정책이 미국에만 기울어져 구걸하는 노선에 치중하고 있다. 미국과 우리나라는 좋은 동맹협조관계로 진행되어야 하겠지만 굴욕적으로, 아니면 편향적으로 치달으면 결국에는 국제적 고립을 자초하게 될 것이요, 미국도 오히려 깔보는 태도를 보일 것이다. 지금 중국을 순방하는 이명박이 푸대접받고 있는 모습을 보고 있지 않는가. 러시아에게도 이런 대우를 받지 않는다고 보장할 수 있는가.

다섯째, 외국의 자원을 개발해 이익을 보겠다고 막대한 자금을 투자하고 있다. 그런데 이 사업은 은밀하게 이루어져 베일에 싸여 있다. 얼마를 투자해 얼마를 벌었는지, 어떤 효과가 있는지 국민은 아무것도 모르고 있다. 돈을 펑펑 써대면 언젠가 살림이 거덜나지 않겠는가. 또 정권의 입맛에 맞는 방송과 통신을 장악하려고 새로 방송통신위원회를 개편했고 공영방송의 인사와 방향도 간섭하고 있다. 그리하여 인허가의 칼을 휘둘러 특정 언론사에 특혜를 주고 있다. 언론의 자유는 세계 평균에서 바닥에 있다고 한다. 어렵게 얻은 절차민주주의는 어디로 가고 있는가.

또하나 빼놓을 수 없는 것이 있다. 이명박은 2008년 광복절 경축사에서 대통령 자격으로 경축사를 하면서 1948년 이승만 정부 수립을 두고 '건국절'이라 소리쳤다. 그는 "나는 분명히 말하건대 대한민국은 1948년에 건국되었으므로 이날을 건국절로 해야 한다"라고 큰 소리로 외쳤다. 대한민국 헌법 위반이다. 헌법에 "대한민국은 3·1운동과 대한민국 임시정부의 법통을 이어 수립되었다"라고 분명히 적혀 있다. 그뒤 여러 차례 헌법 개정이 이루어졌으나 이 구절은 빼지 않았다.

그런데 왜 갑자기 건국절을 외치면서 무슨 적폐를 바로잡는 듯이 떠들까. 바로 식민지 근대화론을 주장하는 뉴라이트들이 개발한 논리를 받아들인 것이다. 이들은 친일파를 산업화 세력으로 규정하고 이승만을 건국의 아버지, 박정희를 근대 산업화의 주역이라고 떠드는 부류들이다. 이명박은 때때로 이들과 어울렸다. 그는 역사학자나 역사이론가도 아니면서 마치 왜곡된 역사를 바로잡겠다는 듯이 건국절이라는 엄중한 단어를 토해낸 것이다.

지금 보수를 내세우는 일부 정치인은 김일성을 받드는 북한의 눈치를 보며 '종북 좌파들이 이승만 건국절을 부정한다'고 떠들고 있다. 이런 무식한 사람들. 김일성은 3·1운동 당시, 청년의 나이로 만주에서 활동하면서 상하이 임시정부에 참여는커녕 발조차 들여놓지 않았다. 또 대한민국 정부 수립이 건국이라면 김일성이 세운 '조선민주주의인민공화국'은 대한민국과는 무관한 독립국가가 되고 만다. 무식을 좀 면하고 주장을 해야지.

그들은 또 임시정부가 국가 형성의 기본인 국민, 주권, 영토가 없다는 논리를 폈다. 영토와 국민이 없는 것이 아니라 일제에 빼앗긴 것이어서 임시정부에서 이를 찾기 위해 주권을 선포한 것이다. 참고할 사항이 더 있다. 프랑스는 혁명의 종착점인 바스티유 감옥을 점령한 날, 미국은 영국에 독립을 선포한 날, 중화민국은 신해혁명을 통해 국민국가를 이룩한 날을 기념하고 있다. 우리가 온 민족이 똘똘 뭉쳐 일제에 저항한 3·1운동을 그 기준으로 삼는 것과 비교함직할 것이다.

역대 대통령, 곧 직접선거로 뽑힌 노태우, 김영삼, 김대중, 노무현 등은 이 같은 건국절이란 용어를 입에 올리지 않았고 헌법 전문에 따라 '대한민국 정부 수립'이라고 했다. 이명박은 이런 전례를 뒤엎고 무엇을 노리는가. 소신이 그렇다면 차라리 헌법을 개정해야 한다고 주장해야지.

우리는 그에 대해 따져볼 일이 너무나 많다. 처음 국민에게 약속한 경제 성장 수치도 자꾸 바꾸고 있고 일자리 창출도 점점 열악해지고 있다. 국민에게 한 약속은 제대로 지키지도 못하면서 25조 원을 퍼부어 대운하 추진을 고집하고 있으니 국민은 불안에 떨지 않을 수 없을 것이다. 게다가 공공단체를 민영화하여 국민복지를 더욱 열악하게 만들려 하고 사교육을 부추겨 공교육을 무력화시키며 재벌 등 부자들을 위해 세금을 감면하는 따위의 경제 정책을 펴서 경쟁이란 이름으로 빈부 격차를 더욱 키우고 있다.

한 나라를 경영할 때에는 정치철학과 원대한 비전이 있어야 함은 굳이 옛 교훈을 들먹이며 이야기할 필요가 없을 것이다. 그런데 권력을 주머니에 든 칼처럼 함부로 꺼내 쓰고 회사를 경영하는 수법으로 나라를 이끌어가려 한다면 그 결과는 너무나 뻔할 것이다.

우리는 이명박이 탄핵을 당하는 일은 바라지 않으며 이명박 정부가 타도되기를 바라지도 않는다. 총체적 부실이 무엇인지 지금이라도 깨닫고 버릴 것은 버리고 추진할 것은 추진하고 바로잡을 것은 바로잡아 21세기 첫 시기를 끌어가야 한다. 신자유주의와 경쟁, 빈부 격차와 소외계층, 국민복지와 비정규직 등 수없이 꼬인 문제를 합리적·균형적으로 풀어가면 불행스러운 사태를 미리 막을 수 있을 것이다.

촛불 시위는 단순한 시위가 아니라 우리의 의사를 절실히 드러내는 민주주의 광장이 되어야 할 것이다. 이명박 한 사람을 몰아내는 것만이 능사가 아닐 것이다. 그래서 마지막 수습을 잘하기를 바랐다. 그런데 이명박은 마지막 두 가지 큰 과오를 남기고 말았다. 그는 무슨 속셈인지 노무현의 비리를 잡으려 했다. 노무현은 서울에 살지도 않고 고향에서 농부 노릇을 하면서 전원생활로 인생을 마무리하려 했다. 전직 대통령으로서 얼마나 아름다운 일인가. 그의 아들과 형, 그리고 측근들이 이권을 챙기고 비리를 저질렀다고 검사를 시켜 들쑤셨다. 심지어 노무현 본인이 엄청난 이권을 챙기면서 명품 시계를 논두렁에 버렸다는 말까지 지어내 퍼뜨렸고 아방궁 같은 저택을 짓고 산다고 했다. 노무현은 태생이 순박하고 정직한 품성을 지니고 있었다. 너무 괴로워 투신자살을 하지 않았는가.

다음 대통령 선거를 앞두고 민주 세력이 집권하는 것을 막으려는 얄팍한 술수를 부려 또다른 하수인 국가정보원장 원세훈을 시켜 국가 돈 30억을 풀어 민간인을 동원해 여론 조작을 벌였다. 2017년 8월 지금, 밝혀진 사실을 보면 국정원에서 댓글 부대를 점조직으로 3500개를 만들어 댓글을 달게 하여 여론을 조작했다는 것이다. 2009년부터 지난 대선 직전까지 2년 5개월 동안 운영했다고 한다. 이 사건의 빌미가 선거 기간 중에 희미하게 드러났을 때 중상모략 또는 정치 음모라고 반격을 가해 어물쩍 넘어갔다. 교묘한 술수가 먹혔으나 이제 그 실체가 하나씩 드러나고 있다.

국정원 댓글 부대가 벌인 여론 조작은 바로 종북 좌파를 지목해 흠집을 내고 박근혜 후보를 띄우는 내용으로 채우는 것이었다. 나도 이 댓글을 보면서 웃어넘겼는데, 이제야 그게 아니었음을 깨달았다. 민주국가의 국가정보기관을 정권의 시녀로 만들고 비밀공작을 펼쳤다니 국기문란죄 또는 내란죄에 해당할 것이다.

이런 엄청난 일을 국정원장 개인의 판단으로 공작했다고 믿는 사람은 없을 것이다. 이명박이 시켰거나 은근히 묵인했다고 보는 것이 일반적일 것이다. 그도 아니면 최소한도 보고를 받을 것 아닌가. 또 그 수혜자인 박근혜 정부와 내밀한 정치 흥정이 있었다고도 볼 수 있다. 그 대가로 4대강이나 자원 외교 같은 비리를 묻어주겠다는 내밀한 약속이 오갔을 수도 있을 것이다.

이 일은 지금 진상 규명이 진행되고 있으니 앞으로 명명백백하게 밝혀질 것이다. 이명박이 이 공작에 연루된 증거가 드러난다면 어떻게 해야 좋을까. 묻지 않아도 답은 하나밖에 없다. 그가 대통령으로서 또다시 구속된다면 우리 민주 역사에서 이보다 불행한 일이 없을 것이다. 하지만 덮고 넘어가는 것은 더 큰 불행을 가져온다. 한 친구는 "노무현을 죽게 만든 죗값을 받아야 한다"고 말했다. 역사학자인 나는 이 말에 동의하는 것이 역사 정의를 실천하는 길인지 혼란스럽지만 미래의 역사 정의를 위해 어쩔 수 없는 선택이라고 생각한다. 인과응보이지 않을까.

또 4대강 공사에 얽힌 비리를 조사해야 한다는 여론이 높다. 그 공사에 25조 원을 쏟아붓고도 해마다 엄청난 보수와 유지 비용이 들어가고 있으니 그냥 넘길 일이 아니다. 그 강물에 녹조가 생기고 물고기가 죽어 오히려 환경을 파괴하고 있으니…… 그냥 넘어갈 수 있겠나. 비리가 온전히 드러난다면 또 어떻게 할 텐가.

마지막으로 한마디하면 그는 꼬투리를 잡아 금강산 관광을 중단시키고 노무현-김정일이 합의한 10·4남북선언을 파기하다시피 하여 남북화해에 찬물을 끼얹었다. 남북의 갈등을 더욱 악화시키는 빌미를 이명박이 제공했다는 역사적 평가가 따를 것이다. 그는 최소한도의 민족의식이 없었고 남북통일의 방안조차 마련하지 못했다.

그래서 한 나라의 지도자는 국가를 경영하면서 사리를 판단할 능력과 정책을 추진할 지능과 최소한도의 수양과 상식의 덕목을 갖춘 인물이 맡아야 파행의 길을 걷지 않는다. 민주 시민이 명심해야 할 기초적 자격 조건이다.

박원순은 누구인가

             나는 박원순이 서울시장 후보가 되었을 때와 서울시장에 재직할 때 평소 내가 알고 있는 사실과는 다른, 너무나 터무니없는 이야기들이 나돌아 이를 해명하는 글 두어 편을 쓴 적이 있다. 이를 여기에 다시 소개할까 한다. 다만 정치적 수사와 업적 등을 말하려는 것이 아니라 그냥 인간적 면모 등 일상의 이야기를 늘어놓았다. 한 가지 덧붙이고 싶은 것은 이번 촛불문화제에 박원순은 문재인과 함께 자주 등장해 적폐 청산에 대한 연설하는 모습을 보고 미래의 지도자로 떠오르고 있음을 보았다.

박원순의 다양한 면모

나는 일흔 넘게 살면서 많은 역경을 헤쳐왔다. 그 과정에서 구두쇠, 소매치기, 폭력배, 음모꾼 등도 만났고 학문 연구에만 몰두하는 꽁생원과 남을 위해 희생적으로 봉사하는 인사들도 만났다. 박원순도 특별한 의미에서 그런 부류에 속하는 사람이다. 나이로 따지면 한참 후배인 박원순을 오랫동안 서로 어울리며 지켜보았다. 그는 태생적으로 검소하고 겸손했다. 술 한 잔 못 마시면서 끝까지 술자리에 남아 다른 사람의 말을 들었고 열성적으로 대화했다.

근래에 그는 시민 후보를 내세우면서 서울시장 선거에 뛰어들었다. 나는 그의 성격과 신념을 알고 있던 터라 말리고 싶었지만 그럴 처지가 아니었다. 그를 두고 이리저리 검증하고 평가하는 일은 당연하지만 엉뚱하고 모략질을 하는 듯한 발언을 듣고 있노라니 실망보다 분노가 앞섰다. 아무개 목사는 박원순을 종북 좌파이며 선동가라 했고 어느 변호사는 위선자로 몰아갔다. 심지어는 강남의 호화 아파트에서 왕자처럼 산다고 하거나 자기 아내에게 이권을 몰아준 파렴치한으로 만들기도 했다. 이는 보수니 진보니 하는 진부한 논리도 아니요, 한 점 진실도 없는 음모적 수법이요, 품위가 조금도 없는 막가는 발언이라 여겼다. 역사 글을 쓰면서 느낀 것은 사기꾼보다 정치 음모꾼이 더 무섭다는 사실이었다.

나는 이 자리에서 박원순을 만나 직접 겪은 예를 하나 들어볼까 한다. 1980년대 중반, 그때까지 여러 가지로 제한을 받았던 한국근현대사 연구를 위해 새 모임을 만들었고 박원순은 경비를 조달하는 등 열성적으로 참여했다. 그 과정에서 자체 공간을 확보할 수 없어 사무실을 이리저리 옮겨다녔다. 박원순은 마침 은행에 저당 잡힌 건물의 은행 부채를 떠안고 우리 연구소의 소유로 넘겨주었다. 이 건물값으로 그의 집이 날아간 것이다. 아는 사람은 알겠지만 이후에도 그는 참여연대, 아름다운재단 등을 설립하면서 집 한 칸 없이 지냈다. 이를 본 나는 안타까워 "독립투사가 아니니 가정도 돌보면서 일을 하라"라는 충고를 하기도 했다. 그는 돈만 생기면 책을 사서 필요한 기관에 기증했고 바쁘게 돌아다니면서도 지하철이나 버스만 이용했다. 단언하건대 그는 노인 대우도 할 줄 알고 소외된 사람들과 주부의 고통과 어린아이의 보육에도 마음을 쏟고 있다.

자, 이제 다른 각도에서 그를 평가해보자. 오늘날 많은 고위 공직자가 자신이나 자식을 군 면제자로 만들어 현역에서 빼거나 주민등록 주소지를 이리저리 옮기면서 부동산 투기를 일삼거나 공직자로서 불법적인 뇌물이나 이권을 챙기는 모습을 수없이 보아왔다. 공직자 윤리를 최소한도라도 지키는 인물이 공직에 나서야 한다는 주장은 새삼 거론할 필요도 없을 것이다. 예전 시대에도 청백리제도를 두어 공직자의 비리를 없애려 했다. 지금도 공직자들 가운데에는 청백리들이 많을 것이다. 더욱이 국민이 직접 뽑은 지방자치단체장의 경우 이런 도덕성은 무엇보다 중요하다.

절차민주주의가 더욱 성숙해지려면 인물을 바르게 평가하고 그 능력을 검증해야 한다. 하지만 바른 사람이 모략과 중상 탓에 부도덕한 사람으로 내몰리는 경우도 많다. 더욱이 오늘날 중상과 모략으로 난도질하고 극단적 이념 편향의 수법으로 재단하고 있다. 이런 풍토에서는 정직하고 바른 신념을 가진 인물이 설 자리가 없게 된다. 우리가 앞으로 절차민주주의를 지키는 한 이런 소박한 기준은 존중되어야 할 것이다.

박원순을 두고 능력이 모자란다거나 사회봉사자로 남으라거나 정치적 출세로 나가지 말아야 한다거나 현실에 맞지 않는 진보 사상을 가졌다는 충고는 얼마든지 표현하고 전달할 수 있지만 음모처럼 보이는 터무니없는 말을 만들어 인신공격하는 것만은 그만두어야 한다. 나는 오히려 그가 "물이 너무 맑으면 고기가 살지 못한다"는 공자의 말처럼 너무 정직한 것이 약점이 될 수도 있다고 지적하고 싶다. 이번 시민 후보의 출현을 계기로 서로 존중하면서 새로운 풍토를 만드는 것은 유권자의 정확한 판단에 달려 있을 것이다. 상식과 비상식의 차이를 냉철하게 판단해야 한다.

아무튼 박원순은 지금 시험대에 올라 있다. 모처럼 그가 명랑한 시험장에서 시험을 잘 치러 좋은 결실을 맺기를 바랄 뿐이다. 그래야 직접민주주의는 더욱 앞으로 나아갈 것이다. 성숙한 시민의식이 그 밑거름이 될 것이다.

다음은 박재승, 이이화 등 "박원순 서울시장 후보를 지지한다"는 33인의 명의로 발표한 성명서다.

우리는 우리 시대의 일꾼인 박원순 변호사를 서울시장으로 선출되기를 열렬히 지지한다. 박원순 변호사는 농촌에서 태어나 어려운 서민생활을 경험했으며 학생으로 유신정권에 맞서 저항했으며 인권 변호사로서 많은 변론을 펼쳤으며 역사문제연구소, 참여연대, 아름다운재단, 희망제작소를 설립하면서 집을 팔아 경비를 마련하기도 하고 혼신의 힘을 기울여 학문과 사회에 공헌했다.

그는 누구보다도 청렴하고 정직했고 열성으로 일을 추진했으며 탁월한 능력과 비전을 보여주었다. 더욱이 검소한 생활과 절약의 삶을 실천해왔다. 수도 서울의 살림을 맡을 일꾼으로서 한 점 부족함이 없을뿐더러 가난에 쩌든 서민의 처지를 누구보다도 이해하고 토목공사로 얼룩진 도시를 바르게 잡아놓을 역군으로 모자람이 없다고 판단된다.

그런데도 일부 정치꾼들은 그를 두고 위선자로 몰아붙이거나 이중인격자로 모략중상을 일삼고 있는 현실을 보고 통탄을 금할 수 없다. 아무리 진흙탕 정치판이라 하더라도 너무나 정직하고 순진무구한 사람을 두고 이토록 매도할 수 있는가?

우리 지식인들은 늘 이 나라가 참된 민주사회가 이룩되기를 열망해왔으며 그 실천적 행동에도 동참해왔다. 이번 서울시장 선거는 난맥의 서울 시정을 바로잡고, 민주질서를 바로 세우고, 참된 복지를 이룩하고, 부정한 세력을 제거하는 결정적 계기가 된다고 판단한다. 우리는 이에 박원순 후보를 열렬히 지지하면서 시민들의 동참을 호소한다.

—2011년 10월 23일

인간 박원순을 풀어본다

우리는 변호사 박원순을 애칭으로 '박변'이라 불렀다. 나 같은 나이 많은 사람들을 만날 때에는 늘 겸손하고 이야기를 많이 듣고 밥값과 술값을 내주었다. 그래서 나는 그를 매우 좋아했다. 나를 만나서는 늘 술은 적게 마시고 담배도 줄여 오래 살라는 충고 같은 덕담을 해준다. 그런데 이 자리에서는 그런 이야기를 쓰려는 것이 아니다.

내가 박원순을 처음 만난 것은 1986년 봄이었다. 서울 종로 옥인동에서 가진 역사문제연구소 발족식 모임 자리였다. 이 자리에는 임헌영, 서중석 같은 지인이 참석했는데, 박원순은 30대 초반의 나이였다. 그는 나를 반갑게 맞이했고 내 책 『허균의 생각』을 읽었다고 말했다.

그런 뒤 나는 역사문제연구소의 회원으로 끼어 근현대사 연구 모임을 가지면서 부소장, 소장의 직책을 맡았다. 당시는 전두환 정권이 서슬 퍼렇게 재야인사를 감시하고 있었다. 우리 회원은 이에 아랑곳하지 않고 불모지나 다름없는 근현대사 연구에 몰두했다. 박원순은 우리 연구자들에게 밥과 술을 사주고 연구비를 지원하면서 격려를 아끼지 않았다.

박원순은 임대 사무실을 전전하는 것을 보고 남산 밑 필동에 그럴듯한 2층짜리 개인 주택을 마련해주었다. 실천문학사 소유의 건물이었는데 은행에 담보로 잡혀 있어서 그가 이를 인수하여 역사문제연구소 소유로 만들어준 것이다. 박원순은 은행에 담보를 해지할 적에 자기 아파트를 팔아 납부했다.

내가 1990년대 초에 중국 역사기행을 갈 때 박원순은 자료 수집 등 경비에 보태라고 50만 원을 주었다. 이 돈으로 중국 조선족 대학인 연변대학교에 자료 복사 대금으로 주기도 하고 여러 자료를 사오기도 했다. 아주 넉넉했다. 그는 자료에 관심이 많았다. 틈만 나면 고서점을 돌아다니며 근현대사 관련의 자료를 모았다. 이렇게 모은 1만여 권의 책을 역사문제연구소에 기증했다. 그리하여 연구자들이 학교 도서관에 가서 열람하거나 복사하는 불편을 덜어주었다.

박원순은 1990년대에 들어 인권 변호사를 그만두고 영국과 미국으로 유학을 갔다. 그는 변호사를 할 때 수임료를 받지 않고 변론을 맡은 경우도 많았고 아파트를 팔아 역사문제연구소 건물도 마련해주어 재산이 있을 리가 없었다. 그리하여 마침 역사문제연구소가 필동 건물을 팔아 계동으로 이사하면서 약간의 돈을 유학 자금에 보태라고 주자 이를 한사코 거절하면서 살고 있는 아파트를 팔아 유학 자금을 충당했다.

박원순은 몇 년의 유학생활을 마치고 돌아왔다. 그가 공부한 분야는 빈곤 퇴치, 복지 정책, 인권 문제 등이었다. 그는 학구적인 성품을 지니고 있었다. 역사문제연구소를 설립하고 연구자를 도와준 것도 그런 바탕에서 비롯되었을 것이다. 그런데 박사 학위를 받아 교수가 되려는 것이 아니었고 새 시민운동을 준비하면서 재충전을 하려는 것이 목표였다.

이후 그는 새로운 활동을 벌였다. 1994년 참여연대를 창립하고 사회운동을 시작한 것이다. 이때 박원순은 참여연대의 사무처장을 맡으면서 남은 재산을 긁어모아 참여연대의 사무실 비용과 10여 명의 직원 월급을 주었다. 그리고 여기저기 독지가들에게서 자금을 얻어 활동비로 썼다. 참여연대의 활동은 새 바람을 불러일으켰다.

나는 장편 『한국사 이야기』를 집필하려고 장수의 산골인 연화마을로 들어갔다. 연화마을에 폐교된 초등학교 분교 건물을 한길사가 구입했는데, 여기 교사 관사에서 집필했다. 참여연대 관계자 200여 명이 여름수련회를 이 마을에서 했다. 참여연대 회원이 가져온 멧돼지를 잡아 동네 사람들과 어울려 파티를 했고, 수련회에 참여한 약사들은 동네 사람들의 병을 치료하거나 약을 주기도 했다. 동네 사람들은 이 마을이 생기고 외지 사람들이 가장 많이 모였고 대접도 잘 받았다고 고마워했다.

박원순은 또 일을 벌였다. 2000년 아름다운재단을 설립하고 아름다운가게를 연 것이다. 이는 참여연대와는 달리 공익재단으로 개인이 돈을 내거나 재능을 기부하거나 전문성을 살려 봉사하는 시민단체를 지향했다. 또 헌옷이나 가구 따위를 모아 재생하여 팔아서 기부하는 가게였다. 나는 아름다운재단 기금 마련 서화전에 보잘것없는 글씨를 내거나 아름다운가게에 내 책을 기증하거나 헌책을 모아 보내주는 정도로 도와주었다.

이런 활동을 줄기차게 하면서도 그는 버릇이 하나 있었다. 헌책방을 돌아다니면서 자료를 구해 역사문제연구소나 여느 연구단체에 기증하는 것이었다. 그의 전세 아파트에는 늘 헌책이 가득차 있었고 책이 넘치면 쌓아두었다가 좀더 넓은 아파트를 얻어 이사를 다녔다.

그는 바쁜 나날을 보내면서 틈틈이 또다른 일을 벌였다. 여러 권의 책을 출판했다. 초기에 쓴 책은 『국가보안법 연구』였다. 이는 국가보안법이 이승만 시기에 제정되어 민주 인사 탄압의 수단으로 쓰인 사실을 골자로 하는 내용이었다. 이를 기본으로 삼아 한동안 국가보안법 철폐운동이 일어났다.

그다음은 『세기의 재판』을 출간했다. 세계사에 나타난 명판결의 사례를 모아 쉬운 말로 풀어쓴 책이다. 이는 단순한 판결 이야기가 아니라 재판관이 정확히 판결하여 인권 유린을 막는 교훈을 주는 내용이었다. 이 책은 장기 스테디셀러가 되어 지금도 잘 팔리고 있다.

2006년에는 세 권으로 구성된 『야만시대의 기록』을 펴냈다. 고문의 역사를 정리하고 군사정부의 고문 실태를 고발하는 내용으로 이루어져 있다. 한길사에서는 해마다 의미 있는 저술을 골라 단재상을 수여했는데, 공동 필자인 변호사 한승헌과 박원순을 공동 수상자로 선정했다. 나는 심사위원이 되어 주저 없이 이 책을 수상 대상으로 꼽았다.

박원순은 서울시장으로 재직하면서 『세상을 바꾸는 천 개의 직업』이라는 책을 냈다. 이 책은 젊은이를 위해 여러 종류의 직업을 알려주어 청년 일자리를 제시한 것이다. 이 책도 반응이 좋았다. 그는 어린이를 위한 책도 여러 권 냈다.

한 가지 빼놓을 수 없는 이야기는 상금을 받거나 인세가 들어오면 그는 자기 주머니에 넣어 챙기지 않고 기부를 하는 버릇이 있다. 살림을 하는 아내에게도 가져다주지 않았다. 이기섭 한겨레출판 사장은 인세를 받아가라고 연락하면 보관해두라고 말하고는 가끔 들러 찾아간다고 했다. 기부나 지원할 곳이 있으면 그제야 인세를 찾아가는 것이다.

박원순은 이런 삶을 살았지만 아내는 살림을 제대로 꾸리지 못했고 가계 빚도 많이 진 상태였다. 인천의 초등학생들이 서울시장실을 방문해 박원순 시장에게 월급을 어디에 쓰느냐고 물어보았을 때 집에 월급의 3분의 2쯤 보낸다고 대답했다 한다. 이러니 가족이 오죽 어렵게 살았을까.

이런 그의 삶을 이해하지 못하는 사람도 있고 사기꾼이라고 심한 말을 하는 사람도 있다. 또 빚이 많으니 경제 운용이 서툴 것 같다고 평가하기도 한다. 하지만 그는 부정을 할 줄 모르고 누구보다도 청렴결백한 사람이다. 그런 자세로 인권 변호사, 시민운동가, 서울시장의 역할을 하고 있다. 이렇게 일을 추진한 탓에 빚더미 위에 올라앉았던 서울시 재정을 지금 거의 갚고 흑자 기조로 만들어놓고 있지 않은가.

그런데 그는 아이디어가 너무 많아 그와 함께 일을 하면 힘이 든다는 불평이 들려온다. 그도 그럴 것이다. 일을 추진하면서 여러 각도에서 검토하고 거기에다가 창의성을 곁들이려니 복잡해질 수밖에 없겠지.

한 가지 내 개인적인 생각을 담아 말해두고 싶은 이야기는 좀더 여유를 갖고 아랫사람을 다루고 가족과 함께 여가를 즐기라는 것이다. 일벌레라는 말이 꼭 칭송만은 아닐 것이다. 아무튼 그는 이 시대의 큰 일꾼이요, 지도자의 자질을 지니고 있음은 틀림이 없을 것이다. 그러니 나는 서슴없이 그에게 더 큰 일을 맡겨도 훌륭하게 해낼 능력을 갖추고 있다고 믿는다.

3부

한국 인권의 역사

인습의 굴레에 짓밟힌 인권

나는 역사를 공부하고 연구하면서 휴머니즘을 토대로 하여 해석하고 방향을 제시하려 했다. 이는 소박하고 미지근한 이론이어서 치열함이 모자라는 것 같지만 한국적 민족주의도 그런 관점으로 접근했다. 인권 문제도 이와 맞물려 있을 것이다.

시대정신은 얼핏 보면 비틀거리는 것 같지만 진보하면서 역사의 줄기를 만든다. 오늘날의 시대정신은 인권이다. 과거 우리의 인권은 고비마다 조금씩 발전해왔다. 이는 미래 인권사회를 열어가는 근거와 소재가 되었다. 인권은 천부의 인간 권리를 존중해야 한다는 이성으로만 확보되는 것이 아니라 인간이 끊임없이 투쟁해 획득해야 하는 휴머니즘의 산물이다.

이 장에서는 우리나라 인권의 역사, 인권 유린의 사례를 더듬어 미래 인권의 기초 자료를 제공하고 고대부터 이어진 왕조시대의 경우 불모지와 다름없는 이 분야의 화두를 던져 문제의식을 환기시키려 했다.

19세기 유럽의 사회주의자들은 포괄적 인권 대상으로 노예, 여성, 동성애자, 어린이, 청소년, 소수민족, 식민지민을 꼽았다. 우리나라 전통사회에서는 여성, 노비, 백정 등이 그 대상이 될 수 있으며 일제 식민지 시기 강제 동원된 사람들도 포함될 수 있다.

일본 제국주의자들은 조선을 식민지로 만들고 통치하는 과정에서 엄청난 인권 유린 행위를 저질렀다. 1894년 동학농민혁명, 1905년 을사조약 이후 의병항쟁, 1919년 3·1운동과 이어진 경신대참변, 1923년 관동대지진, 1937년 중일전쟁 이후 전시체제에서의 엄청난 강제 동원 등으로 수십만 명이 희생되었다. 일본의 나카쓰카 교수는 동학농민혁명에서 수십만 명이 살상되어 대량 학살의 시초를 열었다고 규정했다. 이후 자행된 일제의 대량 학살은 진상이 제대로 밝혀진 것이 하나도 없다.

해방 뒤 독재정권 아래에서 한국전쟁과 반독재 투쟁(민주화운동)을 거치면서 인권 유린이 이루어졌고 독재정권은 악랄한 방법을 동원해 인권 탄압을 자행하면서 정권 유지의 수단으로 이용했다. 이를 규명하는 작업이 근래에 여러 방면에서 제기되고 있다.

좀 장황하기도 하고 분노를 자아내기도 하지만 시대 순서에 따라 살펴보자.

껴묻기한 순장

한국사에 나타난 전통적 여성의 모습은 가부장적 체제 아래에서 일방적·종속적 지위에 있었다. 이는 신분제와 달리 성의 차별에서 비롯된 것이다. 먼저 여성에 대한 굴레를 살펴보자.

무엇보다 관습이나 교육을 통해 씌워진 여성의 굴레를 들 수 있다. 삼국시대에 유교 윤리를 받아들이면서 삼종지도(三從之道)나 칠거지악(七去之惡) 같은 끈끈한 굴레가 씌었다. 이런 굴레는 후기신라 시대를 거치면서 더욱 여성을 옥죄었다.

삼종지도, 곧 시집을 가기 전에는 아버지, 시집을 간 뒤에는 남편, 남편이 죽어서는 자식을 따르는 법도를 강요했다. 이는 지어미의 덕목이라고 여긴 윤리 관념의 소산이었다. 여자는 사회적 지위와 재산의 소유가 제한되어 있어서 늙어서도 자식에게 기댈 수밖에 없었다. 조선시대에 들어와 삼종지도의 강화와 함께 칠거지악이 적용되었다. 이는 여성의 굴레를 씌운 가장 못된 악습이 되었다. 칠거지악은 다음과 같다.

_ 부모를 따르지 않는 것은 부덕을 거스르는 것이요,

_ 아들이 없음은 세대를 끊는 것이요,

_ 음탕함은 가족을 어지럽히는 것이요,

_ 여자가 호주 노릇을 하는 것은 가정을 어지럽히는 것이요,

_ 나쁜 질병이 있는 것은 함께 살 수 없는 것이요,

_ 말이 많은 것은 친척을 이간질하는 것이요,

_도둑질하는 것은 의리를 배반하는 것이다.

그리하여 여성들은 남성에게 맹목적으로 복종하는 의식을 갖게 되었고 가부장의 권위를 무조건 인정하게 되었다. 이런 바탕에서 현모양처가 여성상으로 굳어졌고 열녀를 흠모하는 생각을 갖게 되었다. 고대에 행해진 순장이란 폐습도 이와 관련이 깊다.

신라의 지증마립간 재위 시기에 다음과 같은 기록이 전해진다.

> 임금이 순장을 금지하는 명령을 내렸다. 지난날 국왕이 죽으면 남녀 각 다섯 사람을 순장했다. 이때에 이르러 이를 금지했다.
>
> —『삼국사기』

502년에 해당되는 해이다. 이 기록대로라면 신라 초기에는 왕이 죽으면 무덤에 순장했다는 사실을 알 수 있다. 이는 고대 중국에서 유래된 풍습이다. 중국에서는 황제가 죽으면 내시와 궁녀를 무덤 안에 함께 묻었다. 고대국가인 은나라에서는 수백 명을 순장한 것으로 여겨진다. 현재 중국 시안 지방에서 발굴된 진시황릉의 토용(土俑, 흙 인형)은 진나라 시기의 순장 모습을 보여준다.

만주 북쪽에 근거를 둔 고대국가 부여에서는 100여 명을 한꺼번에 순장했다. 이는 무덤 발굴을 통해 증명되고 있다. 한편, 고구려에서는 임금이 죽으면 스스로 따라 죽는 신하가 많았다.

동천왕이 죽어 시원(柴原) 땅에 장사를 지냈다. 나라 사람들이 그의 은덕을 기려서 슬퍼하지 않은 사람이 없었으며 가까운 신하들이 많이 따라 죽었다. 뒤를 이은 중천왕이 이는 바른 예가 아니라 하여 금지시켰는데도 예전처럼 장사를 지내는 날에 무덤에 와서 스스로 죽는 사람들이 많았다. 나라 사람들이 나무를 베어와 그 시체를 덮었다. 이로 인해 그 땅 이름을 나무 언덕이란 뜻으로 시원이라 불렀다.

— 『삼국사기』

여기에서는 강제로 순장한 것이 아니라 스스로 죽었음을 보여준다. 하지만 고구려의 순장은 신라보다 250년쯤 앞서 금지된 것으로 알려져 있다.

한편, 백제도 불교를 받아들인 뒤 순장을 금지한 것으로 추측된다. 백제의 무덤에서는 순장의 흔적이 발견되지 않는다. 5세기에 조성된 공주의 무령왕릉에는 순장을 한 흔적이 전혀 없다. 백제의 수도였던 오늘날 충청남도 부여의 왕릉에서도 마찬가지로 순장과 관련되는 유물이 발굴되지 않았다.

가야지역에는 순장의 흔적이 많이 남아 있다. 대가야의 왕릉인 고령 지산리 고분에는 그릇 투구와 함께 사람을 껴묻기 한 유물이 발굴되었다. 또 창녕 송현동(비사벌)에서는 소녀 네 명을 순장한 유적이 발굴되었는데, 그 가운데 한 명은 키는 153센티미터, 나이는 열여섯 살로 추정된다. 가야가 신라에 통합되면서 순장도 함께 사라졌다.

중국에서는 고대에 이어 중세 시기에 해당하는 명나라 때까지 순장이 이루어졌다. 명나라를 세운 주원장의 무덤이 지금 난징(南京)에 보존되어 있는데, 궁녀와 내시 수백 명이 순장된 것으로 알려져 있다. 또 17세기에 지하에 만들어진 명나라 신종 황제의 능(13능의 하나)에서도 순장한 유물이 발견되었다. 명나라 궁궐에서는 황제가 죽으면 어린 궁녀들이 순장 대상에 뽑힐까봐 겁이 나서 통곡하거나 대들보에 목을 매어 죽기도 했다는 이야기가 전해진다.

황제든 귀족이든 권력을 쥔 지배자들이 죽은 뒤에도 이승처럼 온갖 영화를 누리려는 부질없는 꿈에서 이런 무지한 인권 유린이 벌어졌던 것이다. 고구려, 백제에 이어 신라의 순장 풍습이 6세기 초에 사라진 것은 세계 인권의 역사에서 중요한 의미를 지니고 있다.

강요된 열녀

조선시대에는 왜 열녀를 장려했는가. 열녀는 한국 여성 인권 유린의 대표적 사례다. 조선 시기에는 충신, 효자, 열녀 등이 중국이나 일본보다 유난히 많았으며 이를 굉장히 자랑스러워했다. 열녀는 한 지아비를 위해 정조를 지키고 희생한 아내를 가리킨다. 유교의 가르침에는 "충신은 두 임금을 섬기지 않으며 열녀는 두 지아비를 섬기지 않는다"라고 했다.

조선시대 법에는 "두 번 시집가지 말라"는 규정이 있었다. "두 번 시집을 갔거나 실행(失行)한 아들 및 손자, 서얼의 자자손손(子子孫孫, 모든 후

손을 뜻한다)은 문과의 생원시, 진사시에 응시하지 못하게 한다"고 규정했다. 재가녀와 실행녀, 첩에게 불이익을 주기 위해 규제한 것이다. 이들의 자손이 과거시험에서 가장 중요한 문과에 응시하는 것을 막았다.

또 "효우와 절의자, 곧 효자와 순손(順孫), 절부(節婦)와 나라를 위해 몸을 바친 자의 자손, 친족을 화목하게 하고 환란을 구제한 부류는 해마다 가려 뽑아 예조에서 기록해 임금에게 알려 장려한다. 상으로 주는 직책이나 상으로 주는 물품을 내리고 더욱 뛰어난 자는 정문(旌門, 마을이나 집 앞에 붉은색의 홍살문을 세우는 것)을 세워주고 복호(復戶, 잡벽을 면제해주는 것)할 것이며, 그 아내로 절개를 지킨 자도 복호한다"라고 했다. 다시 말해 효자와 충신, 열녀를 특별히 기리라는 뜻이다.

여기에서는 열녀라는 용어 대신에 절부라고 표현했다. 이 규정에 따라 일단 그 대상에 뽑히면 특별한 대우를 받았다. 차츰 나라에서는 수령의 추천을 받아 엄격한 심사를 거쳐 토지와 노비를 내려주고 자식에게 벼슬할 수 있는 혜택을 주는 것은 물론, 마을이나 집 앞에 붉은 정문을 세워주었다.

열녀가 만들어지는 과정을 살펴보자. 남녀가 혼인 약속을 한 뒤 사주단자를 보내고 나서 얼굴 한 번 보지 않은 상태에서 신랑감이 죽으면 여자는 다른 남자와 혼인하지 않고 신랑 집에 가서 살았다. 또 남편이 죽으면 아무리 젊은 아내라 하더라도 다시 시집을 가지 않고 살았으며, 따라 죽기도 했다. 청상과부가 되면 시부모와 그 친척들은 양자를 들이는 것은 물론 논밭을 마련해주어 생활하게 도와주었으며 늘 감시의 끈을 놓지 않았다. 남편이 죽을 때 손가락을 따 피를 입에 흘려 넣어 회생시키거나 성폭력으로 위험에 처했을 때에는 장도칼을 몸에 지니고 있다가 자결하는 경우도 있었다. 이들은 모두 고달프고 외로운 신세였지만 열녀로 우러름을 받았다. 엄청난 인권 유린이었지만 이런 혜택이 있다보니 거짓을 꾸며서 조작하는 경우도 많았다.

이와 달리 남자는 아내가 죽으면 장가를 몇 번을 가더라도 탓하지 않았다. 다만 죽고 난 뒤 3년이라는 유예 기간을 두었을 뿐이다.

조선 초기부터 국가 차원에서 열녀를 기리는 사업을 장려했다. 세종과 성종의 재위 기간 동안 열녀의 사적을 모아 『삼강행실도(三綱行實圖)』라는 제목으로 판화를 실은 내용을 한문으로 적고 이를 우리말로 푼 언해를 곁들여 발간해 중앙과 지방 관아에 배포했다.

조일전쟁(임진왜란)이 끝난 뒤 절개를 지키다가 죽은 여성을 열녀라 해서 나라에서 대대적으로 기렸다. 그리고 다시 충신과 효자, 열녀의 명단을 적어 『동국신속삼강행실도(東國新續三綱行實圖)』라는 제목으로 펴냈다. 여기에 오른 열녀는 541명이었다. 이는 정려를 받은 경우요, 피해를 입은 여자의 숫자가 아니므로 빙산의 일각에 지나지 않을 것이다. 그런데도 효자와 충신보다 그 숫자가 비교할 수 없을 정도로 월등하게 많았다. 조정에서 열녀를 장려했음을 알 수 있다.

앞에서 소개한 책에 등장한 열녀의 모습은 다양하다. 절벽에 떨어져 죽기도 하고, 물에 빠져 죽기도 했으며, 칼을 맞아 죽기도 하고, 자살을 하기도 했다. 더욱이 두셋이 떼를 지어 죽기도 하고 아들을 놓고 죽기도 했다. 그림(판화)이나 줄거리는 처참한데도 인간의 정의는 보이지 않는다. 그저 천편일률적으로 목숨을 바쳐 정절을 지키면 여자의 도리를 다한 것이라고 그리고 있다.

이에 대해 강명관은 "열녀편의 판화는 모두 여성이 남성에게 성적으로 종속되는 존재라는 인식을 더 널리 퍼뜨리기 위해 제작된 것이었다. 여성에게 신체 희생까지 아무렇지도 않게 요구한 유교적 가부장제의 의도가 잔혹한 형상으로 고스란히 판화에 담긴 것이다"(강명관, 『그림으로 읽는 조선 여성의 역사』)라고 했다.

이런 열녀 장려에 편승해 양반 가문에서는 열녀를 조작해 이권을 얻으려는 풍조마저 일었다. 또 민중의 입에 오르내리는 열녀의 전설이 담긴 열녀 바위, 열녀 연못, 열녀 언덕 따위가 곳곳에 널려 있었다. 또 명문가의 족보에도 그 행적을 과장해 자랑스럽게 올렸다.

열녀는 남녀 차별을 근간으로 한 유교 윤리가 빚어낸 여성 인권 유린의 한 표본이었다. 근대에 들어 열녀는 일부일처제와 자유연애의 풍조가 일면서 자연스레 사라졌다.

여성 인권 유린의 표본,
공녀와 화냥년

고려 시기 원나라는 고려의 여성을 공녀로 바치라고 강요했다. 공녀(貢女)는 말 그대로 '바친 여자'라는 뜻이다. 이어 조선 시기에 조청전쟁이 일어난 뒤 청나라에서는 많은 여성을 포로로 끌고 갔는데, 그들이 고향으로 돌아왔을 때 '화냥년'이라 불렀다. 여성들은 두 차례에 걸친 전쟁에서 엄청난 고통을 겪었다.

공녀는 위안부였을까

고려 후기에는 몽골(뒤에 원나라)과 30년 전쟁을 벌였다. 고종과 무신 정권의 조정은 강화도로 가서 피난 정부를 유지했으나 국토는 남쪽 바닷가에 이르기까지 무참히 짓밟혔다. 몽골 군사들은 부녀자와 어린아이들을 마구잡이로 끌고 갔는데, 그 숫자는 30년 동안 50만 명으로 추정된다.

몽골 사람들은 농경사회에서 고분고분하게 자란 고려의 여자들을 탐냈다. 초원지대에서 유목생활을 한 몽골 여자들은 성격이 거칠었으나 고려의 여자들은 가부장 밑에서 순종을 배워 고분고분했다. 더욱이 고려의 여자들은 온대지방에 살면서 피부도 잘 가꾸었다. 그리하여 몽골 사람들은 고려 여자를 아내나 첩으로 맞이하는 일이 많았다.

원나라는 고려에 공물을 바치라고 요구했는데, 여기에는 궁녀도 포함되었다. 겉으로는 궁궐에서 일을 보는 여자를 요구했지만 실제로는 성 노리개나 마찬가지였다. 이는 식민지 시기 일본이 끌고 간 종군위안부와 다름이 없을 것이다.

1274년 원나라에서는 만자매빙사(蠻子媒聘使)라는 사신을 보내 공녀를 요구했다. 만자매빙사는 '원나라에 항복한 중국(남송) 군인들에게 고려 여인을 중매하는 사자'라는 뜻으로 원나라에 항복한 남송의 군졸들 가운데 아내가 없는 사람들을 회유하기 위한 수단으로 고려 여인을 아내로 맺어주는 술책을 썼다.

만자매빙사 초욱은 공녀 140명을 데려가는 대가로 일정 분량의 비단을 갖고 왔다. 고려 조정에서는 공녀로 보낼 여자를 모집했으나 숫자를 채울 수 없자 결혼도감을 설치하고 6개월 동안 모집에 나섰다. 하지만 그래도 정원을 채울 수가 없었다. 그래서 아예 양갓집 처녀는 빼고 과부, 역적의 아내, 중의 아내, 종의 딸 등으로 겨우 채웠다.

다음해에 원나라의 황제 세조(쿠빌라이 칸)는 고려 왕실의 딸을 보내라고 지시했다. 고려 조정에서는 전국에 금혼령을 내리고 처녀 열 명을 골라 보냈고, 이어 원나라는 항복한 군졸의 신붓감 500명을 보내라고 요구해 이를 수행하는 기구로 과부처녀추고도감(寡婦處女推考都監)을 설치했다. 이에 공녀에 뽑히지 않기 위해 갖가지 방법을 짜냈지만 그에 대한 조사도 그 못지않게 철저했다. 고을마다 소란스러웠다. 딸을 감추거나 나이를 속이거나 열 살이 넘으면 시집을 보내기도 했다. 한편, 벼슬아치들이 딸을 감추자 투서를 하여 일러바치기도 했다.

1287년 충렬왕은 양갓집 처녀는 먼저 관가에 알린 뒤 시집을 보내라 지시하고 이를 어기는 자는 죄를 다스린다고 한 뒤 14세에서 15세의 동녀(童女)를 뽑았다. 이어 양갓집 딸을 선별해 원나라 궁궐로 보냈다. 충렬왕의 왕후 제국대장공주는 유난스레 공녀 모집에 간섭하면서 자신의 수행원에게 모집에 대한 책임을 지웠고 이를 방해하는 벼슬아치는 잡아 죄를 물었다.

벼슬아치들은 원나라 사신에게 처녀를 뇌물로 바쳤고 출세를 위해 딸을 자발적으로 내놓기도 했다. 목숨을 걸고 딸을 감추려는 자와 딸을 팔아 출세하려는 자가 뒤섞여 나라가 아비규환이었다 해도 지나친 말이 아니었다. 후반기에 들어 벼슬아치, 양반, 천민을 가리지 않고 열 살만 넘으면 혼인을 시키는 조혼이 유행했다. 조정에서는 금령을 내려 이를 막으려 했고 혼인을 허가하는 조치를 내렸다.

이는 세월이 지나면서 여러 현상이 일어났다. 고려의 여인들이 원나라 고관의 아내가 되어 떵떵거리기도 하고 궁중에서 황제의 총애를 받기도 했다. 이들을 통해 고려양(高麗樣, 고려의 모양새 등)이 원나라 여성들에게 유행이 되었다. 고려판 한류였다.

공녀들 속에서 가장 주목을 받은 여인은 기황후였다. 그녀는 수령을 지낸 기자오의 딸로 공녀에 뽑혀 원나라의 황실로 들어갔다. 그녀는 미모와 재기로 순제의 총애를 받아 1339년에 황태자를 낳았다. 순제는 몽골 출신 여인만 황후로 들여야 한다는 궁중의 규정을 어기고 기황후를 제2황후로 삼았다.

기황후는 고려 출신 환관들과 짜고 정치적 수완을 부렸다. 고려의 환관들은 위세를 내세워 기자오를 공신에 봉하게 하고 이어 기황후의 오빠 기철, 기원에게도 높은 벼슬을 주었다. 기황후의 친정은 권세를 누리면서 호사스럽게 살았다. 기황후는 고려 여인을 잘 돌보아주었다.

기황후의 아들이 마침내 황태자로 책봉되면서 그녀의 위세는 더욱 높아졌다. 그러자 고려에서는 딸을 원나라의 황실로 보내려는 공작이 일어났다. 하지만 끌려가는 여인들은 수레에 오르면서 기절하거나 대동강과 압록강을 건너면서 눈물을 강물에 보태며 향수병에 걸려 미치거나 학대를 받아 자살을 기도했다.

아무튼 공녀 조공은 충렬왕에서 공민왕까지 8대왕, 80여 년에 걸쳐 계속되다가 마지막 원나라가 멸망할 무렵인 13세기 중엽에 폐지되었다. 공녀 조공 폐지는 반원 노선을 추구한 공민왕의 의지가 강하게 작용한 결과였다. 공녀의 수는 적게는 서너 명, 많게는 1000여 명이었으며 모두

4000여 명으로 추정된다.(최숙경·하현강,『한국여성사』)

공녀는 우리나라 여성 수난사에서 지울 수 없는 상흔으로 남았다.

왜 화냥년이라 불렀을까

1636년 조청전쟁이 일어났다. 청나라 군사들은 한양과 북쪽 일대를 누비면서 마구잡이로 포로를 잡아갔다. 포로들 가운데에는 젊은 여자들이 더 많았는데 수만 명이었다는 기록이 전해진다.(임경업,『심양장계瀋陽狀啓』) 또 어떤 기록에는 30만 명 또는 50만 명이라고 하지만 과장된 숫자일 것이다.

청나라 군사들은 유난스레 조선의 여자를 탐냈다. 그래서 수많은 여인이 그들에게 끌려가 벼슬아치들의 첩이 되거나 선양의 인육시장으로 끌려갔다. 그들은 조선 여인을 장터에 내놓고 흥정을 하며 사고팔았던 것이다. 조선에 있는 부모들은 돈을 주고 데려오거나 용감한 여인들은 도망쳐나왔다. 하지만 사람들은 이들을 화냥년이라 부르며 손가락질했다. 화냥년은 한자어로 '고향에 돌아온 여자'라는 뜻인 환향녀(還鄕女)가 변한 말이다. 이 여인들은 일본군에 끌려간 '위안부'보다 더 큰 고통을 겪었다.

조청전쟁은 조일전쟁보다 전쟁 기간은 짧았지만 더욱더 치욕스러웠다. 조일전쟁 때에는 강화하여 임금이 돌아왔지만 조청전쟁 때에는 임금이 무릎을 꿇고 치욕스럽게 항복을 했던 것이다. 허울뿐인 사대명분론이 일으켰다고 할 수 있는 이 전쟁으로 인한 고통은 고스란히 백성들이 받았다.

전쟁이 끝난 다음해, 선양에서는 잡혀온 부녀자를 속환(贖還, 돈을 받고 돌려주는 것)한다고 조선 조정에 알려왔다. 이 여자 포로들은 청나라 군사들에게 능욕을 당했을 뿐 아니라 선양 외곽에 있는 서탑 거리 장터에서 팔리기도 했다. 인신매매를 할 때에는 값을 매기느라 장터가 시끌벅적했다. 청나라는 이런 그들의 몸값으로 돈을 받고 돌려보낸다고 통고를 해왔던 것이다. 이들 가운데 사대부나 부잣집 딸들은 엄청난 돈을 지불하고 풀려났지만 돈을 마련하지 못한 여인들은 날마다 선양 객관 앞에 몰려와서 통곡했다. 하지만 달리 뾰족한 방법이 없었다. 선양으로 가는 길목인 봉황성에 사는 여인들은 조선 사신에게 데려가달라고 호소했다.

청나라에서 고향으로 돌아온 여인들은 또다시 고통을 받았다. 사람들은 더럽다고 그들과 접촉도 하지 않았고 욕을 퍼부으며 손가락질했다. 그뿐 아니라 지아비들은 아내가 절개를 잃었다 하여 조정에 이혼하게 해달라고 호소했다. 이들 '화냥년'은 가족을 떠나 산속에 들어가 살거나 견디다 못해 자살하는 경우도 많았다. 재산이 있는 부모는 이런 딸을 산속에 숨겨놓고 남몰래 먹을거리를 마련해주거나 은밀히 비구니로 꾸며 살게 했다.

조정에서는 이들의 고통을 덜어주려 세검정에서 몸을 씻게 하거나 전국의 강에 회절강(回節江, 절개를 돌이키는 강)이라 이름 붙이고 몸을 씻으면 없던 일로 하게 하라고 일렀다. 하지만 여인들이 아이를 낳으면

호래자식이라 부르며 버릇없고 막돼먹은 인간으로 취급했다. 기가 찰 일이었다.

이 일을 주선한 최명길은 정절을 잃었다는 확실한 증거가 없으니 이혼을 허락해서는 안 된다고 주장하여 관철시켰다. 그러나 한 벼슬아치는 죽어야 마땅한데 살아 돌아온 그것만으로도 증거가 되니 이혼을 허락해야 한다고 주장했다. 그러면서 나라의 풍속을 오랑캐로 만들었다고 최명길을 비난했다.

이들은 갈보도, 화냥년도 아니었다. 두 전란에서 생겨난 강간 피해자였지만 조롱의 손가락질을 받으며 서러운 인생을 살았다. 바로 '되놈'이 저지른 죄악을 뒤집어썼던 것이다.

제도로 만들어진 궁녀와 기생

궁녀와 기생은 국가제도로 두었고 이를 용인하며 활용했다. 그래서 여성의 사회적 지위와는 관계없이 별개로 존재했다. 그러면 이들은 오늘날의 관점으로 보았을 때 직업여성일까? 그들의 삶과 애환은 어떤 것일까? 아무튼 이 두 부류의 여성은 오랜 유래를 지니고 남자들의 부림을 당하거나 노리갯감이 되었다.

고달픈 궁녀의 삶

궁녀는 고대부터 궁중의 필수품처럼 어느 왕조에나 있었다. 삼국시대의 궁녀는 백제가 멸망할 때 낙화암에서 떨어져 죽었다는 삼천궁녀의 전설이 전해지나 꾸며낸 것에 지나지 않을 것이다. 고구려, 백제, 신라 모두 궁녀의 숫자는 줄잡아도 몇백 명에 지나지 않았을 것이다.

궁녀제도는 고려에 들어와 정착되었다고 할 수 있다. 고려의 궁녀는 거의 평민이나 천민 출신이었다. 그러므로 궁녀의 역할은 궁중에서 심부름하기, 옷 짓기, 밥 짓기, 빨래하기, 청소하기 등의 노역을 하는 것이었다.

궁녀로 들어와 후비(后妃)가 된 경우도 있었다. 이는 임금이 가까이하여 자식을 둔 경우인데, 조선시대와는 달리 궁녀 출신 후비에게서 난 아들이 임금이 된 경우는 없었다. 또한 품계나 벼슬도 중간 정도에 머물게 했다. 임금의 사랑을 받지 못한 궁녀는 궁궐 바깥을 나가지 못하고 일생 동안 궁 안에서 살아야 했다. 이들에게는 궁궐이 감옥이나 다름없었다. 하지만 앞에서 이야기한 대로 임금의 사랑을 받으면 여종 출신일지라도 권세를 부렸다. 친정붙이를 끌어들여 벼슬을 내리거나 이권을 주었다.

여느 궁녀들은 평생 남자를 멀리했다. 때로는 환관(宦官, 궁중에서 호위, 경비, 잡일을 하는 벼슬아치)과 간통을 하다가 발각되어 죽임을 당하기도 했다. 충렬왕 시기에 궁녀 시거는 환관 김원려와 통정하다 발각되어 임진강에 던져 죽이는 형벌을 받았다.

조선의 조정에서는 궁궐에 사는 여인들을 모두 내명부라 불렀는데, 여기에는 임금의 첩이라 할 부실(副室)로 빈(嬪) 이하 일곱 등급이 있었다. 이들은 궁녀 출신이라도 임금의 자식을 낳아 일하는 궁녀와 구분했다.

궁궐은 임금이 정사를 보는 대전, 왕비가 거처하는 중전, 대비가 거처하는 대비전, 세자가 일을 보는 세자궁으로 되어 있었는데, 이곳에서 일을 보는 궁녀는 너무나 많은 이야기를 알고 있었다. 즐거운 이야기보다는 슬픈 이야기가 더 많았다. 궁녀를 궁중에서는 시녀나 나인이라 불렀고 잡일을 하는 궁녀를 무수리라 불렀다.

궁녀는 시대에 따라 조금씩 다르지만 시험을 봐서 뽑는 것이 아니라 알음알음 뽑았다. 또 관아에서 왕명을 받들고 동네를 돌아다니며 물색하기도 했다. 양갓집에서는 딸을 궁녀로 보내지 않기 위해 열 살쯤 되는 딸을 시집보내려고 소란을 피웠기에 만만한 노비의 딸인 계집종들이 많이 뽑혔다. 이렇게 양인, 중인, 기첩, 노비 등의 딸이 궁녀로 뽑혀갔다. 경종의 어머니 장옥정(희빈 장씨)은 중인 출신이었고 영조를 낳은 무수리 최씨는 종의 몸이었다.

후기로 내려올수록 궁녀의 선발과 서열은 복잡해졌다. 주로 양인 출신이 많았는데, 18세기에 이르러 "궁녀는 각 관사의 계집종에서 뽑으라"는 지시를 내리고 『속대전(續大典)』에 실었다.

궁녀의 선발은 10년 주기로 이루어졌다. 대체로 역적과 같은 죄인, 좋지 않은 유전병이나 불구자가 없는 집안의 딸로 일고여덟 살쯤 된 아이를 뽑았다. 궁녀의 어른인 상궁이 여러모로 살펴본 뒤 궁궐로 들였다. 선발 대상이 나이가 든 처녀일 때에는 의녀가 처녀인지, 아닌지 감별했다. 이때 앵무새의 생피를 팔에 묻혀보고 잘 묻으면 처녀, 잘 묻지 않으면 처녀가 아니라고 판정했다. 선발이 되면 저고릿감으로 명주 한 필을 내려주었으며 궁궐에는 가마를 타고 들어왔다. 궁녀들은 왕의 침전에서 일을 보는 지밀 궁녀에 뽑히려 했다.

궁녀의 수는 얼마나 되었을까? 백제의 삼천궁녀 전설을 믿는 사람들은 궁녀의 수가 아주 많았던 것으로 오해하는데, 조선 초기에는 수십 명에 지나지 않았던 듯하다. 『성종실록(成宗實錄)』의 통계를 보면 모두 합해 105명이었다. 17세기 실학자 이익은 『성호사설(星湖僿說)』에 "궁녀의 수가 날로 늘어나서 684명에 이르렀다"고 기록했다. 아마도 당시 상황을 말했을 것이다. 하지만 19세기에는 480명으로 줄었다.

일단 궁궐로 들어간 궁녀는 호된 훈련을 받았다. 말씨, 걸음걸이, 절하는 법, 밥 먹는 법 등을 배웠다. 그뿐 아니라 궁중 용어와 언문도 깨쳐야 했고, 『소학』, 『사서』 같은 책도 익혔다. 이런 것을 배우고 나면 차츰 단계를 거쳐 서열이 올라갔다. 궁중에서 사용할 새 이름도 받았다. 열여덟 살쯤 되면 나인으로 승격하는 의식인 관례(혼례식)를 치렀다. 이들 관례는 신랑 없이 신부만 치렀다. 하지만 가상 신랑은 어디까지나 임금이었다.

하는 일도 많았다. 음식, 청소, 빨래, 쌀 씻기, 아궁이에 불 지피기, 바느질 등 궁궐의 모든 잡일은 이들의 손에서 이루어졌다. 8시간 노동이 아니었으니 잠을 몇 시간이나 잤겠는가.

처음에는 주야로 대기하면서 단번(單番)으로 복무했으나 차츰 두 번, 세 번으로 교대해 근무했다. 보수는 월봉(月俸) 또는 삭료(朔料)라는 이름으로 물품을 정기적으로 받았다. 여인으로서 일의 대가로 보수를 받은 몇 안 되는 경우에 해당했다. 이 보수는 사가로 보낼 수도 있었고 절에 시주를 할 수도 있었다.

고생 끝에 즐거움도 있었다. 비단을 짜는 방법을 익혔고, 궁중 음식을 만드는 전문가가 되었고, 약을 다루는 방법을 배웠고, 음악과 문학의 소양도 길렀다. 예전 시대 여성의 직업이 단순했을 때 이들은 전문지식을 지닌 여성이라 할 수 있었다.

이런 일을 하면서 그들은 가족과 남자를 만나지 못했다. 그들은 같은 궁녀와 후궁(後宮, 임금의 첩), 내시 들만 만날 수 있었다. 그들이 사는 곳을 금남(禁男, 사내가 들어가지 못하는 곳)의 집이라 불렀다.

궁녀들의 동성연애는 가끔 논란거리가 되었다. 고려 시기에 공민왕은 자제위의 소년들과 어울리다가 죽임을 당했다고 전해진다. 그런데 조선시대 궁녀들은 또래끼리 방을 따로 썼다. 세종은 어린 궁녀들이 "너는 서방, 나는 각시" 따위로 사랑 놀음하는 유희를 엿보고 마음이 아려 몰래 궁중에서 내보내주었다고도 한다. 이들의 동성연애는 가끔 말썽거리가 되었다. 아무튼 아기나인이 열여덟 살쯤 되면 관례를 치르고 등급이 올라 항아님이 되었고, 30대 후반이나 마흔 살쯤 되면 상궁의 자리에 올랐다. 나인의 우두머리인 상궁은 정5품의 품계를 받아 떵떵거릴 수 있었는데, 이는 큰 고을의 수령들과 맞먹는 품계였다.

나인은 행운을 잡을 기회도 있었다. 임금의 눈에 들어 잠자리를 모시는 승은(承恩, 임금의 은혜를 입었다는 뜻)을 입어 자식을 낳으면 나인에서 벗어나 어엿한 후궁이 되어 극진한 대우를 받았다. 또한 아들이 임금이라도 되면 크게 위세를 부릴 수 있었다.

궁중에서 벗어나는 행운도 있었다. 가뭄, 홍수 같은 천재가 일어나면

"부모 곁을 떠나 궁중에 들어온 궁녀들의 원한 탓"이라 하여 궁녀를 골라 돌려보냈다. 효종은 궁녀가 우물에 빠져 자살하는 일을 겪은 뒤 궁녀 30여 명을 내보내기도 했다. 이런 조치는 가끔씩 있었다. 그런데 이들은 궁 밖에 나와 살면서도 이미 임금과 결혼했다 하여 다른 남성과 혼인할 수 없었다. 궁녀들은 쉰 살이 넘어서야 궁녀의 일을 접고 궁궐을 나올 수 있었다.

기녀는 왜 두었을까

무엇보다 기생이라 불리는 기녀의 역할이 주목을 받았다. 남정네의 노리개가 되어 일생을 보냈지만 창녀와는 구분되었다. 기녀도 천민이었지만 그 역할은 매우 달랐다.

기생은 신라에서 화랑을 지도했던 원화가 화랑도 조직에서 남자들에게 밀려나자 국가 행사에서 가무를 담당하는 일을 맡기면서 생겨났다 한다. 또한 양수척(楊水尺, 떠돌이 천민)의 예쁜 여자를 모아 가무를 교육시켜 국가 행사에 동원한 데서 생겼다고도 한다.

고려는 나라를 세운 초기에 궁중에서 음악을 담당하는 교방(敎坊)을 두고 기생을 소속시켜 음악과 무용을 교육시켰다. 또 지방에도 창기(倡妓, 가무를 하는 기생)라 부르는 기생을 두었다. 고려 후기에 해당하는 늦은 시기인 1279년에는 재주가 있고 미모가 뛰어난 지방의 창기를 뽑아 올려 교방에 두었다.

교방의 기생은 악관(樂官), 재인(才人)과 함께 국가 행사에서 자기 재능을 뽐냈다. 악관이 연주하면 기생들은 집단으로 춤을 추고 노래를 불렀다. 그리고 재인이 연희를 할 때에도 춤과 노래를 곁들였다. 기생들은 절의 행사, 궁중의 축하연, 외국 사신의 환영연, 장례에도 불려나갔다.

후기로 올수록 천민 출신의 기생은 줄어들고 평민 출신의 기생이 늘어났다. 충렬왕은 아름답고 노래를 잘 부르는 지방의 기생을 불러올려 수강전 곁에 장막을 치고 기생들과 시간을 보냈다. 어떤 벼슬아치는 아름다운 기생을 골라 임금에게 바치기도 했다.

예술인 역할을 한 기생들이 많았다. 이들은 춤과 노래뿐 아니라 시나 시조 짓기 같은 교양을 쌓아 시인 묵객들과 어울렸다. 기생들은 유난스레 시인들을 흠모했던 모양이다. 유명한 시인 이규보는 평생 자신을 만나기를 바라는 기생을 만나 시를 지어주기도 했다. 시인들은 기생과 어울려 풍류를 즐겼고 이는 풍속이 되었다. 그런 탓에 기생들은 벼슬아치의 첩이 되기도 했지만 시인들의 정인이 되기도 했다.

이들의 이름을 보면 기생의 정서를 짐작할 수 있다. 두 글자 이름으로는 아름다운 색깔이라는 채홍(彩紅), 영롱하다는 진주(眞珠), 흰 연꽃 같다는 백련(白蓮), 꽃처럼 수줍다는 화수(花羞) 따위가 있고, 세 글자 이름으로는 살결이 옥처럼 향기를 풍긴다는 옥기향(玉肌香), 꽃동산의 옥과 같다는 화원옥(花園玉), 신선이 귀양살이하러 내려왔다는 적선래(謫仙來), 붉은 구름을 탄 신선이라는 자운선(紫雲仙) 따위가 있었다. 이런 이름은 거의 시인 묵객들이 지어주었다.

한데 차츰 가무를 잘한다는 창기(倡妓)의 뜻에서 몸을 판다는 창기

(娼妓)의 뜻으로 이미지가 바뀌었다. 고려 후기는 상업의 발달로 도로가 개설되고 인구 이동이 많아지면서 곳곳에 주막이 생겨났다. 이때 술을 파는 여자들이 많이 등장해 기생과 구별이 되지 않았던 것이다.

그러면 기생은 몸을 팔고 돈을 벌었는가? 조선시대에 들어 기생을 제도로 규정해 새로운 전기를 마련하면서 기생은 새로운 변화와 새로운 사회적 역할을 맡았다.

이때의 기녀는 기능의 일을 담당했다. 곧 왕비 등 궁중 여인들의 의약을 맡아보고 국가 행사에서 가무를 담당하며 궁중 등 관가의 옷을 짓는 일 따위를 전문적으로 맡기기 위해 양성한 여자였다. 그래서 약방 기생 같은 이름이 생겨났다. 그 과정에서 이들을 장악원에서 가무를 익히게 하고 궁중 행사에 동원했다. 이들을 창기라 했다. 그런데 기녀는 의녀 등 전문직보다 주로 가무를 담당하게 되었다. 이들은 잔치 자리에서 춤추고 노래를 부르며 술도 따랐고 벼슬아치들이 이끄는 대로 잠자리도 했다. 그래서 몸을 판다는 창기(娼妓)로 차츰 탈바꿈한 것이다. 그뒤 몸을 파는 기생을 없애자는 논의가 일었으나 많은 벼슬아치가 반대했다. 이를 국가 기본 법전인 『경국대전(經國大典)』에 올렸다. 여기에는 3년마다 여기(女妓) 150명을 선발한다는 규정을 두었다.

정작 기생을 타락하게 만든 장본인은 폭군 연산군이었다. 그는 채청사(採靑使), 채홍사(採紅使) 따위를 고을에 보내 기녀를 뽑아 올리게 하여 그 수가 1000여 명에 이르렀으며 대궐에 사는 기생도 300여 명에 달했다. 종로에 있는 원각사를 기생의 거처로 만들고 유생이 공부하는 성균관을 놀이터로 만들었다. 기녀들은 보수도 잘 받았으나 연산군이 쫓겨나면서 함께 쫓겨났다.

기생사회는 차츰 안정되어 이른바 명기를 배출했다. 논개는 기생 출신의 첩이었으나 진주성을 도륙한 왜장을 죽여 명성을 얻었다. 하지만 논개는 조정에서 애국의 화신이라는 이미지 조작의 이용물이 되었다.

기생으로 명망을 얻은 이는 황진이, 이매창, 김만덕 등이 있다. 이들은 여류시인으로 많은 이들의 선망의 대상이 되었다. 김만덕은 돈을 많이 벌어 빈민을 구제해 조정으로부터 벼슬을 받는 등 특별 대우를 받았다. 지금 제주도를 상징하는 인물로 우러름을 받고 있다.

일제 식민지 시기에는 민간기구인 권번에서 수준 높은 교양을 쌓고 가인(歌人) 역할을 하다 차츰 사라졌다. 3·1운동 시기에는 진주 기생이 먼저 만세 시위를 했고 곳곳에서 시위와 함께 독립 자금을 대주어 일제 당국으로부터 탄압을 받았다. 태화관 기생 출신으로 손병희 아내가 된 주옥경의 활약도 돋보였다. 그녀는 손병희가 감옥에 있을 때 하루도 빼놓지 않고 옥바라지를 했던 것으로도 유명했다.

아무튼 궁녀와 기생은 기능인의 측면도 있었지만 시대적 한계 속에서 애환을 안고 살아간 희생물이었다.

여성의 굴레, 쓰개를 벗어던지다

　　　　　　　　　　　근대에 이르러 여성의 생활문화 개선과 인권운동이 다양하게 일어났다. 그 가운데 오랜 관습이었던 너울 벗기가 대표적일 것이다. 이는 신여성과 여학교 학생들의 주도로 이루어졌는데, 먼저 그 유래에 대해 살펴보자. 여성에게 씌운 너울은 내외법(內外法)과 관계가 깊다고 할 수 있다.

　고려의 여성들은 출입이 자유로웠기 때문에 마음대로 다닐 수 있었다. 말을 타고 거리를 돌아다녔고 장터에서 장사도 마음대로 했다. 재산을 소유할 수 있었고 이혼도 조금 자유로웠다. 이런 환경에서 자유연애도 할 수 있었다. 양반의 부녀자들은 사치스러운 몽수(蒙首)를 쓰고 화려한 부채를 들고 다니면서 얼굴을 가리기도 했으나 내외법은 없었다.

조선에 들어와 유교의 가르침에 따라 여자는 가까운 일가붙이가 아니면 남녀가 서로 얼굴을 맞대는 행동을 금한 내외법의 영향을 받았다. 하지만 이런 유교의 예절은 서인에게는 적용되지 않았다. 이를 "예불하어서인(禮不下於庶人)"이라 했다. 그러므로 평민 여자들은 내외법을 무시하고 마음대로 서로 어울릴 수 있었다.

내외법에 관한 예를 살펴보자. 남의 집을 방문할 때 손님이 문 앞에서 "이리 오너라"라고 소리치면 종이 뛰어나가 안내를 하고, 종이 없을 때에는 안에 있던 여자가 "사랑 양반이 아니 계시다고 여쭈어라"라고 대꾸했다. 종이 대답하는 형식을 빌려 간접적으로 의사를 전달한 것이다. 이런 식으로 남녀가 얼굴을 맞대지 않았던 것이다. 설령 집 안에서 마주쳐도 얼굴을 옆으로 돌리고 말을 나누었다.

조선 시기에 조정에서 내외법을 권장하면서 중국의 예법을 들어 여성들의 문밖출입을 금했다. 또 『경국대전』에는 종친이나 당상관의 아내와 딸 말고는 여느 여자가 가마를 타면 장 80대의 벌을 준다는 규정을 두었다. 곧 낮은 벼슬아치나 서민의 아내와 딸은 가마를 타지 말라는 것이었다. 이때 여자가 말이나 나귀를 타더라도 너울을 써서 얼굴을 가려야 했다. 그리하여 너울이라 부르는 장옷과 쓰개치마가 생겨나 여성들은 나들이할 때 쓰개와 장옷을 쓰고 다녔다. 장옷은 상민 아녀자들이, 쓰개치마는 양반 부녀자들이 썼다고 하지만 뚜렷하게 구분 지은 것은 아닌 듯하다. 옷감도 여인들 옷에 많이 사용하는 명주나 면포로 만들었고 색깔도 일정한 규정이 없어 다양했다.

장옷은 이름 그대로 긴 옷으로 옷깃, 옷고름, 자락 등으로 이루어졌는데, 머리와 이마, 턱 아래를 두르고 자락은 발목까지 늘어뜨렸다. 눈, 코, 입 부분만 삐쭉이 내밀게 하여 윗몸을 감추었다. 쓰개치마는 굳이 장옷과 구분하면 단순한 너울을 머리에 쓰고 아랫자락으로 온몸을 가리는 형태였다. 조선 후기의 풍속화가 김홍도, 신윤복의 그림에 이 두 가지 형태가 사실적으로 잘 묘사되어 있다.

　　양반여성과 평민여성은 물론 직업여성이라 할 수 있는 기생들도 썼지만 천민인 백정이나 종 출신의 여자들은 쓰지 않았다. 이들은 내외법을 지키려 하지 않았고 지킬 처지도 아니었으며 지키라고 가르치지도 않았다. 천민 출신 남정네들이 맨 상투에 갓을 쓰지 않은 것과 같다. 이는 제도로 정해진 것이 아니라 나라와 유림들이 권장한 하나의 관습이었다.

　　근대 개화 시기에 장옷을 벗어던지자는 운동이 일어났다. 1898년 북촌 양반 부녀자들이 찬양회를 조직하고 장옷을 스스로 벗겠다고 나섰다. 이들 400여 명의 회원은 고종에게 관립 여학교 설립과 남녀평등을 보장해달라고 청원했고 취지문도 공포했다.

　　신체와 수족이 남녀 사이에 다름이 없는데, 어찌하여 여자는 병신 모양으로 평생을 깊은 규방에 살면서 남자가 시키는 대로 하는가? 여학교를 세워 남녀평등을 이룩합시다.

─『제국신문』

이와 함께 너울 벗기를 실천운동의 주요 덕목으로 내세웠다. 이것이 효시가 되었다고 볼 수 있다. 너울 벗기는 단순한 관습을 뜯어고치는 것이 아니라 여권과 직접 맞물린 악습을 없애는 것이라고 판단했던 것이다. 『독립신문』, 『제국신문』 등 언론에서 쓰개 벗기를 주장했지만 별 효과가 없었는데, 여성들이 행동으로 나선 것이다. 이 운동은 여성의 자각 운동이었고 여권 신장을 위한 하나의 상징이었다. 일본, 미국 등에 유학을 다녀온 신진 지식인의 호응도 있었다.

한편, 이화학당, 배화학당 등 여학교에서도 초기에는 여학생들이 쓰개를 쓰고 다녔다. 1911년 배화학당에서 교복을 바꾼 뒤 쓰개를 없애고 검정 우산을 쓰고 다니게 했다. 이 여학생들이 뚝섬으로 소풍을 나갈 때면 검정 우산이 길게 물결을 이루는 진풍경이 벌어졌다고 한다.

이때부터 쓰개가 양산 또는 목도리나 숄로 바뀌었다. 또 남녀를 가리지 않고 두루마기가 널리 보급되자 여성들은 두루마기를 쓰개로 대신했고 이어서 양식 외투를 입었다. 이렇게 장옷과 쓰개치마가 사라진 것은 우리나라 여성사에 큰 의미를 지닌다.

또 1920년대부터 의복 개량운동을 벌였는데, 두루마기와 치마저고리의 만듦새에 큰 변화를 보였다. 곧 유방을 칭칭 동여매는 치마의 말기를 없애고 끈을 달아 어깨에 걸치게 했으며, 저고리의 길이를 짧게 했고, 치마 길이도 무릎 아래에 오게 했다. 이어 단발을 하고 고무신과 구두를 신었다. 여성들의 장옷은 이 시기부터 완전히 사라졌다. 이는 유방의 해방, 종아리 드러내기, 장옷 벗기를 통한 묵은 관습의 개량이었다.

지금도 이슬람 지역에서는 여성들이 검은 차도르나 부르카를 쓰고 다닌다. 이는 종교적 관습이라 하지만 여성 인권을 짓밟는 사례로 꼽힌다. 우리나라에서 여성들이 일찍이 쓰개를 벗어던진 것은 잘못된 관습을 스스로 뜯어고친 것이라 할 수 있다.

일제 식민지 시기에 짓밟힌 인권

근대 시기에 이르러 인권 사상은 유럽사회에서 이끌었다. 먼저 인권 탄압의 표본이라 할 수 있는 대량 학살의 세계적 실상을 보면 이러하다. 20세기에 들어 국가 간, 민족 간, 인종 간, 종교 간 전쟁, 그리고 국가의 내부 갈등으로 대량학살이 이루어졌다. 그 동기에는 정치권력 유지, 영토 확장, 경제적 이해 등이 얽혀 있다. 한 학자는 1900년에서 1987년 사이 세계에서 1억 5000만 명 이상이 학살되었다고 주장했다. 세계적 관심을 끌어온 나치 아래에서의 600만 명에 이르는 유대인 피학살자도 여기에 포함된다. 최근 아프리카의 나이지리아에서는 민간인 150만 명이 학살되었다. 성능이 좋은 무기 발명이 대량학살을 더욱 가속화시킨 측면이 적지 않다.

'제노사이드(genocide)'이란 용어는 1944년 처음 등장했고 1948년 유엔에서 이와 관련한 회의를 열어 보편적 용어로 사용되었다. 그 청산 작업은 독일과 프랑스에서 먼저 이루어졌고 남아프리카공화국에서는 진실과화해위원회의 이름으로 진행되었다. 하지만 캄보디아, 미얀마 등 아시아 국가를 비롯해 많은 나라에서는 지금도 사실 왜곡과 은폐를 일삼고 있다. 현재 한국의 과거 청산은 중간 수준에 머물러 있다고 판단된다.

일본은 조선을 식민지로 만드는 과정과 일제 식민지 시기에 무참히 인권을 짓밟았다. 1차로는 동학농민혁명과 항일의병 탄압과정에서 집단 학살을 저질렀고, 2차로는 3·1운동과 경신대참변을 통해 무고한 수많은 주민을 살해했다. 특히 1923년에 관동대지진이 일어났을 때 일본 내지에 있는 조선인을 학살했다.

특히 일제 식민지 시기를 겪으면서 민족 간 갈등이 일어나는 가운데 인권 유린이 자행되었다. 더욱이 징용과 징병이란 이름으로 강제 동원된 군인, 군속, 일반 노동자, 여자근로정신대와 일본군위안부를 통한 인권 유린 사태는 아직도 그 정확한 실상과 숫자조차 파악하지 못하고 있다.

일제의 인력 강제 동원은 1931년 만주사변의 시작 단계부터 개시되어 중국 본토를 공격한 1937년에 본격적으로 이루어졌으며, 태평양전쟁 도발 직후인 1942부터 가속화되었고, 1944년 전면적 징병제 실시에서 절정을 이루었다. 그 수는 줄잡아 300만 명으로 추정된다.

전면적 징병－징용제 실시

일제 당국은 처음에는 조선 청년을 군인으로 쓰지 않았다. 그들의 손에 총을 들려주는 것이 불안했기 때문이다. 그러다가 중일전쟁을 일으킨 뒤 지원병제를 실시했다. 지원병제는 1938년 국가총동원법을 실시한 뒤 1944년 전면적 징병제를 실시할 때까지 5년 동안 이어졌다. 처음에는 조선 청년들에게 "신성한 군인의 길을 조선 청년에게도 열어준다"라고 하면서 군대를 다녀오면 취직을 시켜 월급을 준다고 유혹했다. 거주지 읍면장이 보증을 서고 도지사가 지원병을 모집해 자격을 심사하고 합격시켰다. 그들은 주로 농촌 출신 청년으로 수십 대 일의 경쟁을 보이며 많은 이가 지원했다. 이들 지원병은 모두 2만여 명쯤 되었다.

일본 육군은 육군지원자 훈련소를 만들어 훈련을 실시했다. 하지만 일제는 조선 청년들이 독립심을 가져 언제 배반할지 모른다 하여 끊임없이 경계했으며 만주나 중국 전선에는 보내지 않고 조선지역에만 배치했다. 실제로 조선 청년들은 "총을 잡으면 뒤로 쏘아 일본 놈을 죽이겠다"고 말했다 한다. 무기를 확보할 기회가 없는 민족의식을 지닌 청년들은 지원병을 이용해 독립운동을 하겠다는 뜻이었다.

한편, 일제는 그동안 회유 수단으로 조선의 귀족 출신을 비롯해 소수의 조선 청년들에게도 일본 육군사관학교에 입학할 수 있는 자격을 주었다. 일본 육군사관학교 출신은 홍사익(필리핀포로수용소 소장을 지내고 중장으로 승진, 전범으로 처형), 이응준(국군 초대 육군참모총장)을 비롯해 채병덕, 김석원, 이형근, 이종찬 등이 있다. 육군사관학교 출신들은 주로 일본 내지나 동남아·태평양 지역에서 활동했다.

홍사익의 경우를 살펴보자. 그의 일본 육군사관학교 동료인 지청천이 일본군 부대를 탈출하면서 그에게 독립군으로 가자고 하자 "내가 부대를 이탈한다면 군내 조선인의 입지는 더욱 낮아질 것이다"라고 하면서 거절했다 한다. 그런데 그가 조선 출신 병사를 위해 얼마만큼 노력했는지는 모를 일이다. 관동군 소속의 조선인 장교들도 만주에서 독립군을 토벌하면서 이와 비슷한 변명을 늘어놓았다.

이와 함께 조선 청년들이 장교과정인 만주군관학교에 입학하는 것을 허락했다. 1930년대 말부터 만주군관학교에는 조선인 청년들이 만주인, 일본인과 함께 장교 양성을 위한 군사교육을 받았다. 만주군 장교 출신으로 성적이 우수한 자에게는 일본 육군사관학교에 편입할 수 있는 기회를 주었다. 정일권, 박정희가 이 경우에 포함된다. 이들은 만주군에 들어가 간도특설대 등에서 활동했는데 정일권, 백선엽, 김백일, 박정희 등이 만주군 장교로 항일연군(만주족·조선족 연합부대) 토벌에 앞장섰다. 만주군관학교와 일본 육군사관학교 출신의 조선인 장교는 모두 160여 명 정도였다.

다음에는 1943년부터 대학생과 전문대생 들을 학병이란 이름으로 강제 동원해 전선으로 보냈다. 윤치호, 최린 등 종교지도자들은 학병 권유의 연설을 하면서 "목숨을 바쳐 천황에게 충성하자"고 외쳤다. 학병은 주로 중일전쟁 전선에 투입되어 일본군 부대에 소속되어 한국어 통역 등 선무공작을 맡았다. 이들은 거듭 탈출을 시도했다. 학병으로 일본군

부대를 탈출해 충청 임시정부 산하로 도망친 이로는 장준하, 김준엽 등이 있다.

이어 군인과 군속의 강제 동원을 실시했다. 일본은 태평양전쟁을 도발한 뒤 일본군을 더욱 증강해야 했다. 그리하여 1943년부터 전면적으로 징병제와 징용제를 실시했다. 징병제가 실시되자 조선 청년들은 산속으로 숨거나 절로 들어가 피했다. 하지만 많은 청년은 벌벌 떨며 전선으로 끌려갔다. 이들은 히노마루가 그려지고 무운장구(武運長久), 진충보국(盡忠報國)이란 글씨가 쓰인 띠를 두르고 미영격멸(米英擊滅)이라는 깃발을 내걸고 마을 사람들 앞에서 출정식을 가졌다. 모두 창씨개명을 해 이름으로는 일본군과 구분할 수 없게 했지만 일본군에게 많은 차별을 받으면서 감시를 당했다.

이어 군무원(또는 군속)도 동원되었는데, 이들은 군을 보조해 노역에 내몰린 노동자를 말한다. 근로보국대(勤勞報國隊)라고도 불렸다. 이들은 주로 말레이시아, 태국, 인도네시아, 필리핀 등 동남아시아를 비롯해 태평양 섬에 배치되어 미국과 영국 포로들을 감시하는 경비원 역할을 하거나 비행장 닦기, 군수품 나르기 등 노역에 종사했다. 군인보다 훨씬 열악한 조건에 처해 있었다. 남양군도로 끌려간 노동자들은 가장 나쁜 조건에 처해 있었는데, 비행장 건설과 사탕수수 농장에서 일을 했다. 이들은 밀림을 헤매면서 기아에 허덕였고 말라리아에 걸려 죽었다.

군인과 군속으로 동원된 조선 청년은 38만 5000여 명쯤 되었는데, 사망자는 2만 2000여 명으로 추정하지만 실제와는 많이 달랐을 것이다. 이들은 때때로 전선 앞에 서서 총알받이로 쓰였고 미군의 공격을 받아 몰살당하기도 했다. 이를테면 1944년 7월 9일 다이헤이마루(太平丸) 침몰 사건을 들 수 있다. 군속 노동자를 싣고 사할린으로 이동하려고 쿠릴열도 앞바다에 이르렀을 때 미국 잠수함의 어뢰 공격을 받아 침몰했다. 이때 살아남은 사람들의 증언에 따르면 여기에 타고 있던 강원도와 황해도에서 끌려온 조선 노동자 900여 명이 몰살되었다 한다. 이런 사고는 흔한 일이었다.

군무원과 성격을 조금 달리하는 민간 노동자들도 강제 동원되었는데, 이들은 두 부류로 나뉜다. 먼저 국내에서 노역에 동원된 노동자들이었다. 여기에는 여성들과 청소년들도 포함되었다. 여성들은 군수공장에서 위문대를 만들었고, 남성들은 신작로라는 도로를 내거나 보수는 물론 광산 개발과 비행장 닦기에도 동원되었다. 특히 도시 주변 곳곳에 방공호를 뚫는 공사에 동원되었다.

이들 노동자는 조선 밖으로도 끌려갔다. 그 지역은 일본 내지를 비롯해 홋카이도, 사할린, 중국 전선 등지였다. 이들은 주로 용광로를 다루는 군수공장이나 탄광에서 일했으며 일본 군부대에서 군수품을 나르는 일도 했다. 하루 12시간 이상 노역을 했으며 굶주림과 과로로 죽어갔다.

우리나라와 가까운 후쿠오카에는 탄광이 밀집해 있었는데, 그곳 메이지탄광에 조선 노동자 1900여 명이 동원되었다. 이 탄광의 갱도가 무너지면서 20여 명이 죽었고 많은 이의 팔과 다리가 부러졌다. 그러나 치료도 받지 못하고 방치되었다. 그들이 거주하는 숙소에는 철조망이 쳐져 있었고 형무소처럼 망루도 사방에 설치되어 있었으나 3분의 2가 죽음을 무릅쓰고 도망을 쳐서 텅텅 비기도 했다.

근래 한수산이 쓴 소설 『군함도』와 류승완 감독의 영화 〈군함도〉의 소재로 쓰여 유명해진 군함도의 경우도 좋은 예가 될 것이다. 군함도는 나가사키현에 속한 섬인데, 섬 전체가 석탄광산으로 개발되었다. 여기에 1936년부터 조선 노동자들이 강제 동원되었다. 1944년의 경우 800여 명이 지하 갱도에서 채탄작업을 했다. 이들은 가혹한 노역을 견딜 수 없었고 배가 고파 바다에 뛰어들어 도망치다가 익사하거나 잡혀 죽임을 당했으며 해저 갱도 사고도 잇따라 일어났다. 이런 사고로 122명이 죽었다는 통계가 있지만 더 많은 희생자가 있었던 것으로 추정된다.

지금도 사할린 탄광 등지에서는 그들이 탄광 벽에 "엄마 배고파요", "엄마 보고 싶어요", "고향에 가고 싶어요", "마누라 잘 살아라"라고 쓴 낙서를 볼 수 있다. 탄광 노동자는 군수공장 노동자들보다 더 나쁜 조건에서 시달리다 죽거나 불구가 되었으며 폐병이 드는 일도 많았다.

한편, 남양군도의 조선 출신 군속들은 현지에서 목숨을 걸고 탈출했다. 붙잡히면 죽임을 당했지만 성공하더라도 밀림을 헤매다 말라리아에 걸려 죽거나 거지가 되어 현지 원주민의 마을을 떠돌았다. 아무튼 이곳 섬에 있던 조선 노동자들은 태평양전쟁이 끝난 뒤에도 거의 돌아오지 못했다. 이들은 자살 테러, 굶주림 등으로 60퍼센트가 죽었다 한다(강제동원피해자진상규명위원회 조사). 이들의 흔적은 지금도 태평양 섬 곳곳에 남아 있다. 원주민들이 아리랑을 기억하고 부를 줄도 안다고 한다. 조선 노동자와 위안부 들이 고향을 그리워하며 아리랑을 불러 주민들이 기억하고 있는 것이다.

비참한 이야기를 하나만 더 해보자. 1945년 8월 24일, 일본 북동부에 있는 아오모리항에서 해군 수송선 우키시마마루(浮島丸)에 조선인 노동자 7000여 명을 태우고 부산으로 오다 교토 마이즈루항에 기항하고 있었다. 이때 배가 폭발해 조선 노동자 5000여 명이 몰살되었지만 일본 승선원들은 거의 살아남았다 한다. 그동안 이 폭발 사고는 일부러 저질렀다는 설이 난무했으나 끝내 진상이 밝혀지지 않았는데, 2016년에 이 배에 폭발물이 실려 있었다는 문서가 공개되었다.

아직도 이야기가 남아 있다. 중학교 하급생에 해당하는 조선 소년들을 소년비행단이라는 이름으로 일본 소년비행학교에 입학시켰다. 이들이 조종술을 어느 정도 익히자마자 가미카제(神風) 특공대에 편입시켜 태평양전쟁터로 내몰았다. 소년들은 출정식을 할 때에는 "천황 폐하 만세"를 외치면서 충성을 맹세했지만 정작 비행기를 탈 때에는 엄마, 아빠를 부르며 눈물을 철철 흘렸다.

이들은 1인승 경비행기를 조종해 태평양에 떠 있는 미국 군함의 굴뚝에 돌진해 이른바 산화하여 육신을 남기지 않았다. 비록 수십 명에 지나지 않았지만 청소년 인권 유린의 표본이 될 것이다. 근래 이런 모습을 담은 영상이 발굴되어 공개되었다.

끝으로 밝혀둘 것은 독립운동가에 대한 고문, 학살 등 인권 유린의 실상에 대해서는 독립운동사에 밝혀져 있고 일반적인 인권 문제와는 구분되므로 여기에서는 생략하기로 한다.

그동안 이들에 대한 진상 규명과 보상을 받아야 한다는 운동이 이어졌다. 태평양전쟁피해자보상추진협의회 이희자 등 유족은 한국과 일본에서 증언을 통해 진상을 밝혔지만 일본 당국은 모르쇠로 일관하고 있다. 근래 전국민주노동조합총연맹 등 관계가 있는 단체에서 강제 징용 노동자상을 용산역과 부평공원에 세워 2017년 8월 12일에 제막식을 가졌다. 조각가 김운성과 김서경 부부 작가가 제작했는데, 갈비뼈가 드러나는 빼빼 마른 체구에 왼손으로는 햇볕을 가리고 오른손에는 곡괭이를 들고 있다. 탄광에서 막 나온 모습으로 우리의 기억을 되살려주고 있다.

용산역은 강제 동원 노동자들이 일본으로 끌려갈 때 집결하던 장소다. 부산 등지를 거쳐 일단 일본으로 보냈다가 다시 홋카이도나 사할린으로 보냈던 것이다. 부평공원에는 일본의 군수공장인 육군조병창이 있던 곳이다.

일본군위안부와 근로정신대

일제 식민지 시기에 일본은 여성에 대한 인권을 짓밟았다. 1930년대 중일전쟁의 전시체제 아래에서 징용제와 징병제를 시행하면서 한편으로는 여성을 강제 동원해 큰 고통을 가져다주었다. 여성들은 일본군위안부(종군위안부), 근로정신대라는 이름으로 끌려가 일본 내지와 홋카이도, 오키나와, 사할린, 태평양에 있는 섬 등으로 내몰렸다. 이는 지금까지도 그 진실이 제대로 밝혀지지 않은 가운데 살아남은 자들의 생생한 증언만 이어지고 있다.

일본군위안부는 한마디로 말해 군국주의 일본이 저지른 만행으로 여성 인권을 짓밟은 범죄다. 일본군위안부는 일본군 현지 부대에서 관리와 운영을 맡았지만 경우에 따라서는 일본 정부와 육군성의 위탁을 받은 국책회사 미쓰비시나 미쓰이 같은 기업 또는 매춘업자 개인이 운영하기도 했다. 어쨌든 이는 일본 정부의 시책에 따라 수행되었다.

먼저 일본군위안부 동원 시기와 위안소 설치 시기부터 살펴보자.

일본은 1931년 만주사변을 일으켜 만주를 점령하고 관동군을 주둔시켰다. 다음해에는 일본 육군과 해군이 상하이에서 작전을 개시해 중국 본토에서 중일전쟁을 도발했다. 그러고 나서 상하이와 만주에 위안소를 설치하고 위안부를 배치했다. 전쟁을 수행하는 군인들의 사기를 북돋우기 위해서였다. 이때에는 일본의 창녀와 중국 여성을 모집해 배치했는데 그 수는 그리 많지 않았다. 1937년에는 중일전쟁을 확대해 난징대학살을 저지르고 이곳에 위안소를 설치했다. 군인 100명에 위안부 한 명꼴로 배치했는데, 이때부터 본격적으로 위안소를 설치한 것이라 할 수 있다. 그리고 1941년에는 태평양전쟁을 준비하면서 위안부 설치도 함께 계획했다. 이때 조선 여성을 대대적으로 동원한다는 조항이 포함되었다. 만주의 관동군에서도 이와 보조를 맞추어 2만 명이 필요하다고 하여 조선 여성을 모집했으나 3000명에 그쳤다.

다음해 일본 육군성에서는 모든 전선에 일본군위안부를 설치했다.

일본 내지뿐 아니라 오키나와, 필리핀, 태국, 말레이시아, 인도네시아 등지에도 설치했다. 위안부들이 외국으로 나가려면 여러 절차가 따랐기 때문에 육군성뿐 아니라 외무성, 내무성의 개입과 협조가 있어야 했다. 특히 식민지 조선과 대만의 총독 및 경찰들이 일본군위안부 동원에 총력을 기울였다. 조선총독부의 지시에 따라 경찰을 비롯해 면장과 면 직원, 반장 등이 일본군위안부 모집에 나섰다.

그러면 일본군위안부의 성격과 설립, 경영은 어떻게 이루어졌나? 이에 대해서는 다음과 같은 특성이 있다는 연구가 있다. 첫째, 위안소는 극히 드문 예외를 제외하고는 기존의 공창제도에 따른 유곽과는 별도의 체계로 군인들만을 위해 세워진 것이다. 둘째, 위안소는 극히 드문 경우를 제외하고는 군인과 군속만이 이용할 수 있었다. 또한 군인들은 위안소 외의 다른 곳을 드나들 수 없었다. 셋째, 위안부는 군이 정한 의사에게 정기적으로 성병 검사를 받았고 군의 엄격한 통제를 받았다.(정진성, 「일본군 위안소 정책의 수립과 전개」, 『일본군 위안부 문제의 진상』)

위안소 설치는 군이 인접한 경우, 군이 설치했으나 민간인에게 경영을 위탁한 경우, 민간인이 설치·운영하고 군이 허가 감독하는 경우, 이미 있던 공창을 위안소로 편입한 경우 등 여러 가지였다. 그리하여 일본의 군수품을 주로 만드는 국책회사인 미쓰이, 미쓰비시 같은 회사에서 운영을 맡기도 했다.

어쨌든 조선에서는 일본군위안부를 모집할 때 처음에는 크게 동요하지 않았다. 일본에서 건너온 상인들이 몰려와 외국의 좋은 공장에서 돈을 많이 벌 수 있다고 꼬드겼다. 그래서 자매가 함께 자원한 경우도 있었다. 도시에 떠도는 창녀나 식모, 떠돌이 여성들이 주대상이었다. 하지만 할당된 인원이 채워지지 않으면 애국반 같은 조직을 통해 취직 자리를 알선한다고 유혹하고, 심한 경우에는 경찰이 강제로 납치해갔다. 때로는 우물가에서 물을 긷는 여성을 납치하기도 했다. 그러자 부모들은 딸을 산골짜기에 숨기고 밥을 날라다주었다. 그래도 배당받은 인원수가 모자랄 때에는 체구가 큰 어린 소녀와 어려 보이는 기혼녀를 잡아 나이를 거짓으로 기입하고 끌고 갔다.(윤정옥, 「조선 식민정책의 일환으로서 일본군 위안부」, 『일본군 위안부 문제의 진상』) 이는 위안부의 나이가 들쑥날쑥한 까닭을 알려준다. 일본군위안부의 평균 나이는 15세에서 25세로 나타나지만 길가에서 강제 연행하다보니 나이가 일정하지 않았고 유부녀도 데려갔던 것이다.

그러면 조센삐라 불린 일본군위안부에 대해 먼저 공식 명칭부터 알아보자. 종군위안부는 일본이 붙인 공식 명칭이다. 이 명칭에 대해 미국 의회에서는 잘못되었다고 하여 "일본군 성노예(Japanese Milltary Sexual Slavery)"라 불렀다.

일본의 공식 명칭은 종군위안부인데도 일본 극우단체는 공창(公娼)으로 규정하고 있으며 근래에는 종군위안부도 잘못된 호칭이라 하면서 자발적으로 지원했다는 뜻으로 추군(追軍) 매춘부라는 포스터를 찍어 돌렸다.

그런데 현지의 위안소 간판에는 엉뚱한 이름이 다양하게 걸렸다. 육군 위안소나 해군 위안소 같은 간판은 이용 상대를 나타냈지만 때로는 부대명이나 지명을 붙이기도 했다. 또 그 간판들에는 명월조(明月組), 관월정(觀月亭), 만수루(萬水樓), 선월(鮮月), 백두산(白頭山), 냉수루(冷水樓) 등 기생집이나 요릿집 흉내를 낸 것도 있었다. 선월과 백두산은 조선 위안부를 뜻한다고 할 수 있다. 또 장교용과 사병용으로 구분해 시설의 차이를 두었다고도 한다.

군인들은 위안소를 삐야나 빵빵야라고 불렀다. 위안부를 민족별로 구분할 때에는 일본삐, 조센삐, 지나삐, 대만쿠냥 등으로 불렀다. '삐'는 중국어로 여성의 성기를 의미한다.(여순주, 「일본군 위안부 생활에 관한 연구」, 『일본군 위안부 문제의 진상』) 아무튼 장난질 치면서 잘들 노는군.

일본군이 주둔하는 곳에는 거의 위안부가 있었다. 일본군 영내에는 위안소라는 이름으로 위안부를 배치한 경우가 많았다. 이들이 배치된 지역은 중일전쟁이 벌어지는 중국 본토와 일본 내지, 그리고 태평양전쟁이 벌어지는 말레이시아, 태국, 인도네시아, 필리핀, 오키나와, 남양군도 등지였다.

일본군위안부는 조선 여성뿐 아니라 일본의 매춘부 여성과 일본군의 점령지인 중국, 대만, 인도네시아, 베트남, 필리핀, 말레이시아 등의 여성도 포함되어 있었다. 그리고 소수이기는 하지만 인도네시아에 거주하는 네덜란드 여성도 있었다. 위안부 여성은 전체 20여만 명으로 추산되는데, 5분의 4 정도가 조선 여성이었을 정도로 그 중심을 이루었다.

일본군위안부의 생활조건은 어떠했을까. 이들은 많게는 일본 군인을 하루에 20차례씩 상대하기도 했다. 시간은 30분 또는 1시간이었지만 일정하지 않았다. 이들은 생명의 위협을 느끼면서 염전(厭戰) 사상으로 조현병에 걸린 군인들로부터 구타를 당하거나 함께 자살하자는 강요를 받았으며 단도로 몸을 긁혀 상처를 입었다. 게다가 성병에 걸려 시달리기도 했다. 더욱이 밀림지대에 배치되면 말라리아와 같은 전염병에도 시달렸다. 또 쉴새없이 청소와 빨래, 취사도 해야 했다. 산책은 일정한 장소에서 일정 시간만 허락되었다. 일본군위안부는 보편적 인권 유린뿐 아니라 일본 국가범죄와 국가폭력의 한 표상이었다 할 수 있다.

한편, 일본군위안부에게는 만주, 필리핀 등 현지 화폐나 군표(軍票)로 일정한 보수를 주었다. 그러나 군부대에서 직접 운영하는 위안소에서는 한 푼도 받지 못하는 경우가 많았다. 민간인이 운영하는 곳에서는 주인이 현금을 대신 받아 저금했지만 전후에 주인이 챙겨 달아났고 군표는 휴지조각이 되었다. 한 위안부는 군표를 차곡차곡 챙겨두었지만 미군이 마련해준 귀국선을 타고 오다 아무 쓸모 없다는 사실을 알고 배 위에서 바다에 뿌리며 통곡하기도 했다.

민간인이 경영하는 곳에 있는 위안부들은 열악한 생활조건에서도 치마저고리 같은 조선옷을 입었고 김치를 담가 먹었으며 〈도라지타령〉이나 〈아리랑〉을 부르며 고향을 그리워했다. 그리고 명절에는 떡도 해 먹었다는 증언도 있다. 물론 부모에게 편지 같은 것을 써서 소식을 전할 수는 없었다.

가장 조건이 나쁜 곳은 필리핀의 민다나오섬이나 루손섬 또는 남양군도 같은 곳이었다. 미군 포로 심문 장교에 따르면 이곳 위안부들은 전쟁이 막바지에 이르렀을 때 학살을 당함은 물론 열흘 동안 풀만 먹어 거의 아사지경에 이르렀다 한다.

이들 가운데에는 아기 엄마도 있었다. 피임을 할 수 없었던 탓에 임신을 하게 되면 어쩔 수 없이 아기를 낳아 길러야 했다. 아기 엄마는 전선을 따라 떠돌면서 아기를 키워야 했으므로 이중 고통을 받았을 뿐 아니라 군인들로부터도 핍박을 받아야 했다.

위안부는 일본군 상대로만 둔 것이 아니었다. 홋카이도에는 탄광이 많아 조선인 노동자 수천 명이 끌려가서 일을 했다. 이들 탄광은 미쓰이 등 국책회사들이 운영했다. 1942년부터 이곳 아시베쓰 탄광에 조선 노동자들이 들어왔는데, 이곳에 산업위안소를 설치했다. 여기에 조선 여성 위안부들이 배치되었다. 산업위안소는 이곳에만 있었던 것이 아니다. 규슈, 후쿠시마 등 탄광 채굴과 토목공사가 있는 곳에 설치했다. 이들 산업위안소는 조선요리점에 배치되어 매춘부처럼 화대를 받았다. 그 수는 정확하게 밝혀지지 않았지만 군위안부보다는 규모가 작았던 것으로 알려져 있다.

이런 군위안부는 식민지를 경영했던 영국, 미국, 프랑스에서는 존재하지 않았고 오직 일본군에만 있었다. 그래서 세계 사람들의 지탄을 받고 있다.

태평양전쟁 막바지에 일본군위안부들은 큰 고통을 받았는데, 내용을 살펴보면 다음과 같다. 첫째, 집단학살을 당했다. 일본군들은 조센삐

들이 미군 포로가 되면 군에 정보를 제공한다 하여 아예 죽여 구덩이에 묻었다. 둘째, 일본군들은 도망치면서 위안부들을 내팽개쳤다. 죽거나 말거나 상관없었다. 셋째, 일본군과 함께 행동하다가 일본군이 항복하면 이들도 포로가 되었다. 그래도 위안부들은 살아남을 수 있어 행운이었다.

미얀마 전선에서 벌어진 이들 정경에 대해 중국 『중앙일보』 기자는 다음과 같이 썼다.

> 담 모퉁이에 15명의 조선인 군위안부의 시체는 한곳에 쌓여 있었는데, 가슴과 유방이 드러나 있었고 홍색, 녹색 옷들이 서로 얼룩거렸으며 그중에는 아직 기저귀를 찬 아기까지 끼어 있었다
>
> —「일본군 위안부의 귀환」 중간보고에서 재인용

해방이 되자 일본군이나 미군 들은 위안부들을 거의 팽개쳤고 극히 소수만 미국이 주선한 군함이나 일본 배를 타고 고국으로 돌아왔다. 남은 위안부들은 어쩔 수 없이 현지에서 일을 하면서 살아갔다. 살아 있는 위안부들은 지금도 태평양 섬에서 고국을 그리워하며 살고 있다. 하지만 포로가 된 경우에는 달랐다. 이들은 미군 특수대원들에게 조사를 받고 귀환선을 탈 수 있었지만 짐승과 같은 대우를 받았다. 아주 소수이기는 하지만 미국에 거주하는 한인 대원을 만나면 그래도 편의를 봐주었다. 한 일본인은 다음과 같이 증언했다.

위안부들은 배 밑에 100명 정도가 타고 있었다. 그들 중에는 아기를 안고 있는 여성도 보였다. 배 안에서 위안부에 대한 취급이 너무 심하여 항의를 하니 하사관이 "인간 취급을 할 필요가 없어. 소나 말이니까. 태워준 것만 해도 감사해야지"라고 이야기했다.

—「일본군 위안부의 귀환」 중간보고에서 재인용

중국 본토나 일본 내지에 있는 일본군위안부들은 어렵게나마 고국으로 돌아올 수 있었다. 하지만 동남아시아, 오키나와, 필리핀, 괌, 사이판, 팔라우 등 남양군도에 있던 일본군위안부들은 미군 군함이나 일본 배를 얻어 타지 않으면 돌아올 수 없었다. 조선 위안부와 일본 위안부의 비율은 대체로 3분의 1 정도였다. 일본 배는 일본 위안부만 데려갔고 조선 위안부는 신경도 쓰지 않았다. 미군 포로로 잡히면 군함을 얻어 타는 행운을 잡을 수 있었다.

태평양전쟁이 끝난 뒤 "고향에 돌아가야 화냥년이라고 손가락질을 받겠지"라고 탄식하면서 귀국을 포기하고 현지에 머무는 여성들도 많았다. 종전 후 오키나와 홍등가(창녀촌)에는 조선 여성들이 여럿 있었다 한다. 이곳에서 한 창녀가 대낮에 나체로 뛰어다니면서 "나는 조선 여자다"라고 외쳤다 한다. 성병에 걸려 미쳐버린 것이다.(이동석 MBC PD 조사)

소수이기는 하지만 현지 주민과 결혼해서 사는 위안부 여성도 있었다. 귀국한 이들도 거의 고향에 돌아가지 않거나 결혼하지 않은 채 숨어 살았다. 조선시대 화냥년의 대우를 받았던 것이다. 더욱이 많은 이는 다시 창녀로 전락해 목숨을 이어갔다 한다.

근래에 일본군위안부와 근로정신대 피해자들은 이 일을 대행한 국책회사인 미쓰비시 등을 상대로 손해배상 소송을 내기도 했다. 오갈 데 없는 위안부 할머니들은 나눔의 집에서 공동생활을 하고 있다. 1992년 1월 8일부터 '한국정신대문제대책협의회'의 주선으로 일본대사관 앞에서 수요집회를 열고 있다. 한 번도 빠지지 않고 열려 세계 최장기 집회라는 기록을 세우고 있다. 25여 년 동안 수요일마다 일본대사관 앞에서 명예 회복과 손해배상을 해달라는 집회를 벌이고 있으나 일본 정부는 묵묵부답으로 일관하고 있다. 하지만 스즈키 유코(鈴木裕子) 같은 여성 학자는 『일본군위안부 문제와 젠더』를 펴내 국가폭력이 자행한 반인륜적 범죄라고 고발했으며, 야노 히데키(矢野秀喜) 같은 운동가는 한일 과거사 청산을 위해 지금도 불철주야 뛰고 있다. 하지만 이들의 목소리는 군국주의 잔당인 극우 세력의 거센 반격에 영향력을 발휘하지 못하고 있다.

오히려 미국 의회에서는 일본군 강간 피해자의 사실을 인정하고 배상해야 한다는 법안을 냈고 몇몇 주정부에서는 강간 피해 사실을 알리는 기림비 건립(또는 소녀상)에 협조하고 있다. 미국인들은 자기네 군대와 전쟁을 벌였던 일본군이 전쟁 기간 동안 유례를 찾아볼 수 없을 정도로 여성의 인권을 짓밟았다는 사실에 공분하고 있다. 지금 세계인권운동가와 정의를 갈망하는 역사학자들은 일본의 과거사 청산을 소리 높여 외치고 있다. 현재 한국정신대문제대책협의회와 위안부대책협의회로 나뉘어 활동을 전개하고 있다. 관련 단체에서 일본군위안부 신고를 받을 때 신고자 수는 몇백 명에 지나지 않았다. 명예스럽지 못하다고 여겨 감추고 싶었던 것이다. 더러 결혼을 해 자식을 두어도 입 밖에 내지 않고 살고 있다.

그동안 일본에서는 1965년 한일협정에 따라 포괄적으로 해결했다고 우겨왔지만 한국 법원에서 개인 인권에 관련되는 문제는 국가가 결정할 수 없다는 판결을 내렸다. 2015년 일본 아베 정권과 한국의 박근혜 정권에서 바꿀 수 없는, 이른바 불가역적(不可易的) 합의를 했다고 공포했지만 거센 반대에 부딪혀 다시 재검토하고 있다.

다음은 강제로 끌려간 근로정신대의 실정을 살펴보자.

먼저 여자근로정신대의 정신(挺身)은 몸을 바친다는 뜻으로 여성들을 일본 군수공장 노동자로 동원한다는 의미였다. 조선 여성들은 막바지 전시체제 아래에서 동원되었다. 일본은 1938년 국가총동원법을 공포해 남자들을 끌고 갔다. 태평양전쟁 기간 동안 노동력이 절대적으로 부족했다. 그리하여 여성들에게까지 눈을 돌리고 여자정신대근로령을 제정하고 1944년 8월 23일부터 시행했다. 대만에서도 조선과 동시에 이를 시행했고 일본의 여성들도 동원되었다. 그러므로 정식으로 구분하면 조선여자근로정신대이다.

동원 대상은 10대 초반에서 40대 미만의 미혼 여성이었는데, 초등학교 6학년 졸업생에까지 손을 뻗쳤다. 처음에는 시청과 군청, 면 단위에서 권유를 하고 학교와 단체에서 선전하며 공개 모집을 했다. 하지만 효과가 없자 애국반장이나 면서기, 순사 들이 일본에 가서 공장에 취직하면 돈을 많이 벌 수 있고 간호사 같은 직업을 얻을 수 있다고 유혹했다.

할당된 인원수를 채우지 못하면 도시와 농촌을 가리지 않고 지목을 해서 강제로 데려갔고, 심지어는 납치를 하기도 했다. 조선총독부에서는 이를 권유하는 사봉증산가(仕奉增産歌)를 공모해 공장에서 증산해 나라에 봉사하자는 노래를 보급했다. 또 김활란, 황신덕, 배상명, 모윤숙 같은 이른바 여성 교육자 또는 여류 명사 들이 학병을 권유할 때와 같이 띠를 두르고 거리를 돌아다니며 나라에 몸을 바쳐야 한다고 떠들었다.

조선여성근로정신대에 지원한 여성들은 일본 공장에서 많은 월급을 받는다는 유혹에 빠져 있었다. 이들은 미쓰비시 중공업, 후지코시 공업 같은 일본 국책회사에서 세운 공장에서 항공기 부품, 총알, 군복, 군 장식물, 위문대 등을 만들었다. 남자 노동자들이 탄광에 끌려갈 때 조금 가벼운 일을 맡은 것이다.

이들은 군수공장에서 일본군 감독자의 감시 아래 남성 노동자 못지않게 혹사를 당했다. 어린 여성들은 하루 15시간 가까이 노동을 했다. 감독의 욕설과 발길질은 다반사였고 굶주리고 병들어도 제대로 돌보아주지 않았다. 때로는 '텐노헤이카반자이(천황 폐하 만세)'를 부르며 정신을 무장하는 교육장으로 내몰렸다.

이들은 처음 약속처럼 규정된 보수를 받아야 했지만 그 약속은 전혀 지켜지지 않았다. 일본은 우편 저축이란 이름으로 빼앗고는 부모에게 보내주지 않았다. 처음에는 1년 기한을 약속받았지만 일정한 기한이 있는 것도 아니었다. 그래도 일본 공장에 있는 이들은 그나마 태평양 섬으로 가지 않아 목숨을 잃을 위험은 없었다.

그러나 이들에게는 또다른 굴레가 씌워져 있었다. 일부 조선여성근로정신대 여성을 중국을 비롯해 태국, 인도, 미얀마, 인도네시아 등지로 끌고 갔다. 이들은 공장에서 일하면서 밥을 짓고 군인 병자를 간호하는 일을 맡았다. 또 일본군위안부가 모자라자 조선여성근로정신대의 젊고 예쁜 여성을 위안부로 투입했다. 이를 두고 조선여성근로정신대 여성들은 "물모리 간다"라고 말했다. 무슨 뜻일까? 그리하여 훗날 일반 사람들은 조선여성근로정신대와 일본군위안부를 혼동하게 된 것이다.

여성근로정신대에 동원된 인원수에 대해 논란이 일고 있다. 일본이 동원한 여성근로정신대 총 20만 명 가운데 조선 여성은 5만 명에서 7만 명으로 추산된다. 오늘날 이들과 이들 가족은 미쓰비시 등 일본 국책회사를 상대로 소송을 벌여 법원의 배상 판결을 받는 활동을 벌이고 있다. 조선여성근로정신대는 일제 식민지 시기 여성 인권 유린의 한 표본이라고 할 수 있다.

아직도 청산되지 않았다

강제로 동원된 근로자에게 주는 보수 문제를 살펴보자. 노동자들에게는 일정한 보수를 지급한다고 약속했지만 일본 국책회사나 담당 관리들은 노동자 보수의 30퍼센트를 은행 저금, 우편 저금으로 저축하게 하고 통장을 나누어주었다. 하지만 전후에 한 푼도 돌려주지 않아 통장은 무용지물이 되었다. 여성근로정신대의 경우도 이와 별반 다르지 않았다.

근래에 생존해 있는 강제 동원 피해자들과 유족들이 일본의 국책회사인 미쓰비시, 미쓰이 등을 상대로 손해배상 청구를 일본 법원에 냈으나 모두 증거가 없다는 이유로 기각 판결을 받았다. 하지만 한국 법원에서는 개인 인권 차원에서 보상을 해야 한다는 판결을 잇달아 내려 인권 유린의 사실을 인정했다.

이처럼 전후 일본은 군국주의 잔재를 청산하지 못했다. 특히 집권 세력이었던 자유민주당은 군국주의 추종자인 극우 세력에 휘둘려 한일병합은 국제법적으로 합법이었으며 과거사 정리는 1965년 한일협약으로 종결되었다고 말했다. 한일 기본 합의를 통해 무상, 유상을 합해 5억 달러를 지원해 강제 동원의 배상, 보상을 완결했다고 주장했다. 그런 가운데 1994년에 무라야마 총리는 일본군위안부 문제를 사과했으며, 이어 고노 관방장관도 이를 인정하는 담화를 발표하면서 어느 정도 해결의 실마리가 보였다. 하지만 현재 아베 정권은 한일병합을 비롯해 독도 영유, 인력 강제 동원, 일본군위안부 문제에 대해 전면 부정하거나 합법적 동원임을 내세우고 있다. 강제 동원을 하지 않았다고 일관되게 주장하는 것이다.

더욱이 일본 정부는 야스쿠니 신사에 전범들의 위패를 안치하고 추모하고 있는데, 조선인 희생자도 합사(合祀)하고 있다. 그뿐 아니라 그 옆에 '우슈칸'이라는 전쟁기념관을 만들어놓고 전쟁 관련 자료를 전시하면서 근대 시기 침략행위를 찬양하는 분위기를 조성하고 있다. 관료들과 국회의원들도 야스쿠니 신사를 참배하면서 군국주의 전쟁행위를 미화하는 행동을 취하고 있다. 또한 군국주의를 찬양하는 정당도 있으며 우파가 꾸민 중급학교 교과서 역사, 공민 등에는 강제 동원과 일본군위안부 사실을 완전히 삭제하고 있다.

게다가 한인 거주지인 신오쿠보 거리에서는 자주 혐한(嫌韓) 시위대를 만날 수 있는데, "조센진, 바카야로, 때려 내쫓자" 같은 과격한 구호와 함께 태극기를 자동차에 매단 채 끌고 다니거나 "범죄 수배자, 지명 수배"라 쓰고 박근혜의 사진을 실은 피켓도 들고 다닌다. 이는 아베 총리의 대한 정책에 영향을 받은 결과라고 볼 수 있다. 서울 거리의 반일 시위와 질적으로 구별된다. 이는 독일이 나치 전범을 샅샅이 찾아내 처벌하고 홀로코스트 관련 자료를 모아 추모관을 만들어 역사의 교훈으로 삼는 모습과 대조적이다. 독일에서는 지금도 나치 인사법을 흉내내는 '유겐트'마저 처벌 대상으로 삼고 있다. 더욱이 전후 독일은 나치를 청산하고 유태인 여성 강간 사실을 사과했으며 관련자를 처벌했다.

근래 문재인 대통령과 아베 총리가 전화 대화(2017년 8월 25일)를 하면서 강제 동원 문제가 다시 거론되었다. 문재인 대통령은 "강제 동원은 개인의 민사적 청구권을 헌법재판소와 대법원에서 인정하는 바"라고 강조했고 아베 총리는 이를 받아들이지 않고 여전히 한일 기본 조약에서 일괄 타결되었다는 주장을 폈다. 이처럼 서로 평행선을 달리며 끝이 보이지 않고 있다.

앞으로 두 민족의 우호와 평화를 위해 강제 동원 문제의 매듭을 풀어야 할 것이다. 위안부 소녀상과 강제 동원 노동자상을 세워 기억하고 반성하는 일은 추진해야겠지만 지나치게 민족 감정으로만 치우쳐서는 해결의 바른길이 되지 못할 것이다.

한국전쟁과 독재정권 아래에서
실종된 휴머니즘

　　　　　　　　　　먼저 전제의 말을 달아본다. 민주주
의와 민주 가치는 그동안 역대 독재정권에 의해 유린되어왔다. 한국전쟁
을 전후로 한 무고한 민간인 학살 문제를 거론하는 것조차 좌익 세력으
로 몰렸다. 이런 척박한 정치 풍토에서 50여 년을 보냈다. 하지만 민주
인사들은 이 땅의 인권과 평화를 위해, 역사의 정의를 바로 세우기 위해
이 문제를 꾸준히 제기했다. 이런 운동은 시작된 지 얼마 되지 않는다.
사실 정치적 혼란기 또는 전쟁 기간에는 무고한 희생자가 나오기 마련
이다. 근대 이후 많은 침략전쟁이 일어났다. 근대의 법정신에 따라 무고
한 민간인 희생자들의 명예를 회복시키고 보상을 하는 것이 근대 인권
국가의 기준이 되어오고 있다.

해방 이후 상황은 매우 복잡하게 전개되었다. 정치적 혼란기에 민족 세력과 반민족 세력이 충돌했고 남북문제에 대해서도 정치적·사회적 갈등과 대립이 첨예하게 벌어졌다. 미군정 시기 좌우의 이념 대립 속에서 많은 희생자가 발생했다. 대구 10월 항쟁, 제주 4·3사건, 여순 사건 등이 대표적 사례가 될 것이다. 또 남쪽을 중심으로 미군정에 저항하고 단독정부를 반대하고 친일파 청산을 외치는 세력이, 지리산을 중심으로 백운산, 희문산 등지에 아지트를 마련하고 빨치산 활동을 했다. 이들은 북한의 지령을 받아 활동했다고 해서 남부군이라고도 한다. 이 지역에 사는 주민들은 양쪽의 시달림을 받아 많은 고통을 겪었다. 그런 과정에서 민간인 학살이 자행되었다.

이 시기에는 여운형, 송진우 등의 많은 암살 사건이 일어났으며 도시에서는 테러가 자행되었다. 가해자는 주로 미군의 지원을 받은 경찰 군인과 좌우익 청년 들이었으며 좌익들의 보복이 뒤따르는 악순환이 이어졌다. 이 시기의 민간인 학살은 친일파가 군정에 붙어 준동하고 남북이 대치하면서 이데올로기로 첨예하게 대립했고, 통일 방안을 두고 신탁통치안과 위임통치안이 부딪치고 단독정부안과 통일정부안을 놓고 대결하는 과정에서 일어났다.

미군정 3년 뒤 이승만은 단독정부 수립을 이룬 뒤 정권을 잡고 정치적 음모를 자행하는 행태를 보였다. 이 시기에는 국회 프락치 사건, 김구 암살 사건 등 정치적 사건이 일어났다.

한국전쟁 시기에 민간인 학살이 대량으로 이루어졌고 그뒤 독재정권은 반독재 투쟁에 나선 인사를 불법으로 체포, 구금하고 살해했다. 여기에서는 미군정 시기와 1948년에서 1950년 사이, 곧 이승만 집권 초기의 사건은 일단 접어두고 한국전쟁의 희생자들과 박정희 정권의 제3공화국 및 유신 시기에 일어난 인권 유린의 실태를 사례를 통해 살펴볼 것이다.

아무튼 이런 모순의 역사를 제대로 청산하지 못하고 오늘날까지 이르렀다. 역대 독재정권은 친일파를 옹호했으며 대량학살에 대한 인권 유린과 진실 규명을 은폐했다. 1990년대 초반, 문민정부가 수립된 이래 이런 모순의 역사를 정리하려는 움직임에 따라 부분적으로 성과를 거두었으나 아직도 미흡한 상태로 청산 작업이 진행되고 있다. 이를 단계적으로 살펴보자.

국가보안법은 요술 방망이

이승만 정권이 들어선 뒤 3개월쯤 지나 실시한 국가보안법은 어찌 보면 총이나 칼보다 더 무서웠다. 독재정권은 이 법을 전가의 보도처럼 휘둘렀고 요술 방망이처럼 요령을 부렸다. 다시 말해 헌법을 초월해 마구 사용했던 것이다. 여기에 연루된 많은 사람은 자신이 무슨 법에 걸렸는지도 몰랐다.

원래 국가보안법은 1948년에 일어난 여순 사건을 계기로 제정되었다. 당시 내무부 장관 윤치영은 반란군이든 민간인이든 영장 없이 경찰이 체포할 수 있게 해달라고 요구했고, 수도경찰청장 김태선은 공산정권을 수립하려고 쿠데타를 주동한 세력을 검거했다고 허위 사실을 유포해 사전공작을 벌였다. 이런 과정을 거쳐 그해 11월 윤치영이 공작해 마련한 국가보안법을 국회에 제출했다. 반대파 의원들은 세 차례나 폐기 동의안을 냈으나 끝내 그해 11월 20일에 통과되었다. 종래의 반공법을 폐기하고 항목을 더 세밀하게 제시한 이 법을 적용하려 한 것이었다. 이 법안에 대해 반대파들은 "독립운동자나 정부 비판자, 양민 들을 때려잡는 데 악용될 수 있고 일제의 치안유지법처럼 다수의 정치범, 사상범을 만들게 될 것이 확실하고 내란죄 등 기존의 형법으로도 공산당의 범법 행위를 규제할 수 있다"고 주장했다.(서중석, 『이승만과 제1공화국』)

1948년 12월 제정 당시 "국헌을 위배하여 정부를 참칭하거나 그에 부수하여 국가를 변란할 목적으로 결사 또는 집단을 구성한 자를 처벌"한다고 그 목적을 밝혔다. 그런데 박정희 독재정권은 점점 더 이를 강화시켰고 전두환 신군부는 1980년 12월에 이 법을 다시 개정했다. 그러고는 이 법의 제정 목적을 "국가의 안전을 위태롭게 하는 반국가 활동을 규제함으로써 국가의 안전과 국민의 생존 및 자유를 확보하기 위하여 제정"했다고 밝혔다.

그런데 이 7조의 "찬양 고무"와 10조의 "불고지죄"가 고무줄처럼 늘이고 줄일 수 있는 조항이었다. 국가보안법은 실질적으로 정치, 사회와 사상, 문화에 엄청난 제약을 가할 수 있는 헌법을 초월한 절대적 존재가되었다. 그 방법은 간단했다. 정치적 반대파 인사들이나 좌익 성향의 사람들, 그리고 그 연루자들에게 '빨갱이'라는 누명을 씌우거나 혐의를 잡아 연행했다. 이들 연행자는 모진 고문을 당했다.

반공을 국시로 한 이승만 정권과 그 하수인인 검찰과 경찰은 빨갱이를 무수하게 양산했다. 정치 노선이 달라도 빨갱이라 몰았고, 청탁해서 들어주지 않아도 빨갱이라 했으며, 동업한 뒤 이익을 독점하려고 동업자를 빨갱이로 지목했고, 싸움을 하다가도 상대를 빨갱이라고 손가락질했다. 이렇게 모략을 당한 이들은 감옥에 갇혀 고문을 당했다. 이처럼 국가보안법은 거의 빨갱이 조작에 활용되었다. 이승만은 정치적 라이벌인 조봉암을 국가보안법을 적용해 간첩으로 몰아 사형시켰다. 더욱이 한국전쟁 시기, 국민보도연맹에 연루된 이들이나 형무소에 갇혀 있던 정치범들, 이른바 부역자라 부르는 민간인에게 이 법을 적용해 엄청난 인권유린을 빚었다. 이들은 국가보안법에 걸려 재판도 받지 않고 처형당했고 재판을 받아도 거의 건성으로 진행되었다.

박정희 정권도 국가보안법을 휘둘러 간첩 조작에 활용했다. 그들이 민족 세력, 통일 세력, 민주 세력을 제거할 때 어김없이 이를 적용해 전가의 보도처럼 이용했다. 1964년과 1974년에 북한의 지령을 받아 남한을 전복하려는 공작을 꾸몄다고 조작한 인혁당 사건에도 이 법이 동원되었다. 이 법의 "이적단체 찬양 고무" 조항은 그야말로 아무데나 붙여도 되었다.

그 비근한 보기로 내 친구 지정관을 들 수 있다. 그는 외국 통신사 기자로 활동하면서 도쿄에 살고 있었다. 1970년대에 민간인은 일본에 마음대로 왕래할 수 없었는데, 어느 날 한 재일동포가 고국에 있는 나이 많은 부모가 어렵게 산다는 소식을 듣고 생활비를 마련해 지정관에게 전달해달라고 부탁했다. 그런데 그 동포가 조총련에서 활동한 인물이었다는 것이 문제가 되어 지정관은 공산집단의 자금을 받아 이적행위를 했다는 혐의로 구속되었다.

나는 1990년대에 중국 기행을 다니면서 베이징, 투먼, 단둥에 있는 북한이 경영하는 식당에서 냉면과 단고기, 술을 먹었다. 나와 동행한 인사들도 곧잘 북한 식당에서 춤을 추며 어울렸다. 북한 주민을 만나 대화를 하고 통일을 다짐하면서 만년필을 선물로 받기도 했다. 우리 일행만 그런 것이 아니었다. 연변을 드나들거나 단둥을 오간 남한 사람들 모두 비슷했다. 박정희 정권 때라면 이들은 모조리 이적행위를 하고 찬양고무를 한 죄목에 걸릴 수 있었다.

이명박 정부 시기에 천안함 사건이 일어났을 때 우리나라 외교부에서는 엉뚱하게도 동남아시아 외국 공관에 "북한 식당을 이용하면 국가보안법을 적용할 수 있다"고 통고했다 한다. 그러면 반국가단체가 경영하는 음식점에 갔을 때 국가보안법을 적용해도 할말이 없게 된다. 나도 이 죄의 적용을 받으면 몇 년 감옥에서 복역하는 수밖에 없을 것이다.

1980년대에 광주민주화운동이 일어난 뒤 이 법을 철폐해도 간첩을 다스리는 간첩죄와 이적죄가 있어서 아무 소용 없다는 주장이 제기되었다. 그리하여 민주 인사들이 이의 철폐를 요구했고 국회에서도 여러 번 논의되었다. 헌법재판소에서도 "위헌의 소지가 있다"는 판결을 내렸다. 그러나 박정희 잔당과 이명박-박근혜 정부를 뒷받침하는 보수 세력은 끝끝내 반대를 하며 철폐를 지지하는 민주 시민을 빨갱이로 몰았다. 나도 국가보안법 반대 서명에 이름을 올렸더니 "이 할배도 빨갱이네"라는 댓글이 쏟아졌다. 하지만 근래에는 현저히 적용 범위가 줄어들었고 신중하게 대처하는 것 같아 다행이었다. 지금 평화통일을 떠드는 마당에 인권 유린의 산물이 된 이 법을 어찌할 것인가.

형무소 재소자와 국민보도연맹원 학살

이승만 정권은 1949년 6월 5일 국민보도연맹을 결성했다. '보도(輔導)'는 도와주고 이끌어준다는 뜻이지만 과연 그러했을까? 이 단체는 일제 식민지 시기에 조선사상범보호관찰령, 시국대응전선사상보국연맹을 모방해 조직한 것이다. 국민보도연맹은 법적 근거도 없이 사상 검사와 경찰 들이 중심이 되어 임의로 만든 단체였다. 대한민국을 절대 지지하고 수호하며, 공산주의를 박멸하고, 과거에 좌익단체에 가입했거나 좌익운동에 가담한 인사를 모두 가입시켜 사상을 교육하기 위한 목적을 갖고 있었다. 그리하여 농민, 노동자, 여성, 문화인 등의 인사들을 강제로 가입시켰다. 자발적으로 가입한 경우는 열 명 가운데 한 명도 채 되지 않았다. 가입자는 전과를 나열하는 자백서를 써야 했는데, 이를 전향의 증거로 삼고 전과를 불문에 부친다고 유혹했다. 가입자 수는 정확하지 않지만 전국적으로 30만 명쯤 되는 것으로 추정된다. 가입자 가운데 유명 인사는 각종 반공단체에 동원되거나 사상 선도 강연을 다녔다.

이 단체는 남조선노동당(남로당) 박멸작전을 펼쳐 수많은 사람이 감옥에 갇히게 되었다. 남로당에서는 지하조직의 일환으로 국민보도연맹에 가입하는 사례도 있었다. 여기에 가입하지 않은 인사는 경찰의 감시를 받으면서 살거나 고향을 떠나 떠돌이생활을 했다. 1950년 한국전쟁이 일어나자 이들에 대한 대량 학살이 자행되었다. 그 대상은 보도연맹원, 형무소의 죄인, 좌익의 가족, 작전지역의 일반 주민 등이었다. 한국전쟁이 일어나자 이승만의 지시에 따라 국민보도연맹 가입자들을 잡아들여 평택 이남지역에서 집단학살을 했고 감옥에 있는 미결, 기결의 죄수를 마구 죽였다. 국민보도연맹원과 형무소 수감 죄인 학살은 정부의 지시를 받은 군인과 경찰 들에 의해 이루어졌다.

이들 재소자는 국민보도연맹원을 비롯해 그동안 통합정부를 지지하면서 단독정부를 반대하거나 미군정의 친일 정책을 거부하거나 남로당에 가입해 활동하거나 시위와 파업에 동조한 이들이었다. 또 대구 10월 항쟁이나 제주 4·3사건의 연루자들도 포함되었다. 다시 말해 이승만을 반대한 세력인 여운형의 건국준비위원회와 김구·김규식 세력을 비롯해 좌익인 남로당 세력과 노동자, 농민이 포함되어 있었다. 이들은 재판을 받고 복역하는 죄수였다.

이승만은 이들을 싹쓸이할 기회가 왔다고 여겼을까? 이승만의 지령을 받은 헌병과 경찰 들은 형무소로 달려갔다. 이미 지시를 받은 형무관(교도관)들이 준비를 마치고 대기하고 있었다. 서울을 비롯해 인민군에게 점령당하지 않은 남한의 전 지역을 대상으로 했다.

학살이 많이 일어난 형무소를 중심으로 구체적인 사례를 살펴보자.

한국전쟁이 일어나자 곧바로 전국에 걸쳐 국민보도연맹원의 예비 검속을 실시해 모조리 잡아 형무소에 가두었다. 순진한 사람들은 국민보도연맹원인 자신들이 잡혀갈 리 없다고 여겨 도망치지 않았던 것이다. 그리하여 그들은 아직 풀려나지 않은 재소자와 함께 지내는 신세가 되었다.

가장 먼저 사건이 일어난 서울 서대문형무소를 보자. 6월 26일에 먼저 남로당 거물인 김삼룡과 이주하를 끌어내 총살했다. 이어 28일 새벽에는 서빙고 강변에서 200여 명을 총살했고 잇따라 끌어다가 처형했다. 서울에서만 모두 1만 2000여 명을 처형했다. 주로 한강 변의 모래사장에서 집행했다. 마포형무소와 인천형무소, 수원형무소에서도 그 수는 적었지만 비슷한 학살이 이루어졌다.

청주형무소 재소자 1200여 명은 6월 30일부터 7월 7일까지 청원군 남일면 분터골, 화당교, 쌍수리 야산, 낭성면 도장골, 가덕원 공원묘지 등지에서 잇따라 학살되었다. 인민군은 7월 13일에 쳐들어왔다.

대전형무소에서는 국민보도연맹원을 검속해 7월 1일에 개조한 연와공장에 800여 명을 수용했다. 세 차례에 걸쳐 학살했는데, 처음에는 1400여 명, 두번째에는 1800여 명, 세번째에는 600여 명을 죽였다. 전국에서 가장 규모가 컸다. 여기에는 남로당 정판사 사건의 이관술과 제주 4·3사건의 연루자가 포함되어 있었다. 유족 이기영은 다음과 같이 증언한다.

전쟁이 나고 푸른 옷을 입은 대전형무소 재소자들이 GMC 트럭에 실려 산내 골령골로 끌려가는 모습을 목격했다. 그는 "GMC 트럭에 납작 엎드리게 시켜놓고 거기를 헌병들이 군화발로 밟고 다니는 거야. 등허리를. 쇠고랑을 채웠는지 모르지만 그냥 납작 엎드려서 한 트럭씩 싣고 가서 산내면에서 살해했어……."

—『전쟁범죄』

이곳 산내면 골령골에 구덩이를 파놓고 총살한 뒤 죽은 시체를 쓸어 넣어 묻었다. 또 이곳에서는 50여 명을 장작더미 위에 올려놓고 불태워 죽이기도 했다. 근래에 골령골의 집단 학살지가 발굴되어 그 실상이 일부 드러났다.

광주형무소는 후방에 속하는데도 7월 7일부터 7월 23일까지 학살이 이루어졌다. 형무소는 시내 근처 산수동에 있었으나 학살지는 광산군 극락면 동철리 불갱이고개였고 3000여 명이 죽었다 한다. 여기에는 국민보도연맹원 1000여 명이 포함되었다 한다.

대구형무소는 인민군이 들어오지 않은 지역이었다. 그런데도 인민군이 낙동강 일대에서 전투를 벌일 때인 7월 7일부터 31일까지 대규모 학살이 이루어졌다. 먼저 300여 명을 트럭에 태워 칠곡군 산동재에서 총살한 뒤 나머지는 경산 코발트 광산에 몰아넣고 총살했다. 모두 1500여 명으로 추산되고 있다. 이들은 대구를 비롯해 청도, 경산, 영천 등지에서 예비 검속된 사람들이 많았다.

부산형무소의 경우 부산은 후방인데도 수많은 사람이 잡혀와 열 명 정원이던 감방에 20명 또는 30명이 수용되었다 한다. 이곳에서는 7월

26일부터 9월 25일까지 2단계를 거쳐 학살이 이루어졌다. 학살 장소는 사하구 구평동 동매산과 해운대 장산 골짜기, 오륙도 해상이었다. 특히 바닷가에서 처형하고 난 뒤에 시체를 바다에 던졌다. 모두 1500여 명이 희생된 것으로 추정된다.

그 밖에 마산형무소, 진주형무소, 소록도형무소 등 전국의 크고 작은 형무소에서도 소규모 학살이 이루어졌다. 죽이는 방법도 총살뿐 아니라 묶어서 생매장을 한 경우도 있었고 강물이나 바다에 처넣은 경우도 있었다.

형무소 재소자에 대한 불법적인 학살은 직접적인 살해행위에만 책임이 있는 것은 아니었다. 끼니를 제때 주지 않아 생긴 영양실조로 인한 죽음, 적절한 치료행위나 약품을 제공하지 않아 생기는 병사도 학살행위와 다름없었다. 이송과정에서도 많은 재소자가 죽었다. 부산형무소 의무과에 근무하던 박씨는 이송 열차 안에서 이미 숨진 재소자들을 목격했다고 증언했다. 그는 "이들이 초량역에서 내렸는데 언젠가 한번은 기차가 왔을 때 이미 기차 안에서 죽어 있는 사람이 350명 정도 되었습니다"라고 했다.(신기철, 『전쟁범죄』)

국군 특무대와 방첩대, 청년단체가 이 일을 거들었고, 미군들이 입회하거나 감독했다. 때로는 기자들이 기사로 쓰는 경우도 있었지만 거의 비밀로 이루어져 국민들은 그 실상을 간간이 소문으로만 들을 수 있었다. 가족들은 무서워 벌벌 떨면서도 이리저리 몰려다니면서 시신을 찾으러 뛰어다녔다.

민간인 학살과 인권 유린

한편, 양민이라 부르는 순수한 민간인에 대한 학살도 자행되었다. 이 경우는 한국전쟁 이전 시기와 전쟁 당시 전투지역에서 이루어졌다. 한 지역에서 적게는 수십 명에서 많게는 수백 명이 죽었다. 민간인 희생자들은 옥석을 가릴 것 없이 대부분 적색분자로 몰렸다. 하지만 일반 집단학살 또는 무차별 폭격으로 죽은 경우는 전혀 달랐다. 어린아이를 비롯해 여자, 노인 들이 포함되어 있었다. 1949년 12월 24일 문경 석달마을에서 자행된 사례를 살펴보면 학살된 주민 86명 가운데 아직 이름조차 짓지 않은 갓난아이를 포함해 15세 미만의 어린아이가 32명이었다. 2012년 대법원 판결에 따라 불법 학살임이 인정되었다. 1950년 7월 11일의 이리역 폭격 사건에는 300여 명이 희생되었는데, 많은 통학생이 포함되어 있었다. 전국 어디서나 대상을 가리지 않고 학살이 이루어졌다.

특히 지리산 공비 토벌작전지역에서는 적의 거점을 완전히 제거하는 견벽청야(堅壁淸野) 작전 계획의 "작전지역 내의 인원은 전원 총살하라"라는 명령에 따라 흑백을 가리지 않고 마구잡이로 죽였다. 그 사례로는 1951년 2월 거창, 산청, 함양 등지에서 마을 주민 1419명이 학살된 사건을 꼽을 수 있다. 거창 신원의 사건을 대표적으로 살펴보자.

지리산 빨치산 토벌작전은 그들의 유격 전술로 인해 지지부진했다. 이곳 토벌군을 지휘하는 중령 오익균은 그 원인을 주변 마을 주민들이 빨치산과 내통하고 물자를 공급해주는 등 협조하고 있기 때문이라고 여기고 소령 한동석을 시켜 1951년 2월 11일과 12일 이틀간 주민 학살을 자행했다. 국군은 신원면 주민 570여 명을 신원초등학교에 모아놓고 다이너마이트를 터뜨려 죽였고 살아남은 주민은 총으로 사살했다. 경남지구 계엄사령관 김종원은 권총을 뽑아들고 확인 사살까지 했다. 그들 가운데 327명은 젖먹이와 노인, 여자였다.

이 사건이 국회에 알려져 신중목 등 진상조사단이 온갖 방해를 물리치고 조사해 진상을 밝혔다. 그리하여 오익균, 한동석, 김종원 등이 체포되었다. 그런데 이승만은 세 장본인을 모두 석방시키고 김종원은 경찰 간부로 특채로 고용해 전남경찰국장과 치안국장으로 앉힌 뒤 하수인으로 부렸다.

이런 현실에서 경찰, 군인, 우익 청년, 인민군, 미군 들에 의해 어린아이는 물론 노인, 부녀자를 가리지 않고 살육이 자행된 것이다. 이를 흔히 옥석구분(玉石俱焚)이라 일컬었다. 곧 어느 것이 옥인지 어느 것이 돌인지 가리지 않고 모조리 태워버린다는 뜻이다.

어느 마을에서는 인민군이 온다고 하면 인공기를, 국군이 온다고 하면 태극기를 흔들면서 환영하라고 일러주었는데, 주민들은 마을로 들어오는 군인이 어느 쪽인지 모르고 국군이 들어오는데 인공기를 흔들었다. 그러자 빨갱이 마을이라고 하여 몰살했다는 우스개 아닌 우스개 같은 이야기도 전해진다.

한국전쟁 기간에는 총과 죽창으로 죽이거나 비행기에서 폭탄을 퍼붓거나 집과 마을에 불을 질렀다. 시체마저 집단으로 묻히거나 불태워지거나 버려졌다. 그 사례와 희생자 수를 모두 파악할 수도 없었다. 짤막하게 내 경험을 하나 예로 들어보자.

이리(익산) 교외에 있는 들판에서 아버지와 메뚜기를 잡고 있었다. 그런데 '쌕쌕이(소리를 낸다고 하여 붙여진 제트기의 속칭)'가 하늘을 날아가다 아버지와 나를 향해 기총소사를 해댔다. 이렇게 죽은 사람들이 한두 명이 아니었다. 영동군 황간 노근리 쌍굴에서는 1950년 7월 25일 피난민이 기총소사를 받았다. 미군은 노근리에서 피난민들을 모아놓고 비행기에서 기총소사를 하여 135명을 죽였다.

한국전쟁 시기에 순수한 민간인 피해자 수는 100만 명 정도로 추산되는데, 그 지역 범위는 초기에는 경기도 아래 지역에 집중되었다가 9월 28일 서울을 수복한 뒤에는 경기도 북쪽 등 전국으로 확대되었다. 피해자들은 좌우 이데올로기의 희생물이었으며 때로는 복수와 개인감정이 얽혀 있었다. 미친 자들이 강산을 피로 물들이며 날뛰는 시대였다.

서울 수복 이후 부역자 학살

유엔군과 국군의 반격작전은 9월 말부터 본격적으로 시작되었다. 9월 15일 인천상륙작전, 9월 24일 낙동강 전선으로 이어졌다. 수복한 곳에는 경찰이 먼저 들어왔고 청년단체가 보조하여 치안을 맡았다. 그래서 이때의 민간인 학살은 국군을 비롯해 경찰과 우익 청년단체가 저질렀다. 이들 민간인이 인민군, 인민위원회, 여성동맹 등 활동분자를 색출하면서 '부역자(附逆者)'라 불렀다.

먼저 작은 사고가 인천에서 일어났다. 국군이 시가지에 들어가자 한

예쁜 여성이 '인민군 만세'를 불렀고 국군은 잘못 외친 줄 알면서도 총살했다. 하나의 우발적인 이 사건은 앞으로 전개될 일을 예고하는 것이나 다름없었다.

그동안 서울과 경기 북부, 강원도 일대는 전쟁이 일어나자 국군이 곧바로 후퇴한 탓에 3개월 동안 인공 치하에 있었다. 이 시기에 후퇴하지 못한 공무원 및 경찰과 그 가족들은 많은 희생을 치르며 압박을 받았다. 그리하여 수복이 되었을 때에는 복수심으로 가득차 있었다.

수복된 뒤 현지 경찰과 우익 청년들은 무척 바삐 움직였다. 또 우익 희생자 유족들은 청년단, 치안대, 태극단 등의 이름을 내걸고 국군과 경찰에 협조했다. 이들은 부역자를 색출하여 고문을 하고 학살을 저질렀다. 조금이라도 언짢으면 빨갱이로 몰고 몇 명이나 몇십 명 단위로 즉결처분을 했다.

고양 금정굴의 사례를 들어보자. 고양에 국군이 들어온 날은 8월 20일이었고 완전 수복된 날은 9월 28일이었다. 부역 혐의를 받은 주민 200여 명은 치안대, 태극단 등에 의해 행주 창고와 능곡 지서로 연행된 뒤 고양경찰서에 감금되었다. 이들은 1차로 학살되었다. 이어 수십 명씩 잡혀와 고양경찰서 앞 양곡 창고에 수용되었다. 이들을 군용통신선으로 양팔을 묶인 채 2킬로미터 떨어진 금정굴로 이동했다. 이때 금정굴 입구에는 경찰과 의용경찰대, 태극단이 총살을 준비하고 있었고 끌려온 주민들은 죽음을 앞두고 두려움에 벌벌 떨었다.

다섯 명씩 끌려온 주민들은 금정굴 앞에서 무릎을 꿇고 앉아 등뒤에서 날아온 총알을 맞았다. 이들 시체는 수직굴 안으로 던져졌다. 그뒤에도 중간중간에 이곳에서 학살을 했다. 1995년 금정굴에서 발굴한 유골은 153구였다. 다른 기록에는 200여 명으로 되어 있는데, 이보다 조금 모자랐다. 이게 금정굴 학살 사건의 개요다.(신기철, 『전쟁범죄』)

한편, 낙동강 전선에서도 국군과 경찰이 수복하면서 비슷한 양상이 전개되었다. 특히 경상남도 해안지역과 전라남도 도서지역에서도 부역자 색출 작업이 활발히 전개되었다. 더욱이 지리산 근처 마을에서는 수색 작업을 하면서 마구잡이로 죽였고 연행을 일삼았다. 그리하여 경찰서마다 수용 인원이 넘쳐 창고나 학교 건물에 가두었다.

조금 특이한 지역인 통영을 살펴보자. 인민군은 8월 18일 통영 시내를 점령했다가 이틀 뒤 국군의 반격으로 후퇴해 인근 마을로 흩어졌다. 경찰에서는 인민군에게 쌀과 밥을 날라다준 주민을 잡아들여 쇠파이프로 때리고 물고문을 가했다. 또 항남동 멸치 창고에 가두고 고문하는 것으로도 모자라 멸치 포대를 씌우고 가슴에 붉은 글씨로 '이적'이라 써붙인 뒤 손을 뒤로 묶은 채 끌고 가 명정동 뒷산에서 주민들이 보는 앞에서 처형했다. 그뿐 아니라 절골 공동묘지에 구덩이를 파놓고 일렬로 구덩이 앞에 세우고 총을 쏘아 구덩이로 떨어지게 했다. 또 주변 고을에서도 희생자를 냈다. 이곳에서 죽은 희생자 수는 300여 명으로 추산된다. 통영은 가장 짧은 기간에 인민군이 들어왔는데도 이런 희생을 당했던 것이다.

전라남도 섬에서도 어김없이 학살이 이루어졌는데, 공간이 넓은 선창가에서 죽이거나 손발을 묶어 바다에 밀어 넣는 악랄한 방법을 쓰기도 했다. 이게 수장인가, 해장인가.

완도에서는 특이한 학살 장면이 연출되었다. 완도군 금당면에서 일어난 일이다. 경찰 59명은 배를 타고 9월 6일 인민군 복장을 하고 회진에서 금당면 가학항으로 올라왔다. 그들은 "우리는 인민군이다. 도망치지 마라"라고 소리쳤다. 주민들은 인민군이 온 줄 알고 도망치자 경찰들은 총을 쏘면서 추격하여 죽였다. 다른 마을에서도 이와 비슷한 일이 벌어졌다. 경찰은 공포 속에 떨고 있는 주민들을 데리고 연극 놀음을 하는 것인가.

충청도 서산에서는 2000여 명이 학살되었다. 당시 태안은 서산군에 속한 면이었는데, 이곳에서도 많은 희생이 있었다. 서산에서는 면 단위로 시국대책위원회라는 이름으로 유지 회의를 꾸렸는데, 지서장이 참여하여 감시했다. 여기에서 통과되면 학살이 결정되었다. 경찰이 군 단위로 모아 죽인 것이 아니었다. 특히 남면에서는 어업 창고, 공동묘지, 방공호에서 취조를 받고 처형되었다. 안면도에서는 창곡리 앞바다에 던져 죽였다. 작은 섬들도 처형 장소로 이용되었다.

한을 안고 살다

피학살자들 가족은 재산을 빼앗기는 경우도 많았다. 가재도구는 물론 논밭도 간상모리배에게 사기를 당했다. 무엇보다도 연좌법에 걸려 평생 시달림을 받았다. 이들의 후손은 진상을 가리지도 않고 무조건 적색분자의 가족으로 분리되어 호적에 표시되거나 경찰 등 정보기관의 신상

명세서에 기록되었다. 그리하여 사회 활동과 취업 전선에서 엄청난 제약을 받았다. 경찰이나 국군 장교(특히 사관학교 입학)나 정보 계통에는 취업하지 못했으며 외국 유학을 가거나 여행을 갈 때에는 특별히 허가를 받아야 했다. 여권도 거의 발급받지 못했다.

주목받는 대상의 후손들은 늘 경찰의 감시를 받아야 했다. 간첩 사건이나 정국이 혼란스러운 사건이 벌어지면 특별 감시를 받았다. 요시찰 대상으로 지목된 것이다. 이들은 이웃이나 친척 들로부터 따돌림을 당했다. 국회의원 같은 선출직에도 나오지 못했으며 설령 입후보하더라도 집중 공격의 대상이 되었다. 이런 문제 때문에 평생 고통을 받은 사례를 몇 가지 살펴보자.

김광호의 할아버지는 김정태이다. 김정태는 경남 진영 출신으로 3·1운동 당시 옥고를 치른 민족운동가였는데도 국민보도연맹원이라는 혐의를 받고 처형되었다. 이때 258명의 피학살자 시체는 진영 창고에 묻혔다. 4·19혁명 뒤 그의 아들 김영욱은 이 혐의를 벗기려고 시체를 발굴하여 화장을 하고 납골묘를 만들었다. 김영욱은 5·16군사정변 이후 이적행위를 했다는 죄목으로 체포되었고 납골묘는 부서졌다. 김영욱이 2년 7개월의 옥고를 치르는 동안 살림이 거덜나면서 가족은 거지 꼴이 되었다. 김영욱은 출옥한 뒤 와세다 대학교 중퇴의 학벌을 갖고도 취직할 수 없었고 아버지의 재산을 한 푼도 건질 수 없었다. 그는 늘 검속을 받았고 배추장사를 하며 근근이 살면서 자식들을 학교에 보내지도 못했다. 김영욱은 아버지의 혐의를 벗기려 지속적으로 노력한 끝에

1982년 김정태는 독립유공자로 인정되어 대통령표창과 1990년 건국훈장 애국장을 받을 수 있었다. 김영욱은 아버지의 명예 회복과 진상 규명을 위해 계속 활동했으며 다른 유족의 억울함을 풀어주려 부경유족회 회장을 맡아 활동했다. 그는 5·18기념재단에서 주최하는 국제 인권 관련 증언에 나섰다가 광주의 숙소 계단에서 실족하여 투병생활을 하다 세상을 떠났다. 그의 아들 김광호가 대를 물려받아 활동을 멈추지 않고 계속하고 있다. 이들 부자는 인권운동가가 된 것이다.

이계성의 아버지 이현열은 독립운동가로 해방 뒤 군정 시기에 치안대 활동을 했다. 그는 미군정 경찰의 탄압을 받아 무기수로 대전형무소에 수감되었다가 학살되었다. 그의 가족들은 뿔뿔이 흩어져 살았는데, 인공 치하에서 어머니는 남원 여맹위원장이 되어 활동한 탓에 국군을 피해 가족과 함께 지리산에 입산했다. 여동생이 동상에 걸려 장애인이 되는 고난을 겪으면서도 살아남아 서울로 도망쳐 피난민으로 위장하고 살았다. 그러다가 너무 힘이 들어 외가가 있는 강진이나 남해 등지를 전전하면서 어머니의 고된 노력으로 중학교에 다녔다. 그는 다시 서울로 올라와 고학하려 했으나 뜻을 이루지 못하고 청소부, 운전기사 등의 직업을 전전하다가 한국은행 잡급직으로 들어가 차량 관리를 맡았다. 비록 고된 근무였으나 안정된 직장에서 1998년 정년퇴직을 했다. 그는 자신의 신상에 대해 자식들에게도 입을 다물었으나 2002년 진상 규명의 보도를 보고 유족회와 범국민위원회 활동에 동참했으며 아버지는 법원에서 부당한 공권력의 희생자라는 판결을 받았다.

채의진은 당시 개량 한복에 빨간 베레모를 쓰고 허리 아래까지 내려올 정도로 머리를 길게 늘어뜨리고 있었다. 그는 한국전쟁 직전 문경 석달마을에서 국군이 어린 부녀자와 노인을 가릴 것 없이 마을 주민을 몰살할 때 어린 몸으로 시체 더미에 깔려 있다 살아남았다. 그뒤 채의진은 어렵사리 학교를 마치고 영어 선생을 하면서 악몽에 시달리다 석달마을 양민 학살 진상을 규명하기 위해 국회 등 관계기관에 줄기차게 찾아다녔다. 이 진상 규명과 명예 회복이 이루어질 때까지 머리를 자르지 않기로 결심해 긴 머리를 늘어뜨리고 있었던 것인데, 진실화해기본법이 통과되었을 때 드디어 머리카락을 잘랐다. 그런 뒤 법원에 명예 회복과 보상 소송을 내서 마침내 대법원에서 승소 판결을 받아 보상금도 받았다. 하지만 검찰에서 보상금이 과도하게 지급되었다 하여 다시 환수 명령을 받아 많은 고통을 받다가 2016년 병사했다.(이이화, 『역사를 쓰다』)

이들만이 이런 구구절절한 사연을 가진 것이 아니었다. 유족회에 참여한 사람들은 가릴 것 없이 험한 인생을 살면서 연좌제에 걸려 취직이나 활동을 제대로 할 수 없었다. 그들 모두 시대가 만든 희생자들이었다.

군사독재정권 유지를 위한 인권 유린

박정희와 전두환 군사독재정권 아래에서 통일운동, 민주운동을 벌이는 과정에서 많은 희생이 따랐다. 박정희 정권 18년을 포함해 20여 년간 수많은 인권 유린과 탄압이 일어났다. 이는 법에 의한 집단 사형, 암살, 고문 치사, 집단 학살 등의 방법으로 이루어졌다. 법의 이름을 빌려 처형한 경우는 통혁당 사건, 인혁당 사건, 민청학련 사건 등이요, 집단 학살은 5·18광주민주화운동 과정에서 자행되었다. 긴급 조치라는 이름 아래 체포, 구금, 고문 등이 자행되었다.

박정희 정권은 1964년 6·3사태를 맞이하여 계엄령을 선포하고 이른 바 '10월 유신'을 단행하면서 긴급 조치를 잇달아 발동했다. 그 시기에 이루어진 인권 유린 사태를 군이 그 성격에 따라 규정하면 민족해방운동, 조국통일운동, 민주화운동의 범주에 포함될 것이다. 전두환 신군부에서도 계엄령을 발동하여 탄압을 자행했다. 이때 어김없이 국가보안법을 휘둘렀다. 그 실상을 간단하게 살펴보자.

통혁당 사건은 1964년과 1971년에 걸쳐 두 차례 전개되었다. 1차에는 최영도, 김종태 등이 북한 지령으로 공산주의 정권을 남한에 세운다는 계획 아래 통일혁명당을 조직하고 반정부, 반미 데모를 획책했다고 하여 158명을 체포했다. 김종태 등 네 명은 재판을 받고 사형 판결을 받았다. 이어 1968년에는 잔여 세력이 통혁당을 재건한다고 하여 박성준, 신영복 등을 검거했다. 신영복은 20여 년 동안 장기 복역을 했다. 진실과화해위원회에서는 이 사건이 고문에 의한 조작이라는 결론을 내렸고 대법원에서도 무죄로 확정판결을 내렸다.

인혁당 사건은 처음 1964년에 벌어졌고 두번째는 1974년에 벌어졌다. 이들이 민청학련을 지원했다는 혐의도 씌웠다. 1975년 도예종 등 여덟 명은 대법원 확정판결을 받고 18시간 만에 사형 집행을 당했다. 의문사진상규명위원회에서는 이 사건이 고문으로 조작되었다 하여 무죄를 확정했다.

1974년 4월 중앙정보부에서 민청학련 사건을 발표했다. 곧 전국민주청년총연맹 소속 학생들이 정부 전복을 기도했다고 하여 학생 180명을 긴급 조치 위반으로 구속하여 고문을 가했다. 이들 가운데 이철·김지하·유인태·나병식 등 여섯 명은 사형, 황인성·이근성·서중석·김효순 등 일곱 명은 무기징역, 나머지는 장기징역을 받았다. 천주교 신부 지학순도 자금을 주었다 하여 구속되었고, 함세웅 등 젊은 신부들은 천주교 정의구현사제단을 조직하여 반정부 활동을 벌였다.

그 밖에도 간첩 활동을 했다고 하여 남민전 사건, 동백림 사건을 발표했다. 웃지도 못할 이야기를 하나 하면, 시인 천상병은 동백림 사건에 관련된 친구에게서 500원과 1000원을 받아 막걸리를 마셨다 하여 중앙정보부에서 3개월, 형무소에서 3개월을 보내다 폐인이 되었다. 이렇게 크고 작은 사건으로 고문을 받으면서 죽거나 장애인이 되었다.

마지막으로 5·18광주민주화운동을 살펴보자. 전두환을 중심으로 한 신군부는 집권의 야욕을 품고 1979년 비상계엄령을 전국에 내리고 김대중, 김영삼, 김종필 등 정치인 수천 명을 감금하고 국회를 봉쇄했다. 전국에 걸쳐 국민의 분노를 자아냈지만 어쩔 수 없었던 상황에서 광주에서만은 김대중 석방, 전두환 퇴진, 계엄령 해제를 외쳤다. 그러나 신군부에서는 공수부대를 투입해 발포하고 진압작전에 나섰다. 시민들도 무장을 하고 도청 앞 금남로를 중심으로 시내 곳곳에서 저항했다. 항쟁은 1980년 5월 18일부터 5월 27일까지 10일 동안 이어졌다. 그 결과 사망자 542명, 행방불명자 54명, 부상자 3139명의 희생자가 나왔다. 이때 군인들은 비무장한 시민을 개머리판으로 내리쳤고, 단도로 찔렀으며, 아스팔트 위로 질질 끌고 다녔다. 더욱이 보안사에서는 홍남순, 명노근, 송기숙, 이상식 등 민주운동가와 교수 들을 구금하고 심한 고문을 가했다. 그리하여 이들은 고문을 받고 나서 심한 정신장애를 겪었다.

5·18광주민주화운동은 처음에는 광주사태라고 했으며, 곧 5·18광주민중항쟁 또는 5·18광주민주항쟁 등으로 규정되었다. 신군부의 하수인인 군인들이 학생과 광주-전남의 시민들을 야만적 방법으로 학살해 우리나라 인권사에 오욕을 남겼다. 5·18광주민주화운동은 1980년대 후반에 일어난 6월 민주항쟁의 출발선이 되었다.

1980년대 민주항쟁 시기 서울대 박종철과 연세대 이한열이 고문과 최루탄으로 죽임을 당해 민주열사로 민주화운동의 상징이 되었는데, 그 이후 박종철의 아버지 박정기와 이한열의 어머니 배은심은 집회마다 나와 시위를 하고 발언해 많은 감동을 주었다.

이처럼 군사독재정권을 위한 인권 유린은 다음과 같이 정리할 수 있다. 이를 집행한 기관은 말할 나위도 없이 경찰서의 반공과 및 대공부서, 치안국, 군의 방첩대(뒤에 보안사) 등 정보기관이었다. 이들 정부기관 요원은 영장 없이 불법 체포를 일삼고 고문을 가했으며 민간단체는 폭력 테러와 음모 수법으로 협조했다. 그 고문은 조선시대와 일제식민지 시기 고등계 형사들이 행하던 방법을 전수받고 새로 개발한 것이었다. 이에 대해 인권 변호사였던 박원순은 다음과 같이 기록한다.

한국현대사의 굽이굽이, 정권의 고비마다 벌어지는 고문의 현장에
는 다른 나라의 역사에서 볼 수 있는 고문의 수단과 방법이 예외 없
이 등장한다. 그야말로 고문의 보편성을 확인할 수 있는 것이다. 고
문과 가혹 행위의 기본인 구타와 폭행은 말할 것도 없고 물고문, 전
기고문, 위협과 협박, 모욕과 굴욕감 주기 등 헤아릴 수 없는 온갖
방법이 동원되었다.

— 『야만시대의 기록』

고문은 인권의 적이요, 인권 유린의 상징적 도구다. 이런 방법을 통해
자백을 얻어내고 유죄로 만들고 연루자를 찾아낸다.

지난 2000년대 초, 스위스 제네바 유엔 유럽 본부에서 열린 유엔인
권이사회에서 한국을 대상으로 첫 보편적 정례 인권검토회의가 열렸다.
이 자리에서 한국 대표가 집중적 질문을 받은 사안은 사형제 폐지와 이
주노동자 권리 문제였다.(『한겨레』 2008년 5월 9일자) 영국과 네덜란드 대
표는 사형폐지법안을 한국 18대 국회에서 통과시키기를 권고했으며, 필
리핀 대표는 한국 이주노동자 인권 문제를 거론하며 아직 가입을 미루
고 있는 "모든 이주노동자와 그의 가족의 권리 보호에 관한 국제 협약의
비준"을 권고했으며, 영국과 미국 대표는 국가보안법의 모호한 규정이
남용의 소지가 있다면서 개정을 권고했다.

결국 한국의 인권 실태는 현재 진행형임을 언급한 것이다. 이 문제들

은 현재 한국 내에서 계속 논의되고 있지만 한국의 인권 문제는 아직도 초보 단계임을 알려주는 대목일 것이다. 근래에는 조금씩 진전되는 모습을 보이고 있다.

4부

겨레의 발자취를 찾아

백두산 탐방,
국경지대를 가다

2009년 9월 4일 백두산 역사탐방단 일행 21명은 인천에서 배를 타고 황해를 거슬러올라가 8박 9일 예정의 탐방길에 나섰다. 황해에서 출발해 압록강 입구 신의주에서 압록강을 거슬러 지안(集安)을 둘러보고 백두산의 세 코스를 등반한 뒤 다시 두만강 상류를 돌아보는 일정이었다. 마지막에는 연길에서 새로 뚫린 고속도로를 따라 만주 땅 북쪽의 장춘(長春)을 거쳐 선양(瀋陽)으로 나오는 코스를 잡았다.

한중 국경과 고구려, 발해의 영역을 돌아보려는 뜻은 중국에서 이른바 동북공정을 추진해 고구려와 발해 역사를 자기네 역사라는 공작을 벌이고 있는 현실에서 그곳을 돌아보고 국경이 오늘날 어떤 상태에 있는지 알아보기 위함이었다. 무엇보다 나는 역사학도로서 이곳을 여러 차례 답사하면서 우리 겨레의 흔적을 찾아보았고 2004년부터 고구려역 사문화보전회 이사장을 맡으면서 옛 고구려 영역을 몇 차례 답사한 적이 있었다. 이번에도 나는 역사학자의 자격으로 이 답사단에 합류한 것이다.

광개토대왕릉비를 둘러보다

백두산 역사탐방단이 인천항 국제여객터미널에서 중국 단둥(丹東)으로 출발한 9월 4일은 우연히도 일제가 청나라와 간도신협약을 맺고 간도를 청나라에 넘겨주기로 약속한 100주년이 되는 날이었다. 역사탐방단은 선상에서 압록강과 백두산을 거쳐 두만강, 곧 국경 1369킬로미터를 종주하자는 결의를 다졌다.

역사탐방단을 태운 동방명주호는 9월 4일 저녁 인천항을 출발해 16시간에 걸쳐 황해를 거슬러올라가 오전 9시에 단둥항에 도착했다. 단둥해관에서 다른 승객은 모두 내보내고 단체 비자를 받은 탐방단 일행 20명만 1시간 넘게 조회하고 검색하면서 간도 관련 책과 '역사탐방단'이라 쓰인 자료집을 압수해 긴장했다. 특히 나에게 여러 가지 쓸데없는 질문을 오랫동안 해서 더욱 긴장할 수밖에 없었다. 입국을 제지하지는 않을까 걱정되었다. 들뜬 마음에 재를 뿌리는 꼴이었다.

아무튼 역사탐방단은 단둥해관 앞에서 경향신문 북경특파원 조운찬 기자와 단둥에 거주하는 동포 역사학자 박문호 교수와 합류해 대기하고 있던 관광버스에 올랐다. 첫 일정은 단둥에서 압록강 강변을 거슬러올라가 지안으로 가는 코스를 잡아 지안 탐사에 나섰다. 먼저 새로 가설한 압록강 철교를 돌아보았다.

첫 탐방길인 압록강 왼쪽에는 압록강 입구에 있는 비단섬에서부터 호산산성 아래, 수풍댐 옆, 린장(臨江)과 창바이현(長白縣) 근처(건너편은 북한의 혜산시와 보천읍이다), 백두산 남파의 압록강 협곡에 이르기까지 예전에는 보이지 않던 철조망이 새로 세워져 있었다. 험한 못이 드문드문 박힌 철조망은 맑은 압록강의 물과 기묘한 대조를 이루었다. 게다가 천지의 남파와 서파에도 철조망을 쳐놓고 출입엄금이라는 푯말을 세워놓았다. 2007년부터 설치하기 시작해 2009년 봄에 마무리했다는데, 탈북자를 막으려는 것인지, 앞으로 벌어질 국경 분쟁을 사전에 막으려는 조치인지는 알 수 없었다.

압록강 하류에는 철조망을 따라 포장도로가 길게 뻗어 있었다. 길가에는 복숭아단지, 밤나무단지가 잇따라 조성되어 있었고, 가두리 양식장이 있는 강물 옆에는 강변호텔도 덩그러니 서 있었다. 번창하는 풍경이었지만 다장커우(大江口)를 지나 상류로 올라갈수록 옥수수밭이 이어졌고 강폭도 좁아지고 길도 지그재그로 뚫려 있었다. 더욱이 새로 도로를 건설하면서 산과 강, 바위 할 것 없이 마구잡이로 뚫고 파헤쳐놓았다. 특히 강변의 길을 넓히려고 강가에 자라는 물버드나무를 많이 훼손한 상태였다. 저녁 8시가 넘어서야 고구려 도읍지였던 국내성, 오늘날의 지안 시내로 들어갔다. 한마디로 휘황찬란했다. 상점에는 최신 유행 상품이 진열되어 있었고 유흥업소의 네온사인은 밤거리를 밝혔다. 시내 곳곳에서는 도로를 넓히고 건물을 짓는 공사가 한창이었다. 10년 전에 답사했을 때와 비교하면 '천지개벽'이라고 해야 할 것이다. 당시에는 흙으로만 깔려 있던 길을 택시가 없어서 걸어 다니거나 자전거로 끄는 탈것을 타고 돌아다녔다. 산골마을인 지안이 도시로 탈바꿈한 데는 몰려드는 한국인 관광객과 동북공정 진행으로 고구려에 관심을 둔 중국 관광객의 급증 때문이었다.

역사탐방단의 숙소는 지안 시내 중심부인 가장 넓은 거리 승리로에 위치한 추이위안빈관이었다. 이 호텔 앞에는 고구려유지공원이 자리잡고 있었는데, 바로 이 호텔과 공원이 국내성의 중심 궁궐이 있던 곳이었다. 탐방단이 국내성 중심부에서 우연히 하룻밤을 묵게 된 것에 나름 의미를 둘 수도 있을 것이다. 하지만 공원 앞에 보존된 몇 미터 정도의 성터만이 화려했던 국내성의 흔적을 말해주고 있을 뿐이었다. 현재 시 당국에서 남성로의 도로공사를 하다가 고구려 유적으로 보이는 거대한 석축물 더미를 발견하고 이를 보존하면서 발굴을 서두르고 있다 한다.

저녁에는 북한이 운영하는 식당에서 북한 음식을 먹고 북한술을 마셨다. 모두 들떠서 노래를 부르고 춤을 추었다. 흥에 취해 누구는 〈우리의 소원은 통일〉이라는 노래를 불렀다. 그런데 종업원들은 조금 쌀쌀맞게 대하며 경계의 눈빛을 보냈다. 잘난 척하는 것이 아니꼬웠던가. 왼손잡이인 내가 가위질이 서툴러 도와달라고 하자 쌀쌀맞게 거절했다.

역사탐방단이 돌아본 환도성 아래의 고분군, 장군총(장수왕릉으로 추정), 광개토대왕비와 광개토왕릉 등은 예전보다 정비가 잘 되어 있었고 모든 관광객에게 개방하고 있었다. 다만 지안박물관은 내부 수리중이었고 고분 벽화는 전면적으로 보수를 하고 있어 개방하지 않고 있었다.

1차 5개년 동북공정을 2007년에 마무리한 뒤 관광객 유치에 열을 올리고 있는 모습이 곳곳에서 감지되었다. 한마디로 동북공정은 소수민족통일국가론에 따라 고조선, 고구려, 발해를 중국 소수민족의 정권으로 규정해 중국 역사로 편입시키는 작업이었다. 그 가운데에서도 고구려에 초점을 맞추었는데, 많은 논문을 양산해내면서 고구려의 남쪽 영역을 대동강 아래의 한강 유역과 금강, 남한강 상류(충주)로 설정했다. 이 지역이 고구려 영토여서 한때 중국 영토에 속한다는 이미지를 풍겼다.

동북공정이 계속되는 동안 한국 학자들의 접근을 막았고, 동북공정에 관련된 자료 유출을 통제했으며, 비디오나 사진 촬영도 금지했다. 중국 국적을 지닌 조선족 학자들도 몸조심하느라 동북공정 진행에 대해 입을 다물었다. 심지어 지금도 안시성 등 통제 유적에 허가 없이 잠입한 학자나 사진작가 들은 비자를 내주지 않고 있다. 하지만 2004년 한국 정부와 역사학자, 민간단체가 강력히 항의해 논문 발표를 자제하고 부분적으로 개방을 허용했으나 근본적 문제가 해결된 것은 아니다.

설인귀의 이미지 조작도 서두르고 있다. 당나라 장수 설인귀는 고구려 정벌에 큰 공로를 세웠다고 기술하면서 설인귀의 용맹성과 승리를 부각시키고 있다. 게다가 랴오둥(遼東) 일대에 떠도는 설인귀와 관련된 민간 전설을 모아 문화 현상이라고 하며 의미를 부여하고 있다. 예를 들어 랴오닝성 평황산에서 설인귀가 화살을 바위에 쏘았다는 전설에 따라 전안(箭眼)을 석각한 것, 지린성 린장시 압록강 변에 설인귀가 칼을 갈았다는 바위에 당도석(當刀石)을 새겨놓은 것, 고구려 고분 벽화의 마전도(馬戰圖)에 의미를 부여해 서술하고 있다. 설인귀를 부각시키면 을지문덕과 연개소문의 대중적 이미지는 작아진다.

이런 작업은 단순한 역사를 서술한 것이 아니라 '역사상 강역'을 연구한다고 내걸고 변강학(邊疆學)을 조작하고 왜곡해 아전인수로 이용하려는 저의가 깔려 있다고 보아야 할 것이다. 지금까지 진행되어온 과정을 살펴보면 충분히 짐작할 수 있다. 특히 티베트와 베트남을 겨냥한 서남공정, 신장 위구르족과 러시아와 몽골을 겨냥한 서북공정의 과정을 보아도 그런 판단을 내릴 수 있을 것이다.

동북공정의 후속인 랴오허문명론은 언뜻 중국 문명의 복합성을 규명하는 것 같지만 단군, 기자, 위만 등 우리 고대 역사를 중국에 예속시키는 이론이다. 통일이 될 때 고구려 역사는 중국사이니 대동강을 넘어올 수 없다고 우길 수 있고, 간도의 영유 문제는 이미 간도신협약(1909년 일본과 체결)에 따라 중국에 귀속된 것이라고 강변할 수 있으며, 백두산은 한국 사람들에게도 창바이산(長白山)으로 차츰 각인될 것이다.

아무튼 2010년 9월 초, 지안 일대에서는 고구려 유적이 세계문화유산으로 등재되어 있다는 사실을 알리는 안내 표지판을 찾아볼 수 없었다. 비록 정비와 개수를 한 뒤 유물들이 개방되고 있으나 여전히 비디오 촬영은 금지하고 있다. 역사탐방단을 안내한 가이드 노영금양은 자신을 독립군 후손이라 소개하면서도 남쪽에서 고구려를 인식하는 이야기에 대해서는 애써 외면하는 모습을 보여주었다. 매우 조심하는 눈치였다. 만주에 있는 조선족 출신의 학자들도 동북공정과 라오허문명론에 대해 논의하지 않고 입을 다물고 있었다. 이를 보아도 중국 당국의 역사 왜곡 의도를 짐작할 수 있을 것이다.

다만 예전처럼 겉으로 자극적이고 도발적인 표현을 조심하는 모습이 감지될 뿐이다. 2단계로 접어들어 새로운 상징 조작의 방식에 따라 역사 왜곡을 은밀하고 조용하게 진행하고 있다고 보아야 할 것이다. 지안에서 발길을 돌리는 한 역사학도의 마음은 무겁고 답답했다.

조중 국경을 가다 ─ 압록강으로

다음날 버스를 타고 길이 좁은 도로를 따라 조선족자치현인 창바이현으로 왔다. 창바이현은 압록강 상류에 자리잡고 있는데, 조선족이 많이 거주하고 있었다. 건너편에는 북한의 혜산시가 보였다. 김일성 부대가 1937년 6월 4일 항일연군을 이끌고 보천보에 있는 일본 주재소 등을 습격해 불을 지르고 전선을 끊는 등 타격을 준 곳으로 유명하다. 그래서 북한에서는 이를 기리는 봉화탑을 세워두었다.

저녁에는 이곳에서 검사로 지내는 조선족 동포와 은행에 근무하는 그의 아내와 함께 밥을 먹고 조선족 실정에 대해 들었다. 정감이 갔다. 아침 일찍 강변에 나가 북쪽을 바라보니 예전 건물이 초라하게 서 있었고 삶에 찌든 사람들이 중국 쪽에서 물자를 담은 것으로 보이는 짐을 물에 띄워 밀고 가는 모습이 보였다. 물이 얕아 건너다닐 수 있었다.

다음날 혜산시의 봉화탑을 바라보며 백두산 남파로 올라갔다. 남파로 오르는 길은 북한 땅이었다. 중국 당국에서 서파와 함께 50년 동안 빌려 새로 개척했다 한다. 나는 남파 코스로는 한 번도 올라가지 못했는데, 이번에 소원을 풀었다. 이 코스는 압록강 발원지를 찾아가는 곳으로 국경 문제와 연관이 깊다. 북한과 경계를 표시하는 철조망이 쭉 연결되어 있는 깊은 골에는 개울물이 졸졸 흐르고 있었는데, 그곳이 바로 압록강 발원지였다. 꼬불꼬불 올라가 천지에 이르렀다. 천지 북쪽 일대에는 북한 땅임을 표시하는 작은 표지석이 세워져 있었다. 4호라고 쓰여 있는 표지석에는 철삿줄로 경계를 표시해놓았다. 탐방단은 너도 나도 철삿줄을 넘어가보았다. 북한 땅에 잠입한 것이 아닌가. 여기에서 내려다본 천지는 굉장히 짙푸르렀고 장군봉은 너무나 웅장했다. 여기에서 남쪽으로 휴대전화가 잘 터진다고 하여 모두 휴대전화를 들고 "여기 백두산 천지야"라고 외쳤다.

오후가 되어 역사탐방단은 다시 서파로 향했다. 서파로 오는 길은 도로공사가 한창이었다. 하지만 입산 시간이 늦어 다음날로 미루고 얼다오바이허로 나왔다. 1989년에 처음 이곳에 왔을 때와는 다르게 천지개벽이나 한 것처럼 완전히 바뀌어 있었다. 이곳에서 저녁을 먹고 숙소가 있는 내두산 조선족 마을에 도착했다. 이곳은 백두산 아래 첫 마을로 김일성이 밀영을 둔 곳이었지만 지금은 아무런 흔적도 찾아볼 수 없었다.

다음날 서둘러 서파로 달려갔다. 여기도 새로 개척해서 정상에 올라가는 900미터 코스에 1236개의 계단이 만들어져 있었다. 이 계단에는

5만 원을 받고 태워주는 가마가 있었지만 백두산을 직접 내 발로 걸어 올라가고 싶었다. 역사탐방단은 나이 많은 나를 배려해 가마를 타고 가라 했지만 나는 사양하고 숨을 헐떡이며 정상에 올랐다. 남파와 비슷했으나 개마고원이 훤히 내려다보이는 것이 달랐다.

백두산을 걸어 내려오면서 길게 뻗은 금강대협곡을 샅샅이 뒤지다시피 돌아보았다. 그야말로 밀림 속에 장관이 펼쳐져 있었다. 신인 영화감독 이응일이 캠코더를 숨겨 들어가서 거의 모든 풍경을 담았다. 감시원에게 발각되면 많은 벌금을 내거나 구류를 살아야 했다. 소중한 자료가 될 테지만 아직 공개되지 않았다.

다음날에는 북파에 올랐다. 나는 이번까지 합해 백두산에 모두 여덟 번 올랐는데, 늘 천지의 날씨가 좋았다. 행운이었다. 그런데 이번 북파 길에서는 날씨가 갑자기 나빠지더니 눈보라가 몰아쳐 1미터 앞도 잘 보이지 않았다. 한 번쯤 이런 경험을 하는 것도 나쁘지 않았다. 압록강 코스의 마지막날인 9월 8일이었다.

이 대목에서 조중 국경 문제를 간단히 살펴보자. 1712년 청나라는 정복전쟁을 서남쪽으로 활발히 전개하면서 백두산 경계를 문제삼았다. 그리하여 백두산 남쪽에 정계비(定界碑)를 세우고 천지에서 압록강과 토문강의 발원지를 경계로 삼는다고 기록해놓았다. 이때 토문강의 발원지가 분쟁의 씨앗이 되었다. 토문강은 청나라 사람들이 쑹화강 상류로 보는 발원지여서 두만강과 구분되었다. 토문강 발원지를 분계로 본다면 간도 일대가 조선령이 되는 것이다.

뒤늦게 이를 알아차린 지린성 당국에서는 토문강을 도문강, 곧 두만강으로 해석하는 억지를 부렸고 여러 차례 조선 관리를 불러 강변했다. 하지만 조선의 감계사(勘界使) 이중하 등은 그 부당성을 지적하고 항변했다. 1908년 청나라는 멋대로 백두산정계비보다 훨씬 남쪽을 국경으로 정하고 1909년 일본과 이 국경선에 따라 간도신협약을 맺었다. 그리하여 삼지연 바로 위쪽까지 국경선이 되었다. 일제 당국은 그 대가로 남만주 철도부설권과 무순탄광 개발권을 거머쥐면서 아무런 이의도 제기하지 않았다.

1962년에 들어 북한과 중국은 정식으로 국경조약을 맺었다. 그 결과 국경선 1369킬로미터를 확정했고 강안의 섬과 모래섬은 육지와 가까운 곳과 거주민의 비율에 따라 각기 자국의 영토를 결정짓기로 하고 국경의 강은 공동으로 관리하기로 합의했다. 6개월 동안 실측 조사를 한 끝에 백두산 천지는 북한 영유 54.5퍼센트, 중국 영유 45.5퍼센트로 나누었고 모두 451개의 섬 가운데 중국 영유 187개, 북한 영유 264개로 확정했는데, 북한이 여섯 배 정도의 면적을 확보한 것이었다. 또 요소에 국계비를 세우고 출입국관리소는 15곳을 설치했다. 여기에서는 토문강 논쟁은 접어두고 두만강 상류로 국경을 확정했다. 압록강 발원지와 그 아래 협곡을 국경으로 결정하는 문제는 별다른 이의가 없었다.

이 조약은 김일성과 저우언라이(周恩來)가 중심이 되어 맺은 비밀조약이어서 그 원문은 공개하지 않았다. 그런데 2000년 가을 안병욱 가톨릭대 교수가 연길시의 헌책방에서 『조중변계조약집』을 발견하고 공개했다. 안병욱은 이에 대해 다음과 같이 기록했다.

> 변계조약은 전문에서 양국 사이에 역사상 남겨져 내려온 국경 문제
> 를 완전하게 해결한다고 선언하고 있다. 제1조에서 국경선을 확정했
> 는데 1항은 천지의 경계선, 2항은 천지로부터 압록강 상류까지의
> 경계선, 3항은 압록강 상류에서 하구까지를 경계로 정하는 내용과
> 황해에서의 분계, 4항은 천지에서 홍토수와 약류하의 합류까지의
> 경계, 5항은 두만강을 경계로 삼는 내용을 담았다. 제2조는 강의
> 섬과 사주(沙洲)의 처리, 제3조에서는 강물은 언제든지 양국이 공
> 유한다고 했다.
>
> ─『중앙일보』, 2000년 10월 18일자

이 조약에 따른 국경선은 분명하게 드러나 있다. 아무튼 이 조약에서
남쪽 사람들이 문제로 삼은 것은 토문강을 두만강으로 인정한 부분이
었고 백두산(천지)의 반쪽을 넘겨주었다는 점이었다. 과연 그럴까? 적어
도 엉터리였던 간도신협약에 따른 국경선이 아니었음을 알아야 할 것이
며 한국전쟁 시기 중국 지원군에 은혜를 갚는 문제와는 별개로 이루어
졌음도 알아야 할 것이다.

그런데 오늘날의 문제는 다른 데 있다. 동북공정과 랴오허문명권 연
구 프로젝트에 따라 백두산은 창바이산으로 탈바꿈하고 있고, 우리의
고대사 영역인 백두산은 밀려나고 있으며, 고구려와 발해 영역은 우리

나라 영토 개념에서 바래져 가고 있고, 조선인 거주지인 간도는 우리의 기억에서 사라지고 있는 것이다.

동쪽 국경지대를 가다

역사탐방단은 두만강 쪽으로 발길을 옮겼다. 간도의 용정을 가로질러 흐르는 하이란강은 투먼(圖們)에서 두만강으로 합류한다. 투먼에는 북한의 온성군 남양과 통하는 육교가 있고 다리 양쪽에 15곳 가운데 하나인 출입국관리소가 있다. 현재 이곳은 두만강 지역에서 가장 많은 사람과 물자가 왕래하는 곳이다. 이곳부터 두만강 언저리를 탐방하는 출발 지점으로 삼았다. 투먼시에 속하는 르광산 정상에서 두만강을 내려다보고 북한 땅을 바라보았다.

온성군에 속하는 북한 땅은 오지에 속해 마을조차 보이지 않으나 르광산 정상은 시민 관광지가 되어 있었다. 토사는 연달아 쌓이는 것 같고 강물은 흙탕이었지만 철조망은 보이지 않았다. 두만강 상류 일부 지역에만 설치했다 한다. 앞으로 세울 계획인지는 확인할 수 없었다. 또 국경도시인 투먼과 훈춘은 번화한 도시로 바뀌고 있으나 강변은 양쪽 모두 초라한 마을이 흩어져 있었고 아스팔트 도로도 단순하게 뻗어 있었다. 두만강 상류로 올라가는 작은 도시 경신(敬信)에는 북한과 통하는 출입국관리소가 있으나 초라했다. 다만 길가에 근래 안중근 의사가 거처하면서 동지를 모았던 고가가 복원되어 우리의 눈길을 끌었을 뿐이었다.

경신을 지나 중국의 변경인 팡촨(防川)에 가까워지자 새로운 철조망이 펼쳐져 있었다. 중국과 러시아의 국경을 표시하는 표식이었다. 이 철조망은 일직선이 아니라 요철로 늘어서 있는데, 20여 년 전에 왔을 때도 있었으니 근래에 설치한 것은 아니었다. 조선족 안내인은 철조망 앞에 세워진 경계를 표시하는 토계비(土界碑)까지 가기로 허락을 받았다고 자랑스럽게 말했으나 초소의 경비병이 탐방단이 남쪽 사람인 것을 알고 거부해 뜻을 이루지 못했다.

전망대로 올라갔다. 전망대 근처에는 1860년 러시아에 영토를 내준 역사적 사실과 토계비를 중심으로 국경에 대한 설명 등 돌비들이 늘어서 있었다. 중국인의 경각심을 불러일으키려는 의지가 엿보였다. 거대한 세계의 제국 중국이 열강에 시달린 끝에 종이 한 장에 유럽의 도나우강 주변보다 더 큰 영토를 내주었으니 통탄스러운 일이었을 것이다. 오늘날의 연해주를 포함한 러시아 동남부 시베리아 영역이다. 그래서인지 역사탐방단의 비디오 촬영을 금지하는 감시 군인의 눈초리와 손짓이 매서웠다.

전망대 위에서 중국 국경이 끝나는 지점인 토계비와 하산의 러시아 해관, 두만강 하구를 바라보았다. 하산 역은 북한의 청진, 나진의 철도를 시베리아의 부동항인 블라디보스토크와 시베리아 개척의 기지인 하바롭스크를 거쳐 모스크바를 잇는 시베리아 철도의 출발 지점이다. 곧 근래에 남쪽에서 부설한 동해 철도의 연장선에 놓여 있다.

러시아 해관 건물 건너편에 두만강 철교(현재 조러우의교라 부른다)가 가로놓여 있었다. 두만강 철교 바깥에 아스라이 단애(斷崖)와 동해가 보였는데, 바로 그곳에 녹둔도(鹿屯島)가 있다. 녹둔도는 삼각주로 이루어진 섬으로 옛 기록에는 섬 둘레 2리, 수면에서 10자쯤 되는 섬이라 했는데, 여의도의 두 배쯤 된다는 기록도 보인다.

세종 때 6진을 개척한 뒤 녹둔도라 부르면서 군사를 주둔시켜 전진 기지로 삼았다. 처음에는 군사를 주둔시켜 여진의 침입을 막으면서 주민은 낮에 농사를 짓고 밤에 돌아오게 했는데, 차츰 주민을 이주시켜 19세기에 들어서서는 민가 110여 호에 인구 822명이 살았다. 이곳 주민들은 농사와 어업, 소금 생산으로 생계를 이었다.

1587년에는 여진족이 침입해 군인 11명이 전사하고 주민 160여 명이 납치되는 녹둔도 사건이 일어나 경비를 강화했는데, 이순신도 한때 이곳 만호의 군직으로 봉직하기도 했다. 그 아래 서수라, 조산과 연계하는 최전방 방어의 요충지였다.

18세기부터 상류의 토사가 쌓여 하구 안의 대안과 연결되었다. 참고로 『대동여지도』에는 녹둔도를 하구와 떨어진 바깥 바다 쪽에 그려놓았는데, 이는 지도를 그린 김정호가 실측하지 않았음을 증명한다. 1860년 청나라는 베이징조약을 맺으면서 녹둔도마저 러시아에 넘겨주었다. 국제법상 주민 비율로 따지면 녹둔도는 당연히 조선에 귀속되어야 했다.

조선 조정에서는 이를 뒤늦게 알고 항의해 감계(勘界)와 반환을 요구했으나 아무런 소득도 얻지 못했다. 그뒤 러시아에서는 국경 표석을 세우고 1937년 조선 백성을 강제로 중앙아시아로 이주시켰다. 1990년에는 북한과 러시아가 새 국경조약을 맺었고 2008년에는 국경선 협상을 벌이기도 했다. 현재 러시아에서는 하산 언저리 32제곱킬로미터를 군사지역으로 설정하고 출입을 통제하면서 제방을 쌓고 있다 한다.

역사탐방단의 길은 여기에서 가로막혔고 녹둔도를 먼발치에서 바라볼 수도 없었다. 하산으로 돌아 들어가 허가를 받고 답사를 하기에는 너무나 많은 장애가 놓여 있었다. 안타까운 마음으로 발길을 돌리며 녹둔도를 결코 잊지 않을 것임을 다짐하는 것으로 만족할 수밖에 없었다.

토사는 녹둔도에만 쌓이는 것이 아니라 압록강 쪽의 비단섬 근처와 호산산성 아래에도 쌓이고 있다. 지금은 철조망으로 경계를 표시하고 있지만 앞으로 분쟁의 소지는 없을까? 더욱이 우리나라가 통일이 되었을 때 간도와 녹둔도는 영유 문제로 분쟁이 일어날 요인을 갖고 있다. 역사탐방단의 국경 탐방은 하나의 역사적 기억을 위해 소중한 경험이 될 것이다.

룽징과 연길에서 선양까지

하이란강 옆에 자리한 룽징(龍井)에는 이주민들의 유적, 즉 첫 이주민이 팠다는 우물 용정, 아이들을 가르쳤던 대성학교, 집단 거주마을인 명동촌, 관모산에 있는 윤동주 시인과 송몽규 의사의 무덤 등이 잘 보존되어 있었다. 다만 그 유명한 일송정만은 원형이 많이 훼손되어 있었다.

연길에 있는 조선족자치주의 초대 주석인 주덕해의 기념공원을 돌아보았다. 주덕해는 조선족자치주의 초대 주석이 되어 벼농사를 보급했고 과수농장을 개발했으며 조선족의 교육에 힘을 썼다. 또한 그는 1962년

저우언라이와 김일성이 조중 국경조약을 맺을 때 중심 역할을 했다. 이에 장칭이 지휘하는 홍위병들이 그를 반동분자라 지목하고 국경을 팔아먹었다 하여 압박을 가해 베이징으로 피신해 지내다 폐암으로 세상을 떠났다. 훗날 그는 복권되었고 1986년 연길시 외곽에 주덕해기념관을 세워 기렸다. 그는 조선족의 은인으로 우러름을 받고 있으나 남쪽 사람들은 잘 모르고 있다. 나는 그의 동상을 바라보며 고난의 민족사를 생각하면서 감회에 젖었다.

마침내 일정 마지막날에 연길에서 고속도로를 돌아 창춘을 둘러보고 선양의 서탑거리에 있는 호텔로 왔다. 단순 코스로만 따지면 만주 땅의 3분의 2를 거의 돌아온 셈이었다. 서탑은 청나라 시기 조선족이 모여 살던 곳이었는데, 일제 식민지 시기에도 많은 조선족이 살았다. 오늘날 이곳에 남쪽 사람들이 몰려들어 가게를 열고 호텔을 지어 다시 조선족 거리가 된 모습을 보았다. 한글 간판이 널려 있고 우리 음식 냄새가 진동해 서울의 한 골목인 줄 착각할 정도였다.

동북공정이여, 랴오허문명이여, 좀 조용히 하고 평화롭게 살자구나.

고려 왕도 개성을 돌아보다

2005년 11월 18일 남쪽의 고려사 전공학자 30여 명(총인원 43명)은 시원한 자유로의 새벽바람을 가르면서 민통선을 넘어 개성에 이르렀다. 일행은 민통선을 넘을 때 생각과는 달리 간단한 짐 검사를 받았을 뿐 별 탈 없이 통과했다. 이렇게 간단한 절차를 무엇 때문에 그동안 서로 넘나들지 못했는지 한순간 안타깝다는 생각이 들었다.

남북 역사학 공동 발표와 답사

개성에 도착한 일행 모두 조금 긴장하면서도 한껏 기대에 부풀어 있는 듯했다. 출발할 때 홍순민 교수가 1시간 가까이 늦게 도착해 조금 애를 태웠지만 전체 예정된 시간에서 별로 벗어나지 않아 그나마 다행이었다. 또한 역사문제연구소 부소장 정태헌(집행위원장), 김성보(집행위원) 교수가 실무를 맡고 있어서 든든하기도 했다. 나중에 알게 된 사실이지만 집행위원들은 행사와 답사 일정을 북측과 상의하면서 애로가 많았다 한다. 뒤에서 노고가 많았던 모양이다.

남측의 남북역사학자협의회(답사단 단장 강만길)와 북측의 민족화합협의회(부회장 박경철) 공동 주최로 3박 4일 동안 "개성역사지구 세계유산 등재를 위한 남북공동학술토론회 및 유적 답사"를 위한 모임을 갖게 되었다. 남측의 참가자들은 대개 고려사 전공자들이었으나 나와 같은 '티'도 몇 명 끼어 있었다. 북측에서는 리승혁 문화보존지도국 처장 등 사회과학원 역사학자와 고고학자, 김경순 개성박물관장 등 관계자 20여 명이 참여했다. 개성에서 개최하는 남북 행사로는 규모가 매우 큰 편이었던 탓에 초라하고 작은 도시가 조금 시끌벅적해진 것 같았다. 하지만 주민들의 얼굴에는 별다른 표정이 없었다.

아무튼 아침 시간을 그들과 보내고 숙소에서 짐을 풀었다. 숙소는 개성공단 근로자들이 묵는 가건물이었다. 아직 근로자들의 숙소도 제대로 짓지 못했고 호텔도 건설하지 못해 가건물에서 지내기로 한 것이었다. 또 북측에서 경영하는 자남산려관은 수용 인원이 한정되어 있어 본격적으로 남측 손님을 받지 못할 형편이었다.

자남산려관으로 이동해 점심식사를 마친 뒤 먼저 돌아본 곳은 선죽교였다. 선죽교는 6, 7미터에 지나지 않은 돌다리이나 정몽주가 피살된 곳이어서 너무나 유명한 유적이 되었다. 안내 강사의 설명에 따르면 다리 중간에 붉은 핏자국이 선명한 돌은 뒷사람들이 정몽주의 충절을 기리기 위해 일부러 붉은 돌을 골라 갈아 끼웠다 한다. 나는 이 설명을 듣고 "그러면 그렇지" 하고 중얼거리면서 웃음을 지었다. 나는 이미 이와 비슷한 내용의 글을 쓴 적이 있었다. 이어 안내 강사는 뒷사람들이 다리에 난간을 둘러 통행을 막고 옆에 새 다리를 놓아 통행하게 했다는 설명을 곁들였다. 남쪽 사람들은 잘 모르는 사실일 것이다. 이것이 바로 현장 학습의 효과였다.

북측 관계자들은 처음부터 우리 일행을 진지하게 접대했다. 결론부터 말하면 상세한 설명과 함께 전공학자들조차 깜짝 놀랄 유물과 유적을 보여주었다. 남측 참가자들은 굉장히 감격해하는 모습이었다.

해방 뒤 최초로 고려 남북학술발표회를 열다

오후 3시부터는 자남산려관에서 학술토론회가 열렸다. 사실 학술토론회가 이번 답사단의 중심 행사였다. 1부는 남측의 안병우 교수와 북측의 최승택 연구사의 사회로 진행되었다. 강만길 위원장과 박경철 부회장의 인사말, 김태영 교수의 축사에 이어 남북 참가자들의 간단한 소개가 있었다. 2부는 노명호 교수와 최승택 연구사의 사회로 진행되었는데, 개성 일대 역사 유적의 문화사적 위치와 세계적 가치(리기웅, 문화보존지도국), 역사도시 개성의 중세적 특징(박종진, 숙명여대), 개성 일대 고려 왕릉에 대하여(김인철, 사회과학원), 개성의 성곽과 궁궐(서정호, 국립중앙박물관), 고려 시기의 절과 그 특징에 대하여(리창언, 사회과학원), 개성의 불탑과 불교문화(김영미, 이화여대) 등 연구자들의 발표가 이어졌다. 그리고 마지막으로 박용운 교수의 결속 발언이 있었다.

발표 시간은 20분 내외로 했다. 그런 탓에 진지한 분위기 속에서 진행되었다. 게다가 추운 날씨 때문에 실내는 더욱 썰렁했고 근엄한 표정들을 짓고 있어서 웃음 한 번 나오지 않았다. 고려사 관련 학술토론회는 남북 학자가 최초로 모여 가진 행사였으니 역사적 모임이라 할 수 있을 것이다.

하지만 발표 도중 전등이 중간중간 나갔는데, 그때마다 다시 전등이 켜질 때까지 조용히 기다려야 했다. 이런 분위기에 익숙지 않아 한마디씩 할 법도 했으나 모두 침묵 속에서 묵묵히 기다리기만 했다. 재미있다면 재미있는 풍경이 아니겠는가. 하나의 일화가 될 만할 것이다.

한 가지 아쉬워 지적해두고 싶은 것은 처음 행사부터 주석단을 중심으로 움직인 점이었다. 북측의 주석단은 직책으로 짠 듯했으나 남측의 주석단은 편리상 원로로 구성했다. 강만길 단장을 비롯해 나를 포함한 성대경, 김태영이었다. 일행 가운데 나이가 가장 많은 인사들이었다. 발표회나 환영 만찬, 송별연에서 인사말, 환영사, 답사 등을 주석단에서 맡은 것은 어쩔 수 없었으나 식사 자리에서도 어김없이 상좌에 배치해 다른 사람들과 어울릴 기회가 없었다. 이런 서열 위주의 진행은 여러모로 재고해보아야 할 것이다. 그저 자연스레 앉게 하는 것이 좋을 텐데.

첫날 저녁식사는 현대 근로자 숙소 밑에 자리잡은 봉동관에서 했다.

자남산려관의 식사 메뉴보다 다양하고 맛도 있는 것 같았다. 식사 때마다 밥 대신 냉면을 내놓는 것이 조금 불만이었으나 분위기는 아늑했다. 봉동관 위쪽 언덕바지에는 공장 노동자들이 밤에 술을 마시는 간이주점이 있었다. 우리 일행이 유일하게 술을 사서 마실 수 있는 곳이었다. 나는 기어코 사고를 치고 말았다. 저녁 식사를 마치고 감시자(정태헌, 김성보)의 눈을 피해 간이주점으로 가서 안병우, 홍순민, 이재범 등 젊은 교수들과 어울려 밤늦게까지 맥주를 마셨다. 얼마 전 위암 수술을 해서 술을 마시지 말라는 담당 의사와 아내, 딸의 간곡한 부탁을 저버린 것이다.

왕건의 동상

다음날 들른 곳은 현재 고려박물관으로 사용하는 성균관 자리였다. 고려박물관은 옛 성균관 건물을 개조하여 마련했다. 성균관 건물은 대체로 잘 보존된 듯했다. 고려 왕도 개성에는 많은 유물이 있으나 일제 당국과 일본인들이 왕릉과 묘지를 도굴하거나 고려자기 등 유물을 수집해 일본으로 반출한 탓에 상당수가 보존, 보관되지 않았음은 널리 알려진 사실이다. 특히 한국전쟁을 치르면서 많이 유실되었다.

1992년 김일성 주석이 왕건릉의 재건과 개수를 비롯해 고려의 유적과 유물의 보존 관리를 지시한 뒤에 많은 유물이 수집, 보관되었다 한다. 그 당시만 해도 일반 민가에서는 고려자기를 사용하고 뜰과 정원에 철제 화로 등 유물을 장식했다 한다.

여러 전시물 가운데 유난히 주목을 끈 유물 두 가지가 있다. 고려 시기에 사용한 금속활자와 왕건의 좌상이었다. 먼저 전시하고 있는 금속활자는 만월대 신무문에서 발굴했다 한다. 현재 금속활자로 찍은 『직지심경(直指心經)』은 프랑스에 보관되어 있으나 그 활자의 실물은 발견되지 않았다. 이는 국립중앙박물관에 모형이 전시되어 있다. 이곳에 보관되어 있는 11세기와 12세기에 걸쳐 사용한 것으로 추정되는 새끼손가락만한 크기의 금속활자는 세계인쇄문화 발전사를 살펴보는 데 귀중한 실증 유물이 될 것이다. 앞으로 좀더 과학적인 고증이 요구된다.

두번째로 시선을 끈 왕건의 좌상(동상)은 북측에서 우리 일행을 위해 특별 창고에 보관되어 있는 것을 살펴볼 수 있게 배려해주었다. 이 좌상에 모든 관람자의 시선이 집중되었다. 앉은 자세의 좌상을 실측해보니 키는 160센티미터가 조금 넘는 정도였다. 전공학자들은 실제 키보다 조금 작게 조성한 것으로 추정했다. 머리에는 두 개의 뿔이 달린 왕관을 쓰고 있었고 좌상의 양다리 사이에는 음경(생식기)을 손가락만한 크기로 빚어두었다. 비례에 따라 축소했음을 알 수 있다.

이 좌상은 왕건릉을 1992년에 발굴할 때 무덤 뒤 웅덩이에서 발굴되었다 한다. 『세종실록(世宗實錄)』에는 충청도 문의현에서 가져와 숭의전(崇義殿, 고려 왕들의 위패를 모신 사당)에 보관했다는 기록이 있다. 그뒤 북방민족의 침략을 겪을 때 고려 조정이 피란을 가면서 묻은 것으로 보고 있다.

왕건의 좌상은 원래 옷을 입고 있던 것으로 추정된다. 고려의 국가 행사인 팔관회 연희를 벌일 때 전시하고 경배했던 것으로 보인다. 그러니 고려의 국보인 셈이다. 한 전공 교수의 열띠고 상세한 설명이 있은 뒤에 참관자들은 앞으로 옷 입히는 행사를 남북학자들이 함께 거행하면 좋겠다는 말을 했다.

고려박물관에 보관되어 있는 두 유물은 고려청자나 거대한 청동화로 같은 생활도구보다도 세계문화유산으로 지정할 가치가 충분히 있다는 생각이 들었다. 특히 좌상은 조금의 손상도 입지 않고 원형 그대로 잘 보존되어 있었다.

개성 남대문 문루에 옮겨놓은 연복사종은 높이 3.3미터의 거대하고 정교한 조각을 자랑한다. 이 종은 경주의 봉덕사종과 함께 가장 예술적 가치가 있는 동종으로 평가되고 있다. 하지만 한국전쟁 때 미국의 총격으로 27곳의 탄흔 자국이 선명하게 남아 있어 답사단을 우울하게 했다.

개성 남대문은 시내 중심부에 자리잡고 있어서 그 주변에 많은 사람이 왕래하고 있었다. 보관이 허술하다고 느껴졌다. 이런 귀중한 연복사종이 혹시나 훼손되지 않을까 하고 염려되었다.

왕건릉과 공민왕 부부의 능을 보다

왕건릉은 1992년에 대대적으로 보수를 했다. 앞에 놓인 문인석과 무인석에는 발해의 왕자 대광현과 신라의 마지막 왕 경순왕을 새로이 조성해두었다. 얼핏 원래의 모습이 아니어서 원형을 변질시켰다는 느낌이 들었다. 그러나 이런 변형은 고려가 신라를 병합하고 발해를 계승했다는 역사의식을 표현하는 상징물이었다고 볼 수 있다.

답사단은 특별 배려로 무덤의 현실(玄室, 시체를 안치한 곳)을 관람할 수 있었다. 묘실 길은 왼쪽으로 뚫려 있었다. 묘실 안문의 장식 조각도 선명했고 현실의 동쪽 벽에는 매화와 대나무, 서쪽 벽에는 노송, 천장에는 북두칠성 등이 1000년이 지났는데도 너무나 선명해 그 염료와 솜씨에 감탄했다. 무덤 안의 신하의 모습과 별자리를 그린 벽화는 일제 식민지 시기에 한차례 도굴이 되었는데도 선명한 색채감이 그대로 유지되어 있었다. 더욱이 모든 설치물이 오랜 풍상에 시달려 돌이 틀어지고 틈이 벌어졌으나 기본적으로는 원형이 그대로 보존되어 있다는 점에서 커다란 의미를 주었다. 왕건릉은 산속에 위치해 있었던 탓에 전쟁의 소용돌이 속에서도 무사할 수 있었다. 다만 북쪽 벽은 일제 식민지 시기에 도굴되어 파손되어 있었다. 앞으로 현실을 공개할 기회가 없을 것이라는 설명을 듣고 모두 흐뭇해하는 듯했다. 원형 보존의 의미에서도 자주 공개해서는 안 될 것이다. 외부의 공기 유입으로 물감이 퇴색될 수도 있기 때문이다.

공민왕 부부의 능은 개성에서 조금 떨어진 개풍군 해선리에 있는 봉명산 중턱에 자리잡고 있었다. 얼핏 보기에도 명당처럼 느껴졌다. 현릉(공민왕 무덤)과 정릉(노국대장공주 무덤)은 모든 전공학자가 그 규모나 예술적 가치로 보아 한반도 최고의 것이라는 데 동의했다. 다시 말해 경주의 신라왕릉이나 건원릉(이성계릉), 영릉(세종릉), 그리고 중국 지안의 장군총보다 월등하게 우수하다는 평가다. 물론 크기로만 따지면 장군총보다는 작았다. 글과 사진으로 보는 것과는 달리 현장의 실물을 둘러보고 큰 감동을 받았다.

　정릉은 공민왕이 왕비에 대한 연모의 정을 누를 길이 없어 7년에 걸쳐 스스로 조성했다. 또 자신의 무덤도 사전에 스스로 조성해두었다 한다. 무덤 앞의 문관석과 무관석은 근엄한 표정과 씩씩한 기상으로 보았을 때 우리나라 돌조각 가운데 최고의 작품으로 평가받는다. 또 분묘 아래에 두른 병풍석 조각(12지신)은 공민왕이 직접 그린 그림을 바탕으로 새겼다는 기록이 전해진다. 구름이 자욱하게 퍼지듯 독특하고 개성미 넘치는 병풍석의 조각은 다른 능의 병풍석 조각과는 달리 치밀하고 정교함을 보여준다. 뒷 시기에 고려 양식으로 조성된 건원릉과 비교할 만하다.

　두 왕릉의 지리적 위치는 고려의 풍수사상을 사실적으로 보여주고 있었다. 북쪽의 아늑한 산 아래 공간에 포란형(抱卵形, 알을 품은 형국)으로 둘러싸인 중앙에 묏자리를 잡고 양쪽에 전형적인 좌청룡, 우백호가 길게 늘어서 있으며, 앞에 낮은 산이 진산을 이루고 있었다. 무덤 앞에는 긴 돌계단을 설치해 오르게 했다. 자연지리를 잘 이용한 왕릉의 전형이었다. 이 터도 공민왕 자신이 여러 곳을 답사한 끝에 직접 잡았다 한다. 세계문화유산으로 손색이 없을 것이다.

　고려박물관에는 공민왕릉 현실의 내부를 모형으로 만들어 전시해놓고 있는데, 이를 통해 그 내부의 규모와 양식을 엿볼 수 있다.

의천의 사적비와 만월대 유적

개성 시내에 있는 정몽주 집터에 세운 숭양서원에는 정몽주가 나들이할 때 말을 타는 돌 두 개가 보존되어 있어 당시 관리들의 생활 모습을 보여주는 자료로 쓰이고 있다. 부속 건물 등 원형 그대로 보존 관리를 잘 하고 있었다.

고려의 명찰인 영통사는 개성 시내에서 북쪽으로 약 10킬로미터 떨어진 오관산 아래에 위치하고 있다. 영통사는 고려 초기에 창건되었으나 왕자인 대각국사 의천(義天)이 20여 년 머물면서 천태종을 창설한 사찰로 유명했다. 의천은 선종과 교종이 분열의 양상을 보일 때 교관겸수(敎觀兼修)의 이론을 제시해 선교 통합을 도모했다. 원효의 화쟁사상의 맥을 이은 한국 불교의 화합 이론의 한 줄기였다. 이 사찰은 16세기에 소실되었으나 근래에 남쪽의 천태종에서 지원해 복원했다. 하지만 건물, 단청 등이 원형과는 다소 거리가 있는 듯한 느낌을 지울 수 없었다. 건물도 어딘지 생소한 느낌이 들었다. 영통사 누각에는 고려 말기의 시인 이규보가 지은 「유영통사(遊靈通寺)」를 원문 그대로 나무판에 새겨 걸어놓았다. 그 시는 다음과 같다.

線路縈紆接翠微　희미한 오솔길 꼬불꼬불 중턱 마루에 이르니
不煩問寺遂僧歸　절간이 어디메냐 묻지 않고 스님 따라왔네.
到山才聽淸溪響　산에 이르자마자 맑은 시냇물 소리 들려와
春破人間百是非　인간들 벌이는 온갖 시비 방아 찧듯 깨지네.

예쁜 안내 강사가 이 시를 신나게 풀어주다가 그만 실수하고 말았다. 마지막 구절의 "방아 찧듯 깨지네"를 '봄에 깨진다'고 풀이해준 것이다. 나는 조금 주저하다가 조심스레 이를 바로잡아주었다. 그러자 안내 강사는 "어쩐지 이상하더라"라고 중얼거렸다. 용(舂) 자를 춘(春) 자로 잘못 본 것이다. 이런 오류는 흔히 자상사(字相似)에서 일어난다. 어쨌든 무엇보다 주목을 끄는 이 절의 유물은 의천의 사적을 적은 대각국사비이다. 빗돌은 금이 섞인 오석(烏石)이었다. 오랜 풍상으로 훼손이 많이 되었으나 조각 솜씨로나 가치로 보아 하동 쌍계사의 사산비(四山碑, 최치원의 비문)와 함께 쌍벽을 이룬다 할 수 있을 것이다.

송악산 아래에 있던 고려의 궁궐터 만월대의 터전에도 건축물은 하나도 없으나 주춧돌과 33계단이 그대로 보존되어 있어 그 규모를 짐작케 했다. 궁궐의 주춧돌은 지표 조사를 하여 원형과 원위치 그대로 발굴해놓고 있었다. 만월대 궁궐의 복원은 앞으로 남북 공동으로 이루어져야 할 과제일 것이다.

답사단은 만월대 궁궐터에서 기념사진을 찍었다. 나는 북측 안내원에게 어려운 질문 하나를 던졌다. "왜 소나무가 많다는 송악산에 지금 소나무가 별로 보이지 않지요?" 그녀는 "6·25전쟁 때 미 제국주의 비행기들이 소나무를 없애려 폭격해서 없어졌시오"라고 대답했다. 소나무를 없애려 폭격을 했다? 이를 두고 우문현답이라 했던가.

답사단은 그 많은 민중의 입에 오르내린 송도삼절의 전설이 얽힌 박연폭포를 둘러보지 못해 아쉬워했다. 또 그 근처에 있는 서경덕 묘와 황진이 묘도 둘러보지 못했다. 본격적 관광 개방을 위해 도로 공사를 시행중이어서 갈 수 없었던 것이다. 다음 기회를 기다릴 수밖에…….

어우러져 통일을 외치다

살짝 말해둘 이야깃거리가 있다. 안내 강사들은 여성들로 관련 대학을 나온 뒤 일정한 교육을 받고 유적, 유물의 해설과 설명을 맡았다 한다. 그녀들은 굉장히 달변이었고 질문도 척척 받아넘겼다. 그런데 가끔 사실을 과장하거나 불확실한 설명, 한문 해석에 오류가 있었다.

남측 학자들은 관련 전공자들로서 몇십 년 연구를 한 교수들이 아닌가. 그녀들의 스승이나 다름없었다. 대개는 그대로 듣고 넘어갔지만 때로는 조심스레 간단하게 지적하기도 했다. 그녀들은 처음에는 당황해하는 듯했으나 나중에는 올바른 지적이라고 동의하면서 많은 가르침을 받겠다고 했다.

마지막 송별연은 봉동관에서 가졌다. 봉동관의 풍경을 말할 때 한 가지 빼놓을 수 없는 보물이 있다. 이곳에서 복무하는 대여섯 명의 20대 여성 동무들은 아리땁고 예절이 바르고 친절했다. 게다가 화장이 세련되었고 옷을 맵시 있게 입었으며 기타를 잘 치고 노래를 잘 부르고 춤을 잘 추었다. 삶에 찌들고 초라한 개성 시민들과 비교하면 딴 세상에서 온 사람들이었다(실제 평양에서 파견되었다 한다). 늙은이가 보아도 남측 젊은이들이 이 아가씨들의 눈에 들려고 경쟁하는 모습이 확연히 눈에 띄었다. 그들은 종업원 노릇도 하고 가수 노릇도 하고 물건을 파는 일도 했다. 준비된 일꾼(복무원)이었다.

답사단은 만찬 자리에서 술이 얼큰하게 취한 뒤 이 아가씨들의 아름다운 음모에 걸려들었다. 그들이 노래를 부르고 기타를 치면서 답사단 일행을 지명하며 노래를 시켰다. 그리하여 주석이든 노인이든 늙은 교수든 젊은 교수든 가리지 않고 무대에 나와 노래를 불렀다.

한바탕 판이 벌어지고 주석단이 물러간 뒤에는 더욱더 자유분방하게 질탕 놀았다. 나는 돌아가지 않고 주책없이 끝까지 자리를 지켰다. 그리고 아가씨들이 손을 이끄는 대로 품위 없이 무대로 나와 엉터리 창작춤을 추었다. 결국 술에 취해 가끔 품위를 잃고 놀던 버릇이 그대로 튀어 나오고 말았다.

아무튼 송별연이 파할 즈음에 "반갑습네다" 또는 "또 만납시다"의 가락에 맞추어 합창을 하고 손을 잡고 20평쯤 되는 실내를 요리조리 빙빙 돌았다. 마지막 만찬 행사로는 대성공을 거두었다고 할 수 있었다. 홍순민 교수, 소재구 관장 등 사진 찍기 좋아하는 인사들은 잇따라 플래시를 터뜨렸다.

짧은 3박 4일의 일정은 이렇게 끝을 맺었으나 그 의미는 클 것이다. 앞으로 남북 관계자들은 고려 왕도인 개성의 역사 유물을 세계문화유산으로 등재하고 소중하게 가꾸어야 할 의무를 지고 있을 것이다.

돌아오는 길은 너무나 순탄했다. 인민군이 지키고 있는 민통선과 전망대가 있는 도라산을 한달음에 지나 1시간 남짓해서 서울 시내로 접어들었다. 이렇게 손쉬운 길을 왜 그동안 다니지 못했는가? 앞으로 남북 양측의 방문객과 관광객 들이 고려의 왕도 개성과 조선의 왕도 서울을 마음놓고 다니게 하는 것이 민족통일의 한 지름길이 될 것이다.

원평에서 전봉준을 만나다

나는 30대부터 전봉준을 찾아 헤맸다. 떠돌이생활을 한 탓에 그의 유적지는 여러 곳에 흩어져 있었다. 녹두장군 전봉준은 10대 초반의 나이에 살길을 찾아 헤매는 아버지를 따라 고창 당촌을 떠나 이 마을 저 마을 옮겨다니며 유랑생활을 했다. 아마도 고향에서 살림을 꾸리기가 힘겨운 탓이었으리라.

원평의 역사를 연구하는 최순식 선생의 말에 따르면 전봉준은 열 살이 채 안 된 나이부터 10대 후반까지 가족과 함께 항새마을 등지에서 살았던 것으로 추정된다. 당촌 사람들이 전해주는 이야기와는 조금 나이 차이가 있으나 관심을 끄는 대목이다.

원평에서 신태인으로 빠지는 국도 길가에 있는 항새마을은 원평 장터에서는 1킬로미터도 안 되는 거리에 있다. 이 작은 마을에는 40여 호가 살았다 하는데, 행정구역은 정읍에 속하나 생활권은 원평이었다. 예전에는 태인 감산면(현재 정읍 감곡면)에 속했다. 이 마을 옆에는 놋그릇을 만드는 공장이 있었다. 이 공장 안에는 도부꾼(돌아다니면서 물건을 파는 장사꾼)들이 숙소로 사용하는 객사가 있었다(현재는 터만 남아 있다).

본디 도부꾼이 드나드는 곳에는 숙소를 지어두고 편의를 봐주었다. 숙소는 대개 장날이 아니면 비어 있는 경우가 많았는데, 전봉준 가족이 이 객사에서 살았을 수도 있었다. 다시 말해 전창혁은 도회지인 원평 근처로 나와 항새마을에서 다시 훈장 노릇을 한 것으로 여겨진다. 또한 전창혁의 아내나 아이들이 놋그릇을 도부해 파는 일을 했을 가능성도 있다.

한편, 전봉준이 항새마을에서 조금 떨어진(3킬로미터) 종전마을의 서당에 다니면서 한문을 익혔다는 이야기도 전해진다. 이 마을은 김제의 봉남면에 속하는데, 한때 그가 봉남에 살았다는 이야기가 전해지는 근거가 여기에 있다. 그는 10대 후반에 항새마을과 종전마을에서 어디론가 사라졌다 한다.

원평은 교통의 요지다. 아래쪽에 너른 만경평야가 자리하고 있고 원평을 가로질러 흐르는 원평천은 동쪽의 매봉산과 모악산에서 발원하여 만경평야를 가로질러 흐르며 만경평야의 젖줄이 되어주고 있다. 교통로는 북쪽으로는 전주 가도, 서남쪽으로는 신태인, 남쪽으로는 태인으로 연결되어 있다. 그러므로 전주에서 남쪽으로 내려올 때에나 남쪽에서 전주로 올라갈 때에는 원평을 거치게 되어 있다. 즉 남쪽의 장성·정읍·

태인, 서남쪽으로 고창·신태인 등지의 사람들이 거치는 통로다.

원평천 위쪽의 모악산 아래에는 금산사가 자리잡고 있다. 금산사는 백제 시기에 창건되고 신라 시기에 확장된 유명한 절이다. 이 절에는 거대한 미륵불이 조성되어 있어 미륵불의 출현을 기대하는 많은 신도가 몰려와 북적인다. 또한 모악산에는 명당이 많다고 소문이 나 풍수쟁이들의 발길이 끊이지 않는다.

그런데 김일성의 조상 묘소가 모악산 명당자리에 있다는 소문이 나돌았다. 그래서 답사를 해보니 금산사 반대쪽 산 중턱, 곧 행정구역으로는 완주군 구이면 원기리에 전주 김씨의 시조 김태서의 묘가 있었다. 새로 단장한 비문을 읽어보니 그는 경순왕의 갈래로 본디 경주 김씨였는데, 몽골 군사를 피해 전주에 와서 살아 전주 김씨로 바꾸었다 한다. 김태서는 고려 시기의 인물로 대제학 같은 벼슬을 했다. 이 무덤이 명당이어서 김일성이 임금 같은 노릇을 하게 되었다는 말이 떠돈 것이다. 2000년 김정일이 평양에서 김대중 대통령을 만났을 때 전주에 있는 조상묘를 참배하고 싶다는 말을 했다는 보도를 본 적이 있다.

그뿐 아니라 조선 중기에는 신비스러운 승려였던 진묵대사가 모악산의 대원사에서 거처한 것으로도 유명했다. 19세기 후반기와 일제 식민지 시기에는 세상을 바꾸겠다고 내세운 강증산이 금산사 아래에 터전을 잡고 살면서 자신을 금산사 미륵불이라고 떠들었다. 그리하여 그를 받드는 교도들이 많이 몰려들었다.

원평천과 금산사 사이에는 냇가에 논이 널려 있는데, 이곳에서 사금

(砂金)이 나와 사금을 채취하는 사람들로 북새통을 이루었다. 내가 이곳을 드나들 때인 1980년대에도 이런 모습을 자주 보았다. 금광의 맥이 금산사로 이어져 있어 노다지꾼들이 19세기 말기에 승려들의 제지에도 아랑곳하지 않고 금산사 미륵불 밑까지 파고 들어갔다. 그러자 금산사 주지가 이를 한사코 막다가 광부들에게 맞아죽은 사건도 있었다.

원평은 번화한 곳이어서 일찍부터 장이 섰다. 원평 장터는 원평천 냇가를 중심으로 펼쳐졌는데, 조선 말기 상설시장이 들어설 정도로 번화했다. 원평 장터에서는 근처에서 생산되는 마늘과 고추를 비롯해 농기구, 농가공품이 많이 거래되었으며 소, 돼지 등 가축도 많이 거래되어 전주 서문장의 축소판이나 다름없었다. 그런 탓인지 근래까지 원평 장터가 속한 금산면 주민이 2만여 명이 되어 김제에서 인구가 가장 많은 면이 되었다(1986년 통계).

그러므로 장날에는 많은 '민란꾼'이 은밀하게 몰려들어 장꾼들 틈에 섞여 세상이 뒤집어져야 한다고 선동하거나 민심을 부추겼다. 다시 말해 "누구나 평등한 미륵세상이 곧 온다", "의인이 나와 양반, 상놈이 없는 세상을 만든다"고 떠들었던 것이다. 동학농민혁명 과정에서도 이곳에서 여러 사건이 벌어졌다. 앞으로 주목해볼 곳이다.

원평에서 1킬로미터 조금 넘게 떨어진 용계리에는 동학농민혁명의 5대 장군으로 꼽히는 김덕명 장군이 살았다. 용계리는 금산사로 올라가는 길목에 있다. 김덕명의 본명은 준상이다. 그는 본디 금구현 수류면 거야마을(지금은 김제군 금산면 삼봉리)에 살았는데 이 마을은 언양 김씨의 집성촌이었다. 언양 김씨는 조정에 줄을 대어 고만고만한 벼슬을 얻었다. 김덕명도 상당한 지주의 아들로 태어났다 한다.

그는 의기가 남달라 양반들이 위세를 부리는 짓을 껄끄럽게 여겼다. 그런 탓인지 집성촌인 거야마을을 떠나 용계리로 이사를 와서 살았다. 그는 전봉준보다 나이가 훨씬 많았다. 동학농민혁명 당시 전봉준은 마흔 살이었는데 그는 쉰 살이었다. 장흥의 이방언과 함께 고령의 나이에도 일선 행동대장으로 활동한 보기 드문 경우였다.

전봉준의 어머니가 언양 김씨였으므로 김덕명과 촌수는 알 수 없으나 일가가 된다. 전봉준 가족이 한때 김덕명의 집에서 더부살이를 했다는 말도 전해진다. 예전에는 본관만 같아도 끈끈한 혈연의식을 갖고 있었으므로 전봉준 집안이 김덕명의 도움을 받았을 가능성이 크다.

또 전봉준의 충실한 동지요, 부하로 죽음을 같이했던 최경선은 원평에서 불과 20여 리 떨어진 태인현 주산마을(지금의 정읍시 북면)에 살았다. 최경선의 어릴 때 이름은 부자임을 나타내는 '만석'이었다. 최경선의 아버지도 토호의 반열에 드는 상당한 지주였다 한다. 최경선은 주산마을에 약방을 열어 동네 사람들의 병을 살폈다 한다.

아무튼 전봉준은 10대 후반의 나이에는 동곡리 지금실로 옮겨가서 살았던 것으로 보인다. 항새마을에서 지금실로 이사를 간 것이다. 동곡리는 현재 정읍시 산외면에 속하나 예전에는 태인현에 속했다. 산외면은 주변에 여러 산이 뻗어 있어 구릉과 같은 산지가 여기저기 널려 있는 산골이었다. 동곡리는 위 지금실과 아래 지금실로 마을이 나뉘어 있었다. 전형적인 산지마을이어서 좁은 들녘에 논밭이 군데군데 펼쳐져 있었던 탓에 마을의 농업 생산력은 보잘것없었다. 교통도 동쪽에는 험악한 회문산에 가로막혀 매우 불편했다. 주민들은 주로 상두산 줄기의 지금실재를 넘어 원평으로 장을 보러 다녔다. 원평 장터와 지금실은 20리쯤 떨어져 있었으므로 그리 멀지 않은 거리였다.

이 마을에는 주변의 토호 세력인 도강 김씨가 집성촌을 이루고 있었다. 김기범(뒤에 개남으로 고쳤다)이 태어나 살던 곳이었다. 김기범은 자영농의 아들로 태어나 전봉준보다는 훨씬 여유 있는 집안 출신이라 할 수 있었다. 김기범은 어릴 때부터 서당에 다니면서 글공부를 했는데 경서보다 병서 따위의 잡서 읽기를 즐겼다 한다.

전창혁은 이 마을에서도 서당을 열었던 것으로 보인다. 전봉준보다 한 살 위인 김기범이 전창혁이 훈장으로 있는 서당에 다녔을 가능성이 높다. 김기범의 어릴 적 별명은 개똥이었다 한다. 그도 전봉준처럼 키가 작았으나 기상이 당찼다 한다. 두 사람은 비슷한 면이 많았다. 녹두와 개똥이는 어울리면서 마을의 장난꾼이 되었을 것이다. 또 뒷날에는 이곳 출신으로 전라감영의 영장(營將, 감영 군사의 지휘 장수)을 지낸 김시풍과도 일찍부터 동무로 어울렸다고 하니 어릴 때 이 마을에서 사귀었을 것이다.

이와 같은 여러 정황으로 보아 전봉준은 원평과 지금실 근처에 살면서 김덕명을 비롯해 최경선, 김기범, 김기풍 등과 함께 동지애를 키웠을 것이다. 따라서 원평과 지금실은 전봉준과 뗄 수 없는 지역 연고가 있던 곳이다.

한편, 사학자 김상기는 어느 때인지 전봉준이 전주군 봉상면 구미리(현재 완주군 고산면에 속한다)에 살았다고 기록했다. 비결에 "구미에는 성인이 나온다(龜尾聖人出)"는 예언에 따라 김개남, 송희옥과 함께 구미리로 옮겨와 살았다는 것이다. 만일 전봉준이 비결에 맞추어 두 친구와 함께 거주를 옮겼다면 나이가 든 이후였을 것이다.

또 세 사람이 이곳에 살 때 흥선대원군의 밀사인 나성산이 찾아와 얼마 동안 머물면서 머리를 맞대고 모의를 했다고도 한다. 김상기는 이 현장을 목격한 송용호의 증언을 빌려 기록했다. 이를 믿는다면 전봉준은 30대 후반이었을 것이다. 여러 증언에는 전봉준이 어릴 때 전주 구미리에 살았다고도 하고 나이가 들어서 이곳에 살았다고도 한다. 그러므로 구미리와 전봉준은 어떤 연관이 있었을 것으로 보인다.

원평의 남산 밑에는 구미란(龜尾卵)이라는 작은 마을이 있다. 원평전투 때 크게 피해를 입은 곳인데, 바로 최순식 선생의 집도 이 마을에 있었다. 현재 전주에서는 구미리라는 마을을 찾을 수 없으므로 이 구미란 마을을 잘못 안 것은 아닐까?

녹두장군의 화려한 등장

1893년 3월이었다. 아직 날씨가 쌀쌀했다. 북쪽의 보은과 남쪽의 원평에는 때를 같이하여 수많은 사람이 모여들었다. 보은에는 산골짜기와 언덕에 천막을 치거나 움집을 짓고 사람들이 기거했으며 원평에는 들판에 무대를 만들고 모래밭에 천막을 치고 꽹과리로 소란을 피웠다. 수염을 점잖게 기른 선비도 있었고 감발을 한 농투산도 있었다. 원평과 보은에 모여든 군중의 차림은 비슷했다. 어깨에 멘 담발랑(擔鉢囊)에는 쌀 서너 되와 소금 따위의 생활필수품이 들어 있었다. 짚신과 바가지를 주렁주렁 허리에 차고 머리에는 흰 수건을 질끈 동여매었다. 의관을 제법 차려입은 이들도 있었으나 봉두에 수건을 질끈 동여맨 사람들이 대부분이었다. 너덜거리는 감발과 지팡이에 의지해 걸음을 걷는 노약자는 물론 머리를 땋아 내린 더벅머리 총각들도 있었다. 음력 3월이라 아직 날씨가 차서 대개 겹옷을 입고 있었다. 어떤 이들은 몽둥이를 꼬나들고 있었으며 어떤 이들은 칼을 옷 속에 숨기고 어기적거리며 걸었다. 짐승 잡는 총을 든 포수들도 있었으며 무뢰배들도 어슬렁거렸다.

사람들은 비가 내리는데도 아랑곳하지 않고 계속 보은으로 모여들었다. 그들은 평지에 성을 쌓고 사방에 문을 낸 가건물 안에서 지냈다. 때로는 부족한 양식을 확보하기 위해 부자를 잡아다 결박하거나 돈을 내서 많은 양의 식량을 사왔다. 장기 체류를 준비하는 모습이었다.

이렇게 모여드는 데에는 그만한 사정이 있었다. 광화문에서 복합상소를 올린 동학교도들은 아무 결과도 얻지 못하고 해산하게 되었다. 최시형은 팔도의 모든 도인을 보은 장안으로 모이라고 지시했다. 그리하여 장안에는 자신들의 소속을 나타내는 포(包)와 접(接)을 표시하는 깃발을 내걸고 정연하게 대오를 지어 주문을 외우는 이들로 북적거렸다. 곳곳에 창생을 구제한다거나 서양 오랑캐와 일본 오랑캐를 배척한다는 문구를 적은 깃발이 펄럭였다.

보은의 벼슬아치들은 벌벌 떨면서 중앙의 군대가 오기만을 기다렸다. 어윤중은 선무사(宣撫使, 백성을 어루만져주는 임금의 사자) 자격으로 조정을 대표해 장안으로 달려왔다. 대포를 앞세우고 온 어윤중은 군중을 바라보고 겁을 집어먹었다. 그러나 마음을 다잡고 교활하게 그들을 갖가지 감언이설로 회유하거나 협박했다. 중앙에서 온 군인들은 대포를 설치하고 신식 총인 라이플총을 꼬나들고 위협적 자세를 보였다.

이에 최시형, 손병희 등 지도자들은 먼저 몸을 피했다. 주모자 가운데 한 명이었던 서병학은 어윤중을 만나 눈물을 흘리며 통문을 내고 방문을 붙인 것은 모두 원평 사람들의 소행으로 자기들과는 상관이 없다고 변명했다. 서병학은 단독 결정으로 해산을 약속했다.

어윤중은 이곳에 온갖 부류들이 모여들었다고 보고했다. 참여한 군중에 대한 이와 같은 분석은 아주 정확하다고 할 수 있었다. 이 분석은 보은집회에 참여한 군중에게만 해당되는 것이 아니었다. 때를 같이하여 모인 원평집회 참여자는 말할 것도 없으며 농민군에 호응하는 부류도 마찬가지였다.

어윤중은 개화파의 한 사람이었는데, 내정 개혁만은 동학교도 또는 농민군과 뜻을 같이했고 비리의 온상인 민씨 정권의 타도에도 동조했다. 보은집회에 호남인들이 참여하기는 했으나 중심 역할을 하는 전봉준은 원평에서 동정을 살피면서 보은집회의 귀추를 엿보고 있었다. 그러면 원평의 사정은 어떠했는가.

원평에서도 보은집회와 때를 같이하여 대대적인 집회를 벌였다. 이곳에 모여드는 사람들은 동학교도보다도 순수한 농민들이 더 많았다고 해야 할 것이다. 다시 말해 북접의 지시를 받는 호남의 동학교도들은 거의 보은집회에 참석했고 원평에는 김덕명을 비롯해 전봉준, 김개남, 손화중, 최경선 등의 지도자들이 거느리고 있는 사람들이 중심이 되어 집회를 주도하고 있었다. 또 북접에 속하는 서장옥, 황하일의 세력도 섞여 있었다. 그러므로 보은집회보다 곧 터질 듯한 거센 분위기가 연출되고 있었다.

이들은 높다랗게 제단을 만들어 풍물을 울리거나 소리판을 벌이면서 사람들의 이목을 끌었다. 말 깨나 하는 사람들이 단에 올라 소리 높여 조정과 수령의 부정을 늘어놓거나 양반과 지주 들의 횡포를 고발했다. 때로는 주문을 외우고 구호를 연창하기도 했다.

또 원평천 냇가 모래밭에 솥을 걸어놓고 소를 잡아 끓여먹고 여기저기에서 막걸리판을 벌이고 왁자지껄 떠들었다. 술이 거나하게 취한 농민들은 제각기 불평의 소리를 토해냈다. 어떤 이는 "강진에서는 갓난아이 몫으로 군포를 매기고는 강제로 솥이나 숟가락 몽둥이를 거두어갔다"고 했고, 어떤 이는 "아, 글쎄 지주가 무자년 흉년 때 도조를 내지 않았다고 하여 어린 딸을 첩으로 삼으려 데리고 갔다"고 했으며, 어떤 이는 "봄에 환곡 쌀을 얻었는데 모래와 짚과 풀이 절반이나 섞여 있었네. 가을에 갚을 적에 깨끗한 쌀만 받아가면서 규정보다 세 배나 물렸다"고 했고, 어떤 이는 "상전이 아내를 강제로 끌고 가서 잠자리를 같이 했다"고

했으며, 어떤 이는 "구실아치들이 푸줏간의 고기를 자기 어미 회갑 잔치에 쓴다고 한푼 내지 않고 쓸어갔다"고 했다.

이는 말할 나위도 없이 영세 농민이거나 노비이거나 백정의 신분을 지닌 사람들이 토해내는 불평이었고 호소였다. 이들은 끊임없이 분개하면서 두 주먹을 불끈 쥐거나 가슴을 치면서 벌떡 일어났다. 전봉준은 이들의 하소연을 차분하게 들을 틈이 없었다. 동분서주하면서 사람들을 추스르기에 바빴다.

이들의 성격에 대해 황현은 다음과 같이 쓰고 있다.

처음 동학은 그 무리를 불러 포(包)라고 했는데, 법포와 서포가 있다. 법포는 최시형을 받들었는데, 최시형의 호가 법헌(法軒)이기 때문이다. 서포는 서장옥을 받들었는데, 서장옥은 수원 사람이다. 서장옥은 최시형과 더불어 모두 최제우의 가르침을 따랐는데, 최제우가 죽자 각각 도당을 세워 서로 사사로이 전수하면서 이름 붙이기를 포덕(布德)이라 했다. 그리하여 아무개의 포라고 서로 표시하기로 약속했다. 서포가 먼저 일어나고 법포가 뒤에 일어났기 때문에 서포는 일어난다는 뜻을 따 기포(起包)라 하고, 법포는 앉아 있다는 뜻을 따 좌포(坐包)라 이름했다. 전봉준이 일어날 때에는 모두 서포였다.

—『오하기문』

전봉준은 강경파인 서장옥에 동조해 봉기했다는 뜻이요, 최시형 계열은 머뭇거리다가 마지못해 나중에야 동조했다는 뜻이었다. 그리하여 북접 사람들은 "전봉준이 사사로이 교도들을 빼앗아 전라도 금구군 원평에 몰려 있었다"라고 지탄을 퍼부었다.

원평집회에는 불갑사, 백양사, 선운사 등 남도의 유명한 절의 승려들이 참여했다. 또 전봉준은 보은집회의 귀추를 엿보기 위해 긍엽을 비밀스럽게 보은의 장안으로 파견했다.(뮈텔 문서)

한편, 이들 속에는 각지에서 농민 봉기를 주도한 직업적 봉기꾼들이 끼어 있었다. 이들은 조용히 눈치를 살피는 보은집회 사람들은 상관하지 않고 곧바로 제물포로 달려가자고 외쳤다. 하지만 전봉준은 보은집회가 맥없이 해산되었다는 보고를 받고 다음의 거사를 기약하며 일시 해산하기로 결정했다. 해산할 때 원평에 모여 있던 군중들은 진산, 충주 등 지역 단위로 몇천 명, 몇백 명씩 무리를 지어 흩어졌다. 다중의 힘으로 관군의 단속을 막으려는 것이었다.

전봉준 등 지도자들은 변장을 하고 각기 은신처로 돌아갔다. 특히 전봉준은 원평집회를 이끌면서 이름을 김봉집으로 바꾸었다. 관가의 주목을 피하려는 의도였을 것이다. 하지만 녹두장군의 명성은 이때부터 널리 퍼지기 시작했다. 군중들은 녹두장군의 당당한 기상을 보고 우러러보았던 것이다. 그리하여 전봉준의 명성은 전국으로 퍼져나갔다. 화려한 부상이었다. 한편, 그 무렵 경상도의 밀양, 전라도의 삼례 등지에서도 수천 명, 수백 명씩 모였다가 흩어졌다. 또 불온한 세력들이 상주의 우

복동과 지리산에도 모여 있었다. 보은집회에 3만여 명, 원평집회에 2만여 명이 모였다 했고 그 밖의 지역에도 수천 명이 모였다가 흩어졌다고 하니 조정으로서는 보통 놀랄 일이 아니었다.

임금의 사자를 죽이다

전봉준이 이끄는 농민군이 전주성을 점령하자 중앙에서는 급박하게 홍계훈을 양호초토사(충청도와 전라도의 토벌군 사령관)로 임명하고 장위영 병사 800여 명을 현지에 파견하는 조치를 내렸다. 홍계훈은 인천에서 군함을 타고 군산으로 들어갔다. 장위영 병사들은 군산에서 전주로 행군하는 동안 거의 반수가 달아나고 없었다. 관군들은 농민군들이 요술을 부려 전투마다 승리한다는 소문을 듣고 겁을 집어먹고 달아난 것이었다. 총사령관 홍계훈도 어쩐 일인지 전주에서 머뭇거리면서 빨리 농민군을 추격하지 않았다.

청나라의 위안스카이는 현지 사정을 염탐하기 위해 청나라 병사 17명을 전주로 보냈다. 청나라 병사들은 홍계훈과 행동을 같이했다. 일본의 첩자들도 행상으로 가장하고 여기저기를 기웃거리며 농민군의 동태를 예리하게 살폈다.

농민군은 정읍을 거쳐 고창, 무장, 영광으로 진출하면서 관아를 점령했다. 전봉준은 그동안 하던 대로 죄인을 풀어주고 무기를 접수하고 양곡을 확보했다. 때로는 농민의 표적이 된 악질의 아전 무리를 혼내주었다. 농민군은 왜 그동안 사발통문을 통해 약속한 대로 전주로 진격해 한양으로 곧바로 올라가지 않고 우회하여 남쪽으로만 진군 방향을 틀고 있었는가. 이는 전봉준의 전술이었다.

홍계훈은 마지못해 농민군이 거쳐간 지역을 따라 내려왔다. 농민군의 꽁무니만 따라다니고 있는 셈이었다. 농민군은 멀찌감치 따라오는 중앙군이 무서울 리 없었다. 전봉준은 한껏 여유를 보이며 농민군을 주변 고을에서 더 규합하고 진용을 크게 벌여 위세를 떨쳤다. 농민군은 영광에서 4일 동안 머문 뒤 4월 16일 함평으로 진출했다. 이때 농민군의 행군 모습은 처음과 사뭇 달랐다.

한 건장한 장정이 열네댓 살이 된 사내아이를 업고 대열 맨 앞에 섰다. 사내아이는 손에 대장임을 표시한 남색 기를 들고 군대를 지휘했다. 그 뒤를 농민군 대열이 따랐다. 날라리를 부는 자를 선두로 인(仁)과 의(義)를 쓴 기 한 쌍, 예(禮)와 지(智)를 쓴 기 한 쌍, 백기 두 쌍, 황기가 차례로 따랐는데, 각기 다른 구호를 썼다. 그리고 나머지 여러 기는 각각 고을 이름을 표시했다. 이에 이어 갑주를 쓰고 말을 타고 칼춤을 추는 자가 따랐고, 칼을 쥐고 걸어가는 자 네댓 쌍이 따랐으며, 붉은 옷을 입고 나팔을 부는 두 사람과 호적을 부는 두 사람이 따랐다. 또 그다음에는 한 사람이 고깔 모양의 모자를 쓰고 우산을 들고 도복(道服)을 입고 나귀를 타고 진군했는데, 이 사람 주위에는 여섯 사람이 좁은 옷에 같은 모습을 하고 따르고 있었다.

두 줄로 늘어선 만여 명의 총잡이는 머리에 수건을 동여맸는데, 수건은 다섯 가지 색깔로 표시했다. 총잡이 뒤에는 죽창을 든 사람들이 따랐는데, 보무(步武, 군대식 걸음)를 꺾고 돌아서는 등 여러 모양을 만들면서 전투 태세로 배열했다. 이들은 모두 맨 앞의 사내아이가 들고 있는 남기가 가리키는 방향을 바라보았다.(황현, 『오하기문梧下記聞』)

이런 행군은 위세를 한껏 과시하기 위함이었다. 농민군은 영광에서 나름대로 만든 군복을 새로 지어 입었다. 도복을 입고 나귀를 탄 사람은 대장인 전봉준일 것이다. 대장을 호위하는 호위병은 여섯 명이었다. 형형색색의 많은 깃발을 내세우고 행군해 보는 이의 눈을 현란하게 만들었다.

밭을 매던 농군이 이 행군을 보고 호미를 내던지고 대열에 뛰어들었으며 산에서 나무를 하던 나무꾼은 낫을 내려놓고 내려와 합류했다. 어떤 이는 결연한 의지를 보이려 자기집에 불을 지르고 달려나왔으며, 어떤 이는 부모처자에게 영원한 이별의 인사를 하고 따라왔다고 한다. 가족들은 앉아서 굶어죽기보다 밥을 얻어먹기 위해 남부여대(男負女戴)하고 따라붙었다. 농민군이 난잡하게 늘어나면 오합지졸로 흐를 위험성이 있었다. 더욱이 가족까지 따라붙는 처지가 아닌가. 이들의 대열을 정연하게 구분 지을 필요가 있었다. 그래서 이를 통제하기 위해 대열 주위에 감시 군사를 배치했으며 어떤 경우에는 연로해서 끼어들지 못하게 막기도 했다.

전봉준은 일곱 살 된 신동과 열네 살 된 신동을 늘 데리고 다녔는데, 이들에게 날마다 골방에서 무엇을 일러주고는 낮에는 어김없이 새 진형을 보여주었다 한다. 농민군들에게 신통력을 보여주려는 심리전의 하나

였을 것이다.

전봉준은 함평에서 저항의 기세를 보이는 나주 관아에 글을 보냈다. 나주목사 민종렬은 그동안 관할 고을에 공문을 보내 군사를 모아 보내게 하고 나주의 방비를 강화했다. 그러면서 동학 도인을 잡아들여 감옥에 가두었다. 전봉준은 나주의 공형(公兄, 관아에서 일보는 낮은 벼슬아치)에게 여러 고을의 군사를 집으로 돌려보내고 도인을 풀어주면 나주 고을에는 들어가지 않겠다고 통고했다. 하지만 나주 공형은 "명분 없이 동원한 군사는 사형을 받는다"라고 말했다. 그러나 전봉준은 나주를 공격하지 않고 장성으로 발길을 돌렸다. 전주 점령을 앞두고 작은 일로 시간을 소모할 필요가 없다고 판단한 것이다. 그래서 농민군은 더 남하하지 않았다.(공문서를 모은 수록에 나온다)

한편, 홍계훈은 그 무렵 정읍에 머물고 있었다. 전봉준은 홍계훈에게 여러 가지 폐단을 적은 글을 정중하게 보냈다. 홍계훈은 임금이 보낸 사자인 이효응과 배은환을 전봉준에게 보내고 중대 병력을 동원해 농민군의 뒤를 추격했다.

마침 농민군이 장성의 황룡강 강변에 있는 월평 장터에서 점심을 먹고 있을 때였다. 이때 홍계훈이 보낸 장위영군이 농민군을 뒤따라 몰려왔다. 장위영의 대관 이학승은 군사 300명과 향병 400여 명을 거느리고 뒤쫓아왔다. 장위영 병사들은 강 건너의 농민군을 보고 다짜고짜 대포를 쏘았고 이 대포에 농민군 40여 명이 쓰러졌다.

당황한 농민군은 뒷산인 삼봉으로 올라가 아래를 내려다보며 삽시간에 학형(鶴型, 학의 날개 모양으로 대오를 만드는 진형)의 대오를 갖추었다. 농민군들은 한동안 주변에서 대나무를 베어와 장태 수십 개를 만들었다. 농민군들은 장태를 굴려 내려오면서 접근전을 펼쳤다. 대나무로 타원형의 닭 장태 모양을 만든 뒤 바퀴를 달고 겉에 칼을 꽂은 장태는 안에 군사가 타거나 뒤에서 밀면서 접근해오는 일종의 탱크와 비슷했다. 전봉준은 농민군의 등에 부적을 써서 붙이고 앞 옷깃을 입에 물고 엎드려서 장태를 굴리라고 지시한 뒤 앞이나 옆을 보지 말라고 일렀다. 이렇게 하면 적의 포탄이나 총탄을 피할 수 있다고 했다.

옷깃을 입에 물면 앞이 보이지 않아 적을 볼 수 없어 계속 전진하게 된다. 또 농민군들은 부적을 붙이면 안전하다고 믿었던 것이다. 그리하여 어떤 농민군은 장태 안에 올라타고 총을 쏘았고, 어떤 농민군은 장태를 밀고 굴리면서 다가왔다. 농민군은 장태를 앞세우고 30여 리나 돌격해왔다. 앞장선 향병들이 먼저 도망치자 장위영 병사들도 따라 도망쳤다. 농민군은 달아나던 대관 이학승을 칼로 죽였다.

이때 장위영 병사와 향병을 포함해 관군 300여 명이 죽었다 한다. 과장된 숫자일 것이다. 농민군 희생자는 100명 미만으로 추산된다. 농민군은 대포 2문과 양총 100여 정을 노획하는 전과를 올렸다. 이 전투의 승리 요인은 농민군의 사기가 높은 까닭도 있었지만 농민군이 발명한 장태라는 신무기 때문이었을 것이다. 이후에도 농민군은 들판지대의 전투에서는 곧잘 장태를 이용해 접근전을 펼쳤다.

이때 관군의 대포에서 물이 쏟아졌다는 이상한 소문이 파다하게 돌왔다. 농민군이 신통력을 부려 대포를 쓸모없는 물건으로 만들었다거나 마을 주민들이 관군 몰래 대포에 물을 부었다고 했다. 더욱이 농민군 대장들은 총을 맞아도 죽지 않는다는 소문이 떠돌았다.

전봉준은 일찍이 그의 부하에게 말하기를 "나는 신령스러운 부적이 있어 몸을 보호해준다. 비록 대포 연기가 자욱한 속이나 비 오듯 하는 총알 속에서도 다치지 않는다. 너희들 보아라"라고 했다. 그러고는 몰래 탄환 수십 개를 소매 속에 넣어두고 친하고 믿을 만한 사람 10여 명에게 가르쳐준 뒤 그들로 하여금 에워싸고 총을 쏘게 했다. 그러나 실제로는 공포였다.

전봉준이 스스로 포위 속을 벗어나서 소매를 툴툴 터니 탄환이 땅에 어지럽게 떨어졌다. 무리가 땅에 떨어진 탄환을 보고는 장군은 신령스러운 사람이라고 말했다 한다. 이런 모습을 본 부하들은 그 부적을 다투어 붙이고 총탄을 두려워하지 않았다 한다.

또 전봉준은 어느 때 밤을 이용해 총잡이와 짜고 미리 손아귀에 총탄을 숨기고 있다가 총수가 헛방을 쏘면 전봉준은 총알을 재빨리 잡는 시늉을 하고 손을 펴 총알을 보였다고 한다. 어둠 속에서 이를 바라보던 농민군들은 "우리 대장만 따라다니면 어떤 양총을 맞아도 죽지 않아"라고 떠들었다. 이 수법은 다른 대장들도 여러 곳에서 써먹었다. 섬진강 일대에서 활동한 김인배도 이런 수법을 쓴 적이 있었다. 그리하여 농민군들은 대장의 신통력을 더욱 믿어 용기를 얻었던 것이다.

아무튼 전봉준은 장성에서 두번째 승리를 거두었다. 농민군은 대오를 정비한 뒤 나팔 소리를 크게 울리면서 갈재를 넘어 원평으로 향했다. 4월 25일 농민군은 원평에 이르렀다. 원평은 전봉준, 김개남, 김덕명이 무수하게 드나든 곳이 아닌가. 원평의 대장소에는 활기가 넘쳤다.

전봉준이 원평에 머물고 있을 때 홍계훈이 보낸 이효응과 배은환이 임금의 편지를 들고 대장소로 전봉준을 찾아왔다. 또 이주호는 하인 두 명을 데리고 내탕금(內帑金, 임금이 보낸 돈) 1만 냥을 들고 찾아왔다. 전봉준은 임금의 편지를 읽어보지도 않은 채 내탕금만 빼앗았다. 전봉준은 원평 장터에서 군중을 모아놓고 이들의 목을 베어 죽이고 시체를 마을 뒤에 버렸다. 또 그들이 지니고 있던 증명서와 문서도 그들 시신 위에 내던졌다.

원평에 설치한 도집강소 복원

전봉준이 이끄는 농민군은 전주성을 점령한 뒤 전라도 모든 고을에 집강소를 설치하기로 전라감사 김학진과 합의했다. 이 합의에는 현지 수령들이 협조한다는 약속도 포함되어 있었다. 곧 집강소는 농민들 스스로 해결하고 싶은 일을 하는 곳이었다. 그러므로 이를 농민자치라 하기도 하고 농민통치라 하기도 한다.

집강소에서 신분 차별 없이 서로 평등하게 대하고 농민들 스스로 행정을 맡아 어려운 사람을 구제해주었다. 그래서 오늘날 한국 민주주의의 시원이라고 한다. 이를 전봉준이 총책임을 맡았고 김개남, 김덕명 등이 도와주었다. 그때 전봉준은 전주와 원평에 고을 단위의 집강소를 지휘하는 도집강소를 두었고 김덕명이 원평집강소의 책임을 맡은 것으로 알려져 있다.

전봉준은 지방 집강소를 돌아볼 때 원평집강소를 들렀다가 순창으로 내려갔다. 한양에 있던 일본인 우미우라 아쓰미(海浦篤彌)는 친구인 의사, 약사 두 사람과 함께 전봉준을 만나기 위해 7월 초순 한양을 떠났다. 이들 일행은 물어물어 전봉준의 꽁무니를 따라다녔다. 그 과정에서 원평집강소에서 하룻밤 묵었는데, 원평집강소의 동정을 비교적 자세히 기록해놓았다. 이들은 능주에 이르러서 전봉준을 만난 뒤 한양으로 돌아왔다. 우미우라 아쓰미는 한양에서 『동학당시찰일기(東學黨視察日記)』라는 제목으로 그동안 겪은 일을 기록해 보고했다. 이 일기는 당시의 대도소 또는 집강소 실상을 전해주는 희귀 사료라 할 수 있다.

이처럼 중요 역할을 했던 원평집강소는 원평 장터 근처에 사는 백정 출신 동록개가 어느 날 김덕명을 찾아와 "백정이 잘사는 세상을 만든다고 하시니 제가 재산을 털어 돕겠습니다"라고 했다 한다. 그렇게 하여 사람들이 많이 다니는 장터 옆에 있는 자신의 집을 집강소 일을 보는 사무소로 내놓게 되었다.

나는 답사를 다니면서 최순식 선생의 안내를 받아 집강소 사무소로 쓰인 그 집을 돌아보았다. 집주인이 처음에는 안내를 잘 해주더니 나중에는 사람들만 찾아왔지 집을 사주지도 않고 귀찮기만 하다면서 쫓아보냈다. 우리는 이 집을 사들여 복원할 재원이 없었으니 어쩔 수 없지 않은가.

그런데 때가 왔다. 2014년 이곳을 복원하자는 운동이 벌어져 내가 증명을 해주고 동학농민혁명기념재단에서 나서 전라북도 도청과 김제 시청에서 협조를 했다. 그리하여 무너지는 집을 사들이고 건물을 해체하여 원형 그대로 복원하다보니 상량에 1882년에 지은 집이라고 써 있었다.

아무튼 2015년 12월에 4칸으로 복원을 마치고 일반에게 공개했다. 지금 이곳에는 최순식 선생의 유지를 받드는 최고원씨가 고생고생하면서 관리를 맡고 있다. 한번 가서 숨결을 맡아보시라.

원평에서 한바탕 전투를 치르다

전봉준은 공주에서 일본군에게 패한 뒤 전주를 중심으로 재봉기를 준비했다. 그는 재봉기에 협조하지 않거나 방해하는 벼슬아치, 토호 들을 엄하게 징벌하라는 지시를 내렸다. 이어 농민군들의 전열을 재정비해 밀려오는 일본군과 관군을 막을 반격전을 모색했다. 그는 결전의 장소를 원평으로 삼았다.

전봉준이 전주에서 농민군을 다시 소집할 때 공주에서 내려온 농민군들과 여기저기 흩어져 있던 농민군들이 다시 그의 휘하로 모여들었다. 그 결과 3000여 명이 모였다. 전봉준은 11월 23일 농민군 대열을 정비해 원평으로 내려왔다. 다시 농민군의 기세가 높아졌다. 11월 24일 일본군과 관군이 기세 좋게 전주로 몰려오고 있을 때 전봉준은 원평에서 여러 곳에 전령을 보내 다시 농민군을 규합했다. 원평은 김덕명의 고향이며 전봉준이 어렸을 때 살던 곳이 아니던가. 그는 이곳에서 원평집회를 벌이기도 하고 임금의 사자를 처단하기도 하면서 많은 일을 했다.

전봉준은 규합한 농민군을 원평의 앞산에 집결시켜 진을 치고 있었다. 앞산은 비록 낮은 산이었으나 들판의 가운데에 있었다. 그래서 산마루에 올라 바라보면 북쪽으로는 전주와 금구의 가도, 서쪽으로는 김제와 부안, 남쪽으로는 태인의 지경이 한눈에 들어왔다. 그 아래에는 작은 고개를 중심으로 넓은 길이 일직선으로 뻗어 있었다.

뒤따라온 일본군과 관군 300여 명은 11월 25일 아침 구미란 마을 앞인 원평천 냇가 들판에 진을 치고 앞산을 올려다보고 있었다. 농민군 수천 명은 일성팔렬진(一聲叭列陣, 한 명령 계통을 따르는 진법)을 삼면에 벌이고 품(品) 자 모양을 만든 뒤 한쪽을 터놓고 있었다. 즉 일성팔렬진은 품 자를 구성한 입구 자 셋 가운데 한 부대는 전면에, 두 부대는 뒤에 두는 등 군사를 셋으로 나누어 배치한다는 뜻이다. 이 진형은 적이 틈만 보이면 세 대열로 흩어져 들판으로 달려 내려갈 수 있는 형세를 이룰 수 있다.

진을 치고 있는 거리는 1000여 보쯤 되었다. 사정거리가 가까울수록 재래식 무기로 무장한 농민군이 불리했다. 그렇기 때문에 농민군은 한사코 적정 거리를 유지하려 했다. 반대로 관군과 일본군은 근접 거리를 유지하려 해서 농민군은 천보총을 쏘아 막았다. 아침부터 저녁까지 포탄과 총탄을 서로 쉴새없이 퍼부었다. 관변측 기록에는 "포 소리가 우레와 같고 나는 탄환이 비처럼 쏟아졌다. 적은 산 위에 있고 우리 군사는 들판에 있었다. 우리 군사는 사면을 둘러싸고 있었다. 서로 내지르는 함성이 땅을 울렸고 대포의 연기가 안개를 자욱하게 이루어 멀고 가까운 곳을 전혀 구별할 수 없었다"고 쓰여 있다.

전투의 결말이 쉽게 나지 않았다. 그러자 초조해진 관군은 저녁 무렵 먼저 산 위로 올라 접근해 육박전을 벌였다. 한 식경이 넘도록 서로 찌르고 베었다. 날이 저물자 먼저 지친 농민군들은 군사를 거두어 남쪽으로 후퇴했다. 산 위에는 농민군 시신 37구와 쌀 500여 석, 조총·연환·화약·깃발·호피·소가죽 등이 널려 있었다. 농민군은 물품을 챙길 새도 없이 달아났던 것이다.(이두황, 『양호우선봉일기』)

결국 일본군과 관군이 다시 승리한 셈이다. 관군이 노획한 물품들 속에 호랑이 가죽이 있었다는 사실이 주목된다. 호랑이 가죽은 대장만이 쓰는 물건이므로 농민군 대장 전봉준이 사용한 것일 터이다. 이때쯤에 전봉준은 대장으로서 위의를 차릴 형편이 되지 못할 정도로 절박했다.

원평의 앞산에는 농민군의 시신을 묻은 초라한 공동묘지가 이 무렵에 생겨났다. 최순식 선생이 일러준 말은 이러하다. 뒷날 이곳 격전장에서 놀던 아이들은 널려 있는 탄환을 주어 놀이에 썼다 한다. 이곳 사람들은 서로 싸움질을 하다가 감정이 격해지면 "너에게 죽으려면 갑오년 빈총(유탄)에 맞아 죽었어"라는 말을 곧잘 뱉었다고 한다. 당시 유탄에 죽은 주민들이 많았음을 알려준다.

전봉준은 태인으로 옮겨와 다시 진세를 벌였으나 마지막 패배를 하고 순창 피노리에서 끝내 잡혀 한양으로 끌려갔다.

전봉준은 어떻게 죽었나

전봉준은 2차 봉기 당시, 손병희의 지원을 받아 공주에서 일본군과 관군에 맞서 항쟁을 벌일 때 총사령관으로 농민군을 지휘했다. 하지만 패전을 겪고 남쪽으로 후퇴했다.

전봉준은 1894년 12월 2일 순창의 민정들에게 잡혀 순창 소모영에 억류되었는데, 일본 정토군의 총지휘관 미나미 고시로(南小四郎)는 호남 소모관 임두학을 압박해 전봉준을 인계받아 한양으로 압송해 진고개(지금의 충무로와 명동 일대) 근처에 있는 일본영사관 순사청(지금의 중부경찰서 자리)에 가두었다. 그곳에는 전봉준 일행뿐 아니라 충청도, 강원도에서 잡혀온 농민군 지도자들도 있었다.

당시 진고개 주변은 일본인 거주지역이었고 일본공사관이 있었기 때문에 치안이 안전해 일본인들은 활개를 치며 제멋대로 돌아다녔다. 또 일본 음식점과 주점이 있어서 유성기를 통해 일본 노래가 흘러나왔고 기모노를 입은 일본 여인들도 거리낌없이 다녔다.

한양 거리에는 전봉준이 순사청에 갇혀 있다는 소문이 삽시간에 퍼졌다. 그리하여 한양의 백성들은 눈치를 살피며 진고개 거리로 꾸역꾸역 몰려들었다. 어떤 사람은 동학군 괴수를 보러 왔다고 하거나 어떤 사람은 역적의 거괴를 보러 왔다고 하거나 어떤 사람은 창의군 대장을 만나러 왔다는 등 여러 말을 늘어놓으며 떠들었다. 물론 한양 백성들은 일본 경찰의 엄중한 호위 때문에 전봉준의 모습을 쉽게 볼 수 없었다.

전봉준은 한양에서 일본군 군의에게 한동안 치료를 받았다. 그러나 일본공사 이노우에 가오루(井上馨)를 비롯해 일본군 수뇌부와 일본공사관 관계자는 전봉준을 비롯한 남접 지도자들을 순사청에 가둔 뒤에도 긴장을 풀지 못했다. 그들을 역적으로 다스리는 것은 물론 흥선대원군과의 연루 사실을 캐내 죄를 물을 수 있었기 때문이다.

이때 한 유력한 일본인이 전봉준에게 접근해 "그대의 죄상은 조선국 법률에 따라 어떻게 적용될지 모르지만 우리 일본 법률로 따르면 상당한 국사범이라 사형까지는 이르지 아니할 수도 있으니 그대는 마땅히 일본인 변호사에게 위탁해 재판받는 것이 좋을 것이다. 일본 정부에 양해를 얻어 살길을 찾음이 좋지 아니하겠는가?"라고 했다. 이에 전봉준은 "일본은 곧 나의 적국이다. 내 구차한 생명을 위해 적국에 살길을 찾음은 본의가 아니다"라고 하며 한마디로 거절했다.

당시 일본의 사주를 받은 개화 정부는 박영효, 서광범 등이 실권을 잡고 있었는데, 이들은 일본 사람들보다 더 긴장했다. 개화 정부에서는 의금부보다는 법무아문 산하에 임시로 재판소를 만들어 다루게 했다. 이를 권설재판소라 부른다. 권설재판소에서는 전봉준을 인계받는 형식을 취하여 재판을 진행했는데, 재판장은 법무대신 서광범이었으나 회심(會審)이란 이름으로 일본영사가 참여했다. 이를 공초(供招)라 부른다.

공초를 받는 전봉준

전봉준의 1차 신문은 1895년 2월 9일부터 시작되었다. 법무아문 대신과 협판이 자리잡고 있었고 일본영사가 입회했다. 그 문초과정을 살펴보자. 전봉준은 재판소에 출두할 때 걸을 수 없어서 짚둥우리에 누운 채 들어갔다. 담당 법관 장박은 좌우의 나졸을 호령해 전봉준을 일으켜 앉히려 했고 문답 형식으로 죄를 신문했다.

문 : 일개 죄인이라, 감히 어찌 법관 앞에서 불공함이 심하는고?
답 : 네 어찌 감히 나를 죄인이라 이르나뇨?
문 : 이른바 동학당은 조정에서 금하는 바라, 네 감히 도당을 불러
　　모아 난리를 지은 자라, 반란군을 몰아 고을을 함락하고 군기
　　와 군량을 빼앗았으며, 크고 작은 벼슬아치를 마음대로 죽이
　　고 나라 정사를 참람하게 마음대로 처단했고, 나라의 세금과
　　공공의 돈을 사사로이 받고 양반과 부자를 모조리 짓밟았으며,

노비 문서에 불을 질러 강상을 무너뜨렸고, 토지를 평균 분배하여 국법을 혼란하게 만들었으며, 대군을 몰아 왕성을 핍박하고 조정을 부수어버리고 새 나라를 도모하였나니 이는 대역 불궤(不軌, 역적의 행동)의 법에 범한지라, 어찌 죄인이 아니라 이르나뇨?

답 : 도 없는 나라에 도학을 세우는 것이 무엇이 잘못이냐? 동학은 "사람은 하늘이라" 하니, 과격하다 하여 금한단 말이냐? 동학은 과거 잘못된 세상을 고쳐 다시 좋은 세상을 만들려고 나선 것이라, 민중에 해독되는 탐관오리를 벌하고 백성이 평등적 정치를 바로잡는 것이 무엇이 잘못이며, 사복을 채우고 음탕하고 삿된 일에 소비하는 국세와 공전을 거두어 의거에 쓰는 것이 무엇이 잘못이며, 조상의 뼈다귀를 우려 행악을 하고 여러 사람의 피땀을 긁어 제 몸을 살찌우는 자를 없애는 것이 무엇이 잘못이며, 사람으로서 사람을 매매하여 귀천이 있게 하고 공토(公土)로 사토를 만들어 빈부가 있게 하는 것은 인도상 원리에 위반이라 이것을 고치자 함이 무엇이 잘못이며, 악한 정부를 고쳐 선한 정부를 만들고자 함이 무엇이 잘못이냐? 자국의 백성을 쳐 없애기 위해 외적을 불러들였나니 네 죄가 가장 중재한지라 도리어 나를 죄인이라 이르느냐?

—오지영, 「동학사」 제2장

법관은 잇따라 전봉준에게 동학당의 지도자로서 민심을 동요시켜 역적 행동을 일삼은 것은 물론 흥선대원군과의 연계 문제에 대해 물었다. 전봉준은 이를 완강히 부정했고 법관은 주리를 틀고 고문을 가하면서 심문했다. 이에 전봉준은 이렇게 대답했다. "너는 나의 적이요, 나는 너의 적이라. 내 너희를 쳐 없애고 나랏일을 바로잡으려다 도리어 너희 손에 잡혔으니 너는 나를 죽이는 것뿐이요, 다른 말을 묻지 말라." 그러고는 입을 굳게 다물었다. 이어 법관은 손화중, 김덕명, 최경선, 김방서 등을 차례로 불러 신문했으나 그들도 전봉준과 똑같이 답했을 뿐 특별한 비밀은 누설하지 않았다. 너무나 당당하게 신문을 받는 그들의 모습에 일본 기자들이 감탄을 했다 한다.

연이은 전봉준 구명공작

한편, 집강소 기간 전봉준을 만났던 일본의 낭인들은 2차 동학농민혁명이 일어난 뒤 전봉준에게 접근해 다시 회유작전을 벌이려는 공작을 꾸몄다. 그러나 일본군이 농민군과 전쟁을 벌이게 되자 농민군이 일본 국내법을 위반했다 하여 폭탄제조범, 강도범 따위의 죄명으로 체포령을 내렸다. 그리하여 그들은 도망치는 신세가 되었다. 일본의 낭인집단 천우협의 전봉준 포섭작전은 두 가지 방향에서 진행되었다.

먼저 천우협은 일본 내에서 활동을 벌였다. 천우협의 두목이요, 야심가인 다케다 한시(武田範之)는 일본 정부의 지목을 받아 도망을 다니면서도 히로시마에 있는 대본영(청일전쟁 지휘 본부)으로 찾아가 '동학당'의 본질에 대해 진술하거나 '동학당'의 장래에 대해 크게 주목해야 할 사항들을 말했다. 그 내용은 일본이 앞으로 어떻게 농민군을 이용해야 하는지에 대한 방안을 제시했던 것으로 여겨진다.

둘째, 천우협 인사들이 직접 전봉준을 만나 설득하는 공작을 벌였다. 전봉준이 일본영사관 순사청에 갇히자 이를 절호의 기회라 여기고 이용하려는 공작을 꾸몄다. 전봉준을 만난 적 있는 다나카 지로(田中次郎)는 한양에 잠입해 영사경찰의 양해를 얻어 죄인으로 가장하고 감옥에 들어가 전봉준을 만났다. 다나카 지로는 전봉준과 정세 변화를 이야기하고 천우협의 행동에 대해서도 설명했다. 그러고는 전봉준에게 일본으로 탈출하라고 권고했다. 그러나 전봉준은 "내 형편이 여기에 이른 것은 필경 천명이니 굳이 천명을 거스르면서까지 일본으로 탈출하려는 의사는 없다. 가까운 시기에 사형에 처해질 테니 그뒤에는 천우협의 손으로 동학당(농민군을 가리킴)을 구해주었으면 한다"고 부탁하고 태연하고 여유 있는 모습을 보였다. 이에 다나카 지로는 전봉준을 위로하고 감옥에서 나왔다.(오히가시 구니오, 『이용구의 생애』)

다나카 지로는 일본공사 이노우에 가오루를 면회하고 전봉준을 사형시키지 말아 달라고 요청했다. 이노우에 가오루는 처음에는 일본군과 마찬가지로 '동학당'을 흉적으로 보고 미워했지만 전봉준이 순사청 감옥에 갇힌 뒤 인격이 고결하고 행동거지가 엄숙한 모습을 보고 감동을 받았다 한다. 그래서 이토 히로부미와 함께 조선 침략의 음모를 짜고 있던 그는 다나카 지로의 요청을 받아들였다. 전봉준이 이용 가치가 있다고 판단했던 모양이다.

이노우에 가오루는 전봉준을 조선재판소에 인도하기로 결정하고 '사형을 시키지 말라'는 특별한 조건을 붙여 신병을 인도했다. 그러나 이노우에 가오루가 본국으로 돌아가 머무는 동안 전봉준은 사형에 처해졌고 전봉준의 구명운동은 실패로 끝났다.

한편, 다케다 한시는 옥중에 있는 전봉준에게 간곡한 편지를 보냈다. 그는 전봉준이 사형을 받던 날 그 사실을 모른 채 히로시마의 대본영을 찾아가 '동학당'의 본질을 설명하고 몇 가지 계책을 제시했다. 그러고는 전봉준에게 한 통의 편지를 썼다. 전봉준이 추구하는 유불선 합일의 동학사상을 존중하고 유지하도록 도와주고, 귀천이 없고 평등이 보장된 개혁을 이룩하는 데 도움을 주겠다는 내용이었다. 또 조선은 힘이 약해 자주국가를 유지할 수 없으므로 일본과 손을 잡아야 하고 부정부패가 없는 좋은 세상을 여는 데 도움을 주겠다고 제의했다. 이 편지는 전봉준이 사형을 당해 전달되지 않았으나 세상에 떠돌아다녀 많은 사람이 읽었다.

낭인들은 이처럼 전봉준이 추구하는 개혁이나 변혁을 전폭적으로 지지하는 척하면서 회유책을 썼으나, 전봉준은 그들의 음모를 알아차리고 귀를 기울이지 않았고 손을 잡으려 하지도 않았다. 자신의 꿋꿋한 신념을 다름없이 내세울 뿐이었다. 일본영사관에서는 그를 국사범으로 다루어 살려준 뒤 일본의 협조자로 만들려는 공작을 꾸몄으며 다케다 한시를 중심으로 천우협 인사들을 동원해 전봉준을 회유하려 했던 것이다. 이것이 전봉준을 구출해 이용하려는 공작의 전말이었다. 하지만 이노우에 가오루의 후임으로 온 일본공사 미우라 고로(三浦梧樓)는 민비 제거의 음모를 꾸미느라 전봉준에게는 관심이 없었던 듯하다.

여하튼 전봉준은 마음먹기에 따라서 높은 자리를 보장받을 수도 있었고 많은 재산을 얻을 수도 있었으며 출세의 길을 걸을 수도 있었다. 하지만 전봉준의 신념은 너무나 굳건했다. 결코 그의 마음속에는 일본이나 일본의 사주를 받는 개화 정부와의 타협은 존재하지 않았다.

만일 그가 이용구처럼 변절해 일본에 협조하는 인물이 되었다면 어떤 평가를 받게 되었을까? 일본은 한일병합의 공작을 꾸미면서 북접 농민군의 지도자 이용구를 친일 부역배로 만들어 이용했다. 전봉준이 그런 꼴로 변절했다면 동학농민혁명은 역사적으로 평가받지 못했을 것이다.

다섯 지도자를 골라 사형 집행

전봉준, 성두한, 손화중, 김덕명, 최경선 등은 중죄인으로 취급되어 법무아문으로 넘겨졌다. 일본영사관에서는 이들에게서 더 나올 중대한 내용이 없다고 판단하고 인도했던 것이다. 일본은 이들을 일본 법에 따라 판결을 내리려 검토했지만 그랬다가는 그 정당성의 문제로 국내외로부터 엄청난 비난의 화살을 맞을 터였다. 일본 법을 적용하면 전쟁의 장수 또는 포로의 규정에 따라 얼마든지 살릴 수 있는 근거가 될 수 있었기 때문이다.

하지만 일본측이 이들 죄인을 법무아문으로 넘겼다고 해서 재판에 간여하지 못하는 것은 아니었다. 일본영사 우치다 사다쓰지(內田定鎚)는 회심이란 직함으로 재판에 끝까지 참석했다. 하지만 조선 법에 따른 형식 요건과 절차를 갖추는 방법으로 조선의 권설재판소에서 판결을 받게 했다.

전봉준과 농민군 지도자들은 한성부 중부 서린방의 감옥서(1894년 전옥서를 고친 이름, 의금부 옆에 있던 감옥)에 갇혔다. 감옥서는 지금의 종로1가 종각역 옆에 위치한 제일은행 본점의 남쪽 종로 건너편, 종각의 서쪽 건너편에 있었다. 전봉준이 공초를 받을 때 감시 역할을 했던 일본영사 우치다 사다쓰지는 문초가 있을 때마다 입회해 실태를 파악한 뒤 그 내용을 일본공사에게 보고했다.

재판관 장박은 전봉준의 이름, 나이, 거주지, 직업 등을 물은 뒤 고부의 1차 봉기와 무장 봉기 등을 차례로 물었다. 그는 사건 전개와 함께 중간중간에 흥선대원군과의 연계관계, 다른 지도자의 역할, 농민군의 규모 등을 물었다. 31일 동안 모두 여섯 차례 신문했는데, 일본영사의 단독 신문이 두 차례 있었고 총 문항은 275개였다.

전봉준은 당당하고 서슴없이 대답했으나 기억이 희미하면 다시 더듬어 대답했다. 특히 전봉준은 중대한 일과 관련된 내용의 질문에는 자신의 책임을 강조하며 결코 죄를 다른 사람에게 떠넘기지 않았다. 일관되게 의연한 모습을 보여주었다.

신문과정에서 흥선대원군과의 관계에 대해 집요하게 파고들었는데, 전봉준의 입을 통해 흥선대원군의 개입을 확인해 정치적 타격을 입히려는 의도였다. 이에 대해 기쿠치 겐조(菊池謙讓)는 1894년 8월 초 흥선대원군이 보낸 박동진과 정인덕이 동곡리 집에서 쉬고 있는 전봉준을 찾아와 대화를 나누었다고 했다.

> 전봉준과 흥선대원군 사자와의 담화에서는 "경성 정부는 일본의 지휘로 행동하고 일본 군대는 대궐을 침범하여 한양은 모두 일본인에 의해 다스려지고 있으니 마땅히 대군을 움직여 경성에 진격해와야 한다. 그러면 한양에서 합심하여 일을 계획하여 왜군을 토벌하고 왜인을 쫓아내어 백성을 편안히 할 수 있을 것이다"라는 내용을 이야기했으며 청나라군의 대군도 잠시만 경성에 주둔해야 한다는 것을 의논했다.
>
> —『동학당의 난』

여러 정황으로 보아 사자를 보낸 것은 사실로 보인다. 이 관련설에 대해 배항섭은 다음과 같이 말한다.

> 전봉준과 대원군의 접촉은 이미 교조신원운동 시기부터 이루어졌던 것으로 보인다. 대원군은 자신의 정권 장악을 위해 동학교도를 이용하려고 했으며, 전봉준 역시 대원군을 이용하려 했던 것으로 보인다.
>
> —"전봉준과 대원군 사이에 무슨 일이 있었는가"

하지만 전봉준은 "흥선대원군은 유세한 사람이어서 상관이 없었다"고 일관되게 답했다. 다만 흥선대원군이 보낸 비밀 사자를 만난 적이 있다는 사실은 인정했다. 전봉준은 흥선대원군을 끝까지 보호하려 했던 것일까? 이렇게 해서 이 문제는 끝내 분명하게 밝혀지지 않았지만 아직도 논란거리를 제공하고 있다.

공초과정에서 찍힌 전봉준의 사진은 역사 기록으로 중요한 자료가 되었는데, 일본의 사진사 무라카미 텐신(村上天眞)은 일본영사 우치다 사다쓰지로부터 전봉준의 호송 장면을 사진에 담아도 좋다는 허락을 받았다. 그리하여 무라카미 텐신은 3월 27일(양력) 일본영사관 구내에서 사진을 찍었다. 나라여자대학 연구원 김문자는 「전봉준의 사진과 무라카미 텐신」이라는 논문에서 다음과 같이 썼다.

수괴 전봉준 및 최경선 두 사람은 발에 중상을 입어 신체가 자유롭지 못했기 때문에 영사는 의사를 초치하여 정중하게 치료하도록 했으며 법무아문으로부터 회송해온 들것에 태워 호송했다. 나는 미리 그들에 대한 촬영 건을 영사에게 조회해두었기 때문에 즉각 달려가서 그 같은 사실을 봉준 등에게 알렸더니 그들 얼굴 가득히 희열을 보이면서 들것 그대로 찍겠는가라고 물으면서 스스로 명을 내려 일산을 치우게 했다. 그러나 촬영하는 동안에도 다친 곳이 아픈 모습이었다. 듣건대 봉준은 전라도 태인의 일개 농민으로 금년 40세

로 평소에 대단히 학문을 좋아하고 공맹의 가르침을 믿었으며 동학
도의 무리에 들어간 것은 지금으로부터 3년 전이었다고 한다.

—『메사마시신문』

이 사진은 찍은 날짜보다 보름이 지난 3월 12일자에 실렸다. 그리고
이 사진을 보고 『대판매일신문』에서는 "압송당하는 전봉준 장군"이라는
제목을 붙여 사진과 같은 구도로 삽화를 그려 설명과 함께 실었다. 그런
데 사진에는 나무 건물 앞에 전봉준을 포함해 네 사람이 있고 뒤에 제
복 입은 순검이 얼굴을 보이고 있는 반면, 삽화에는 건물을 삭제하고 다
섯 사람을 보여주고 있으며, 왼쪽 제복을 입은 사람은 빠져 있다. 아무
튼 이렇게 하여 전봉준의 사진이 전해지게 되었다.

마침내 3월 29일에 판결이 내려졌다. 판결 주문에는 그가 농민혁명
을 일으키고 동도대장이 되어 활동한 사실과 전주성을 점령한 뒤 화해
를 한 조건과 일본인을 몰아내기 위해 2차 봉기를 주도해 공주전투를
벌인 일 등을 늘어놓았다. 그리고 마지막에 "함께 모의를 꾸민 몇 사람
과 의논하고 각기 옷을 바꾸어 입고서 가만히 경성으로 들어가 정세를
알고자 하여, 피고는 장사꾼 맨도리(맨드리, 옷을 입고 매만진 맵시)를 하고
홑몸으로 한양으로 올라가려고 태인을 떠나 전라도 순창을 지날새 민병
한테 잡힌 것이니라"라고 기재해 전봉준의 마지막 행동을 제시하는 것
으로 결말을 지었다.

전봉준의 죄목은 『대전회통(大典會通)』에 규정된 "군복기마작변관문

자부대시참(軍服騎馬作變官門者不待時斬)"이었다. 꽤나 긴 죄명이었다.(「전봉준 판결 선고서」) 이를 풀이하면 '군복 차림을 하고 말을 타고 관아에 대항해 변란을 일으킨 자는 때를 기다리지 않고 즉시 처형하는 죄'이다. 그리하여 전봉준과 함께 사형 언도를 받은 손화중, 김덕명, 최경선, 성두한 등은 판결이 난 다음날 새벽에 곧바로 좌감옥에서 교수형에 처해졌다. 사형은 모두 다섯 명뿐이었다.

이들을 교수형에 처한 것은 갑오개혁 때 개정된 법을 적용했기 때문이다. 종전에는 역적죄에 해당하는 사형수는 모조리 참형을 가하여 목을 잘라 관아의 문 앞에 걸어두거나 여러 사람이 보도록 조리를 돌렸다. 이를 효수경중(梟首警衆)이라 한다. 예전 중죄인을 죽일 때 한양에서는 사람들이 많이 모이는 서대문 근방에 있는 서소문 거리나 동대문 근처에 있는 수구문 밖에서 거행했으며 경우에 따라서는 잘린 머리를 여러 지방을 순회하면서 돌리기도 했다. 백성에게 역적질을 하면 '너희도 이런 꼴을 당한다'는 엄포를 놓기 위한 의도였다. 그러나 효수형이 너무 참혹하다 하여 갑오개혁 때 철폐했다. 사형수에게도 시신을 훼손하지 않는다는 근대 인권정신을 반영한 것이다. 그래서 이들 다섯 명에게 처음으로 교수형을 적용했던 것이다.

왜 서둘러 사형을 집행했나

사형을 즉각 집행한 데에는 중대한 음모가 숨겨져 있었다. 개화 정부는 형법을 개정해 "모든 재판과 소송은 2심으로 한다"는 조항을 4월 1일부터 시행한다고 공포했다. 이들 다섯 명의 교수형은 그 시행을 불과 이틀 앞두고 집행되었다. 사형 선고와 사형 집행을 전격적으로 단행해 2심을 할 수 없게 만듦으로써 민심을 가라앉히려 한 것이다.(왕현종, 『한국 근대국가의 형성과 갑오개혁』)

잡혀온 나머지 100여 명은 죄의 경중에 따라 무죄를 내리거나 곤장 및 태형을 때리고 유배 조치를 내렸다. 장흥전투의 총지휘자 이방언과 함께 활동한 김방서 등은 무죄로 풀려났으며 고창에서 천민부대를 이끌고 활동한 홍낙관은 곤장에 유배형, 북접 지도자 황하일은 태형 100대에 유배형을 받았다. 아주 너그러운 조치였다.

왜 그랬을까. 여러 정황으로 살펴보면 일본과 개화 정부는 농민군 지도자들 가운데 다섯 명만 골라 사형에 처하고 나머지는 살려주어 관대한 은전을 보인 것이다. 그리하여 장흥전투를 일으킨 장본인인 이방언이나 북접의 강경파로 2차 봉기를 주도한 황하일 같은 중범을 풀어주었다. 앞으로도 우려되는 농민군의 강력한 저항운동을 이런 방법으로 누그러뜨리려 했던 것이다. 교활한 전술이었지만 그런대로 왕조시대의 일벌백계의 대량 살육보다는 나았다.

선고가 끝난 뒤 법정은 소란스러웠다. 특히 일본인 기자들이 더 들떠 있었다. 선고 법정에 입회했던 재판관 장박은 조금 불안한 목소리로 전봉준을 바라보며 물었다.

장박 : 나는 법관의 몸으로 죄인과 한마디 말하지 않을 수 없다. 너

는 목숨이 아까우냐?

전봉준 : 국법을 적용했다 하니 어쩔 수 없는 것 아니냐?

장박 : 그렇다. 우리나라에는 너희가 저지른 것과 같은 범죄에 대해 아직 분명한 규정이 없다. 문명한 여러 나라에서는 국사범으로 다루어 사형을 면할 수도 있을 텐데 어쩔 수 없구나. 너희는 스스로 생각해보라. 오늘의 죽음은 매우 유감스럽지만 네가 전라도에서 한번 일어나자 일청전쟁의 원인이 되었고 우리나라도 크게 개혁되었다. 너희가 탐관오리로 지적한 민영준 등도 국법에 처했고 나머지 사람들도 흔적을 감추었다. 그래서 너희의 죽음은 오늘의 공명한 정사를 촉진한 것이므로 명복을 빈다.

이 글에서는 1차 갑오농민혁명으로 청일전쟁이 일어나고 갑오개혁이 이루어졌으며 민씨 정권이 타도된 사실을 말했다. 또한 여기에서의 "공명한 정사"는 갑오개혁을 말하는 것이다. 사실 갑오개혁은 농민군의 요구 조항을 참고해 수용했다고 할 수 있다. 개화 정부는 이를 인정해 전봉준의 명복을 빌었던 것이다. 기회주의자 장박의 현실 인식은 이 정도의 수준에 머물러 있었던 것이 아니겠는가.

다섯 지도자들은 3월 29일(음력) 사형 언도를 받고 다음날 새벽 2시(양력으로는 4월 24일) 한날에 처형되었다. 판결이 선언된 이날에는 아침부터 비가 쏟아졌다. 전봉준은 "부대시참"이라는 판결문을 듣고 불편한 몸을 불끈 일으키면서 "올바른 도를 위해 죽는 것은 조금도 원통하지 않으나 오직 역적의 누명을 받고 죽는 것이 원통하다"라고 큰 소리로 외쳤고 이어 "나를 이 컴컴한 도둑의 소굴에서 죽이려 하느냐? 종로 거리에 피를 뿌려라"라고 호령했다.

감옥서에서 그들이 죽은 시간은 중요한 의미를 던져준다. 온 세상이 잠들어 있을 시각인 새벽 2시에 처형되었다. 다섯 명을 한꺼번에 단단한 끈으로 목을 졸라 소문도 내지 않고 은밀하게 죽였던 것이다. 우리나라 형벌제도가 생긴 이래 최초의 교수형이었다.

2018년 지금 서울에서는 서울시장과 종로구청장과 동학농민혁명 관계자들이 그가 처형당한 전옥서 터인 종로1가(종각역 5~6번 출구 사이)에 동상을 세우는 일을 전개하고 있다.

블라디보스토크와 연추에서 찾은
옛 발자국

2008년 봄, 나는 『인물로 읽는 한국사』 시리즈의 원고를 쓰느라 무척 고통스러운 나날을 보내고 있었다. 그래서 더운 여름에 여행을 다녀올 곳이 없는지 이런저런 생각을 하던 참에 우사연구회의 운영 책임을 맡고 있는 장은기 선생으로부터 제의를 받았다. 20일 정도의 기간에 걸쳐 김규식 선생이 다닌 프랑스와 러시아 일대 유적지를 돌아보려 하는데 동행하는 것이 어떻겠느냐고 물어왔다. 나는 더운 여름철인데다 장기간 여행이었고 수술 후유증도 남아 있던 터라 조금 주저했으나 김규식 선생 유적지를 돌아보는 기행이어서 흥미를 느껴 동의했다. 더욱이 실력이 탄탄한 학자들과 동행하며 모든 경비를 우사연구회에서 부담한다고 하니 이런 기회와 혜택이 어디 있으랴.

게다가 나는 근대 독립운동 유적을 찾아 일본과 중국 땅은 수차례 답사를 다녔으나 유럽이나 아메리카, 더욱이 러시아 땅은 찾은 적이 없었다. 나에게는 이번 기행이 개척의 의미로 다가왔다. 마침내 2008년 6월 15일 오전, 일행은 인천국제공항을 출발했다. 우사연구학자인 서중석, 심지연, 이신철 등이 동행해 든든했다.

그런데 장은기 선생은 답사를 다녀와서 기행글을 모아 책으로 낼 예정이라고 하면서 각자 집필의 대상과 범위를 정해주었다. 나는 우리나라 독립운동의 요람인 연해주, 그 가운데에서도 해삼위(海蔘威, 블라디보스토크) 지역을 맡게 되었다. 김규식 선생이 임시정부 창조과 활동에 참여하면서 이곳 신한촌(新韓村)을 거쳐간 인연이 있었던 것이다.

아무튼 연해주와 신한촌은 우리 민족과 깊은 인연이 있는 곳이다. 그래서 우리나라 역사와 관련된 연해주 영역과 한민족 이주의 내력과 민족운동의 요람이 된 사연을 묶어 이 글을 풀어가려 한다. 지도를 펴놓고 읽는 것이 이해하는 데 도움이 될 것이다.

발해의 땅 연해주의 옛 자취

먼저 발해와 연해주가 어떤 연관이 있는지 옛이야기부터 시작해보자.

지금의 연해주(동남시베리아)는 역사 기록에 따르면 대체로 코사크족과 말갈족(나나이족)의 터전이었다. 더 정확히는 거의 예전 흑수말갈(黑水靺鞨)의 영역이었다. 오늘날의 연해주 북쪽 시작 지점인 이르쿠츠크에서 하바롭스크 이북까지는 대체로 코사크족 거주지역이었고, 하바롭스크 아래쪽 아무르강(흑룡강) 근처에서 두만강 상류지역까지는 말갈족 거주지역이었다. 이를 중국 기록에서는 흑수말갈이라 한다. 흑수는 '북쪽의 강'이라는 뜻으로 아무르강을 말한다.

이 남쪽 영역을 8세기 무렵에는 거의 발해가 차지했다. 그러면 발해는 어느 국가의 역사인가? 지금도 논쟁이 끊이지 않고 계속되고 있지만 고구려를 이은 발해는 동이족의 하나인 예맥족과 말갈족으로 구성된 고대(중세)국가로 한민족 뿌리의 한 갈래라는 정의가 가장 설득력 있고 역사의 정황에 맞을 것이다.

고구려는 영토를 계속 개척해 오늘날의 만주 일대를 거의 차지했지만 아무르강으로는 진출하지 못했다. 다만 블라디보스토크 남쪽으로는 동해안까지 진출해 어업 자원을 확보하고 일본으로 가는 항로를 확보했을 뿐이다. 하지만 발해는 달랐다. 발해는 고구려와는 달리 후기에 요동을 포기하고 동북 방향으로 진출했던 것이요, 더 올라가 아무르강을 확보했던 것이다.

자, 그러면 역사 사실을 들어 살펴보자.

신라는 당나라와 연합해 고구려를 멸망시킨 뒤 서쪽으로는 대동강, 동쪽으로는 원산만을 경계로 삼고 그 북쪽 지역은 당나라와 발해의 영역으로 내주었다. 신라는 그 위쪽 지대로 올라가려는 뜻이 전혀 없었다.

발해의 배후에는 아무르강 일대에 거주하는 흑수말갈이 똬리를 틀고 있었다. 대개 흑수말갈이 까마득한 오지인 아무르강 주변에 있었던 탓에 따져볼 가치조차 없는 혈연집단 또는 부족집단으로 여기거나 사회 발전이 매우 낮은 단계에 있다고 여겼다. 흑수말갈은 오지에 근거지를 두고 있는 지리적 이점을 이용해 세력을 키웠다. 이들은 통치가 원활하지 못한 미숙한 왕국이기는 하나 엄연히 흑수국을 내세우고 있었다. 발해의 2대왕, 무왕은 흑수말갈이 땅이 넓고 특산물이 풍부해 잠시도 주의를 놓지 않았다. 흑수말갈이 발해에 고분고분하지 않자 무왕은 흑수말갈을 별로 어려움 없이 무력으로 굴복시켜 "영원한 노객이 되겠다"는 맹세를 받아냈다.

발해의 선왕은 영토를 크게 넓힌 군주로 꼽혀 융성기의 절정을 이루었다. 이 시대를 두고 『구당서(舊唐書)』에서는 역역이 방 이천 리, 신당은 영역이 방 오천 리라 했다. 오늘날 유적 발굴 조사를 한 결과 북위 45도에서 46도, 곧 연해주 중북부다. 이 시기 발해의 국세를 두고 '해동성국'이라 불렀던 것이다. 이를 자연 지리로 설명하면 북쪽의 경계는 쑹화강 유역에서 오늘날 러시아 땅인 연해주 남부에서 싱카이호(미타호)를 넘어 우수리강과 아무르강이 합류하는 선까지였다. 이 지역에는 가장 북쪽에 철리부, 회원부, 안원부를 두었고 그 아래 동해 쪽에는 안변부, 정리부, 솔빈부를 두었다. 솔빈부의 주도는 오늘날의 블라디보스토크였다. 흑수말갈의 중심 근거지는 백력(伯力, 오늘날 러시아 땅 하바롭스크)이었다.

한편, 서북쪽에는 막힐부와 부여부를 두었는데, 실위(室韋, 거란의 일종), 거란과 맞닿아 있었다. 막힐부에는 오늘날 할빈시를 포함하고 있었다. 오늘날 창춘시가 포함되는 부여부는 거란으로 빠지는 길목에 있어서 항상 강력한 군사를 주둔시켜 거란을 막았다.

말갈족과는 사촌 사이

중국의 역사책에는 발해를 건국한 대걸걸중상과 대조영을 고구려의 별종 또는 고구려에서 장수 노릇한 사람으로 기록하고 있으며, 한편으로는 말갈족의 하나인 속말부붙이라고 한다. 이들 부자가 속말부붙이로 고구려에서 장수 노릇을 했다면 이런 관계도 분명히 고구려 유민의 범위에 든다.

말갈족은 고구려의 건국 무렵부터 고구려와 협력해 건국의 기반을 다지는 데 도움을 주었다. 이들은 고구려의 별동부대로 남쪽으로 내려와 신라와 백제를 공격했고 요동 일대에서 당나라에 저항했다.

정약용은 "진짜 말갈"과 "거짓 말갈"로 구분했다. 말갈의 혈통을 고수하면서 독자적 영역을 개척한 말갈족을 진짜 말갈, 고구려의 지배를 받는 세력으로 고구려에 협력한 말갈족을 거짓 말갈이라 불렀다. 이 기준에 따르면 흑수말갈이 진짜 말갈족에 속할 것이다. 정약용의 성격 규정은 『금사(金史)』 등의 기록을 빌려 다시 해석한 것이다. 『금사』에는 금나라의 뿌리를 밝혀놓았는데 거기에는 다음과 같이 쓰여 있다.

거란이 발해 땅을 몽땅 차지한 뒤에 흑수말갈 사람들이 거란에 붙었다. 흑수말갈 사람들 가운데 남쪽에 사는 사람들은 거란에 적을 두었는데, 이들을 숙여진(熟女眞)이라 부르며 그 북쪽에 살면서 거란에 적을 두지 않은 사람들을 생여진(生女眞)이라 부른다.

그러니까 생여진이 바로 정약용이 말한 "진짜 말갈"인 것이다. 이들을 오늘날 러시아에서는 나나이족이라 부른다. 발해는 말갈과 자주 교류하면서 차츰 혈통은 물론 풍습이 뒤섞였다. 특히 발해가 망한 뒤 부흥운동을 전개하는 과정에서 두 민족은 동류의식을 갖고 어울렸다.

말갈은 중세 시기에 차츰 남쪽으로 근거지를 옮겼다. 그리하여 오늘날 만주의 아래쪽에서 주로 살았다. 이들은 중국 5대 10국 시기인 10세기 초에 종족의 이름을 여진으로 바꾸었다. 여진은 발해가 망한 뒤에 만주의 주인이 되었다. 여진은 고려, 조선과 더불어 때로는 어울리고 때로는 투쟁을 벌이면서 영역을 넓히고 힘을 비축했다.

여진은 우리 민족과 오랫동안 교류한 탓에 때로는 같은 민족으로 인정하기에 이르렀다. 금나라를 세운 태조는 "발해와 여진은 본디 한 일가와 같다"고 하여 두 민족의 뿌리가 같다는 인식을 보여주었다. 그러므로 흑수말갈은 조선족과는 동류의식을 강하게 가졌던 것이다.

그뒤 여진족은 청나라를 세우고 중국 본토를 차지했다. 중국을 지배한 여진족은 중국 민족에 동화되었다. 하지만 현재 이들의 후예인 만주족은 소수민족으로 중국 동북지방에 400만 명이 넘게 살고 있다.

민족사학자 박은식은 "여진족은 발해족을 바꾸어 일컫는 것이요, 발해족은 마한족의 이주자가 많은지라. 금나라 역사로 말하면 두만강 변의 작은 부락에서 일어나 일거에 요나라를 멸망시키고 두 번 북송을 차지하여 중국 천지의 주권을 장악했으니 고루 우리 땅의 생산이요, 우리 겨레의 사람으로······"(박은식, 『몽현금태조夢見金太祖』)라고 했다.

박은식은 여진을 우리 겨레와 한 뿌리로 인식했다. 그러므로 고구려, 발해 시기의 말갈족과 고려, 조선 시기의 여진족은 우리 겨레와 어우러 져 살기도 하고 끊임없이 교류를 하여 혈통과 풍습이 뒤섞였던 것이다. 이쯤 되었으니 사촌이라 해도 무방할 것이다.

현재 하바롭스크의 아무르강가에는 나나이족 집단마을이 있다. 그 곳을 답사할 때 그 주변에 전시된 나나이족 주거와 생활도구를 돌아보 았는데, 우리 한민족의 고대 유물과 너무나 비슷했다. 특히 식당에서 일 하는 나나이족 소녀를 만났는데, 우리 민족의 외모와 너무나 닮아 있었 다. 어쩌면 몽골족보다도 더 비슷했다.

일본 길과 흑수 길을 열다

발해는 당나라 다음으로 일본과도 활발히 교류했다. 그러므로 발해 로서는 일본도(日本道)를 당나라로 통하는 조공도(朝貢道) 다음으로 중요 하게 여겼다. 이 길은 단순하게 발해와 일본과의 왕래 통로만이 열린 것 이 아니라 일본 사람들이 발해 땅을 거쳐 당나라로 들어가는 통로로도 이용되었다.

발해는 727년에 처음으로 일본에 사신을 보낸 뒤 35차례나 왕래했 다. 7년마다 한 번꼴로 보낸 셈이었다. 또 일본에서는 728년부터 발해에 첫 사절단을 보낸 뒤 13차례나 파견했다. 따라서 발해에서 더욱 극성스럽게 일본과 왕래의 길을 텄던 것으로 보인다.

그러면 발해의 사절들은 어느 항구에서 출발했을까? 한때 수도였던 동경용원부 팔련성(훈춘)이 일본도의 중추 기능을 맡았다. 동경용원부 아래의 관할지역으로 바닷가에 염주(鹽州)가 있었다. 이곳에서는 이름 그대로 소금이 많이 생산되었다. 소금 생산지는 소금장수들이 모여든 탓에 길이 열리기 마련이었다. 일본으로 가는 배는 처음부터 염주항에서 출발했다. 발해 사람들은 아무런 지식도 없이 망망대해를 바라보며 모험의 길을 나섰다.

발해는 북쪽으로도 흑수도(黑水道)를 열었다. 상경용천부에서 흑수부로 들어가는 길은 목단강 유역에 있는 영안시와 목단강시를 지나 나하로 들어간 뒤 그 중심지인 하바롭스크에 이른다.

우리 겨레와 비슷한 문자와 언어, 풍속

말갈 문자를 계승한 문자는 여진 문자다. 이 문자는 말갈 계통의 금나라에서 1119년 처음으로 대문자를 만들었고 1138년에 소문자를 만들어 사용했다. 이는 새로 만들었다기보다 말갈 문자를 정리했으리라 보고 있다. 그리하여 여진어는 몽골어, 만주어, 조선어 등과 비슷하다고 보는 것이다. 현재 함경남도 북청에 여진 문자를 사용한 비가 보존되어 있으며 1636년 조청전쟁(병자호란)이 일어난 뒤 한강 가의 삼전도에 여진 문자로 세운 비가 있다. 하지만 그 문자를 제대로 해석하지 못하고 있다.

한편, 말갈족의 언어는 몽골족의 언어와 같이 퉁구스 계통 언어일 것이다. 곧 어순이 중국어와 달랐다. 예를 들면 중국어는 "나는 먹었다 밥을"이라고 서술하는 데 반해, 말갈족의 언어는 "나는 밥을 먹었다"라는 식의 어순으로 되어 있다. 목적어와 보어의 순서가 바뀌는 것이다. 우리말도 이 계통에 속한다. 함경도 사람들은 여진어의 영향을 받아 비슷한 발음과 단어를 사용한다.

말갈족은 샤머니즘을 믿었다. 발해에는 여느 고대사회와 마찬가지로 샤머니즘의 신앙 형태를 토대로 한 민중 신앙이 널리 퍼져 있었다. 이를 한자로는 샤머니즘의 뜻을 빌려 살만교(薩滿敎)라 표기했다. 살만교는 원시사회의 풍속을 많이 지니고 있는 흑수말갈 지역에서 오랫동안 받들어졌다. 발해의 살만교는 북쪽 지방의 영향을 받으면서 그 나름의 독특한 형식과 주술을 갖추고 있었다.

아무튼 대다수 발해의 민중은 말할 나위도 없이 불교를 받아들이기 전부터 살만교에 빠져 있었다. 불교를 받아들인 뒤 지배 세력은 불교 이념을 정치에 끌어다 쓰고 신앙으로 받들었으나 민중들은 쉽게 불교로 돌아서지 않았다. 발해 사람들은 곳곳에 신당을 지어놓고 강의 신[河神], 나무의 신[樹神], 바다의 신[海神], 산의 신[山神] 등을 모시고 받들었다. 우리의 다신 신앙 형태와 다를 바 없었다. 발해 사람들은 신성한 산신이 있다고 믿는 곳에서는 오줌똥을 누지 않았다. 만약 그런 곳에 들어가 오줌똥을 싸게 되면 산신을 모독한다고 여겼다. 그래서 발해 사람들은 백두산 같은 신령스러운 산에 오를 때에는 오줌똥을 담을 주머니를 들고 가서 거기에 누고 내려와서 들판에 버렸다.

살만은 우리네의 무당과 같은 뜻으로 쓰였다. 살만은 거의 여자들이 맡아했다. 살만이 굿을 주재할 때 도구는 신모(神帽, 모자), 신의(神衣, 윗옷), 신군(神裙, 저고리), 신혜(神鞋, 신발), 신고(神鼓, 북), 동경(銅鏡, 구리거울), 요령(腰鈴, 방울), 신도(神刀, 칼) 따위를 썼다. 그 가운데 신의와 신고를 가장 중요한 도구로 사용했다. 우리의 무속 도구와 같았다. 신의는 동물의 가죽을 기워 만들었다. 짧은 윗옷으로 위는 헐렁하고, 아래는 좁았으며, 앞은 짧고, 뒤는 길었다. 옷의 겉에는 구리 조각과 짐승 뼈를 가득 달아놓았다. 신고에는 손잡이에 아홉 개의 철환을 달았고 겉에는 줄줄이 쇠붙이를 달았다. 신고를 두고 "초자연의 도구", "모든 물체를 담았다", "정령이 그 안에 들어 있다"고 하여 가장 귀중하게 여겼다. 또 굿을 벌일 때 신관에 못, 조개껍질, 광채 도는 돌, 금, 은, 구리 조각을 장식으로 붙였으며 네 귀퉁이에는 짐승의 가죽과 곡식의 종자를 드리우거나 붙였다. 또 허리에는 요령과 조개껍질과 채색 나는 띠를 찼다.

살만은 굿을 벌일 때 먼저 눈을 감고 묵도를 한 뒤 주문을 외웠다. 이어 신가를 부르거나 높고 낮은 소리를 섞어 야수의 음성을 내었는데, 곰이 포효하는 소리, 뱀이 기어 다니는 소리, 호랑이가 울부짖는 소리, 매가 지르는 소리를 섞었다. 이어 사지를 벌려 움직일 때에는 뛰어오르기도 하고 격렬한 춤을 추기도 했다. 춤을 출 때에는 신의가 사방으로 펄럭였으며 손으로는 북을 빠르게, 느리게, 높거나 낮게 놀려댔다.

살만은 제사를 지낼 때 많은 제사 음식을 차렸다. 제사 음식은 일정한 격식이 있다기보다 모든 종류의 고기와 과일, 곡식을 올렸다. 그때 주문은 호소하기도 하고, 위협하기도 하고, 부탁하기도 하는 내용으로 이루어져 있었다. 신을 배치하고, 신을 청해오고, 신을 공경하고, 신을 보내는 의식도 짜임새 있게 순서와 절차를 달리했다.

살만은 신을 모신 전각과 신당을 거대하고 엄숙하게 지었다. 절과 같이 신도들이 그곳으로 몰려왔다. 특별하게 굿을 벌일 때에는 높은 산이나 밀림의 큰 나무, 거대한 바위의 정수리, 냇물의 발원지를 골랐다. 후기에 들어서는 절의 행사를 본받아 점차 신당 안에서 굿을 벌였다. 그들은 굿의 형식을 빌려 선신을 부르고 악신을 위무했다. 이를 통해 복을 빌고, 재앙을 없애며, 병을 치료하고, 길흉을 점치는 행위를 벌였다. 특히 병을 치료할 때에는 주술 이외에 간단한 약물치료를 곁들였다. 우리나라 샤머니즘 의식과 비교함직하다.

한편, 여염에서는 조상의 제사를 지낼 때 살만을 초대해 제사의식을 치르게 했다. 이때에는 기본으로 돼지와 양을 잡아 제수로 사용했다. 살만은 조상의 제사에서도 선신을 부르고 악신을 위무한다고 했으며 이를 통해서도 복을 빌고 재앙을 없앤다고 믿었다. 부모가 봄철이나 여름철에 죽으면 곧바로 땅에 묻고 흙을 쌓아서 집을 지었는데, 비가 오거나 습기가 차는 것을 생각하지 않았다. 그리고 부모가 가을철이나 겨울철에 죽으면 담비를 잡아다놓고 시체의 고기를 모조리 뜯어먹게 했다. 이런 고대의 풍속은 야만스럽다기보다 사람이 죽어도 산 사람과 같은 세계가 있다고 보아서 먹을거리를 놓고 슬퍼하지 않았던 것이요, 죽음은 자연으로 돌아가는 것으로 여겨 시신을 짐승의 먹이로 제공한 것이다. 고대 사람들의 단순한 의식에서 나온 장례 절차였다.

발해 시기에 들어와서는 전기의 고대와 고구려의 풍습이 많이 남아 있을 때, 후기의 당나라의 풍속이 유입되었을 때와 구분된다. 이 두 시기에는 장례의식이 큰 차이를 보였다. 앞 시기에는 시체를 그대로 땅에 묻었다. 곧 시체에 옷을 입히거나 관에 넣지 않고 나신인 채로 땅을 파고 묻기만 했던 것이다. 뒤에 유교문화에 영향을 받아 염을 하는 풍습으로 바뀌었다. 또 죽은 사람이 평소에 타던 말을 죽여 시신 앞에 차려놓고 제사를 지냈다. 죽은 사람이 살아 있을 때처럼 말을 타고 함께 황천길을 가라는 의미가 담겨 있었다.

풍장은 북방민족에서 흔히 볼 수 있는 장례 풍속이었다. 풍장의 장례 풍속은 북쪽 나라 사람들에게도 널리 퍼진 것으로 보인다. 무덤을 만들지 않고 육신을 자연의 바람 속에 날려보내는 의식에서 고대 사람들의 사생의 관념을 엿볼 수 있다.

한편, 발해 앞 시기의 장례식에도 풍장의 습관을 따르는 경우가 있었는데, 말갈족에게서 유래된 것으로 보인다. 또 조선시대 섬사람들이 시신을 거적에 쌓아 야외에 두었는데, 이 역시 풍장의 일종이었다. 이런 풍속과 샤머니즘은 우리 민족의 풍속과 토속신앙의 원형을 방불케 했다. 곧 우리의 고대 문화가 부족에서 흘러온 것으로 추론할 수 있을 것이다.(이이화, 『해동성국 발해』)

하바롭스크에 있는 민속박물관을 답사했는데, 여기 전시물 가운데에는 칼이나 창을 들고 있는 장승, 새가 앉아 있는 솟대, 가르마를 탄 머리 모양, 고구려 문양인 삼족오(三足烏) 비슷한 문양, 초가와 비슷한 집 모양, 인형의 옷차림, 진흙으로 지은 초가, 아궁이를 설치한 부엌, 가재도구인 삼태기와 망태 등이 우리 것과 많이 비슷했다. 이런 유물을 비교하면서 동질성을 발견할 수 있었다.

시베리아 한민족 이주의 역사

동토 시베리아의 땅

조선 사람들은 19세기 후반기와 일제 식민지 시기에 만주뿐 아니라 연해주로 이민을 갔다. 근대사에 나타나는 연해주는 복잡한 역사를 갖고 있다.

러시아는 17세기부터 남진 정책을 폈다. 1650년 러시아 장군 하바로프가 탐험대를 이끌고 아무르강에 다다라 연안의 지형과 특산물을 조사하고 이듬해에 아무르강 상류에 알바진성을 쌓았다. 1652년 하바로프는 동남쪽으로 내려와 우수리강 만주 쪽 입구인 지금의 하바롭스크에 아찬스크성을 쌓았다. 이들은 이때부터 더욱 남쪽으로 내려오고 있었다.

이에 청나라에서는 군사 2000여 명을 보내 이들을 공격했으나 실패하고 돌아왔다. 러시아 군대는 원정대를 조직해 더욱 내려와 쑹화강 일대까지 범위를 넓혔다. 청나라는 조선에 구원병을 요청했다. 1654년 조선에서는 조총수 100여 명과 보조 군사 50여 명을 보냈다. 조선군은 청나라군과 합세해 이들을 몰아냈다. 그리고 1658년에 다시 260여 명의 군사를 보내 청나라군과 합동작전을 펼쳐 스테파노프가 지휘하는 러시아 군사를 물리쳤다. 이를 우리 역사에서는 나선정벌이라 부른다.(이이화, 『한국사 이야기』 13) 지금 하바롭스크의 광장에는 하바로프의 거대한 동상이 세워져 있다.

그뒤 러시아는 다시 18세기부터 "우랄의 동쪽으로"라는 표어를 내걸고 본격적으로 동방 경략(經略)에 나섰다. 러시아 당국은 동쪽 땅을 점령할 때마다 새로운 행정기구를 설치하고 죄인들을 내몬 뒤 정착지로 삼았다. 한인들의 사회당대회가 열렸던 현재 이르쿠츠크의 국립대학교 도서관(예전에는 총독 관저)에는 이 지역의 역대 총독과 개척 장군들의 초상화가 걸려 있으며 그 옆에 있는 아무르강 변에는 첫 개척자인 아무르스키의 동상이 세워져 있다. 이들은 현지 주민을 포악하게 다룬 무서운 정복자였지만 러시아에서는 자랑스럽게 개척자로 받들고 있다.

러시아 군대는 19세기에 들어와서 아무르 지방을 서둘러 점령했는데, 사람이 살지 않는 곳인 아무르 지방을 큰 전투 한 번 벌이지 않고 차지할 수 있었다. 러시아는 이 땅을 점령하고 밀림과 습지에 도로를 건설하고 동방 경략의 발판으로 삼았다. 1858년에는 청나라를 압박해 아이후 이 조약을 맺고 이곳을 합법적으로 차지했다. 그들은 계속해서 남하해 우수리강 일대까지 차지한 뒤에는 1860년 북경조약을 맺어 다시 합법적으로 영유했다.

러시아는 군대를 투입해 새로운 도시 블라디보스토크를 건설했다. 블라디보스토크는 '동방의 지배자' 또는 '동방의 보석'이라는 뜻이다. 그들은 이 도시를 근거지로 삼아 만주와 조선을 노렸다. 그리하여 항만을 건설하고 도로를 부설해 부동항을 확보하고 함대를 배치했다. 하지만 러시아 수도 상트페테르부르크로 통하는 길은 험난했다. 블라디보스토크 주변은 밀림이었으며 온통 늪지대였던 탓에 왕래가 쉽지 않았다. 더욱이 밀림에는 맹수들이 득실거려 일반 주민들은 농사를 지을 수도 없었다. 그런 이유로 러시아가 처음 이 일대에 진출했을 때 주민은 1만 2000여 명에 불과했다. 그리하여 1890년대에 들어 철도 부설을 서둘러 시베리아 철도는 13년에 걸쳐 완성되어 만주 땅으로 연결될 수 있었다.

이렇게 하여 러시아 사람들은 처음으로 조선의 국경까지 진출해 한반도를 넘보게 되었다. 이때부터 러시아는 조선과도 17.7킬로미터에 이르는 국경을 맞대고 있었다. 두만강 입구에 있는 삼각주 녹둔도는 조선의 영유로 인정해주었다. 조선 사람들은 어느 때부터인지 노령(露領·俄領, 시베리아 일대)지역을 연해주, 블라디보스토크를 해삼위라고 불렀다. 이로 인해 연해주와 해삼위는 조선 사람들의 희망과 한숨이 짙게 서려 있는 곳이 되었다.

희망의 땅, 연해주로 가자

조선 사람들은 연해주가 본격적으로 개척되기에 앞서 이주를 시작한 것으로 보인다. 이는 만주의 경우처럼 자연스러운 현상일 것이다. 조선 농민들은 두만강을 넘어가서 땅을 일구고 농사를 지었다. 특히 농민들은 농사철에 이주해 농사를 지은 뒤 가을에 돌아오는 계절 이민자들이 많았다. 그뒤 1863년 13가구가 국경을 넘어 포시예트만 북쪽에 있는 티젠호 주변에 정착했다. 1866년에는 100가구가 넘었다. 이들 초기 정착민은 너무 가난해 농사를 지을 수 없었다. 러시아 당국에서는 이들에게 소와 씨앗을 나누어주어 농사를 짓게 했다. 차츰 이주민이 늘어나 개항 무렵인 1880년에는 5000여 명이 살고 있었다.

이주민들은 계속 위쪽으로 진출했다. 평안북도 연변 출신의 김경찬이라는 사람이 블라디보스토크에서 여관업을 했다는 기록으로 보아 많은 조선 농민이 새로운 도시인 블라디보스토크와 아무르강가에 건설한 하바롭스크 등 북쪽 지대에서 살았던 것으로 보인다. 러시아는 1863년부터 블라디보스토크를 건설하기 시작했다. 참나무와 소나무를 베어 오두막을 지었다. 1872년에는 60명의 해군 병력을 배치했다. 이 무렵에도 호랑이가 정부 청사 안으로 들어왔고 대장간 밖에 매어둔 말 두 마리도 호랑이에게 잡아먹힐 정도로 맹수가 들끓었다.

1890년대에는 블라디보스토크에 2만 5000여 명의 주민이 살았다. 조선 정착민 3000여 명은 항구에서 1.6킬로미터 떨어진 외곽에 살면서 주로 짐꾼 노동자로 살았다. 이곳이 신한촌(新韓村)이었다. 중국인

2000여 명은 주로 과일과 야채 상점을 하며 상업에 종사했다. 한편, 러시아의 또다른 중요 도시인 하바롭스크에서는 조선인들이 중국인들과 농산물 유통업 경쟁을 벌여 완전히 상권을 장악했다. 그리하여 이곳에 사는 중국인들은 노동자로 전락했다.

이사벨라 버드 비숍은 1894년 블라디보스토크를 여행하고 기행문 『한국과 그 이웃 나라들Korea and Her Neighbours』을 남겼는데, 조선 정착민의 모습을 자세히 기록했다. 이는 연해주 관련의 귀한 자료가 되고 있다. 그녀는 블라디보스토크의 항구에서 내려 호텔에 이르기까지의 과정을 다음과 같이 썼다.

웃고 떠드는 한국 소년들에 의해서 나는 해안 쪽으로 잡아당겨졌다. 나의 소지품을 들어주겠다고 서로 치고받고 싸운 뒤에 그들은 내 소지품을 어깨에 둘러메고 뿔뿔이 흩어져버렸다. 나는 카메라의 삼각대만 들고 있었다. 그 물건은 악명 높은 만주의 승용마차 속에서도 필사적으로 붙들고 있었던 것이다. 멀지 않은 곳에 사륜마차가 있었다. 네댓 명의 한국인이 나를 잡아당겼다. 그중 한 사람이 나를 한 대의 수레 쪽으로 끌고 갔고 다른 사람들은 또다른 수레로 데리고 갔다. 그들은 코사코 경찰이 와서 질서를 잡을 때까지 네 귀에다 한국어로 외쳐대고 있었다. 부두에는 수백 명의 한국인이 있었는데……

마차를 타고 호텔로 가는 도중의 거리에서 이런 경험을 한 것이다. 기록은 계속된다.

많은 한국인들이 다시 모여들었다. 그들은 마구 떠들고 있었고 흥분한 상태였다. 나는 전속력으로 떠나도록 지시했다. 마차는 숨이 멈출 것 같은 속력으로 미친 듯이 뛰쳐나갔다. 한국인들도 달렸다. 계속해서 더욱더 달려갔고 몇 번의 정지가 더 있었다. 이런 식으로 나는 마침내 골든호텔에 당도했다.

이 표현대로라면 조선인들은 블라디보스토크 항구와 거리에 우글거렸다. 이사벨라 버드 비숍은 조선과의 국경지대인 두만강 위쪽 포시예트만과 노보키예프스키(연추 언저리) 일대를 돌아보고 조선인 정착촌을 답사했다. 그 사정을 비교적 상세히 전하고 있다. 이 일대 조선 정착민들은 블라디보스토크에 유통되는 육류를 대부분 공급하고 있었다. 이사벨라 버드 비숍은 한 정착민이 살찐 가축 60여 마리를 포시예트만 항구로 몰고 와 증기선에 싣는 모습을 보았다고 했다. 노보키예프스키는 거대한 군사도시였다. 조선인들은 상품과 연료를 운송하는 일을 맡았는데, 조선 땅에서처럼 소가 이끄는 달구지에 짐을 실어날랐다.

포시예트만과 노보키예프스키 사이에는 정착민의 마을들이 흩어져 있었다. 대개 한 마을에는 140세대가 살았다. 이들은 농업을 위주로 생계를 꾸렸는데, 특히 가축을 길러서 공급해 많은 돈을 벌었다. 중국인들은 조선인들에게 밀려 농업 소득을 올리지 못했다. 이 마을들은 분지로 비옥한 땅에 곡물과 목초가 잘 자랐다. 농장은 깨끗하고 잘 청소되어 있었으며 가축들도 집안의 우리에서 길렀다. 짚이나 기와로 이어진 전형적인 조선 가옥에는 대여섯 개의 방을 꾸몄으며 방안에는 고급스러운 가구들이 놓여 있었다. 상투를 튼 노인들과 한복을 곱게 입은 부녀자들은 조선식 예절을 지켰다. 이와 달리 중국인들의 집은 거의 쓰러질 듯이 초라하게 서 있었다.

그들은 이렇게 평화롭게 살았다. 양반의 위세와 선비의 오만도 없는 평등한 마을이었다. 그들은 1884년 이전에 정착한 이주민들이었다. 러시아는 그뒤에 들어오는 이주민들의 유입을 막았다. 그리하여 무허가 거주자나 정착하지 않는 유랑 이주민들은 추방되었다.

정착민들 마을에는 가장 규모가 큰 연추의 얀치혜(비숍의 표기로는 안칠례)라는 곳이 있었다. 이 마을에는 러시아 아이들과 조선 아이들이 함께 수업을 받는 학교와 그리스정교의 교회도 있었다. 이 마을을 담당한 조선인 경찰만도 400여 명이었다. 이곳 주민들은 일단 그리스정교의 신자로 교회에 다녔으나 실제로는 거의 교회의식을 따르지 않고 고유의 풍속을 지켰다. 이사벨라 버드 비숍은 여러 정착 마을을 돌아보고 다음과 같이 기록했다.

한국인들은 그들이 기르는 가축들의 분뇨를 이용하여 토지를 비옥하게 하는 방법을 알고 있다. 한국인들은 깊게 땅을 파고 그들의 경작물을 윤작(輪作)한다. 그리고 그들의 땅으로부터 풍성한 수확을 얻는다.

이는 국경지대 정착민들이 농업 이민으로 성공한 경우에 해당할 것이다. 하지만 전체적으로는 많은 고난이 따랐다. 러시아는 밀림지대를 개발하고 철도를 부설하면서 조선 노동자들을 투입했다. 조선의 변경지대 관원들이 월경(越境) 조선인의 인도를 거부한 것으로 보아도 조선 이주민을 이용한 것으로 보인다. 더욱이 그들은 조선 청소년을 뽑아 학교에 배치하고 러시아 습득 교육을 시켰다.

한민족의 중심지는 신한촌

이주민은 계속 늘어났다. 1882년의 경우 연해주 일대에 1만 명이 넘게 살았는데, 이는 연해주 전체 주민의 9분의 1을 넘는 수준이었다. 더욱이 러시아인 주민 8000여 명보다 높은 수치였다. 1908년에는 총인구 52만 5353명 가운데 러시아인은 38만 384명, 조선 이주민은 4만 5397여 명, 중국인은 3만 7000여 명, 일본인은 3000여 명이었다. 조선이 일본에 병합된 뒤에는 그 수가 말할 나위도 없이 더욱 늘어났는데, 1926년에는 19만여 명을 헤아렸다.(고승제, 『한국이민사연구』)

조선 이민자들은 여건이 허락되는 한 될 수 있는 대로 집단으로 마을을 이루고 살려 했다. 노동판을 찾아 도시를 떠도는 사람들이든 농사지을 땅을 찾아 헤매는 사람들이든 일단 터를 잡으면 동포마을을 이루고 살았다. 그 대표적인 예가 신한촌이다. 조선 이주민들은 블라디보스토크가 건설되자 앞다투어 중심지에 진출해 자리를 잡았다. 그러나 시베리아 철도가 개통된 뒤 러시아인들이 몰려들자 러시아에서는 조선 이주민을 교외로 몰아내는 정책을 폈다. 그리하여 교외에서 더욱 멀리 밀려나 산자락 언덕지대에 새로운 마을을 건설했다. 이사벨라 버드 비숍이 찾아본 블라디보스토크의 교외 조선인 정착촌이 바로 신한촌일 것이다. 이 마을은 독립운동 기지가 되었는데, 1920년 일본군에 의해 쑥대밭이 되었다.

여러 집단마을에서는 색청회, 권학회, 한족회 등의 이름으로 자치조직 또는 교육 친목조직을 운영했다. 이주민들은 일단 마을을 형성하면 이런 조직을 만들어 상호협동과 친목을 도모하며 민족의식을 고취했다. 연해주 총독의 지원 아래 운영한 자치조직에서는 일정한 한도 내에서 주민의 재판까지 맡아보았는데, 이를 노야(老爺)제도라 부른다. 노야는 우리말로 '어르신네'라는 뜻을 지니고 있다. 마을에서 가장 나이가 많고 덕이 높은 어른을 추대해 동네를 다스리는 최고의 권한을 주었던 것이다. 촌장은 실무를 대행했다. 예를 들면 과부를 넘본 자, 불효한 자, 도둑질한 자 따위를 찾아내 동네 재판을 열었다. 죄의 경중에 따라 동네에서 추방하거나 멍석말이를 하거나 회초리를 때리는 등의 징벌을 내렸다. 어떤 경우에는 북을 지고 발에 끈을 달아 북소리를 내며 동네를 한 바퀴 돌아 자신이 저지른 잘못을 반성하게 만들었다.

노야제도는 중국에도 있었는데, 연해주 중국인 마을에서도 이를 실시행다. 러시아 관헌들이 이민족의 모든 범죄나 치안까지 제대로 다스릴 수 없어서 이 제도를 활용했다. 이사벨라 버드 비숍의 이야기를 들어보면 이해가 쉬울 듯하다. 정착민들은 자치제도를 두고 연장자나 촌장은 마을의 크기에 따라 한 명에서 세 명까지 관리를 거느리고 각 지역을 관장했다. 경찰과 공무원도 조선인이었다. 각 지역에는 두세 명의 법관이 있었는데, 경범죄를 심리하는 서기를 두고 있었다. 촌장은 치안과 세금 징수의 책임을 지는 대신에 급료와 수당을 받았다. 이곳의 모든 관리는 조선인들이 뽑은 조선인이었다.

노야제도에는 도노야와 촌노야 두 종류가 있다. 도노야(都老爺)는 러시아 당국으로부터 모든 조선 주민에게 징벌의 권한을 행사할 수 있는 권한을 위임받았다. 그러므로 도노야는 일정한 지역에서뿐 아니라 다른 지역에 사는 조선 주민들에게도 권한을 행사할 수 있었다. 이와 달리 촌노야(村老爺)는 도노야의 지휘와 감독을 받으며 일정한 마을에서 징벌권을 행사할 수 있었다. 따라서 도노야의 하급기관이라 할 수 있었다.

노야제도는 성공을 거둔 것으로 보인다. 러시아 당국은 직접 치안을 다스리지 않아 민족 감정을 일으키지 않았고 조선인 이주민들은 전통적 방법을 적용해 마을 자치권을 확보할 수 있었기 때문이다. 다만 러시아 당국은 군사, 세금, 그 밖의 중요한 사항은 별도로 하달해 협조를 이루어냈고 자치조직은 이를 협조하는 바탕에서 민족 전통을 살려나갔다.

조선의 풍속을 지키다

앞에서 이야기한 것처럼 조선 이주민들은 끈질기게도 자기네들 관습을 지키며 살았다. 더욱이 집단마을을 이루고 사는 조선 이주민들은 생활 풍습에서는 거의 러시아 사람들과 동화되지 않았다. 집도 초가를 지었고 마루를 놓고 구들을 까는 등 조선의 전통 가옥을 짓고 살았다. 이들은 조선의 농가를 그대로 재현했다. 이주민들은 옷도 한복을 입었으며 명절도 음력에 따라 지냈다. 결혼식과 장례식도 조선 방식을 고집했다. 그리스정교의 예식으로 혼례를 치른 뒤에도 다시 전통혼례를 치렀다.

종교 문제는 더욱 심각했다. 러시아 당국은 그리스정교를 권장하기 위해 정교 신자들에게 국적을 취득하게 해주는 따위로 혜택을 주었으며 일단 국적을 취득하면 15정보(148,760제곱미터)의 땅을 무상으로 나누어 주었다. 그리스정교의 블라디보스토크 전도조합은 열성적으로 입교운동을 벌였으나 거의 실효를 거두지 못했다. 1909년 블라디보스토크 전도조합의 보고에 따르면 조선인 이주민으로 그리스정교에 입교한 사람은 1만여 명이었다 한다. 당시 조선 이주민 수는 4만 5000여 명이 넘었으니 22퍼센트 정도였다. 더욱이 이들 입교자도 겉으로는 신자인 척했지만 속내로는 거의 믿지 않았다 한다. 이를테면 위장 신도들이었다. 이주민 대부분은 기독교 장로파, 기독교 감리파, 천도교(동학), 단군교 등을 믿었다 한다. 이주민들이 민족 풍속을 지키고 정교를 거부한 탓에 러시아 당국은 이를 못마땅하게 여겨 차별 정책을 시도했다. 곧 토지와 사회 활동에 제한을 두고 수수료 같은 작은 일에도 차별을 두었다. 그런데도 이주민들은 학교를 세워 민족교육을 시켰으며 연해주 주재 일본영사의 지원을 거부했다.

조선 이주민들은 대부분 집단마을을 이루며 농업에 종사했는데, 초기 이주민들은 러시아 지주들의 가혹한 소작료에 시달렸다. 곧 소출의 5할을 내는 것이 소작 관행이었다. 그리하여 이주민들은 아편 재배로 시선을 돌렸다. 몰래 아편을 생산한 뒤에 만주의 철도편을 이용해 상하이 등지로 공급했다. 그 무렵 조선 이주민들이 생산한 연해주 아편은 국제적 명성을 얻었다. 이주민들은 농업에 종사하면서 아편 재배로 많은 소득을 올렸다.

1918년 무렵부터 조선 남쪽의 농민들이 대거 이주하면서 사정은 달라졌다. 남쪽 이주민들은 밭이나 습지를 논으로 개간해 쌀 생산의 실적을 올렸다. 이들은 높은 농업기술로 많은 쌀을 생산해 차츰 부를 쌓아 지주나 농업 경영자로 변신했다. 쌀 농업은 러시아인이나 중국인 들이 짓지 않는 독점적 농업 생산방식이었다. 한편, 도시 주변에 사는 이주민들은 남쪽의 재배방식에 따라 채소를 가꾸어 내다 팔아 많은 소득을 올렸다.

러시아 당국에서도 농업을 권장했다. 광대한 황무지를 조선 농민들이 개간해 농업 소득을 올리는 것이 연해주를 부강하게 만드는 지름길이라고 판단했기 때문이다. 그런데 러시아 당국은 러시아 국적을 취득하지 않은 이주민들을 가혹하게 다루었다. 이주민들이 개척한 땅을 무상 몰수하거나 러시아 농민이 입주해오면 농작물 농업 부대시설을 몰수해 러시아 농민에게 넘겨주었다. 그 결과 러시아 농민들의 소작인으로 전락했다. 눈 뜨고 코 베어가는 세상이라고 한탄해보아야 아무런 실익도 없었다.

한편, 러시아 당국은 한 지역을 개간한 뒤에 일정 기간이 지나면 조선 이주민들을 다른 황무지로 옮기게 하여 새로운 땅을 개척하게 했다. 조선 이주민의 손을 거친 황무지는 기름진 땅으로 변했다. 따라서 조선인 마을도 연해주 일대로 널리 퍼져 형성되었다. 소작 농업에 의욕을 잃은 농민들은 노동자로 전락했다. 당시 연해주에는 근대적 생산시설이 거의 없어 농민들은 사금 광산으로 흘러가서 사금을 채취하거나 도시 주변에서 여관업과 식당을 했다.

러시아 당국은 차츰 귀화 정책을 강화했다. 이런 정책은 처음부터 실시되었지만 단계를 거치면서 변화를 거듭했다. 1884년에 처음 제한 규정을 실시했다. 1883년 이전에 이주해온 사람을 1등급으로 분류해 이들이 러시아 국적을 취득할 경우에는 일정한 토지를 무상으로 나누어주었다. 그리고 그들에게는 연해주의 영주권을 주었다. 2등급 이주민에게는 일정 기간을 거주한 뒤에 본국으로 송환시켰다. 이들을 일시 거주자로 취급한 것이었다. 3등급 이주민은 연해주에 잠시 들어와 사는 사람들로 취급해 외국인 대우를 했다.

제한 규정을 실시할 당시 1등급에 속하는 사람은 9000여 명을 헤아렸다 한다. 1908년의 경우 이주민 4만 5000여 명 가운데 러시아 국적을 취득한 자는 1만 6000여 명이었다 하니 3분의 1에 미치지 못하는 수준이었다. 러시아 국적을 취득한 사람을 원호(元戶)라 부르고 나머지 사람들은 여호(餘戶)라 불렸다. 원호들은 여러 가지 혜택을 받아 지주의 입장이 되었으나 여호들은 소작인의 처지로 전락했다. 그에 따라 경제적 수준은 현격하게 차이가 났다.

원호와 여호 두 계층은 계급 갈등을 일으키지는 않았으나 미묘한 감정적 대립이 내면에 깔려 있었다. 원호들은 새로 이주해오는 사람들을 깔보며 지배하는 듯한 자세를 취했고 여호들은 이런 원호들을 오만하다거나 민족의식이 결여된 배신자로 바라보았다. 그러므로 여호들은 애써 러시아 국적을 얻으려 하지 않았던 것이다. 그런데 중국 이주민들에게는 러시아 국적에 편입시키는 조치를 취하지 않았다. 그 까닭에 대해 고승제는 『한국이민사연구』에서 다음과 같이 썼다.

연해주에 거주하는 중국인들은 상업에 종사했고 극소수가 노동자로서 생계를 유지하는 처지에 있었다. 이에 반하여 한국인 이주민들은 농업에 종사했고 농업의 기본 수단인 토지에 관한 소유권을 확정한 바가 있어야 하기 때문에 러시아 국적에 편입하는 문제가 제기되었던 것으로 볼 수가 있다.

곧 러시아의 국가 이익과 결부되었다는 말이다. 그러나 나라가 완전히 병합된 뒤에는 사정이 달라졌다. 이주민들은 거주지역을 중심으로 교섭단체를 결성해 러시아 국적을 취득하는 운동을 벌였다. 이들은 러시아 국적을 취득해 권리를 보장받고 국적이 없는 처지에서 벗어나려 했다. 더욱이 일본 국민으로 편입되는 처지에서 벗어나려 했을 것이다. 그 무렵 3만여 명의 국적 취득 희망자가 있었다 한다. 이런 추세는 계속 이어졌다. 새로 이주해오는 사람들도 이런 추세에 따라 국적을 얻으려 노력했다. 나라를 잃은 백성으로서 국적을 얻으면 러시아의 군인이나 공무원이 될 수 있었고, 토지를 무상으로 분배받을 수 있었으며, 조세의 감세 혜택을 받을 수 있었다.

이런 현실조건에서 이주민 단체들은 국적 편입을 위해 여러모로 '로비'를 벌여 상당한 성과를 거두었다. 그런데 국적을 취득했다 하더라도 그리스정교에 입교하는 사람들은 적었다. 종교적 신념은 쉽게 버릴 수가 없었던 것이다. 또 조선의 전통적 생활 습관이나 의례도 쉽게 버리지 않고 러시아의 관습을 좀처럼 따르려 하지 않았다. 어디까지나 몸은 남의 땅에 살되 조선인으로 남으려는 모습이었다.

중앙아시아로 집단 이주하다

1917년 볼셰비키 정권이 수립되었다. 일제는 볼셰비키 정권을 반대하는 미국, 영국과 연합해 다음해에 7만 명의 군사를 동원해 연해주 일대를 점령하고 군대를 주둔시켰다. 그런 뒤에 일제 당국은 볼셰비키 정권에 반대하는 백위파(白衛派) 정권을 사주해 조선인 단체를 모조리 해산시키고 새로이 블라디보스토크에 한국인 거류민회를 설립했다. 남북만주와 북간도의 경우처럼 조선 이주민을 일제의 '신민'으로 간주해 이용하려 했던 것이다. 하지만 1922년 일본군이 볼셰비키 정권에 밀려 연해주에서 철수한 뒤에는 일제의 손아귀에서 벗어날 수 있었다.

그러나 러시아 당국은 조선 이주민을 강제로 다른 지역으로 이주시키려는 정책을 계속 추진했다. 그들은 조선 이주민들이 높은 농업기술을 이용해 많은 농업 소득을 올리고 있다는 데 주목했다. 이주민이 집중된 포시예트 지방에 쌀농사가 빠르게 보급되었기에 이들을 농업 불모지에 이주시켜 농업기술을 전파하려 했다. 하지만 조선 이주민들은 고되게 이룩한 개척지를 버리고 떠나려 하지 않았으므로 러시아 당국은 강제 이주 정책을 펼 수밖에 없었다. 한편, 스탈린은 일본의 눈치를 살폈다. 언제 일본이 다시 조선인 간첩을 구실로 침략해올지 몰랐기 때문이다.

소비에트 정권은 단계적으로 조선인들의 강제 이주를 단행했다. 1929년 3월부터 6개월 동안 6만여 명을 다른 지역으로 보냈다. 1935년에는 포시예트에 거주하고 있는 이주민 600여 명을 중앙아시아의 카자흐스탄으로 보냈다. 1939년까지 강제 이주민 수는 18만 명을 헤아렸다. 이들 이주민들은 필요한 가재도구만을 챙겨 열차를 타고 굶주림과 추위에 떨며 중앙아시아의 넓은 들판에 내팽개쳐졌다. 많은 이가 죽었으나 살아남은 사람들은 중앙아시아의 황무지를 개척했다. 이들이 중앙아시아를 개척한 고려인 1세대다.

그러면 오늘날의 처지는 어떠한가? 소련연방이 해체되고 러시아 정부가 들어선 뒤 강제 이주 당했던 이주민들은 연해주에 대한 향수를 쉽게 떨쳐버릴 수 없었다. 그리하여 많은 사람이 연해주 일대로 돌아왔다. 하지만 국적이 없는 경우도 있고 경작할 농토도 없고 상업에 종사할 자금도 없어서 방황하다가 다시 돌아가는 경우가 많다고 한다. 현지 교민들은 이들을 정착시키려는 노력을 기울이고 있으나 자금 확보의 어려움 등으로 뜻을 이루지 못하고 있다.

연해주에 건설한 독립운동 기지

우리 동포들은 연해주로 집단 이주해 마을과 도시를 건설하고 농업과 상업을 생계 수단으로 삼았다. 독립지사들은 자연스럽게 이곳으로 몰려들었고 기지도 건설했다. 나는 이 지역을 계절별로 돌아보면서 독립지사들의 숨결을 느꼈다.

망명의 시작과 첫 망명정부 수립

첫 정치적 망명의 길은 1902년 이범윤이 열었다. 이범윤은 제정 러시아 주재 공사였던 이범진의 동생으로 1902년 청나라와 간도 분쟁이 일어나자 간도 관리사로 나가 간도 동포의 권익에 나섰다가 연해주로 옮겨갔다. 그는 우리 동포가 많이 사는 연추에서 의병을 모집했다. 이범윤은 러시아에 귀화해 많은 재산을 모은 최재형의 지원에 힘입어 독립운동을 할 수 있었다.

이어 또다른 정세 변화가 있었다. 1904년 러일전쟁이 일어나자 대한제국 정부는 엄정중립을 선언했는데, 이는 친러파의 작용이 있었기 때문이다. 그리하여 일본은 정부에 압력을 넣어 러시아의 삼림채벌권을 일본에 넘기도록 강요했고, 동시에 상트페테르부르크에 있는 대한제국 공사관의 철수를 요구했다. 당시 대한제국 공사는 이범진이었다. 러일전쟁을 승리로 이끈 일본은 대한제국 내에 있는 러시아의 이권을 모두 빼앗아갔다.

당시 러시아 육전대는 연해주를 거쳐 함경도에 상륙했는데, 이곳 진위대는 러시아에 거의 저항하지 않았다. 한편, 순양함 등 러시아 함대는 주로 상트페테르부르크에서 출발해 인도양을 돌아 한국 연해로 들어왔기 때문에 시일이 늦어지고 기동력이 떨어져 참패를 거듭했다. 마침내 을사조약이 체결되고 일본이 대한제국의 외교권을 박탈했다. 현재 순양함, 오로라호는 상트페테르부르크 해군사령관 앞 네바강 가운데에 전시되어 있다. 이 배는 원형이 잘 보존되어 있었는데, 한국인 관광객을 위해 전시하고 있었다.

이런 조건에서 1907년 러시아 황제 니콜라이는 네덜란드 헤이그에서 만국평화회의를 제의했다. 이에 고종은 이준, 이상설을 특사로 파견했고, 이들은 육로로 블라디보스토크를 거쳐 상트페테르부르크에서 참사관 이위종과 함께 니콜라이 황제에게 고종의 친서를 전달했다. 이상설은 귀국하지 않고 연해주 일대에 거주하면서 독립운동 기지 건설에 나섰다.

일제는 1907년에 대한제국 군대를 해산시켰다. 이에 전국에서 의병 활동이 일어났는데, 이범윤은 연해주에서 군사를 모아 국경지대로 월경해 일본군을 공격했다. 그리고 동포들은 일본 상품을 불매하고 일본인 상점과 공장에 돌을 던지는 등 반일 기세를 올렸다. 일본의 항의를 받은 러시아에서 이범윤 의병부대에 무장해제를 지시했다.

이범윤에 이어 안중근은 초기에는 두만강을 넘어가 독립운동 기지 건설에 힘을 기울이다가 연해주 연추 일대로 진출해 단지동맹 등 독립 단체를 조직했다. 장백산 일대에서 활동하던 홍범도는 이범윤 부대에 합류하거나 별도의 부대를 편성해 활동을 전개했는데, 이들은 제정 러시아의 지원을 받아 5연발 또는 14연발의 등의 성능 좋은 무기를 소지했다.

한편, 1908년 2월 블라디보스토크에서는 『해조신문』이 발행되었다. 이곳 이주민인 최봉준은 무역선 준창호로 블라디보스토크와 원산을 오가면서 많은 자금을 모아 국권 회복을 외치는 순 한글 신문을 발행하면서 황성신문사 사장직에서 물러난 장지연을 주필로 초빙했다. 『해조신문』은 서울, 원산, 인천, 평양 등지에 지국을 두고 배포했다. 하지만 1907년 '신문지법'이 공포됨에 따라 국내 배포가 금지된 뒤 재정난으로 발행 3개월 만에 폐간되었다.

연해주 일대에서 활동하던 안중근과 그의 동지들은 마침내 1909년 러시아 조차지인 하얼빈역 구내에서 한국 침략의 원흉인 이토 히로부미를 저격했고, 러시아 당국은 안중근을 체포해 일본에 인도했다. 이 사건으로 국내 인사들은 연해주, 특히 연추와 블라디보스토크의 신한촌을 주목하게 되었다. 신한촌은 블라디보스토크 항구 언덕에 자리잡고 있었고 항만이 한눈에 내려다보였다.

이상설은 "저들의 죄를 성토하고 우리의 원통함을 밝힌다"는 뜻을 따서 성명회(聲明會)를 조직했는데 그 근거지를 신한촌에 두었다. 성명회 인사들은 1910년 6월, 13도 의군을 조직하고 을사오적의 참형을 요구했던 이재윤을 도총재로 초청했으나 국내에 있던 그는 기일 안에 도착하지 않았다. 그러자 유인석을 도총재로 추대했다. 국내의 첫 의병 활동을 전개했던 유인석은 처음 만주로 망명했다가 다시 블라디보스토크로 이주했다. 그는 13도 의군 도총재 자격으로 홍범도, 이상설과 함께 두만강을 건너 진격하려고 의병을 동원했으나 러시아 관헌에 붙잡혀 좌절할 수밖에 없었다. 성명회는 각국에 공문을 보내 일제 침략과 만행을 규탄했다.

1910년 일제에 완전히 병합된 뒤에는 다시 많은 망명객이 연해주로 몰려들었다. 그때 신채호는 국내에서 벌이던 언론 활동을 접고 블라디보스토크로 가서 역사운동, 언론운동을 벌였고 박은식은 대한국민노인동맹단을 조직해 지사를 규합했다.

이런 일련의 사건으로 인해 이범진, 이범윤, 이상설, 이동녕 등이 연해주, 특히 블라디보스토크를 중심으로 독립운동 기지를 건설하면서 많은 망명객이 몰려들었던 것이다. 이들은 언론 활동, 교육 활동을 벌이고 사회단체를 조직해 동포들의 민족의식을 고취시켰다. 이준 열사를 기리는 공진회, 안중근 의사를 선양하는 공공회 등이 있었고, 직접적 반일단체로는 김경봉이 이끈 암살단, 이상설이 주도한 성명회, 그뒤 이상설과 이동휘가 이끈 권업회가 짧게 또는 길게 활동을 전개했다. 하지만 일제는 조선을 완전히 병합한 1910년 9월에 제정 러시아 당국을 압박해 이상설, 이범윤, 유인석 등 간부 20여 명을 체포하라고 요구했다. 이에 러시아 당국은 겁을 집어먹고 이들을 체포하거나 추방하고 정치 활동을 금지시켰다. 체포를 겨우 면한 인사들은 몸을 숨겨 활동이 위축되었다. 이때 성명회도 해체되었다.(이이화, 『한국사 이야기』 20)

다음해에 이종호, 최재형, 홍범도, 이동녕 등은 신한촌에서 새 교민조직인 권업회를 창립했다. 이 조직은 합법적 활동을 보장받으려 러시아 극동 총독의 허가를 어렵사리 받아냈다. 지도자들은 각 지방을 순회하면서 회원 확보에 나섰다. 특히 감옥에서 풀려난 이상설은 이 단체의 의사부 의장을 맡아 지칠 줄 모르고 활동했다. 그는 귀화인, 비귀화인을 가리지 않고 20만 동포를 한 조직 아래 묶으려 심혈을 기울였다. 그리하여 발족 당시에는 2600여 명이 가입했는데, 1914년에 해산될 무렵에는 8500여 명이 가입했다. 회원들은 각 지역의 지도자로서 일정한 회비를 내고 여러 의무를 졌는데도, 많은 회원이 확보되었다.

권업회는 국내 진공작전을 포기하고 먼저 실력을 양성하는 독립운동 기지 이론에 충실했다. 그래서 교육을 가장 기본 목표로 정했다. 먼저 신한촌에 있던 계동학교를 대규모로 확장해 한민학교로 개편하고 연해주 이주민의 중심 교육기관으로 육성했다. 많은 이주민 아이들이 이곳으로 유학을 와서 입학했다. 이 학교는 많이 낡았지만 보존되고 있다.

한편, 독립군 양성은 비밀리에 진행했다. 그들은 연해주를 벗어난 지역인 동북 만주나 나자구에 이름마저 위장한 대전학교를 설립해 사관학교 교육을 시켰다. 이어 여러 곳에 조차지를 마련해 군영지로 활용했다. 독립군 기지로 활용되었던 밀림지대인 동만 밀산부에 군영지를 건설해 전진 기지로 삼았다. 또 자금을 확보하기 위해 도시마다 양군호, 해도호 등의 이름으로 상점을 열어 상품을 팔면서 비밀 연락 장소로 이용했다. 이들 상점은 동포들의 생산품을 교역하는 곳이 되었고 친목을 도모하거나 군자금을 거두는 기능을 맡기도 했다. 기관지로는 『권업신문』을 발행했다. 발행인은 신문의 원활한 운영을 위해 러시아인을 추대했고 주필은 신채호가 맡았다. 러시아어에 능통한 한동권이 번역을 담당했다. 이 신문은 정기적으로 러시아판과 국문판을 발행했으나 현실 여건상 국내에는 배포하지 못했다.

마침내 힘을 비축한 권업회에서는 1914년 봄, 한인 시베리아 이주 50주년을 앞두고 대한광복군 정부의 결성을 서둘렀다. 위장에 가까운 그 기념대회를 블라디보스토크에서 열고 이상설을 대통령, 이동휘를 부통령으로 추대해 망명 임시정부를 발족하고 광복군의 항일 투쟁을 통합한다는 기치를 내걸었다. 이것이 최초의 망명정부였다. 하지만 1914년 9월, 제정 러시아와 제1차세계대전 동맹국인 일본의 요구로 강제 해산되었고 『권업신문』도 폐간되었다. 러시아는 일본이 무서웠던 것이다. 그러므로 약소국의 망명정부는 그들의 눈에 보이지 않았다. 많은 지도자는 블라디보스토크를 떠나 상하이나 베이징 등지로 옮겨갔다.

이름만 유지하던 권업회는 1917년 니콜리스크에서 다시 전로한족대표자회(全露韓族代表者會) 또는 고려족중앙총회의 이름으로 재기를 도모했으나 이때는 귀화인이 중심이 된 탓에 항일의지가 약화되어 뜻을 이루지 못했다. 그 무렵 이상설이 죽었고 이범윤은 만주로 근거지를 옮겼다.(박영석, 『한민족독립운동사』 6)

러시아혁명 뒤의 민족운동

1917년 러시아에는 2월 혁명이 일어나 제정 러시아가 붕괴되고 볼셰비키 정권이 들어섰으나 적위파와 백위파의 전투는 끝나지 않았다. 연해주의 한인사회도 이런 정세에 따라 운동 방향의 변화를 보일 수밖에 없었다. 1917년 5월 블라디보스토크 신한촌에서 전로한족회 중앙총회가 결성되었는데, 여기에는 한족회, 권업회 등의 조직이 총망라되었다. 이 연합조직은 임시정부를 자부하고 러시아 임시정부에 한인 귀화 정책을 반대하고 러시아 입법 회의에 한인 의석 1석과 한인학교 개선을 요구했다.

이들은 처음으로 귀화 정책의 반대, 동등권의 요구 등을 내세우며 민족자위, 민족자립을 내걸었다. 이들은 기관지로 『한인시보』를 발행해 요구 조건과 자신들의 의사를 표현했다. 하지만 이들은 레닌 정권이 들어선 뒤 아직 시베리아를 석권하지 않은 정세에서 러시아의 여러 진보파를 의식해 중립을 선언하는 태도를 보였다. 시베리아에서는 적위파와 백위파가 전쟁을 벌이고 있었던 것이다.

그런 가운데 1918년 1월, 자본주의 국가인 영국과 미국의 순양함과 전함이 볼셰비키 정권을 견제하기 위해 블라디보스토크 항구에 밀어닥쳤다. 그해 4월, 일본군도 잇따라 시베리아에 출병해 블라디보스토크에 상륙했다. 일제는 이 기회를 틈타 러시아의 이권을 차지하고 황색 러시아 제국을 건설하려는 음모를 꾀했다. 그리하여 블라디보스토크 항구에는 체코군을 비롯해 프랑스 등 수많은 외국 군함과 여러 나라의 군인들이 들끓었다. 이들 외국 군대는 반혁명 세력과 연합해 볼셰비키 지방 정권을 붕괴시켰다. 특히 일본군은 체코군과 연합해 백위파 정권을 지원했다.

일본군은 조선인 활동을 탄압했으며 여성운동가 김알렉산드라는 백위파에 처형되었고 이동휘, 유동열 등은 중국으로 도망갔다. 한족회는 커다란 위기를 느끼고 다시 정치적 중립을 선언했다. 하지만 이런 과정에서 한족들은 적파, 백파, 중간파로 나뉘었고 때로는 일본군의 밀정으로 전락하기도 했다. 그러나 1918년 10월 볼셰비키 정권은 10월 혁명을 계기로 완전한 지배권을 형성했다.

그해에 이동휘가 이끈 한인사회당이 하바롭스크에서 활동했다. 1919년 오하묵이 주도한 이르쿠츠크파 고려공산당 한인지부가 이르쿠츠크에서 결성되자 한인사회당과 다시 갈등을 빚게 되는 단서가 되었다. 더욱이 레닌 정부는 한인들이 일본군에 맞서 러시아 땅에서 전선을 펴는 사태를 우려하고 있었다. 이곳에서 거주하는 20만 한인은 커다란 시련에 봉착하게 된 것이다. 지금 하바롭스크에는 당시 회의하던 장소가 대학교 건물로 쓰이고 있다.

1919년 이후의 사정

마침내 제1차세계대전이 끝나고 파리에서 연합국이 모여 강화회의를 개최한다는 소식이 날아왔다. 더욱이 미국 대통령 윌슨이 민족자결주의를 발표하자 독립운동 노선은 크게 고무되었다. 이곳 조선 독립운동 지도자들은 1919년 1월에 비밀 회합을 갖고 파리강화회의에 전민족 대표를 파견하기로 결정했다. 그래서 러시아 대표 이동휘, 국내 대표 이용을 선정했으며 독립선언서도 발표하기로 결의했다. 윤해와 고창일이 조선인 총대표의 증명서를 갖고 그해 2월 니콜리스크에서 파리로 출발했다. 또한 2월에는 블라디보스토크에서 전로한족회 중앙총회를 열고 문창범 등을 중심으로 일반 국민의 의사를 대표하는 기관 대한국민의회를 발족했다. 여기에는 연해주는 물론 만주 일대와 국내에서 활동하는 인사도 포함되었다. 대한국민의회는 망명정부의 성격을 띠고 그해 3월 17일 독립선언서를 발표해 그 존재를 대내외에 알렸다.

대한국민의회에서는 이동휘를 부장으로 삼아 여러 부대를 통합해 1만 명의 독립군을 양성해 두만강을 건너 국내로 진주하는 것을 목표로 세우고 나자구에서 군사교육을 실시했다. 또다른 지역에 있는 여러 단체와도 연대를 모색했다.

1919년 3·1운동의 전개로 독립운동의 새로운 전기를 맞이하게 되었다. 처음 국내에서 시작된 만세 시위는 차츰 해외로 퍼져나갔는데 신한촌에서도 대대적인 시위가 일어났다. 이어 상하이에서 임시정부가 발족되어 이동휘를 국무총리로 세우자 이동휘 등은 상하이로 진출해 활동했다.

1920년 7월 모스크바에서 코민테른 2차 대회가 열렸을 때 레닌은 피압박약소민족의 해방 투쟁을 지원해야 한다고 강조했고, 이에 독립운동자들은 고무되었다. 레닌 정권은 한국의 민족운동가를 포섭하려는 여러 회유책을 동원했다. 박은식은 소비에트 출현을 두고 "우렁찬 봄소식"이라 표현했고, 이동휘는 한인사회당 조직을 통해 레닌 정권의 지원을 받으려는 여러 공작을 진행했다. 여운형은 상하이에서 고려공산당에 입당했고, 김규식은 소련의 원조를 받아 독립운동을 전개해야 한다고 주장했다. 아무튼 레닌은 일본제국주의자들을 타격하기 위해 이르쿠츠크에서 극동피압박인민대회를 개최했다. 초청 대상은 상하이, 국내, 만주, 시베리아 등지에 있는 모든 한인단체였다. 1921년 12월, 고려공산당의 상하이파, 이르쿠츠크파, 무소속파 등이 이르쿠츠크에 집결했는데, 여기에 김규식, 여운형, 한명세 등이 참여했다.

이 대회는 1922년 1월 21일 모스크바에서 열려 2월 2일 폐막하였다. 여기에서 맹목적 민족주의는 공산주의의 적이며 위험물이라 했고, 소련과 동맹하여 반제 민족 해방 투쟁과 자국의 무산혁명을 수행해야만 코민테른의 지원을 받을 수 있다고 했다. 이들은 레닌으로부터 종전의 단체를 해산하고 조선공산당을 건설하라는 지시를 받았다. 곧 유일공산당을 조직하라는 것이었다. 그리하여 국내에 조선공산당이 조직되었으나 일제의 탄압으로 실패했다.

여운형은 상하이로 돌아와 국민대표회 준비위원회를 조직하는 등 활동을 벌였으나 임시정부 개조파의 반대에 부딪혀 좌절했다. 또한 1922년 11월에는 임시정부 사절인 한형권이 20만 루블을 받아 상하이로 돌아왔는데, 개조파는 그 돈을 임시정부의 공금이라고 하여 인도할 것을 요구했으나 국민대표회 준비에 썼다. 이런 일련의 사건이 일어날 때 임시정부의 창조파와 개조파의 갈등의 골은 더욱 깊어졌고 창조파는 상하이에서 철수하여 블라디보스토크로 갔다.

이 대목에서 김규식의 노선을 살펴보자. 김규식이 극동피압박인민대회에 참여한 동기는 무장 투쟁 노선을 위해서는 중국이나 소련의 힘을 빌려야 한다고 판단했기 때문이다. 그리하여 상하이로 돌아와 창조파에 가담해 적극적으로 활동했다.

창조파는 독자적으로 임시정부 헌법을 통과시킨 뒤 국민위원회를 조직해 국민위원 33인, 국무위원 4인을 선출했다. 김규식은 국민위원으로 추대되었고 내무 신숙, 군무 이청년, 재정 윤덕보와 함께 외무를 맡았다. 또 고문에는 문창범, 이동휘, 양기탁 등이 포함되었다. 이어 창조파는 1923년 6월에 임시헌법을 공포하고 국호를 한(韓)이라 했다.

이때 코민테른에서는 연해주와 간도 대표 70여 명을 초청했고 김규식에게 "조선에서 조선혁명의 선전과 민족위원회의 조직 형태에 대해 협의하기 위해 민족주의자들 가운데에서 영향력을 가진 김규식을 블라디보스토크로 초청한다"는 통지를 보냈다.(강만길·심지연, 『우사 김규식의 생애와 사상』1) 이에 김규식이 포함된 창조파 50여 명은 큰 희망을 품고 상하이를 떠나기로 했다. 임시정부의 근거지를 블라디보스토크로 옮기려는 계획이었다. 그리하여 1923년 8월 20일, 배를 타고 상하이를 출발해 10일 동안 항해한 끝에 블라디보스토크 항구에 도착했다. 김규식은 민족주의자, 공산주의자와 손을 잡고 민족해방운동을 전개하려 했으나 뜻대로 되지 않았다.

코민테른은 창조파 국민위원들에게 국경 밖으로 퇴거하라고 명령했고 김규식, 원세훈, 이청년 등은 일부 인사를 제외하고 1924년 3월 초순에 소련 선박 레닌호를 타고 중국 칭다오 지역으로 갔다. 그 무렵 소련과 일본은 국교를 정상화하는 교섭을 본격적으로 벌이고 있었다. 그러므로 소련 당국은 자기네 영토에 있는 조선 민족운동가들이 거추장스러웠던 것이요, 독립운동가들은 다시 한번 배신을 맛보았던 것이다. 이때 김규식은 블라디보스토크에서 6개월쯤 활동했다.

한편, 1924년 1월 레닌이 사망한 뒤 소련 공산당의 권력 투쟁이 전개되었다. 스탈린이 정적을 제거하고 1929년 소련을 완전하게 지배하게 되면서 독립운동은 일대 전환을 맞이하게 되었다. 1925년 조선공산당이 창당되었으나 내부 분열이 거듭되는 속에서 일제의 거듭된 탄압에 의해 와해되었다.

1926년 3월에는 블라디보스토크에서 비타협적 민족유일당 운동단체인 민족당주비회가 결성되었는데, 뒤에서 이 운동을 도운 김규식은 끝내 단체 결성을 보지 못했다. 이때 김규식은 블라디보스토크로 건너가지 않은 것으로 알려졌다. 그 기간에 스탈린은 코민테른의 연례회의도 열지 않았다가 1935년에야 제7차 세계대회를 열었다. 국내 공산주의 운동은 재건을 보지 못했고 블라디보스토크에 있는 한위건을 비롯한 한인들이 대표로 참석했다.

이동휘는 1935년에 블라디보스토크에서 사망했고 코민테른의 중앙집행위원회 위원인 오하묵은 숙청되었다. 소련에 귀화한 비정치적인 인물 홍범도는 살아서 유랑생활을 했다. 또 이준 열사의 아들이요, 1920년대 300여 명으로 고려의용군을 조직해 일제에 맞섰던 이용도 숨을 죽이고 살아야 했다.

일제는 1931년 만주를 침략했고 1937년에는 중일전쟁을 도발했다. 이때 스탈린은 한인들을 통제했고 모두 귀화시켜 소련 시민권을 받게 했다. 스탈린이 가장 무서워한 것은 한인들이 일본의 앞잡이가 되는 것이었다. 스탈린의 숙청 대상에 한인들이 모조리 걸려들었다. 그리하여 1937년부터 약 3개월 동안 한인 18만 명을 중앙아시아인 카자흐스탄과 우즈베키스탄으로 강제 이주시켰다. 이때 이주를 거부한 2500여 명이 체포되었으며 현지에 남아 있던 사람들은 간첩 혐의를 받고 총살되었다. 이로 인해 한인들에게 연해주와 블라디보스토크는 희망의 땅이 아니라 그야말로 동토가 되었고 독립운동의 근거지를 박탈당했다. 그리하여 신한촌에 천신만고로 마련했던 한인들의 재산은 모조리 날아갔다.

오늘날 블라디보스토크의 풍경

일행은 6월 28일 시베리아 열차를 타고 하바롭스크를 출발해 12시간 정도 달려 새벽 4시쯤에 우수리스크에 도착했다. 일요일이었고 새벽 시간이어서 예정된 답사 코스를 다닐 수 없었다. 그리하여 사우나에서 시간을 보낸 뒤 도시락으로 아침을 때우고 나서 오전에 우수리스크 답사 예정지를 돌아보았다. 우수리스크에서는 열차를 타지 않고 전용 버스로 블라디보스토크로 이동했다. 그날 오후에 블라디보스토크에 도착했다. 나는 블라디보스토크와 그 아래의 연해주 지역 답사기를 쓰기로 약속되어 있어서 좀더 주의를 기울여야 한다고 마음속으로 다짐했다. 블라디보스토크의 여름 기후는 평균 섭씨 13도 정도여서 덥지도 춥지도 않아 다니기에 알맞았다. 주최측에서 기후를 감안해 답사 일정을 잡았을 것이다. 이곳은 북위 45도에서 46도 지대여서 겨울에는 섭씨 영하 20도에서 30도를 오르내리는 한대이기 때문에 겨울여행은 삼가야 한다고 들었다.

나는 이 일대에서 세 곳을 유의해 살펴보아야 한다고 생각했다. 먼저 우리 동포들이 집단마을을 이루고 살았고 독립운동의 근거지였던 신한촌의 모습이다. 둘째, 우리의 독립투사들이 블라디보스토크를 드나드는 통로인 블라디보스토크 항구와 기차역이다. 셋째, 우리 동포들이 19세기 후반기 최초로 연해주에 이주해 살았던 곳인 연추의 오늘날 사정이다.

일행을 안내하는 송타나 교수가 믿음직스러웠다. 그녀는 50대 여성으로 부모가 독립투사였으며 현재 동양대학교 교수로 재직하고 있었다. 우리말 발음은 정확하지 않았으나 맹렬 여성으로 비쳤다. 하지만 여느 경우처럼 빡빡한 일정에 쫓겨 주마간산(走馬看山)으로 돌아보면 제대로 확인할 수 없을 것 같았다. 아무튼 이야기를 풀어보자.

이곳은 발해 시기에는 준마가 생산되는 솔빈부(率賓府)의 땅이었고, 근대 시기에는 우리 동포들이 집단으로 이주하면서 해삼위로 불렸으며, 오늘날의 블라디보스토크는 연해주의 주도(州都)로 인구는 70만 명쯤이다. 현재 우리 교민은 유학생을 포함해 5000명쯤 된다고 한다. 우리의 기업가들도 이곳에 진출해 농토를 개척하거나 회사를 경영하거나 무역에 종사한다고 한다. 현대건설은 호텔을 지어 운영하기도 하지만 성공하는 경우보다 실패하는 경우가 많다 한다.

아름다운 이 항구는 한눈에 보아도 만과 만으로 둘러싸인 천혜의 요새였다. 이 항구의 만은 현지어로는 조로토이로그라 부르고 한자어로는 금각만(金角灣)이라 한다. 다시 말해 '금과 같은 순록의 뿔'이라는 뜻이다. 만의 깊이는 30미터 정도라 하니 큰 군함이 정박하는 데 문제없을 것이다. 금빛처럼 태양 아래에서 찬란하게 빛나고 있었다.

제정 러시아는 한반도의 동해를 거쳐 태평양으로 진출하는 부동항을 확보하기 위해 '동방을 정벌한다'는 뜻을 따서 '블라디보스토크'라 명명하면서 많은 물적·인적 자원을 투입해 오랫동안 꾸준하게 항만을 건설해 1905년 항만시설을 완성했다. 그러니까 일제와 러일전쟁을 벌여 패전한 뒤 완성을 본 것이다. 나의 답사 목적은 이런 미항을 돌아보려는 것이 아니라 그 역사를 음미해보는 것이다. 블라디보스토크는 1920년 대 김규식이 상하이에서 배를 타고 들어온 항구다.

이 항구의 부두에 박물관처럼 꾸민 980톤급의 잠수함이 전시되어 있다. 46명의 선원이 탑승하고 어뢰 12발을 한꺼번에 장착할 수 있다고 한다. 이 잠수함은 1936년 상트페테르부르크에서 건조되었는데, 제2차 세계대전에 참전해 북해에서 전투를 벌여 독일 군함 열 척을 폭파시켰 다 한다. 1954년 3만 6000킬로미터를 돌아 귀환했다고 하니 제2차세계 대전의 상징물이 될 수 있을 것이다. 그런데 바로 앞에서 사진 등 각종 기념물을 파는 장사꾼이 "싸요, 싸요"를 연달아 외치는 모습을 보니 우 리나라 사람들이 많이 찾아오는 모양이었다.

블라디보스토크역 역사(驛舍)도 둘러보았다. 4층 건물의 역사는 옛 서울역 역사보다 작지 않았는데, 웅장하고 견고하게 지었다는 느낌을 받았다. 1901년 처음 개통한 건물 위에는 슬라브의 태양신을 설치했고 역사 지하에는 모스크바와 9288킬로미터라고 표시되어 있었다. 지금도 기차를 타고 7박 8일 동안 가야 모스크바에 도착한다고 한다. 블라디 보스토크역 역사는 시베리아 철도의 중간 기착지 구실을 했던 것이다.

블라디보스토크에서 조선의 회령을 잇는 철도는 1903년 착공해 8년 간 완성되었으니 1911년 개통한 셈이다. 바로 일제가 조선을 병합한 다 음해에 해당한다. 조선인의 연해주 이주 역사를 보면 1910년대에 급 증한 것으로 드러난다. 홍범도는 1913년 이곳으로 이주했고 신한촌은

1911년부터 1914년 사이에 형성되었다. 그러므로 조선 이주민과 망명객들은 거의 대부분 걸어서 들어왔으며 철도가 개통된 뒤에는 배보다는 열차를 타고 온 것으로 보인다. 바로 이 블라디보스토크역 역사를 이용했다고 볼 수 있다. 더욱이 연해주 위에 있는 도시인 하바롭스크나 이르쿠츠크로 왕래할 때에도 이 역사를 이용했다. 오늘날은 서울에서 비행기로 2시간, 나진 선봉에서 배 타고 오면 8시간에서 9시간 걸리니 세상이 달라져도 많이 달라졌다.

그런 내력을 생각해보니 블라디보스토크 역 역사를 그냥 범상하게 넘길 건물이 아니었다. 더욱이 이사벨라 버드 비숍이 기행문에서 적은 대로 조선 노동자들이 초라한 모습으로 여행객의 뱃짐이나 기차짐을 지게에 져서 나르고 아이들은 가방을 들어주고 팁을 받으면서 삶을 위해 몸부림친 곳이었다. 이처럼 온갖 차별을 받으면서 생업을 위해 왕래한 이주민, 헐벗고 굶주린 망명객, 독립투사의 애환이 서려 있는 곳이라고 생각하니 발길이 떨어지지 않았다.

시가지는 부산처럼 비탈에 조성되어 있었다. 항구와 역사 근처에는 근대식 공공건물이 곳곳에 서 있었고 일본공사관 건물도 남아 있었다. 옛 흔적을 보여주는 몇 안 되는 건물들이었다.

이어 일행은 하바독스카야 거리라 불리는 산비탈로 갔다. 바로 신한촌이 자리잡고 있던 곳이다. 송타나 교수는 옛 모습이 거의 사라졌다고 말했다. 바로 이곳에서 역사적 사건들, 곧 1919년 대한국민의회 중심으로 결성된 망명정부를 조직한 곳이요, 권업회 사무실과 한인학교가 있던 곳이었다. 기록에 따르면 당시에는 기와집과 초가집이 어우러져 있었다고 하는데, 그 모습은 찾아볼 수 없었다.

거리 아래쪽에는 서울스카야(서울 거리)라 불리는 거리가 조성되어 있었고 그 주변으로 한국 상품을 파는 작은 가게들이 보였다. 서울 거리라고 하여 특별한 조형물이 설치되어 있는 것이 아니었다. 옛 신한촌을 떠올리는 하나의 상징이 될 뿐이었다. 예전에는 이 지대를 외곽이라 표현했으나 오늘날에는 항구와 1.5킬로미터쯤 떨어진 시내 중심부에 속하는 것 같다.

그 서울 거리 위쪽에 1999년 8월 15일에 건립한 기념비가 서 있었다. 3·1운동을 상징하는 세 개의 기둥으로 구성된 돌로 만들어진 조형물이었다. 기념비에는 해외한민족연구소가 건립했고 이사장 손세일이 쓴 신한촌의 간단한 내력이 적혀 있었다. 초라하기는 했지만 이것이 신한촌의 존재를 확인시켜주고 있었다.

신한촌이 폐허가 된 내력은 간단하다. 1937년 스탈린이 이곳 한족을 모조리 중앙아시아로 강제 이주시켰고 남아 있는 인사들도 발각되면 온갖 죄명을 씌워 추방하거나 처형했다. 그뒤 옛 거리는 사라지고 아파트를 신축했다고 한다. 오늘날 군데군데 보이는 허름한 아파트만이 아련한 옛 사연을 전해주고 있다고 할까.

서울 거리 언덕 아래에 당시에 지은 주택 한 채가 남아 있었다. 일행이 흥미를 갖고 사진을 찍자 그 집 주인은 소리를 지르고 손을 흔들면서 사진을 찍지 말라고 했다. 왜 그럴까? 귀찮아서일까? 꼴 보기 싫어서

일까?

또하나 중요한 유적이 있었다. 서울 거리 아래에 우리 소년들이 다닌 소학교 건물이 보존되어 있었다. 1920년 일본군에 의해 벌어진 4월 참변 당시 학교 교실에 200여 명의 학생을 가두고 불을 질러 모두 희생되었다고 한다. 이 건물은 그 당시 이종윤을 비롯한 독립지사들이 숙소로 이용했다 한다. 신한촌 아래 카이스카 거리에는 중국인들이 거주하는 개척리가 있다. 예전에는 어시장이 있어서 우리 교민들이 어물 장사를 하던 곳이었으나 현재는 중국인이 경영하는 호텔 등이 들어서 있어서 차이나타운 구실을 한다고 한다.

나는 안타까움과 서러움이 뒤섞인 채 신한촌 거리에서 발길을 돌렸다. 이는 단순한 감상이 아닐 것이다. 국권을 잃은 약소민족의 비애는 우리 민족만이 경험한 것이 아닐 것이다. 우리 일행은 안내자를 따라 독립운동, 교민과 연관이 있는 유적지 답사에 나섰다. 순서 없이 이를 대강 훑어보자.

현재 시 중심부 근처에 있는 동양학대학교는 원래 1889년에 발족해 극동지역 첫 대학교육을 실시한 동양학원에서 출발했다. 1939년에 극동대학교로 개편한 뒤 교수들이 체포되는 등 스탈린 정권으로부터 많은 탄압을 받았다. 이 학교 창립 첫해에는 몽골어, 중국어를 개설했고 다음 해에는 한국어를 개설했다. 이때 첫 한국어 책이 간행되었다. 한국 이주민 자녀들이 입학해 국사학자 장도빈 등으로부터 민족의식을 교육받았다. 1956년에는 극동대학교를 다시 동양학대학교로 바꾸고 한국어를 비롯해 일어, 중국어, 인도어, 태국어 강좌를 개설했는데, 1995년에는 장도빈 선생의 자녀인 장치혁 선생이 지원해 한국어대학을 별도로 개설했다. 현재 250여 명의 학생이 한국어를 배우고 있다.

장도빈 선생은 국내에서 언론인, 교육자, 국사학자로 활동하다 1912년 연해주로 망명해 『권업신문』 논설위원 등을 지냈다. 학교 구내에 장치혁 선생이 기금을 내어 지은 5층짜리 벽돌 건물 장도빈기념관 안에는 장도빈 선생이 1908년 『대한매일신문』 논설위원 시절에 쓴 글, 『권업신문』 논설위원 시절에 쓴 논설, 흉상 등이 진열되어 있다. 장도빈 선생의 민족정신과 일대기를 일목요연하게 볼 수 있다.

다음은 극동기술대학교를 둘러보았다. 시가지가 내려다보이는 도심 언덕의 중턱에 자리잡고 있었다. 벽돌로 지어진 고풍스러운 5층짜리 건물이었다. 입구 좌측에는 1899년에 건립했다는 표석이 세워져 있고 문화재 지정이라는 글귀가 새겨져 있었다. 이 학교가 처음 설립되었을 때에는 소수민족 자녀들의 교육기관으로 출발했다. 특히 그리고리 보드스타빈 총장은 소수민족 교육에 열성을 기울였는데 중국, 몽골, 일본어 교육에 이어 한국어 교육을 실시했다. 당시 그는 한국어 관련 책도 저술했다 한다.

이 학교 맞은편 거리에는 1908년에 건립한 푸시킨 극장이 있는데 소수민족 관련의 소재를 다룬 공연물을 상연했다 한다. 그러므로 동포 자녀들이 뛰어놀고 동포들의 숨결이 짙게 밴 곳이라 할 수 있었다. 그 밖에 고려사범대학교나 김알렉산드라가 다니던 학교 등 유적지를 돌아보았으나 건물만 서 있을 뿐 퇴락해 있었고 그 내력을 적은 표지판 하나 세워져 있지 않았다. 우리 일행은 이곳에서 하루를 보내면서 점심이나 저녁식사를 한인이 경영하는 한식으로 때웠는데 모스크바나 하바롭스크에서 먹던 한식보다 더 고향의 맛을 느낄 수 있었다.

연추의 흔적은 사라지고

블라디보스토크에서 남쪽 연추로 내려오는 길은 버스를 이용했다. 이 지역은 발해 동경성이 관할하던 지역이었다. 차창을 통해 러시아의 농촌 풍경을 구경할 수 있었다. 국경에 가까운 하산 등 일부 지역은 군사지역이어서 들어갈 수 없었다.

무엇보다 발해의 흔적이 곳곳에 나타나는 지역이었다. 우리는 연추가 바라보이는 장고봉의 언덕에 올랐다. 연추는 과거 노보키예프스키로 불렸고, 지금은 크라스키노라 불리는데, 이 지역을 개척한 러시아 장군 크라스키노도프의 이름에서 따왔다 한다. 이곳에서는 4킬로미터 떨어진 포시예트항과 그 앞의 비라그라드노예가 보였다. 그 역사적 내력을 좀더 살펴보자.

발해는 일본과 활발한 교류를 했다. 발해의 사절들은 일본으로 출발할 때 염주에서 배를 탔다. 이 염주의 소재지는 오늘날 바로 포시예트만의 모구위(毛口崴)였고 이주민들은 발해시대의 염주 발음을 따와 연추라 불렀으나 러시아식 이름으로 '크라스키노'로 불리게 되었던 것이다.

훈춘 사람들은 이곳을 "넓고 아득하며 땅이 비옥하다. 경영만 잘 하면 소금을 많이 생산할 수 있고 좋은 땅을 개척할 수도 있다"고 했다. 소금 생산지로 입지 조건이 좋다는 말이었다. 조선 사람들은 1864년에 처음 이곳으로 이주를 시작해 소금 굽는 일에 종사했다 한다.

한편, 이곳 포시예트만에는 땅 밑 4미터, 지상 2미터의 고구려 성벽이 남아 있었다. 또 솔빈부의 성터도 있다고 한다. 러시아인들은 고구려와 발해의 유적을 보존할 생각은 없는 것 같았다.

오늘날 연추는 그저 러시아 농촌으로 전락해 우리 이주민의 흔적은 거의 찾아볼 수 없다고 한다. 남아 있는 것은 돌로 만든 우물터나 주춧돌이 나뒹구는 집터 정도라 한다. 다만 무형의 유산들은 남아 있다. 이주민들은 황무지를 개척해 벼농사를 지었고 밭을 일구어 콩을 심었으며 갖가지 채소를 가꾸어 불모지 남쪽 연해주를 풍성한 낙원으로 만들었던 것이다. 연추 근방에 있는 얀치혜 마을은 이주민의 집단 거주지였다. 얀치혜는 상얀치혜와 하얀치혜로 나뉘어 있었다 한다. 그런데 1938년 이후 마을이 사라지고 말았다. 단지 절, 교회, 학교 등의 터만 남아 있다. 하지만 오늘날도 농민들은 이곳을 중심으로 벼농사와 논농사를 짓고 있다.

하얀치혜의 길가에는 안중근이 1909년에 단지동맹을 맺은 것을 기려 2001년 광복회 등의 이름으로 기념비를 세워두었는데, 그 기념비가 훼손되어 있었다. 누가 여기 돌비에 망치질을 했을까? 증거는 없지만 일본 관광객에 혐의가 간다.

하산의 세관을 넘을 때에는 약간의 시간만 지체했을 뿐 소문과는 달리 그리 까다롭지 않았다. 짐 검사도 간단했다. 어쨌든 우리 일행은 김규식의 발자취를 따라 파리, 상트페테르부르크, 모스크바를 거쳐 시베리아 철도를 횡단해 16일의 긴 여정을 마치고 소만 국경을 넘었다.

훈춘에서 겪은 일

훈춘의 중국 쪽 해관으로 넘어왔을 때 상식적으로 납득이 되지 않는 일이 일어났다. 조선족 해관원은 우리 일행의 책을 유심히 뒤졌다. 그러다 김형택 선생이 갖고 있는 『역사비평』 여름호에 실린 동북공정 관련 글을 발견한 모양이었다. 그래서 이를 압수하려 하자 김형택 선생이 소리를 쳐 빼앗기지 않았다고 전해주었다. 나는 동북공정의 내용에 대해 소상히 알고 있었지만 이 정도로 통제하는 줄은 몰랐다.

장은기 선생은 만주의 답사 일정에 두만강 근처에 있는 발해의 성곽인 팔련성(八連城)과 석두하자성(石頭河子城)을 넣었다. 다음날 아침 전용 버스로 이 답사 코스를 따라나섰다. 일행이 탄 버스는 새로 발굴한 팔련성 터를 찾아 시골로 들어갔는데도 관리인이 길가에 서서 감시하고 있다가 일행의 길을 막았다. 그래서 일행은 성터만 대강 둘러보고 안내 표지판을 찍으려 했으나 이마저 제지당했다. 일행은 발길을 돌렸다.

석두하자성도 대충 둘러보기로 했다. 버스를 천천히 몰면서 버스 안에서 건너편에 있는 성곽을 바라보고 사진을 찍었다. 그리고 재빨리 그곳을 벗어났다. 도둑고양이 놀음이었다.

중국 당국이 동북공정과 랴오허문명권 개발이란 이름으로 고구려

발해사를 자기네 역사에 포함시키고 백두산과 랴오허문명권을 자기네 조상의 터전이라고 조작하면서 한국인들의 답사마저 허용하지 않고 통제하고 있는 모습을 직접 겪게 되었다. 우리를 안내한 조선족 안내원은 당국의 전화를 받고 어쩔 줄을 몰라 했으며 나중에 벌금 따위의 제재를 받는다고 했다.

일행은 두만강 가를 따라오면서 답답한 마음을 지울 수 없었다.

5부

뒤틀린 현대의 한국사

한국사를 바르게 알아야 한다

　　　　　　　　　　　　　지금 우리는 '역사전쟁'을 벌이고 있
다고 말한다. 그 대상은 인접국인 중국과 일본이다. 동북아시아 중심의
이 역사전쟁은 그 유래가 오래되었으나 근래에 멈출 줄 모르고 더욱 가
열되고 있다. 중국에서는 동북공정이라는 이름으로 고구려와 발해의 역
사를 자기네 역사라고 우기고 근래에는 랴오허문명론을 들고나와 한국
사를 짓밟고 있다. 일본에서는 한국을 식민지로 만든 사실을 국제법적
으로 합법이며 근대화에 기여했다는 주장을 줄기차게 펴고 온갖 수탈
과정을 부정하거나 합리화하고 있다.

　더욱이 오늘날 한국 내에서도 지난번 대선을 치르면서 5·16군사정
변에 대한 역사 해석을 놓고 논쟁을 벌였으며 이명박 정부가 교과서를

개편하는 과정에서 근현대사를 민족사와 민주운동사를 왜곡하는 사태도 벌어졌다. 박근혜 정부는 교학사 교과서 파동 이후 한술 더 떠 검인정교과서를 유신시대처럼 국정화하기로 방침을 정하고 이를 강행했다.

이런 문제를 차분하게 풀어보고 새롭게 역사의식을 정립해야 할 것이다. 우리나라는 5000년 역사를 지니고 있으면서 역사를 소중히 여겨왔다. 그리하여 많은 역사 자료와 역사책을 갖고 있다. 역사를 민족과 나라를 지키는 자산으로 여긴 것이다. 그리하여 나라가 위기에 처할 때마다 역사의식을 강조해왔으며 교육을 통해 민족의식을 고취해왔다.

과거 우리나라의 역사 저술은 세계적으로 손꼽힐 정도로 풍부했고 그 수준도 높았다. 이를테면 세계문화유산으로 등재된 『조선왕조실록(朝鮮王朝實錄)』, 『삼국사기(三國史記)』, 『승정원일기(承政院日記)』, 『비변사등록(備邊司謄錄)』, 『일성록(日省錄)』, 『추안급국안(推案及鞫案)』 등 관찬 사서와 사료 들이 보존되어 전해오고 있다. 하지만 언제나 역사의식과 역사교육에는 여러 문제점이 있어서 논쟁을 벌여왔다.

조선시대 역사 편찬과 그 반성

먼저 조금 지루하겠지만 조선시대 초기의 역사 편찬과정을 살펴보자.

조선은 건국한 해인 1392년에 유교국가의 관례에 따라 전조(前朝)인 고려의 역사 편찬을 시작했다. 하지만 여러 정치적 사정에 얽혀 개수(改修)를 거듭한 끝에 착수한 지 60여 년 만인 1451년에 완성했다. 관찬 사서인 『고려사(高麗史)』를 조선 왕조에서 객관적 관점에서 서술하려는 것이었지만 조선 왕조 건설의 당위성과 이성계, 이방원 등의 행위를 미화하려는 의도가 곳곳에 드러났다. 무엇보다 서술체계와 용어를 두고 많은 논란을 일으켰다.

고려는 조종법(祖宗法)을 사용했다. 중국 한나라는 황제의 묘호(廟號)를 고조나 태종과 같이 조(祖)나 종(宗)을 붙였고 그 아래 제후의 임금에게는 한 단계 격을 낮추어 왕이라 붙였다. 그러므로 조종법은 황제에게만 붙이는 것이 하나의 명분이었다. 고구려, 백제, 신라의 임금들은 중국의 황제를 자극하지 않으려고 내제외왕(內帝外王)의 방법을 써서 묘호에 왕이라 표기했다. 즉 안으로는 천자국을 내세우고 황제의 격식에 맞는 용어와 의례를 행하면서 밖으로는 황제국을 표방하는 중국을 자극하지 않으려고 용어와 의례를 제후에 맞추어 외교 문서를 작성했다. 고구려와 발해는 이런 형식을 따랐고 고려는 임금의 이름에 당나라의 황제와 같이 조종법을 사용했다.

고려는 왕건을 태조라 하는 등 역대 임금에게 조종법을 쓰면서 황제에 걸맞은 궁중 용어를 사용했다. 이는 고구려를 계승했다고 내세우면서 내제외왕의 이중성을 벗어나는 것이기도 했다. 그런데 고려 후기 원나라의 지배를 받으면서 원나라는 조종법을 버리라고 하며 원나라의 조정에서 하사하는 왕(王) 글자를 붙인 묘호를 쓰라고 강요했다. 그리하여 충렬왕, 공민왕 등 왕자가 붙은 묘호가 등장했던 것이다.

고려 왕실의 용어도 황제의 관례를 따랐다. 곧 임금이 자신을 가리킬 때에는 짐(朕, 과인), 신하가 임금을 부를 때에는 폐하(전하), 임금의 정실

아내는 태후(太后, 왕후), 임금의 지위를 계승할 아들은 태자(太子, 세자)라 불렀다. 또 임금의 분부는 조서(詔書, 敎書), 칙서(勅書, 傳敎)라 했던 것이요, 천지에 제사지내는 곳을 원구단(圓丘壇)이라 했던 것이다. 모든 조정 또는 궁중 용어는 여기에 맞추었다.

『고려사』 편찬자인 변계량 등 유학자는 사대명분론에 따라 고려의 자주의식을 깎아내리고 제왕의 용어인 조종을 비롯해 짐, 폐하, 태자 등을 삭제하려 했다. 세종은 초고를 연달아 읽어보고 여러 가지 지침을 내렸으나 유학자 출신 사관들의 반대는 쉽게 누그러지지 않았다. 이를 두고 세종과 변계량은 자주 부딪쳤는데, 그들의 대화를 한번 들어보자.

변계량 : 이런 용어는 이제현, 이색 같은 옛 분들도 이미 고쳐놓았습니다. 일체로 참람(僭濫)된 일은 미처 고치지 않은 것까지 모두 지난 관례에 따라 고쳤습니다. 참람된 용어를 이미 고쳤는데도 다시 예전처럼 쓴다면 지금의 사관들이 또 이 사실을 기록할 것입니다. 사실대로 쓰는 것은 온당치 못하다고 생각합니다.

세종 : 경의 말에 내가 의혹을 풀지 못하겠소. 나는 이제현이 시도한 일을 갖고 시비를 걸고 싶지는 않소. 하지만 옛사람이 '앞사람의 잘못을 뒷사람이 금방 안다'고 했소. 경은 오늘의 사관이 보고서 기록할 것이라 했는데, 사실대로 써놓은 말을 사관이 기록한들 무엇이 해가 되겠소?

―『세종실록』

세종은 있는 사실 그대로 기술하라고 종용해 역사 왜곡을 중지시켰다. 세종의 역사의식은 사실에 근거하되 그 평가는 후세에 맡기라는 것으로 요약할 수 있을 것이다. 세종은 한 가지 사실만은 양보했다. 고려의 기록에 "천하에 대사면령을 내렸다"에서 천하라는 구절을 빼되 천하를 경내(境內)로 고치지는 말라고 당부했다. 경내는 고려 영역이라는 특정한 지역을 의미하고 천하는 온 세계를 나타낸다.

　그리하여 "무릇 종이라 호칭하고 폐하, 태후, 태자라 호칭하고 절일(節日, 황제 생일), 제조(制詔, 황제의 지시)라 하는 것들은 참람되고 넘치는 것이지만 당시에 일컫는 바를 그대로 써서 그 사실을 보존한다"고 편찬의 기준을 밝혔다.(「찬수 고려사 범례」) 이렇게 해서 사실대로 기술한 것은 물론 개찬으로 인한 혼란을 막았다. 하지만 기본 편찬은 중국 사서의 방식을 따라 사대명분론을 적용했다. 곧 실록을 서술할 때 세가(世家)를 적용했다. 이를 두고 "살피건대 사기에 천자에게는 기(紀)라 했고 제후에게는 세가라 했는데 지금 고려사를 편찬하면서 왕의 기(紀)를 세가라 해서 명분을 바로잡았으며 그 서법은 『한서(漢書)』, 『후한서(後漢書)』, 『원사(元史)』의 사실과 언사를 준거해서 썼다"라고 밝히고 있다.(정총, 『고려국사서』)

　한편, 편찬에 참여했던 정총은 "그 군신의 현부(賢否)와 정교의 득실과 예악의 연혁과 풍속의 미악(美惡)은 갖추어 싣지는 않았으나 모두 썼다"고 기록했다. 하지만 불교국가인 고려에서 승려의 활동을 적은 승려

열전이 빠진 것 등 고의적 사실 누락이 게재되어 있었다. 특히 불교의식과 다양한 풍속 같은 허탄(虛誕)한 이야기는 기재하지 않는다는 유가사관에 따라 거의 삭제되었다.

이런 과정을 거쳐 『고려사』가 완성되었는데도 사실 오류와 고의적 누락은 그대로 남아 있다고 볼 수 있다. 유교 명분론 등 유가의 사서방식을 따랐기에 고려의 자주적 면모와 독자성을 많이 훼손했다. 그 결과 『삼국사기』에 삼국의 역사 사실을 '본기(本紀)'로 분류한 것보다 후퇴했던 것이다.

다음으로는 『동국사략(東國史略)』, 『동국통감(東國通鑑)』의 편찬과 단군 기자의 문제를 살펴보자. 조선 초기에 『고려사』가 편찬, 반포된 뒤 다시 왕명에 의해 관찬 사서들이 만들어졌다. 먼저 『동국사략』이 편찬되었고 이어 『동국통감』이 완성되었다. 두 사서는 유교 이념이 조선 왕조 사회의 밑바탕에 뿌리를 내리는 시대 배경에서 편찬되었다. 그런 이유로 유교사관이 더 반영되었다고 할 수 있을 것이다. 정도전은 일찍이 조선 국명의 유래를 다음과 같이 제시한 바 있다.

해동의 나라는 국호가 일정하지 않았다. 조선이라 이름 지은 것도 단군, 기자, 위만 등 셋이나 있다. 박씨, 석씨, 김씨의 경우는 서로 연달아 신라라 했고, 또 고주몽은 고구려라 했고, 궁예는 후고려라 했으며, 왕씨는 궁예를 대신하여 고려의 국호를 이었다. 이는 한 모퉁이에 있으면서 중국의 명을 받지 않고 스스로 연호를 세워 서로

빼앗았으니 명칭이 있다 한들 어찌 취할 수 있으랴. 오직 기자만이
주 무왕의 명을 받아 조선후로 봉해졌다.

—『조선경국전(朝鮮經國典)』

조선이란 국명의 유래를 기자의 "조선후"에서 찾고 거기에 정당성을
부여했다. 명나라 황제가 지정해준 조선이 명분에 맞는다고 주장한 것
이다. 이는 불문율처럼 유교사관의 의식을 지배했다.

『동국사략』은 1403년에 완성되었다. 이 책의 특색은 무엇보다 춘추
필법의 대의를 내걸고 명분론에 따라 명분에 맞지 않은 사실은 과감히
바꾸거나 삭제한 점이었다. 곧 '하늘에는 두 해가 없고 땅에는 두 임금
이 존재할 수 없다'는 것이다. 이는 중국의 천자를 그 중심에 두는 의식
이었다. 그리하여 신라 고유의 왕호인 거서간, 이사금 따위를 왕으로 바
꾸었고, 여왕을 인정하지 않고 여주(女主)로 표기했으며, 호칭도 제후의
명분에 맞게 고쳤다. 게다가 고대의 제천의식이나 불교-도교 행사나 건
국 신화 등은 이단의 의식이라거나 허탄한 것이라 하여 삭제하거나 쓰
더라도 강하게 비판했다.

한편, 역대 왕조로 단군조선, 기자조선, 위만조선, 한사군, 삼한 등과
삼국의 사실을 기술하면서 마한은 기자의 후손이 잇고 진한을 중국 진
나라의 유망민이 세웠다고 기술하면서 변한은 근거가 분명하지 않은 나
라로 규정했다. 고려 시기에 편찬한 『제왕운기(帝王韻紀)』에는 삼한을 단
군의 후예로 보았는데 중국에서 온 기자 중심으로 바꾼 것이다. 또 신

라를 정통으로 보고 그 밑에 고구려, 백제의 사실을 서술했고 부여, 발해, 옥저, 가야 등 고대국가의 독립적 지위를 깎아내렸다. 그 결과 이 책은 고대사의 다양성을 인정하지 않았고 중국 중심적 사대사관에 충실하여 고구려-백제-발해의 자주성을 말살했다. 그리하여 신라 중심의 서술이라는 등의 많은 비판을 받으면서도 유가 사가들에게는 하나의 역사 서술방식의 기본이 되었다. 요즈음 안목으로 보면 제멋대로 마구 칼질을 해댔다고 할 수 있다.

『동국통감』은 1458년에 고대사와 고려사를 정리하기 시작해 1485년에 완성되었다. 처음 시작한 지 27년 만에 완성을 본 셈이다. 이 책은 편년체로 서술되어 있는데, 단군조선에서 삼한까지를 본기(本紀)가 아닌 외기(外紀)에 분류했다. 고대사를 토막낸 것이다. 또 주제마다 382건의 사론을 붙였는데, 이는 춘추대의론에 따라 명교(名敎)의 존중, 절의(節義)의 숭상, 난신적자(亂臣賊子)의 성토, 간유(奸諛)의 필주에 두었다. 또 중국에 사대를 다한 사실에는 칭송을 아끼지 않았고 사대를 소홀히 하거나 중국에 대항한 경우에는 매도를 서슴지 않았다. 단군조선과 삼한을 외기에 두고 단군, 고구려, 백제, 발해를 깎아내리면서 기자조선과 신라를 정통으로 내세웠다. 불교, 도교, 토속 등 신앙을 배척했다.

또 은나라에서 온 기자를 정통으로 하고 단군을 선위한 임금으로 규정했다. 따라서 기자를 정통으로 보고 이어 신라가 정통을 이었다는 관점을 지녔다. 기자가 조선을 예악, 문물로 다스리면서 문화국가로 만들었다 했다. 이로 인해 조선 왕조에 들어와 유학자들 사이에서 기자를 받드는 풍조가 일어나 미개한 나라를 나라답게 만든 군왕이었다고 보았다.

조선을 건국한 뒤 단군을 국조로 받드는 분위기가 조성되었다. 그래서 조선 왕조 초기제도를 정비하는 과정에서 국조묘(國祖廟)를 평양과 한성에 세웠다. 그런데 단군 위패를 기자 위패의 아랫자리에 두게 했고, 여기에 딸린 제전(祭田)도 단군의 것은 제외하고 기자의 것만 지정했다. 그러므로 첫 임금인 단군은 기자에게 더부살이를 한 꼴이 되고 말았다. 이를 세종과 세조가 잘못되었다고 바로잡으려 했으나 완강한 반대에 부딪혔다.

한편, 기자의 후예인 기준이 위만에게 쫓겨 남쪽으로 내려와 마한의 왕이 되었다는 설을 제기해 확실한 사료의 근거도 없이 삼한은 기씨의 후손이 이어갔다고 보았다. 후기 유림 출신의 벼슬아치들은 이런 역사의식으로 정책과 교화, 교육을 폈다. 오늘날 역사학자들은 이를 거의 받아들이지 않는다.

아동 교과서에 나타난 역사의식

조선 왕조의 교과서는 '사서삼경' 등 유교 경서를 기초로 하여 편성되었다. 그런 속에서 청소년 관련 교과서는 몇 가지 특징을 보여준다.

유교의 기본서는 사서삼경이었다. 모든 교육은 여기에 총망라되어 있었다. 조선시대에 가장 공부를 열심히 하고 많은 교과서를 공부하는 서생은 과거 응시생일 것이다. 과거에 합격해 벼슬자리를 얻는 것이 출세의 기본이었기 때문이다. 그래서 평생 동안 과거 공부에 매달린 부류도 있었다. 그런데 과거시험에 사장(詞章) 짓기, 논책(論策) 짓기, 사서삼경은 기본 과목으로 하고 역사 과목은 빠져 있었다. 시무에 관한 논책의 제목을 낼 때에도 『사기(史記)』, 『한서(漢書)』, 『자치통감(資治通鑑)』에 나오는 고사를 냈지 우리 역사에서는 소재를 거의 찾지 않았다. 중국의 역사를 정통사로 보아 정책 입안자들도 이를 통독하고 반영했다. 그래서 사서삼경을 읽으면서 보충 수업으로 중국의 역사책을 읽었을 뿐이다.

조정에서도 임금의 학문을 익히는 자리인 경연이나 세자의 학문을 익히는 서연에서도 우리 역사는 거의 토론의 주제가 되지 못했다. 다만 중국의 역사에서 교훈이 될 주제를 내걸고 토론하거나 시책을 지었을 뿐이다. 그런 탓에 벼슬아치들은 유학의 교양을 쌓고 군주의 통치 이념을 백성에게 전달하려면 사서삼경을 기본으로 해야 했다. 국가 정책이 이러하다보니 관학인 향교와 성균관에서도 경서를 익히게 했고 사설 교육기관인 서당에서나 서원에서도 이를 답습했다. 게다가 교과서의 서목에도 우리 역사를 배제했다. 그리고 청소년의 중급 단계에서는 『자치통감』을 요약한 『통감절요(通鑑節要)』와 중국의 여러 역사책에서 초록한 『십팔사략(十八史略)』을 배웠다. 『통감절요』는 송나라 사마광이 지은 『자치통감』을 간추린 역사책이고 『십팔사략』은 원나라 증선지가 중국의 역사를 요약해 편집한 책이다. 『통감절요』와 『십팔사략』을 배운 청소년들은 우리 역사는 까맣게 모르면서 중국 역사에는 통달하다시피 했으며 장년이 되어 좀더 중국 역사를 알고 싶은 욕망을 지닌 학자들은 원전의 『자치통감』을 익혔다. 이런 경향이 유학자들의 역사의식을 형성했다.

청소년의 기본 교과서에 대해서도 살펴보자. 『천자문(千字文)』과 『동몽선습(童蒙先習)』은 국가의 기본 법전인 『경국대전』에 규정된 교과서는 아니었지만 청소년의 필독서였다. 『천자문』은 일곱 살 무렵부터 배우기 시작해 『동몽선습』, 『명심보감(明心寶鑑)』, 『소학(小學)』, 『통감절요』 순서로 초보와 중급 단계를 밟았다.

『천자문』은 중국 남북조시대 양나라의 주흥사(周興嗣)가 지었다는 이야기가 있는데, 왕인이 일본에 전해주었다는 『천자문』은 주흥사의 『천자문』과 구분해야 할 것이다. 주흥사는 521년에 사망했는데 왕인은 4세기 후반에 활동해 100여 년의 연대 차이가 나기 때문이다.

『천자문』의 기본 틀은 4자의 짝으로 이루어져 있으며 천지-계절과 학문-도리와 궁정-건축, 곧 자연과 정치, 세상과 인간에 관련된 뜻을 모두 1000글자에 담은 것이다. 여기에는 고대 전설에 나타난 요순과 전국시대의 칠웅(七雄) 등 중국의 역사를 알려주는 구절이 들어 있다. 물론 조선의 역사 용어는 포함되어 있지 않다. 그런데도 유림은 우리 역사에 관련되는 글자를 가르쳐야 한다는 주장을 펴지 않았으며 회의나 논평의 견해도 내지 않았다. 중국 역사를 당연히 배워야 한다는 의식의 반영이었다.

그리고 『동몽선습』은 조선 중기 박세무가 지었는데 저자의 발문에 의하면 1541년 이전에 저술된 것으로 보인다. 박세무는 문과에 급제한 뒤 안변부사 등 낮은 벼슬을 지낸 인물이었으나 유교가 한창 진흥하던 성종 재위 시기에 살았다. 이 책이 알려지자 16세기 이후 어린이 교과서로 널리 보급되었다. 1670년 유림의 거두 송시열이 발문을 쓴 것으로도 짐작할 수 있듯이 이 책은 앞에 유교의 기본 윤리인 오륜을 설명해놓아 이 책의 교육 목적을 드러내고 있다. 영조가 직접 쓴 서문, '어제서(御製序)'에는 다음과 같이 기재되어 있다.

> 태극이 처음 열려서 삼황오제(三皇五帝)와 하은주(夏殷周)와 한나라, 당나라, 송나라를 거쳐 황조(皇朝, 명나라)에 이르기까지 역대 세계를 자세하게 모두 기록하고 우리 동방에 이르러 처음 단군과 삼국을 거쳐서 우리 조선에 이르기까지 모두 실려 있다. 글은 비록 소략하나 기록은 넓고, 권수는 비록 적으나 안은 것은 크도다. 하물며 요순의 도는 효제일 뿐이랴.

중국의 역사를 먼저 서술하고 우리나라의 역사를 뒤에 덧붙인 것을 두고 찬사를 보낸 것이다. 이어 다음과 같이 기술하고 있다.

> 나는 이 책 끝에 나라를 처음 개창하여 조선이란 호를 받은 글에 개연히 추모하여 뒤풀이 감격했노라…… 우리 동방의 예의가 비록 기자의 교화를 받았으나 삼한 이후에 거의 민몰되었더니 우리 조선에 들어와 예악이 모조리 들려지고 문물이 모두 갖추어졌는데 아깝도다, 기술한 자가 이를 빠뜨렸구나.

조선이 예악과 문물을 일으켰는데 이에 대한 기술이 없음을 아쉬워한 것이다. 아무튼 임금이 서문을 써서 반포할 정도였으니 이 책이 어린이 교과서로 확고히 자리잡았음을 알려준다. 그러면 그 내용 기술을 좀더 살펴보자.

오륜의 서술 뒤에 고대부터 명나라까지 중국 역사를 장황하게 수록했다. 이어 주변 국가가 중국을 침략한 사실을 개탄하고서 명나라가 등장해서야 윤기가 바로잡혔다고 결말을 지었다. 중국을 종주국으로 보고 오랑캐를 매도하는 역사의식이 깔려 있다. 더욱이 끝에 명나라에서 조선이란 국호를 지정해준 구절을 붙여 자주의식을 말살했다. 다시 말해 명나라 태조 주원장이 조선 국호를 지정해준 사실을 두고 영광스럽게 찬탄한 것이다. 그리고 조선이 중화의 의관문물을 수용해 풍속과 교화가 중화에 짝하여 소중화라 한다 하고 "아, 너희 소자들은 이것을 보고 느끼어 떨쳐 일어날진저!"라고 마무리했다.

이런 서술체계와 역사의식에 따라 삼국이나 고려의 역사는 중국의 제후국과 같은 종속관계로 보고 소중화의식을 철저하게 강요한 것이다. 『천자문』과 『동몽선습』은 우리 역사를 중국 종속관계로 만든 반자주적 교과서라 할 수 있을 것이다.

역사의식에 대한 반성

요약하면 고려시대에 펴낸 『삼국사기』, 『삼국유사』에는 삼국의 역사 또는 설화를 실었으나 『제왕운기』에는 중국의 역사를 먼저 기재하고 그 다음에 우리 역사를 기술했다. 유교사학자들이 편찬한 『동국통감』에는 신라 중심으로 기술하면서 단군을 국조로 기록하고 있으나 중화주의에 매몰된 사관을 보였다. 또 조선을 건국한 뒤 『고려사』를 편찬했는데, 유학자들은 중국에 맞선 여러 사실을 삭제하고 조종법(祖宗法) 같은 자주 용어를 기재하지 않으려 했다. 이를 본 세종은 있는 대로 사실을 적으라고 지시했다. 그리하여 고려사는 부분적으로 자주사관을 반영할 수 있었다. 이런 사관의 영향을 받아 사대의식을 보여주었다. 예를 들면 "태산이 높다 하되 하늘 아래 뫼이로다……"라는 시조를 외우면서 공자가 태어난 근방인 태산이 세계에서 가장 높다는 의식을 심어주었고 안견이 그린 〈몽유도원도(夢遊桃園圖)〉에는 가보지도 않은 중국의 무릉도원을 이상향으로 생각하도록 조작했다.

이런 역사 서술에 대한 반성은 원나라의 지배를 받을 때, 그리고 조선 후기 실학자와 19세기 후반기에 일어난 계몽사상가들이나 자주사관을 추구한 역사학자들에 의해 제기되었다.

중국 중심적 중화주의 또는 소중화의식에서 벗어나 자주 역사를 써야 한다고 주장한 학자들은 개신유학자라 할 실학파였다. 실학파는 조선 후기, 곧 18세기에 활발한 활동을 했다. 이들은 시나 그림의 소재도 곤륜산과 무릉도원이 아니라 금강산과 진경산수에서 찾았다. 다시 말해

"조선의 시를 쓰고 조선의 그림을 그리자"는 주장이었다. 특히 한국사의 정통성과 영역에 관심을 기울였다. 박지원은 『양반전(兩班傳)』을 쓴 문사 였으나 실질적 학문에 관심을 쏟았다. 홍대용은 『주해수용(籌解需用)』을 쓴 과학자였으나 우리 역사에 관심을 기울였다. 그들의 화이관(華夷觀) 에 대한 새로운 이론을 살펴보자.

> 하늘이 낳고 땅이 기른 바는 혈기가 있으니 사람은 다 같다. 무리에
> 뛰어나 한곳을 다스리니 군왕은 다 같다. 중국의 의복과 용모나 오
> 랑캐가 몸을 꾸미는 습속은 다 같다. 하늘이 보면 어찌 안팎의 구
> 분이 있으랴. 이로써 그 인민을 친애하고 각각 그 임금에 충성하며
> 각각 그 풍속을 편안하게 하면 화이는 같은 것이다.
>
> —『의산문답』

실학파와 그들의 제자들은 화이론의 허구성을 파헤치면서 존명배청 (尊明排淸)의 풍조를 나무랐다. 그들의 이론은 청나라의 문물이 우수하 면 이(夷)가 화(華)로 바뀐 것이라 주장했고, 공허한 성리학보다 청나라 의 실질적 학문과 문화, 산업 기술을 배워야 한다고 외쳤다. 또 청나라 를 정벌하자는 조정측 북벌론의 허위성을 폭로했다. 이들을 북학파라 부 르는데, 북학파는 박지원의 『열하일기(熱河日記)』, 홍대용의 『담헌서(湛軒 書)』, 박제가의 『북학의(北學議)』 등의 책에서 잘 드러난다. 이들은 무엇보 다 주자학적 존왕양이(尊王攘夷)에 근거를 둔 존명배청을 강하게 비판하

면서 서학에서도 배울 것은 배워야 한다는 사상적 기저를 지니고 있어 새로운 역사의식을 보여주었다.

유득공, 정약용 등 실학자들은 애써 존명배청 사상을 거부하고 고구려, 발해의 역사를 중시했다. 또 자주적 역사 기술을 강조했다. 유득공은 발해를 고구려의 계승자로 보고 한국사에 편입해야 한다고 주장했으며, 이에 근거해 남쪽에는 신라, 북쪽에는 발해가 존재한다는 역사관을 바탕으로 남북국시대를 설정했다. 다시 말해 신라 정통론을 거부하고 발해의 대씨 왕조를 중국에 맞선 자주국가로 인정해 한국사에 편입시키는 것이다. 유득공은 발해를 북조(北朝)로 보아 우리 역사에 편입해야 한다는 논지를 편 『발해고(渤海考)』와 함께 「이십일도회고시(二十一都懷古詩)」에서는 고구려, 발해 등 역대 나라에 대한 회고시를 지었다. 정약용은 구체적 역사 이론을 제시했다. 무엇보다 동방 예맥족의 근거를 제시하고 고구려의 뿌리를 밝혔다. 또 발해의 구성원이었던 말갈족의 실체를 정리하고 여진족의 연원을 캐냈다. 다시 말해 진나라 말갈족은 북쪽에서, 위나라 말갈족은 만주 일대에서 근거를 두고 각기 발전했으며 위나라 말갈족이 여진으로 청나라 제국을 건설한 사실을 밝혔다. 따라서 예맥의 갈래인 우리 민족은 여진족과 긴밀한 관계에 있다고 말했다(『여유당전서(與猶堂全書)』 논(論)의 신라론, 고구려론, 백제론, 요동론, 탁발위론(拓拔魏論), 동호론(東胡論) 등에 한민족의 연원과 고대사의 독자성을 강조했다).

실학의 자주사관과 반유학적 경향은 19세기 초기부터 나타난 『춘향전』, 『흥보전』 등 민중소설과 판소리 사설, 진경산수화와 풍속화, 탈춤 같은 민중문화에 많은 영향을 끼쳤다.

19세기 후반기 실학을 계승한 신진 유학자들은 한국사 전반에 걸친 반성을 제기하고 자주 역사를 강조했다. 이들은 애국계몽을 내세우고 역사책과 논술을 발표했다. 그들의 의식은 개항 이후 서양 세력과 일본 세력의 침투를 우려해 위기의식을 갖고 서양 문물을 받아들이자는 주장을 펴면서도 자국의 역사에 관심을 기울였다. 무엇보다 단군을 국조로 받드는 운동을 벌였다. 개신 유림이라 할 수 있는 나철, 이기 등은 대종교(大倧敎)를 창시하고 민족의 뿌리 찾기 운동을 펼쳤다. 그들은 이 운동을 통해 민족의 정체성을 확립해 민족을 보위하고 국가의 독립을 유지하는 이념으로 삼으려 했다. 이 운동은 후기에 들어 일본 제국주의자의 방해를 받아 국내에서는 활발히 전개되지 못했으나 1910년 이후 해외 독립운동가에게 이어졌다. 1920년 만주에서 청산리·봉오동 전투를 이끈 김좌진, 홍범도와 이동녕, 김구 등이 대종교 지도자 또는 신도였으며 서일, 김교헌 등 교단 지도자들이 1920년대에 만주와 연해주 일대에서 활발한 독립운동을 전개했다.

이런 역사의식은 독립운동 과정에서도 나타났는데, 박은식이나 신채호를 대표로 꼽을 수 있다. 이들은 단군을 국조로 받들면서 중국과 맞선 을지문덕과 연개소문, 묘청을 부각시켰고 청나라를 배척하는 전통 유림에 맞서 여진족이 동족의 뿌리라는 논저도 펴냈다. 박은식이 쓴 『몽현금태조』는 꿈에 금나라를 세운 태조(아골타)를 뵙고 꾸지람을 듣는 소설 형식의 에세이다. 아골타는 우리 민족과 동족 출신으로 금나라 제국을 건설했는데, 아골타가 우리 민족의 기상이 모자람을 꾸짖는 내용을 담았다. 또 일본군과 대결해 승리를 거둔 이순신을 부각시키기도 했다. 그리하여 『을지문덕전』(신채호), 『천개소문전』(박은식), 『이순신전』(박은식) 등 영웅 전기를 냈으며 광개토대왕의 행적을 부각시키기도 했다. 따라서 삼국의 신라 정통을 부정하고 고구려를 중심에 내세웠다. 애국계몽가들이 자주국가를 지향하려 했다면 후기 독립운동가들은 자주역사의식을 고양하는 것을 독립운동의 한 방략으로 내세웠던 것이다. 이 단계에 와서는 삼한-신라 정통론, 존왕양이, 화이론, 존명배청 따위의 묵어 빠진 의식은 거의 불식되어 있었다.

한편, 계몽 시기에는 역사 교과서를 국한문 혼용체로 서술해 학교에 보급했다. 여기에는 민족사학자들의 역사관이 반영되어 있었다. 곧 민족사, 자주사를 기본으로 하여 서술했다. 그리하여 『천자문』과 『동몽선습』은 시골 서당으로 밀려나 명맥만 겨우 유지했다.

이 민족사학은 일제 식민지 시기에도 식민사관에 맞서 독립운동의 이념처럼 내세웠다. 신채호는 『조선상고사(朝鮮上古史)』에서 고대 동이족의 활동 영역을 중국 산둥성 일대로 설정했고 박은식은 『몽현금태조』에서 금나라를 세운 여진족이 우리 민족과 한 뿌리임을 부각시키면서 사대사관을 배격하고 자주적 역사교육을 강조했다. 또 김택영은 조선시대 사인 『한사경(韓史綮)』을 집필했고 황현은 당시로서는 드물게 조선 근현대사를 담은 『매천야록(梅泉野錄)』을 남겼다.

일제 식민지 시기의 국사 왜곡

일본이 지배하던 일제 식민지 시기에는 한국사를 아예 가르치지 않았다. 일제는 우리나라를 강점한 뒤 조선사편수회를 설치하고 한국사를 왜곡했다. 그 서술을 한마디로 요약하면 한국의 역사는 남의 힘에 이끌려 이어졌다는 타율성론이었다. 곧 중국에 기대어 역사가 이루어졌다는 것이다. 그래서 조선 사회는 새롭게 발전하지 못하고 계속 정체되어왔으며 일본이 미개한 조선을 근대화하는 데 기여했다고 했다. 일본이 조선을 중국(청나라)의 속국에서 벗어나게 하여 자주국가를 건설하는 데 도움을 주었고 이어 근대화를 위해 일제가 식민지로 만들었다고 했다. 그 구체적 사례로는 단군과 일본의 첫 천황인 천조대신이 한 뿌리 또는 형제 사이라 했고 고대에 일본이 한반도를 지배했다는 임나일본부설 등을 주장했다. 그러면서 조선이 일본과 벌인 전쟁이나 저항은 아예 기술하지 않거나 삭제하는 만행을 저질렀다.

일본은 처음에 이런 역사 조작을 도모했다가 곧이어 우리말과 함께 아예 우리 역사를 가르치지 못하게 했다. 또 우리 민족이 이룩한 신앙, 풍속, 음식 등 전통문화는 미신적이요, 비과학적인 미개한 것이라는 논리를 폈다. 이런 역사를 지닌 조선의 전통문화는 보잘것없는 것이라는 의식을 심기에 열을 올렸다. 그 과정에서 일본은 '본방사'라는 이름으로 일본의 역사만을 가르쳤다.

요즈음 역사의 새로운 이론을 공부한 젊은 연구자들은 인류 역사의 발전 단계와 실증적 관점에서 단군을 부정한다. 나도 석기시대의 옛조선이 대제국을 건설했다는 따위의 전혀 합리적이지 않은 역사 서술에는 동의하지 않는다. 하지만 하나 놓친 것이 있다. 중국의 민족우월주의에 근거를 둔 중화주의와 일본이 식민지 조선을 경영하면서 한국사 왜곡에 맞서 단군을 민족 사상 또는 민족 상징으로 내세우려는 의식을 감안하지 않고 굳이 외면하는 자가당착에 빠져 있다는 사실이다.

해방 후의 새 역사 정리

해방 직후 군정 시기의 혼란기인 1946년 신학기에 교과서를 새로 편찬하면서 국어독본, 공민, 국사, 음악, 습자, 지리 등 6종만 새 교과서로 펴냈는데, 국어와 국사를 중요하게 여겼다. 이후 대한민국 정부가 수립된 뒤 국사와 국어는 필수과목으로 지정되었다. 그리하여 고등고시 등 시험 과목에 국사가 필수로 포함되었다. 하지만 이 시기의 한국사 교과서는 사관과 사료 발굴이 제대로 되지 않아 식민사관을 벗어나지 못한 한계가 있었다. 이른바 '이병도 사관'이 늘 논쟁거리로 등장했다.

이어 북한에서는 김일성의 주체사상에 입각해 우리 민족의 위대한 역사를 부각시키는 일을 벌였다. 특히 사회과학원 주도로 만들어낸 『조선전사(朝鮮全史)』에는 우수한 우리 민족이 고대에 대동강에서 문명권을 이룩해 세계 5대 문명권을 형성했다고 쓰여 있다. 이를 주체사관이라 부른다. 과도한 민족우월주의의 표현이었다.

박정희 시대에는 국사를 매우 중요시했다. 유신 시기 최하급의 5급 공무원 시험 등 모든 시험에 한국사가 필수였고 국사를 국어와 함께 국정교과서로 지정했다. 그러면서 무신정권과 삼별초 항쟁을 자주의 상징으로 제시했다. 반공 정책에 따라 국사 교과서에 이를 반영하면서 현대사를 왜곡하거나 소홀하게 다루었다. 이렇게 하여 국사는 유신정권의 이미지 조작의 수단으로 전락했다.

전두환 정권은 엉뚱하게도 고대 우리나라가 아시아를 제패했다는 웅비(雄飛)사관을 내세웠다. 김영삼 정부 이후 민주화의 시대 분위기를 타고 민족사관, 민중사관, 통일사관 등이 다양하게 제시되었다. 또 그동안 가르치지 않았던 근현대사를 중요하게 여기면서 마침내 근현대 교과서를 선택 과목으로 교육과정에 넣기도 했다.

그런 과정이 진행되면서 김대중 정부 시기인 2002년, 교육부에서는 국사를 국정교과서가 아니라 검인정교과서로 전환했고 근현대사를 강화했다. 그런데 중고등학교에서 국사를 필수에서 선택으로 지정했고 모든 시험 과목에서 국사를 선택으로 바꾸거나 아예 빼버렸다. 원인은 두 가지로 나눌 수 있다. 산업화 시대에 필요한 과목이 많이 있는데 굳이 국사를 필수로 할 필요성이 없다는 것이요, 국사를 공부해보아야 돈을 버는 수단이 되지 못한다고 여긴 것이다. 그 결과 모든 시험에서 차츰 국사가 빠졌고 대학에서 국사를 전공하는 사학과는 대중과 동떨어지는 현상을 가져왔다. 더욱이 일부에서는 일제 식민지 정책이 우리나라를 근대화시켰다는 식민지 근대화론이라는 해괴한 이론이 제시되기도 했다. 이런 뉴라이트 계열의 사이비 학자들은 이명박·박근혜 정부의 비호와 묵인 아래 식민지 근대화론과 같은 해괴한 논리를 펴고 있는 것이다.

참고로 다른 나라의 역사 교과 시간과 비교하면 우리나라는 5퍼센트인데, 일본과 중국은 10퍼센트, 영국과 독일, 미국은 15퍼센트에 이른다. 왜 이들 나라에서는 자국의 역사를 이렇게 많이 가르치고 있는가? 그 답은 뻔할 것이다.

문민정부 때 근현대사 교과서를 별도로 만들었는데, 이는 세계적인 추세와도 맞아떨어지는 방향이었다. 그런데 근현대사 교육의 강화라는 본래의 취지와는 다르게 이명박 정부에 이어 박근혜 정부는 친일파와 개발독재 세력에 정통성을 부여하면서 이승만과 박정희를 건국과 민족 중흥의 주역으로 우상화하기에 골몰했다.

2013년 정부는 고등학교에서 선택 과목인 국사(근현대사는 필수 과목)를 필수 과목으로 지정하는 조치를 내렸다. 이어 대학 입시의 수능 필수 과목으로 국사를 지정하고 2017년도부터 시행하기로 결정했다. 한국사 교육의 강화라는 측면에서 일단 바람직한 일이다.

하지만 정작 박근혜 정부에서 일어난 교과서 파동은 바로 교학사 교과서 문제에서 촉발되었다. 뉴라이트 계열의 역사학자들이 펴낸 교과서는 그야말로 오류와 왜곡 투성이였다. 이승만의 독재를 비호하는 표현, 5·16군사정변과 유신체제를 두고 불가피한 선택이었다거나 국가 안보를 위해 단행한 것이라는 주장을 펴고 있으며 식민지 근대화론에 기초한 산업화 세력을 경제 발전의 주역으로 내세웠다. 한편으로는 독립운동을 한 민족주의 항일 세력과 독재에 맞선 민주화 세력을 폄하하려는 의도도 감추지 않았다. 더욱이 연대와 사건, 기술의 오류와 고의적 왜곡이 곁들여졌다. 그리하여 교학사 교과서는 교육 현장과 시민사회의 전면적인 불채택운동에 부딪혔으며, 결과적으로 사실상 완전히 폐기되는 운명을 맞이하게 되었다.

그러나 박근혜 정부는 이런 국민적 여론을 깡그리 무시하고 오히려 한국사 교과서 국정화라는 시대착오적인 강경책을 폄으로써 몰락을 자초하는 길로 들어섰다. 박근혜 정부의 교과서 정책을 충실히 따르는 교육부는 국정교과서제를 관철하기 위해 온갖 편법과 꼼수를 동원했다. 무리수를 거듭한 끝에 2016년 11월 교육부가 한국사 교과서 현장 검토본을 공개하자 반대운동은 전국적으로 퍼져나갔다.

이런 현실에서 이제는 민족사와 민주운동사를 새롭게 정립하는 작업에도 관심을 기울여야 한다. 우리는 일본, 중국과 역사전쟁을 벌이면서 이에 대처하는 공감대를 넓히는 한편, 내부적으로는 역사 왜곡 세력을 제거해야 하는 이중의 과제를 안고 있다. 이를 바탕으로 하여 민족통일관을 정립해야 할 것이다. 민족사에 기반을 두고 평화통일 이론이 정립되는 방안을 끊임없이 모색해야 할 것이다. 이는 한국 근현대사의 우선적인 과제라 할 수 있다.

한편, 경쟁이 치열한 산업사회에서 역사 대중화에도 관심을 가져야 한다. 어렵고 딱딱한 역사가 아니라 쉽고 재미있고 감동을 주는 역사 서술이 필요하다. 한국사 관련 전공 서적뿐 아니라 바른 사관이 반영된 소설, 영화, 드라마, 학습 만화 등도 그 방법의 하나가 될 것이다. 또 쉬운 글쓰기만이 아니라 합리적인 역사 용어의 사용도 대중의 역사 이해를 돕는 지름길이라 할 것이다.

　"태정태세문단세……" 따위의 왕 이름이나 사건의 연대를 외우는 역사가 아니라 가슴으로 이해할 수 있는 역사 서술이 필요하다. 조선시대에 이미지 조작으로 이루어진 사대사관은 털어버리고 일제 식민지 시기와 독재정권 시기의 역사 왜곡을 바로잡아 진정한 민족사를 모색하고 체득하는 방안이 무엇보다 요구되는 시대다. 한국사의 바른 인식은 통일의 밑거름이 될 것이다.

한국 근현대사 왜곡과 교과서 문제

　　　　　　　　　　지금 한국에는 역사전쟁이 벌어지고 있다고들 말한다. 엄연한 사실이다. 1990년대부터 중국에서는 동북공정이라는 이름으로 고구려사 등 고대사 왜곡 작업을 시작했으며, 이어 랴오허문명론이란 이름으로 현재도 진행중이다. 일본에서는 아베 총리를 비롯한 군국주의 추종자들이 조선에 대한 식민지 지배가 합법적으로 이루어졌다는 망언을 계속하고 있다. 심지어는 일본군위안부 강제동원 사실마저 인정하지 않고 있으며 야스쿠니 신사 참배까지 강행하고 있다. 이런 일련의 과정에서 한국의 일부 학자들도 1990년대부터 일본의 식민지 경영이 한국을 근대화시켰다는 이른바 식민지 근대화론이라는 해괴한 논조를 폈다. 나아가서는 2013년에 교학사 교과서를 통해 이를 반영했고 민주질서를 짓밟고 독재자 이승만, 박정희를 미화하고 찬양하는 역사 서술을 일삼았다. 또 2015년부터는 박근혜 정부의 한국사 교과서 국정화를 두고 치열한 반대운동이 벌어졌다.

한국의 근현대 100년은 외세로 인해 망국이라는 치욕을 겪고 해방이 된 뒤에도 남북 분단과 냉전체제 아래에서 독재정권의 압제가 계속된 질곡의 역사였다. 그러나 동시에 제국주의의 침략을 극복했으며 독재를 종식시키고 민주주의를 발전시켜온 자랑스러운 역사이기도 하다. 오늘을 사는 민주 시민은 이를 제대로 인식해 민족통일을 지향하고 민주주의의 질서를 수호하려는 의지와 각오를 다져야 할 것이다.

식민지 근대화론과 근현대사 왜곡

1990년대 한국의 일부 학자들은 일본의 식민지 근대화론에 동조해 일본이 철도, 병원, 도로, 학교 등을 지어 한국 근대화에 기여했고 사회 발전을 이룩했다는 주장을 폈다. 그러면서 친일파의 행각을 두둔하거나 심지어는 안중근, 김구 등 독립지사를 테러리스트라고 규정하는 논리까지 폈다. 처음 이를 이끈 이들은 역사학자가 아니라 안병직, 이영훈 등 통계를 앞세우는 경제학자였다. 그들은 인구 증가, 의료 혜택 등 여러 통계 자료를 동원해 식민통치를 정당화하는 논리를 폈다.

더욱이 독립운동 과정에서는 위임통치론을 내세우면서 외교로 한국 독립을 이루어야 한다는 이승만이 가장 빛나는 독립운동을 했다고 주장하며 다른 독립운동가의 활동을 비하했다. 이를 이끈 학자는 러시아

혁명사를 전공한 이인호, 한국정치사를 전공한 유영익 등이었다.

유영익의 논리를 살펴보자. 유영익은 이승만을 예수처럼 받들어 숭배했다. 그는 이승만연구소를 설립하고 책을 내고 강연을 하면서 광복절을 건국절로 바꾸자고 외쳤다. 대한민국을 이승만이 건국했으므로 나라를 처음 세웠다고 주장한 것이다. 다시 말해 이는 대한민국 헌법에 분명하게 밝힌 3·1운동 정신 계승과 임시정부의 법통을 잇고 4·19혁명을 이어받는다는 헌법정신에 배치된다. 엄밀히 말해 건국절 주장은 헌법 전문에서 밝힌 헌법정신을 부정한 것이다. 이승만이 헌법을 뜯어고치고 3·15 부정선거를 저지른 사실을 모조리 합리화하는 견해였다.

유영익은 식민지 근대화론에도 깊이 빠져 있었다. 이른바 일제가 사주하고 개화정권이 추진한 갑오개혁 이후, 일제 식민통치가 한국의 근대화에 밑거름이 되었다는 주장을 폈다. 그러면서 19세기 이후 전개된 내재적 발전론을 부정하고 타율론에 따라 우리 역사가 진행되었다는 논지를 펴면서 민족독립운동을 부정했다. 이런 주장은 식민지 근대화론자인 권희영, 이명희 등에게 이어져 교학사 한국사 교과서를 만들어낸 것이다.

더 큰 문제도 있다. 이승만은 대통령 취임 등 공식적인 국가 행사에서 기독교식으로 선서를 하고 기독교를 국교처럼 받들었는데, 이를 두고 유영익은 "이승만 대통령의 기독교 장려 정책에 힘입어 우리나라는 역사상 처음으로 기독교 정권을 창출했고 아시아 굴지의 기독교 국가가 되었다"고 기술하면서 이승만이 로마 제국을 기독교 국가로 만드는 데 기여한 콘스탄티누스에 필적한다고 했다. 이처럼 그는 이승만 정권을 기독교 정권이라고 표현했다. 대한민국 헌법에는 "국교는 인정하지 아니하며 종교와 정치는 분리한다"고 명시되어 있다. 이 정교분리의 원칙은 우리 헌법의 기본 정신인데도 이승만과 유영익은 이를 철저하게 유린했다. 대한민국 헌법은 아홉 차례나 개정되어 누더기가 되었지만 임시정부 법통과 정교분리 원칙은 바꾸지 않았다. 양식 있는 기독교인들은 결코 이런 주장을 펴지 않을 것이다.

유영익 못지않게 빼놓을 수 없는 이인호도 있다. 그는 기독교 입장에서 역사를 해석하지는 않지만 이승만 숭배자다. 유영익은 자신이 늘 역사학자로서 평생을 역사 연구에 바쳤다고 말한다. 그런데 뉴라이트 학자들과 어울려 동조하거나 유영익과 영합해 이승만연구소의 일을 맡기도 했다.

2012년 말 민족문제연구소에서는 두 편의 역사 다큐멘터리를 제작해 뜨거운 반응을 불러일으켰다. 근현대사 진실 찾기 시리즈 〈백년전쟁〉 '두 얼굴의 이승만'과 '프레이저 보고서'가 그것이다. 그런데 뉴라이트와 조갑제닷컴, 보수 언론매체에서 딴지를 걸어왔다. 그리하여 민족문제연구소에서는 이를 객관적 사실에 근거해 제작했다는 사실을 밝히기 위해 기자 회견을 가졌다. 여기에 나온 사람은 나를 비롯해 함세웅, 임헌영, 박재승, 윤경로, 그리고 한국역사연구회 대표 등이었다. 이 자리에서 민족문제연구소의 김승은 자료실장은 보수 진영의 얼토당토않은 주장을 명쾌하게 반박했다. 나도 그 자리에서 짧게 이승만이 독립운동 과정에서 한 일에 대해 부정적으로 평가했다.

공교롭게도 기자 회견이 열린 레이철 카슨 홀이 있는 같은 건물에 이승만연구소가 있었던 탓인지 이인호가 참석했다. 그는 이야기를 다 듣고 나서 『오마이뉴스』 기자의 질문에 대꾸했다. 그 내용을 몇 가지 요약하면 "백년전쟁은 역사 비판이 아니라 역사 왜곡이다. 이 나라를 건국하고 발전시킨 분들을 반민족 세력이라 규정하고 대한민국 건국에 반대했던 사람들을 민족주의자로 부각시키는 영상이 나왔다"라고 절규하다시피 했다. 그러면서 국가에 대한 도전, 역사를 교란하는 목적이라는 말을 쏟아냈다.

이인호는 나중에 문창극 사태가 벌어졌을 때에도 문창극이 교회에서 "일본의 식민지 지배는 하느님의 뜻"이라는 강연을 듣고 감동을 받았다고 했다. 그는 청와대 원로 초청 간담회에 참석해 박근혜 옆에 앉아 "역사교육이 잘못되었으니 박정희 시대처럼 국정으로 환원해야 한다"고 말했다. 또 "백년전쟁이란 다큐멘터리를 국가 안보 차원에서 주시해야 한다"고 주의를 환기시켰다. 박근혜는 이를 수첩에 기록했다. 꼭 이 말 때문은 아니겠지만 그뒤에 한국사 국정화가 급속하게 진행되었으며 민족문제연구소는 검찰의 수사를 받게 되었다. 그래도 이인호는 종교와 결부시키지 않은 점에서 보면 유영익보다는 낫다고 할 수 있다.

이와 때를 같이해 몇몇 학자와 언론인은 박정희도 한국 산업화를 이룩한 위대한 업적을 이룩했다고 찬양했다. 언론인 조갑제는 박정희는 "내 무덤에 침을 뱉어라"라고 외치면서 한국의 산업화와 경제 발전을 도모했다고 하면서 박정희 유신체제를 옹호했다. 그는 근래에 들어 박정희 배지를 달고 다니자고 주장하고 박정희는 우리 역사에 나타난 김유신, 이순신과 함께 3대 군인이라고 평가했다.

박정희 배지는 김일성 배지와 다를 바 없을 것이다. 우리는 김일성 배지를 보고 그들의 김일성 우상화에 치를 떨고 있는데 이런 주장을 펴고 있다. 또 박정희는 일본군이 세운 만주군관학교를 거쳐 일본육군사관학교도 졸업한 황군의 장교였다. 해방 이후에는 대한민국 국군의 장교가 되어 남로당의 군사 프락치가 되었다가 동료들을 밀고해 목숨을 연명했다. 박정희는 군인 신분으로 쿠데타를 일으켜 정권을 잡았지 군인으로서 공로를 세워 집권을 한 것이 아니었다.

아무튼 이들을 묶어 뉴라이트라고 불러 구분했고 목사 김진홍 등 일부 어용 인사들과 정치인 김무성 등이 동조하거나 지원하면서 세력을 키웠다. 이들을 역사의 사생아라고 불러도 좋을 것이다.

이명박과 박근혜의 역사의식

이명박 정부는 식민지 근대화론을 주장하는 뉴라이트 부류의 주장에 동조하는 정책을 폈다. 그는 담화를 통해 객관적이고 중립적인 근현대 역사 교과서와 함께 박물관을 건립해 근현대사 왜곡을 바로잡겠다고 공언했다. 그런데 이를 반영하고 있는 대한민국역사박물관 건립이 역사 왜곡의 빌미를 제공하고 있다. 이 박물관에는 친일파를 근대화의 주역으로 보는 뉴라이트의 역사관이 강하게 반영되어 있다.

대한민국역사박물관은 만주군관학교에서 하사받은 조선인 출신 일본군 장교의 '닛폰도'와 함께 최초의 국산 승용차인 새나라 자동차, 흑백텔레비전 등이 전시되어 있다. 이승만의 하수인이 된 친일파와 박정희 무리가 한국 근대화와 대한민국 '건국'과 경제 발전의 주역이란 이미지를 조작하는 터전이 되고 있다. 한편, 계속 논란이 일고 있는 박정희기념관도 이와 같은 의도에서 추진된 것이다.

또 정치인 박근혜는 2012년 대통령선거 과정에서 5·16군사정변은 국가 혼란을 맞이해 불가피한 선택이었다고 주장하고 유신체제는 북한과 대치하는 위기 상황에서 국가 안보를 위해 단행되었다는 논리를 편 적이 있다. 박근혜는 "과거와 현재가 싸우면 미래를 잃는다"고 주장했다. 또한 뉴라이트 학자들이 펴낸 대안 교과서를 찬양하기도 했다. 이는 반역사적·반민주적 의식을 보여주는 직접적 사례가 된다. 박근혜 집권 이후 논쟁은 계속 이어졌다.

2013년에 들어선 박근혜 정부는 이명박 정부의 역사의식을 그대로 이어받거나 더욱 미화했다. 곧 친일파를 중심으로 한 근대화 추구 세력과 경제 개발 집단을 한 묶음으로 하여 박정희를 역사의 주역으로 내세운 것이다. 정치인 김무성은 교학사 교과서의 내용을 찬동하면서 뉴라이트 계열의 학자들을 동원해 역사 강의를 했으며 구미시장이란 자는 박정희를 두고 반신반인(半神半人)이라고까지 신격화했다. 이런 행태는 박근혜가 탄핵으로 대통령 자리에서 쫓겨난 이후에도 일부에서 지속되고 있다. 참으로 저질이라고 말할 수밖에 없다. 아무튼 이들은 5·16군사정변이 국가 안보를 위해 불가피한 선택이었다고 주장하면서 쿠데타 이후 남북관계는 냉전체제로 치달아 긴장이 조성된 사실은 감추고 있다. 이미 박근혜 정부에는 이런 주장을 펴는 뉴라이트 잔재들이 똬리를 틀고 있었고 그들은 박근혜 정부가 들어서자 요직을 차지했다. 그 예로 유영익이 국사편찬위원장, 이인호가 한국방송공사 이사장으로 임명된 사실을 들 수 있다.

그 연장선상에서 한국사 교과서의 국정을 추진했다. 이를 추진한 것은 교육부와 국사편찬위원회였지만 그 배후에는 박근혜와 뉴라이트 세력이 있었다. 심지어는 박근혜가 퇴임하기 전인 2017년부터 현장에서 가르치는 것으로 추진되었다. 당연히 박근혜 정부의 역사 쿠데타에 대한 반대운동이 거세게 벌어졌다.

교학사 교과서의 근현대사 왜곡의 실상

그러면 먼저 교학사 교과서의 서술을 좀더 구체적으로 살펴보자. 교학사 한국사 교과서는 식민지 근대화론에 근거한 경제 개발 논리와 자유민주주의 확립이라는 서술을 전제하고 친일파와 친일파를 이용한 이승만·박정희 독재정권을 비호하고 민족민주운동을 폄하했다. 다시 말해 무엇보다 일제에 협력했던 친일파를 대한민국 정부 수립 뒤 산업화의 주역으로 부각시킨 것이다. 항일 독립운동 세력과 민족민주운동 세력은 역사의 주변부로 내몰며 약화시키거나 소외시키면서 이승만·박정희 독재정권은 찬양하고 옹호하는 데 초점이 맞추어져 있다. 이들은 태생적으로 반민족·반민주 세력이라고 규정할 수 있을 것이다.

앞에서 교학사 교과서의 개략을 언급했지만 이 교과서는 사실의 오류뿐 아니라 표절, 틀린 철자법, 잘못된 띄어쓰기와 문장 등 교과서로서는 있을 수 없는 결함이 많다. 근현대 이전의 역사 기술에도 많은 문제점이 있다. 필자들은 역사학자로서 최소한의 상식도 없다고 해야 맞을 것이다. 구체적 사례를 통해 근현대사 부분을 좀더 자세히 알아보자. 시대 순서에 따라 주요 서술을 살펴보면 다음과 같다.

첫째, 근대 시기를 연 동학농민혁명의 서술을 보면 "전통적 질서를 복구해 백성들의 삶을 안정시키는 것"이라고 규정하고 이어 탐관오리를 몰아내 백성을 안정시키려 했다는 기술로 마무리했다. 하지만 신분제도를 타파하고 새로운 정치질서를 열려 했으며 이권을 침탈하는 외세를 배격한 반침략의 사실은 다루지 않고 있다. 일부분만 축소해 서술한 것이다.

둘째, 대한민국 임시정부를 서술할 때 이승만의 사진은 다섯 장을 실으면서 김구 사진은 한 장, 안중근과 윤봉길은 한 장도 싣지 않았다. 또 일제 식민지 시기를 서술하면서 이승만의 이름은 21회, 자료는 21회 언급한 반면 안창호와 김구는 자료에만 각각 3회, 6회를 실었다.

셋째, 일제 식민지 시기에 친일파 김성수를 설명하면서 일제 협력을 거부해 피난을 갔으며 작위 수여를 거부했다고 기술했다. 김성수는 작위를 거절한 적이 없으며 학병 지원을 독려하고 징용을 권고한 친일 활동을 했는데도 사실을 왜곡했다. 더욱이 그는 동생 김연수에게 만주국

명예총영사, 조선총독부 중추원 참의를 맡겼으며 막대한 국방헌금도 내게 했다.

넷째, 한국전쟁 시기의 민간인 학살을 왜곡했다. 제주 4·3사건의 경우 민간인이 폭동을 일으켰다고 기술하면서 미군이나 국군, 경찰이 민간인을 학살한 사실을 서술하지 않았다. 특히 수많은 인명을 불법으로 처형한 형무소 재소자와 국민보도연맹 사건은 완전히 다루지 않았다.

다섯째, 5·16군사정변은 적화를 막기 위해 일으켰다고 하면서 혁명공약에서 "군 본연의 임무로 돌아가겠다"는 구절을 빼버렸고 10월 유신은 불가피한 선택이었다고 기술했다. 그러면서 긴급조치 등 인권 유린은 다루지 않았다. 유신의 긴급조치는 기본적으로 체제 안정을 도모하기 위해 발동한 조치라고 설명하고 있는 것이다.

여섯째, 5·18광주민주화운동에 대해 시민이 무장을 하고 폭동을 일으켰다고 강조하면서 군이 민간인을 무자비하게 학살한 사실을 얼버무렸다. 다시 말해 이 운동은 시민이 무장해 폭동을 일으켜 군인들이 진압하기 위해 발포했다는 정서를 깔아놓았다.

일곱째, 1986년 6월 민주항쟁과 일련의 민주화운동을 매우 간략하게 서술하면서 역사적 의미를 축소했다. 이와 반대로 신군부의 폭력은 얼버무리고 이른바 반민주집단의 산업화를 부각시켰다.

여덟째, 김대중·노무현 정부의 북한 정책을 비판하면서 7·4남북공동성명, 남북기본합의서, 6·15남북공동선언 등은 선언에 그쳤다고 기술해 이산가족 상봉, 금강산 관광, 개성공단의 기반 조성 등 남북 합의에 따른 성과를 완전히 묵살했다.

교학사 교과서의 이런 내용이 알려지자 역사학계와 많은 시민단체에서 반대 여론이 들끓었다. 그러자 교육부에서는 수정 심의회를 두고 수정 명령을 내리면서 8종 교과서를 모두 포함시켰다. 중립적·객관적 사실에 충실한 다른 교과서를 끼워 넣은 것이다. 물타기라고밖에 볼 수 없지만 비호는 계속되었다.

하지만 수정 결과를 보면 이런 여론이 틀리지 않았음을 증명한다. 몇 가지를 예로 들어보자. 일본군위안부를 두고 "한국인 위안부는 일본군 부대가 이동할 때마다 따라다니는 경우가 많았다"라고 기술했다. 일제의 자본 침탈에 대해서는 "자본 진출"로, 쌀 공출은 "쌀 수출"로 기술했다. 제주 4·3사건은 "당시 수습하는 과정에서 무고한 민간인의 많은 희생이 있었고 많은 경찰과 우익 인사가 살해당했다"고 기술해 민간인 3만 명 희생과 우익 인사 1000명의 희생을 똑같은 희생으로 호도했다.

지극히 상식적인 오류와 오기만 일부 수정하는 정도에 그쳤고 근본적인 문제는 여전히 얼버무리거나 호도하는 수준에 머물렀다. 박근혜 정부의 비호와 김무성 등의 지원이 잘 드러나고 있다고 해야 할 것이다.

뉴라이트는 어떻게 대처해야 하는가

역사학계는 뉴라이트의 역사 왜곡을 꾸준히 지적해오다가 교과서 파동이 일어나자 전면에 나서고 있다. 뉴라이트가 자유민주주의를 내세우면서 오히려 헌법정신을 위배하고 있다고 지적한다. 헌법에는 3·1운동, 대한민국 임시정부, 4·19혁명의 정신과 전통을 잇는다고 명시되어 있는데, 이를 정면으로 위배하고 있다는 것이다. 이에 덕성여자대학교 교수 한상권은 여러 의견을 모아 이렇게 결론을 내리고 있다. 첫째, 식민지 지배를 미화하며, 공화주의와 평등주의의 전통을 지닌 독립운동의 역사를 외면한다. 둘째, 독재체제를 찬양하며 모든 억압, 착취, 배제, 차별 등에 저항한 민주화운동의 역사를 폄하한다. 셋째, 냉전체제를 선호하며 남북 간의 화해와 협력을 통한 평화체제 구축과 평화통일을 비난한다. 그러고는 "이로 볼 때 뉴라이트 역사관은 친일, 독재, 분단을 합리화하는 이데올로기인 것이다. 문제는 이런 역사 인식이 대한민국이 추구하는 헌법 가치마저 부정한다는 데 있다"고 했다.('발제문' 「뉴라이트의 역사 왜곡」에서 인용) 그뒤 국사 교과서의 국정화에 따른 논의가 여기저기에서 일어났다.

아무튼 유럽과 미국에서는 교과서를 자유 발행제로 하여 보급하고 있다. 그러나 전후 일본에서는 민주 헌법을 지향하면서도 교과서는 자유 발행제를 실시하지 않고 검인정제도를 수용했는데, 이는 군국주의 비판을 막으려는 목적이었다. 역사 교과서를 국정으로 하는 나라는 북한을 비롯해 일부 이슬람권뿐이다.

유신 시기, 박정희 정권은 국어와 국사를 국정으로 지정해 유신 정책의 당위성을 내용에 담았다. 하지만 근현대사 교과서는 새로 만들지 않았다. 민주정부가 들어선 뒤 국사를 검인정교과서로 전환하면서 근현대사 교과서를 새로 교과로 지정했다. 이 근현대사 교과서에는 민족독립운동, 민주화운동이 실리게 되었다. 이는 과거 회귀의 국정으로 가자는 것이었다.

지금 시점에서는 뉴라이트를 비호하는 세력으로 누구보다도 먼저 『조선일보』, 『동아일보』, 『중앙일보』를 들 수 있다. 『조선일보』의 사주인 방응모와 『동아일보』의 사주인 김성수는 친일행위를 한 대표적 언론 사주였다. 이들은 1930년대 전시체제 아래에서 학병, 징병, 징용, 정신대 동원에 앞장서며 친일 행각을 벌였다. 또 『중앙일보』 사주인 홍진기는 일제 식민지 시기에 판사로서 민족운동가에게 형벌을 내리는 데 한몫했다.

『동아일보』는 김성수가 반이승만 노선에 섰던 탓에 이승만 반대 투쟁을 벌이는 논조를 강하게 펼쳤으나 박정희에게 굴복하는 모습을 보여주었다. 『조선일보』는 중립지를 내세우면서 이승만 독재에 협력했고 박정희 유신에도 동조했다. 또 홍진기는 3·15부정선거 당시 법무부 장관과 내무부 장관을 지낸 뒤 부정선거 원흉의 하나로 지목되어 무기징역형을 선고받았다. 그런 인연으로 아들 홍석현은 유영익이 이승만 기념사업을 추진할 때 자금 지원을 아끼지 않았다. 이들 언론은 맹목적 반공 논조를 펴면서 냉전체제를 주도해왔다. 그 대가로 많은 이권을 얻었다.

비근한 예를 들면 나를 비롯한 원로 역사학 교수 성대경, 강만길, 이만열, 임헌영 등이 노구를 이끌고 뉴라이트 교과서의 문제점을 지적하면서 그 개선책을 제시하는 기자 회견을 가졌는데, 이른바 『조선일보』, 『중앙일보』, 『동아일보』는 한 줄도 보도하지 않고 외면했다. 이와 달리 모든 인터넷 매체와 『경향신문』, 『한겨레』 등은 그 의미를 심도 있게 전달했다. 이런 배경을 지닌 세 언론사는 뉴라이트의 역사 왜곡을 꾸준히 옹호했고 민주 세력을 폄하하거나 다루지 않았다. 교학사 교과서 문제가 제기되어도 이를 거의 외면하고, 오히려 옹호하는 논조를 펴거나 마치 객관성을 유지하는 듯이 호도하면서 같은 비중을 두어 다루었다.

아무튼 근현대사 중심의 이런 반역사적 역사 해석과 교과서를 통한 역사 왜곡의 현실을 두고 역사전쟁을 벌이고 있다는 진단이 나온 것이다. 이런 교과서가 보급되어 학생들이 배운다면 어떤 역사의식이 생길까? 참담한 현실이다. 이를 주도하는 교육부와 국사편찬위원회, 박근혜 정부와 싸워 막아야 한다.

역사정의실천연대와 7개 역사학술단체가 뉴라이트 교과서의 오류 600여 개를 비롯해 단순한 탈자, 오자, 철자법, 사진 설명의 오류 등을 지적했으며 불채택운동도 벌였다. 이 교과서로는 대학수학능력시험을 제대로 볼 수 없다는 지적도 나왔다. 이는 사관의 문제가 아니요, 상식의 문제다. 연구자와 현장 교사, 시민의 힘으로 교학사 교과서를 막는 데 성공시킬 수 있었다. 2014년 신학기에 교학사 교과서 채택 비율은 0퍼센트였으니 완전히 성공을 거둔 것이다.

한국사 교과서 국정화의 저의

많은 문제점이 있는데도 박근혜는 아예 한국사 교과서를 국정으로 하는 작업을 서둘렀다. 2014년 2월, 박근혜는 "역사 교과서 발행제도를 근본적으로 개선하라"고 지시했다. 말로는 개선이라고 그럴듯하게 포장하고 있지만 근본 목적은 박정희를 현대사의 주역으로 만드는 데 있었다. 그리하여 교육부에서는 2년 안에 이를 마친다는 계획을 세워 벼락치기로 진행했던 것이다.

역사 교과서를 국정으로 하는 나라는 종교 문제가 걸려 있는 이슬람권의 몇몇 나라와 공산국가인 북한뿐이다. 러시아와 중국도 일찍이 검인정으로 전환했다. 베트남도 유엔의 권고에 따라 2015년 검정제로 전환했다. 2013년 유엔 총회에서는 "유엔 국가가 주도하는 하나의 역사 교과서를 채택할 경우 정치적으로 이용할 위험이 크며 다양한 종류의 역사 교과서 가운데 교사가 채택할 수 있도록 보장하는 것이 매우 중요하다"라고 선언하면서 자유 발행을 권고했다. 그러므로 한국에서 국정교과서를 추진하는 것은 유엔 정신뿐 아니라 세계의 흐름을 역행하는 것이요, 헌법정신을 짓밟는 반헌법적 발상이요, 반민주적 조치였다. 우리 헌법에는 학문과 사상의 자유를 보장했으며 교육의 전문성, 자주성, 정치적 중립성을 강조했다. 헌법재판소에서도 1992년에 국정교과서제도가 헌법정신에 비추어 바람직하지 않다고 판시했다.

박정희 정권의 유신 시기, 한국사 국정교과서에 5·16군사정변을 구국의 결단이라 기술했고 유신체제는 평화적 통일과 국내외 정세에 능동적으로 대응하기 위한 것이라고 서술했는데, 박근혜는 이를 새 국정교과서에 반영하려는 의도를 가진 것으로 보였다. 박근혜는 어쩔 텐가? 교육부에서 정한 방침에 따라 국사편찬위원회에서 벌인 한국사 국정화는 이런 역사를 그대로 반영하거나 더욱 오도할 우려가 있다. 우리는 민주주의와 통일을 위해 또는 한국의 미래 세대를 위해 이를 막아야 한다. 이를 반대하는 물꼬를 튼 것은 2015년 교수와 교사 들의 시국 선언이었다. 이 선언에는 다음과 같은 반대 이유를 제시했다.

첫째, 국정화는 영구집단을 위해 역사교육을 독점하려는 것이다.

둘째, 국정화는 헌법 가치인 교육의 정치적 중립성과 학문의 자유를 침해하는 것이다.

셋째, 국정화는 민주주의 교육 이념인 자율성과 다양성, 창의성을 부정하는 것이다.

넷째, 국정화는 민주주의와 경제 발전을 동시에 이룬 대한민국의 국격에 맞지 않는다.

그리하여 한국사연구회, 한국역사학회, 역사문제연구소, 민족문제연구소, 전국교원노동조합, 역사교사모임 등 연구단체 및 교육단체와 이들 단체의 지원을 받는 역사정의실천연대와 학부형들도 나서 세찬 반대 운동을 벌였다. 특히 국정화 반대 교사 시국 선언에는 "제2의 유신 역사 쿠데타를 멈춰라"라는 내용이 포함되었다. 2015년 12월 역사 교과서 국정화 철회와 민주주의 회복을 위한 교사 선언에 3532곳의 학교와 1만 6317명의 교사가 참여했다. 한국교직원노동조합에서는 "우리 아이들에게 친일-독재를 가르칠 수 없습니다"라는 현수막을 내걸고 연일 시위를 벌였다.

아직 한국사 국정교과서 반대운동이 본격적으로 열리기 전이었는데, 나는 이만열, 안병욱 등과 함께 새정치민주연합 소속 국회의원 정세균,

전병헌, 유기홍 등이 마련한 국정교과서 문제의 대책에 대한 의견을 듣는 자리에 초청을 받았다. 이즈음에는 교육부의 계획이 아직 구체화되지 않아 원칙 이야기만 의견을 나누었다.

그뒤 한국사국정화저지네트워크 대표인 한상권의 주선으로 먼저 국회를 방문해 새정치민주연합 대표 문재인, 원내대표 이종걸, 정세균, 유기홍, 도종환 등 국회의원과 정당 관계자를 만나 한국사 교과서 국정화를 막아달라고 건의했고, 기자 회견을 가졌으며, 정의당 의원실을 찾아가 협조를 부탁했다. 또 김무성 새누리당 대표실을 찾아가 성명서 등을 전달하려 했지만 김무성은 자리를 피하고 만나주지 않았다.

누구보다도 유기홍 의원이 열성적으로 도와주었다. 그는 서울대학교 국사학과 출신이라는 연고 때문이 아니라 한국사 교과서 국정화는 학문 사상의 자유를 짓밟는 독재 발상이라는 신념에서 주도적으로 도왔던 것이다. 또 한 사람, 도종환 의원은 시인인데도 열성적으로 교과서 문제를 파헤치면서 현장에도 나타나고 국회 교육문화체육관광위원회에서 그 부당성을 제기하기도 했다. 이 자리에 이만열, 함세웅, 임헌영, 윤경로, 한상권, 이준식, 안병우, 방학진, 나, 그리고 참여연대의 이태호, 독립운동가 유족인 차용조 등이 함께했다.

그뒤 나를 비롯해 원로 역사학들, 곧 박현서, 성대경, 강만길, 이만열, 임헌영, 조광, 윤경로, 안병욱, 서중석 등은 여러 차례 기자 회견을 가졌고 추운 겨울인데도 아랑곳하지 않고 거리 강연을 하면서 반대 투쟁에 나섰다. 이어 김정기 등 전국에 퍼져 있는 원로 교수들과 최갑수, 홍순권, 오수창 등 현직 교수 몇백 명이 반대 서명을 했다.

그리고 역사정의실천연대 대표 한상권과 민족문제연구소 사무총장 조세열을 비롯해 이준식, 박한용, 박수현, 김민철, 김영환, 김승은, 방학진, 그리고 역사문제연구소의 배경식, 장원아, 김아람 등 연구단체의 일꾼들과 현직 교수요, 역사연구단체의 책임을 맡은 하일식, 정연태, 정용욱, 오수창, 이지원, 정태헌, 배항섭, 허수 등은 시민과 연대해 거리에서 시위하고 강연을 했으며 방은희 등 실무자들은 시민의 서명을 받아 청와대에 전달했다. 또 한국역사연구회 회원의 이름으로 회원 700여 명이 집필 거부를 선언하기도 했다. 특히 조세열은 선언서, 성명서 등을 작성하는 일을 도맡았으며 이준식, 박한용은 강연을 통해 그 부당함을 설득력 있게 지적해 거리 시민의 호응을 이끌어냈다.

또 한국사교과서국정화저지네트워크 주선으로 2015년 겨울부터 역사학자를 동원해 거리 강연을 했다. 추운 겨울인데도 거리에 수백 명이 몰려들었다. 강사로는 이만열, 한상권, 이준식, 조광, 한철호, 안병우, 이동기, 이이화, 김육훈 등 교수와 교사 들이었다. 이 내용을 묶어 『거리에서 국정교과서를 묻다』라는 제목으로 책을 냈다.

나는 기자 회견장에서 국정교과서 오적으로 박근혜, 김무성, 황교안, 황우여, 김정배를 지목했다. 왜 이들을 거론했는지는 여러분이 더 잘 알 것이다. 그런데 국사편찬위원회에서는 아랑곳하지 않고 비밀스럽게 진행했다. 이는 국사편찬위원장인 김정배의 주도 아래 계획대로 이루어졌다. 하지만 학교 현장에서 거부해 한 학교도 채택하지 않아 2017년 공급하려는 국정교과서는 완전히 실패로 돌아갔다. 마침내 문재인 정부가 들어서서 전면 폐기로 결정이 나 하나의 웃음거리로 전락했다. 이를 두고 한상권과 배경식은 해방 뒤 역사 문제를 갖고 이만큼 역사학자가 동원된 적이 없으며 시민들의 열띤 반응도 처음 있는 일이라고 되레 흐뭇해 했다. 그렇고말고. 시대의 흐름을 외면하고 역사를 농단하는 독재정권은 이제부터 이 땅에 발을 붙이지 못할 것이다.

그러므로 우리는 오늘날 민족운동사와 민주운동사를 새롭게 정립하는 작업에도 관심을 기울여야 한다. 우리는 중국, 일본과 역사전쟁을 벌이면서 이에 대처하는 공감대를 넓히고 내부에서 역사를 왜곡하는 세력을 제거해야 하는 과제를 안고 있다. 이에 근거하여 앞으로 바른 민족 통일관과 민주 가치를 정립하는 방안을 끊임없이 모색해야 할 것이다.

일본의 교과서 왜곡과 독도 영유 문제

오늘날 중국과 일본의 한국사 왜곡은 매우 심각한 수준이어서 끊임없이 논쟁을 펼치고 있다. 그리하여 세 나라는 역사전쟁을 벌이고 있다고 할 수 있다. 먼저 독도를 중심으로 한 일본의 한국 역사 왜곡 실상에 대해 살펴보자.

지금 일본에서는 아베 정권 주도 아래 또다시 역사를 왜곡하는 작업을 하고 있다. 그동안 한국 근현대사 왜곡 문제나 독도 영유 문제를 두고 교과서나 정치인의 발언을 통해 부각시켜놓고 교육계와 정치계, 사회단체가 앞장서고 있는 것이다. 그들은 국민을 자극할 정치적 필요에 따라 또는 군국주의 부활을 꿈꾸는 자들을 정치적 이용물로 삼으려는 목적의식에 따라 이 문제를 들고나온다고 판단된다.

2008년에 들어 일본 정부에서는 중학교 교과서 학습지도요령 해설서에 독도의 일본 영유권을 기재한다는 방침을 밝혀 논란을 일으켰다. 아베 정권이 들어선 뒤인 2013년 3월 발표한 고등학교 교과서 검정 결과 독도를 한국이 일방적으로 점거했다는 표현이 늘어나고 있다(총 60종 가운데 36종 언급). 그리하여 우리나라에서도 역사학자를 중심으로 그 부당함을 지적했다.

이 문제를 두고 두 나라에서 논란이 일었을 때 일본 우익 진영에서는 교포 3세인 축구선수 정대세가 〈독도는 우리 땅〉이라는 노래를 좋아한다는 말에 비난을 퍼부었고 다른 교포 가수나 선수 들에게도 댓글로 공격했다. 또 한국계의 서클 가입에도 지금까지와는 달리 곧잘 거부하고 있다고 한다. 2013년에 들어 군국주의 잔재들이 "조센진 바카야로"를 외치면서 연일 한인촌인 신주쿠 거리를 중심으로 반한 시위를 벌이고 있다. 일본의 양식인들과 함께 우리로서는 당혹스럽고 분노를 금할 수 없다. 근래에는 교통법의 규제를 받아 조금 잠잠해졌다.

일본 정부는 독도의 영유 문제를 해방 이후 일본의 여러 국내 문제와 얽어 제기했고 이번에 아베 정권은 다시 그 문제를 들고나온 것이다. 독도에 대한 역사적 사실에 근거해 그 분쟁과정을 차분히 살펴보자.

먼저 독도의 명칭부터 알아보자. 예전에 독도는 우산도(于山島), 삼봉도(三峰島), 자산도(子山島)라고 불렀다. 우산도는 울릉도에 있던 우산국에서 비롯된 것이고, 삼봉도는 봉우리가 셋으로 이루어진 섬이라는 뜻이며, 자산도는 울릉도의 아들 섬이라는 뜻으로 불렀다. 현재 독도의 해저 실측을 한 결과 바다 밑에는 세 개로 된 바위섬으로 지각이 형성되었다는 사실이 확인되었다. 예전 동해안 어부들은 독도가 '삼봉'임을 알고 있었다는 증거다.

한편, 무릉도를 울릉도라는 이름으로 바꾼 뒤 독도를 별도로 우산도라 부른 것으로 추정된다. 고종의 칙령에 따라 1900년 울릉도를 군으로 개편한 뒤 그 관할 구역으로 석도(石島)를 지정했다. 주민들이 독섬 또는 돌섬으로 호칭함에 따라 한자 표기방식으로 독도로 표기한 것이다. 따라서 공식 명칭인 독도는 대한제국 시기에 이루어진 것이다.

일본측에서는 송도 또는 죽도로 불렀다. 독도에는 소나무도 없고 대나무도 없으므로 송도와 죽도라는 명칭은 지명의 특성을 드러내지 못하고 있다. 울릉도에는 소나무가 많이 자라지만 독도에는 간죽(簡竹, 잔대)만이 조금 자랄 뿐이다. 예전 일본에서는 울릉도를 송도, 독도를 죽도로 구분해 부르기도 한 것으로 보인다.

예전 시대 우리나라의 독도 관리를 살펴보자. 고대에는 탐라국, 우산국 등 먼 섬에서는 중앙정권의 지배력이 느슨한 틈을 이용해 왕국과 비슷한 형태의 통치기구를 두고 자치권을 행사했다. 신라 시기 이사부가 512년 울릉도를 정벌해 복속시켰고 그뒤 조공 형태의 토산물을 헌납했다. 고려 전기에 울릉도는 신라의 지배 정책과 비슷한 조치를 취했다. 고려 후기 중앙집권제가 강화되면서 중앙 관리를 울릉도에 파견하고 본토인을 이주시키는 정책을 폈다.

『고려사지리지(高麗史地理志)』에는 "우산과 무릉은 본래 두 섬으로 날씨가 청명하면 서로 바라보인다"라고 되어 있다. 그뒤 조선 전기에 와서 우산도와 무릉도(울릉도) 등을 강원도 울진현의 부속 도서로 지정해 다스렸는데, 『세종실록지리지』에는 "두 섬의 거리가 멀지 않아 날씨가 맑으면 서로 바라볼 수 있다"라고 기록되어 있다.

조선 전기에 울릉도는 피역민(避役民, 나라의 의무를 피한 사람들) 또는 범죄자의 도피처여서 안무사를 파견했다. 독도에는 주민이 상주해 살지 않았으나 동해안 또는 울릉도의 어민들이 자주 진출했다. 신라 말기부터 일본의 왜구들은 우리나라의 섬과 해안지대 그리고 중국의 황해, 해안지역에 나타나 노략질을 일삼았다. 고려 말기에도 왜구 토벌을 하느라 엄청난 국력이 소모되었다.

그뒤 조선 시기에는 공도(空島) 정책을 시행하고 수시로 수색하고 토벌하는 일을 실시했다. 그 과정에서 1417년 울릉도와 우산도에 거주하는 주민을 본토로 이주시키고 어로와 채집도 금지했다. 이어 군사를 보내 수색을 계속했다. 공도와 수색은 두 가지 목적에서 이루어졌다. 하나는 본토에서 저지른 범죄자의 도피처를 없애는 것이요, 다른 하나는 왜구에게 입는 피해를 막아 주민을 보호하려는 것이다. 따라서 공도 정책은 두 섬의 포기를 의미하는 것이 아니었다.

공도 정책은 농업 이민이라 할 함경도, 평안도 등 국경지대의 사민(徙民) 정책과는 대조된다. 하지만 이런 정책에도 아랑곳하지 않고 계속해서 도피민 또는 어민 들은 관가의 눈을 피해 거주했다. 일종의 피난처였다.

두 나라 분쟁의 실상은 어떠했나? 조선 후기에 들어 일본의 도발적 행동이 전개되었다. 일본의 어부들은 끊임없이 울릉도, 독도 근처에 출몰해 고기잡이를 했다. 이때 쓰시마 도주는 조선 조정에 서계(書契, 일본이 보낸 외교 문서)를 보내 울릉도 일대의 탐험을 하겠다고 제의해왔다. 그러나 조선 조정에서 이를 들어주지 않자 도쿠가와 막부에서는 울릉도 일대에서 고기잡이를 하고 벌목을 해도 좋다는 허가를 내주었다. 이를 죽도 도해(渡海) 면허 또는 송도 도해 면허라 부른다.

그뒤 울릉도와 독도 일대에서는 조선 어부들과 일본 어부들의 힘겨루기 충돌이 일어났다. 특히 1693년 봄에 경상도 울산의 어부 40여 명과 일본 오타니 가문의 어부들 사이에 큰 전투가 벌어졌다. 일곱 척의 어선을 끌고 온 일본 어부들은 서로 싸움을 벌인 뒤 평화적으로 해결할 조선 대표를 보내라고 요구해왔다. 그래서 대표로 박어둔과 안용복이 선발되었다.

한편, 안용복과 박어둔은 울릉도에서 일본 어부들에게 납치되었다. 일본 관리들은 두 사람을 잡아가 증거로 삼으려는 꾀를 냈던 것이다. 안용복은 경상 좌수영에서 노를 젓는 수졸로 복무한 뒤 어부가 되어 동해안 일대에서 활동했다. 일본 기록에는 "서른여섯 살 정도로 얼굴에 마마 자국이 있다"라고 되어 있다.

안용복은 에도 막부에 가서 일본 어선의 울릉도와 독도 출어 불법성을 강조한 끝에 일본 어부의 출항 금지를 약속받았다. 이들 일행은 융숭한 대접을 받고 귀국을 허락받았다. 그가 서계를 들고 나가사키(長崎)에 이르렀을 때 일본 어부의 출항 금지에 불만을 느낀 일본 관리는 많은 질책을 했다. 다시 쓰시마섬에 이르러 도주와도 만났다. 쓰시마 도주는 안용복에게 독도를 침범한 죄인으로 몰아 50여 일 동안 구류를 살게 하고 오히려 막부의 서계를 빼앗았다. 그는 동래부에 와서 그 과정을 설명했지만 동래부사는 오히려 허가 없이 남의 나라에 들어가 교섭을 벌였다는 죄목을 씌워 2년 동안 감옥에 가두었다.

동래부사는 쓰시마 도주의 항의를 받고 안용복을 처벌했고 예조에도 이 사실을 전달했다. 조선 조정에서는 분쟁이 일어날까 두려워하여 울릉도에 출어를 금지했으니 그 바깥은 말할 것도 없다는 뜻을 담은 편지를 보냈다. 하지만 조선에서는 "울릉도는 우리나라 섬으로……"라고 표현했는데 쓰시마에서 파견된 일본 사신은 이를 기어코 울릉도를 죽도로 수정하려 했으나 끝내 들어주지 않았다. 적어도 당시에는 울릉도와 죽도의 개념이 명확하지 않았다. 곧 울릉도와 죽도를 동일하게 보기도 하고 분리해 보기도 했던 것이다.

안용복은 동래에서 풀려난 뒤 계속 어업에 종사했고 1696년(숙종 22) 3월에 다시 일본에 다녀왔다. 그뒤 안용복은 비변사에 잡혀와 신문을 받으며 다음과 같이 자술했다.

저는 본디 동래에서 살았습니다. 어머니에게 문안을 드리기 위해 울산에 갔다가 마침 중 뇌헌(雷憲)을 만나 몇 해 전에 울릉도에 갔다 온 일을 자세히 말하고, 또 이 섬에는 해산물이 풍부하다고 말했습니다. 뇌헌 등은 탐이 나서 함께 배를 타고 영해의 뱃사공 유일부 등과 함께 떠나 그 섬에 닿았습니다…….

—『숙종실록』 22년 10월조

그러고 나서 자신이 행한 일을 자세히 토로했다. 이 대목에서 잠시 말을 돌려 승려 뇌헌에 대한 관련 자료가 발견된 과정을 살펴보자. 『불교신문』은 다음과 같이 전한다.

안용복 일행 11명 가운데 다섯 명이 여수 홍국사 스님이었고, 타고 갔던 배는 홍국사 선박인 것으로 알려졌다. 송광사 박물관장 고경 스님은 안용복기념사업회의 부탁을 받고 관련 자료를 조사했다. 고경 스님은 "안용복과 함께 활동한 순천승 뇌헌, 연습(連習), 승담(勝淡), 영률(靈律), 단책(丹責) 등은 송광사 승려가 아니라 홍국사에 재적한 승려"라고 고증했다. 이 고증은 17세기 일본 문서인 '원록9병자년 조선주착안 1권지각서(元錄九丙子年朝鮮舟着岸一卷之覺書)'를 근거로 한 것이다. 이 문서 마지막 부분에 홍왕사(興旺寺)와 앞의 다섯 승려의 명단이 나오는데, 홍왕사는 홍국사를 뜻한다고 보았다. 홍국사는 순천부에 속해 있어서 이들을 순천승이라 했던 것으로 보인다. 한편, 1703년 조성한 홍국사중수사적비에 뇌헌 스님이 새겨져 있다. 앞 문서에는 "스님들은 염주와 산목(算木)을 지니고 있었으며 수행자로서 당당했다. 또 일본 관리들과 만나서 뇌헌, 안용복, 김기과 등 3인이 입회하여 울릉도와 독도가 강원도에 속하는 조선 8도

지도를 내보이며 조선 땅임을 주장했다"고 기록했다. 당시 뇌헌은 홍국사의 상선을 이용하여 물자를 매매하고 그 이익을 빈민구제에 사용했다고 한다. 뇌헌은 귀국 후 관리를 사칭한 죄로 1년쯤 옥살이를 했다고도 한다.

— 2008년 7월 26일자, 이준엽 광주전남지사장 작성 기사

이 승려들은 단순한 동행인이 아니었던 것이다. 다시 돌아가서 과정을 살펴보면, 안용복은 일본 어선들이 몰려온 것을 보았다. 그는 일본 어부들에게 "울릉도는 본디 우리나라의 지경인데 왜인이 어찌 감히 지경을 넘어 침범했는가? 너희를 모두 잡아가겠다"라고 큰 소리로 협박했다. 이에 일본 어부들은 "우리는 본디 송도에 사는데 물고기를 잡고 해산물을 채취하려고 어쩌다 나왔으니 이제 본고장으로 돌아가겠다"라고 답했다. 안용복은 "송도란 바로 자산도이고 이 역시 우리나라의 땅이기에 너희가 감히 여기에서 사느냐고 꾸짖고 이튿날 새벽 배를 저어 자산도로 들어갔다. 왜인들이 한창 솥을 쭉 걸어놓고 물고기를 기름에 졸이기에 몽둥이로 쳐부수며 큰 소리로 꾸짖었더니 왜인들은 주섬주섬 거두어 배에 싣더니만 돛을 올려 돌아갔다"라고 했다. 여기에서는 분명하게 울릉도와 독도를 구분해 설명하고 있다.

안용복 일행은 왜선을 추격하다 표류하여 이키섬(壹岐島, 원문에는 玉岐島)에 닿았다. 이키섬은 쓰시마섬과 규슈의 중간 바다에 위치해 있었다. 그는 이키 도주에게 지난번 울릉도와 자산도를 조선의 지경으로 확

정하고 관백의 문서까지 받았는데, 또 일본 어민들이 침범해왔다고 항의했다. 그러자 도주는 상위 관청인 백기주에 보고하겠다고 약속했다. 그는 한동안 아무 소식이 없자 다시 백기주로 들어가서 '울릉자산양도감세장(鬱陵子山兩島監稅將)'이라고 사칭했다.

당시 이들의 행색을 보면 관리를 흉내냈다. 안용복은 푸른 철릭에 검은 베 갓을 쓰고 가죽신을 신고 교자를 탔으며 다른 사람들은 말을 탔다. 그곳 도주에게 관백의 문서를 갖고 갔는데도 쓰시마 도주가 문서를 빼앗고 함부로 침해한다 말하고 이를 관백에게 알리려 한다고 주장했다. 그러자 쓰시마 도주가 백기주로 와서 한사코 만류하자 이를 받아들였다. 그 대신 침범했던 일본 어부 15명을 적발하여 처벌하고 다시는 침범하지 않겠다는 서약을 받았다.

하지만 안용복은 관리를 사칭하고 월경했다는 이유로 감옥에 갇혀 심문을 받았으나 많은 논란 끝에 숙종은 "왜인이 굴복한 것은 안용복의 공이라" 하여 사형을 면해주고 유배 조치를 내렸다. 1696년에 벌어진 안용복의 활동은 조정의 미지근한 공도 정책과는 달리 두 섬의 영토 인식을 재고했다. 이어 그해에 조선통신사는 에도 막부를 방문해 항의하여 죽도도해금지령을 받아냈다. 이로써 이키, 쓰시마섬 등에 거주하는 어민들은 두 섬에 함부로 상륙해 불법 어로를 하지 못했다. 3년 동안 벌어진 분쟁은 도해금지령의 공포에 따라 공식적으로는 일단 막을 내렸다.

조정에서는 3년에 한 번씩 두 섬을 순시하고 일본 어부의 침범을 엄하게 단속했다. 그리하여 정상기의 『동국지도』에 울릉도와 우산도를 우리 영토로 분명하게 표시했던 것이다. 오랫동안 일본에서는 출어와 벌채(울릉도)를 벌이면서 분쟁을 일으켰는데도 1785년 하야시 시헤이(林子平)는 지도에 조선의 소유라 표기했다. 이런 지도상의 증거는 무수히 많다.

근대 시기 분쟁의 발단

마지막 근대 시기 일본의 독도 침범과정은 이러하다. 일본의 메이지 정부가 들어서면서 사정이 달라졌다. 일본은 해외 팽창 정책을 펴면서 울릉도 근해에 출몰했다. 1881년 수토관(水土官)이 일본 어부들의 울릉도 출어를 확인했다. 그리하여 조선에서는 1882년 4월 이규원을 검찰사로 임명하고 조사단 102명을 울릉도 일대에 파견했다. 이규원은 일본인들이 울릉도에서 벌목하는 것을 목격했으며 울릉도에 조선인 140명, 일본인 74명이 거주하는 사실을 확인했다. 또 동남제도개척사로 파견된 김옥균도 도장(島長) 전석규의 허가 아래 벌목하는 사실을 확인하고 도장을 한양으로 압송했다. 그런데도 불법 벌목은 중단되지 않았다.

1883년 울릉도 개척 정책에 따라 54명을 울릉도로 이주시키고 도장과 도감을 새로이 임명했다. 1884년부터 울릉도 개척 정책을 지속적으로 폈으며 주민들에게 3년 동안 조세를 면제하는 조치를 내리기도 했다. 1895년에 내무대신 박영효는 임금에게 울릉도를 수색하고 토벌하는 규제는 이제 영원히 혁파하라고 요청하여 윤허를 받았다. 이런 일련의 조치로 공도 정책을 파기하고 적극적 이주 정책을 폈다.

고종이 러시아공사관에 옮겨 있을 때 러시아가 압력을 넣어 1896년 두만강과 압록강의 산림과 울릉도 산림채벌권을 25년 동안 인정해달라고 요구하여 양여를 허락했다. 그리하여 일본의 울릉도 채벌은 완전히 중지되었으며 독도 출어도 압박을 받았다.

대한제국에서는 1900년 10월 25일자로 울릉도를 울도로 개칭하고 울도군을 설치해 삼척영장 등이 겸직하는 도장, 도감의 제도를 폐지하고 중앙에서 군수를 임명했다. 당시 울릉도 주민은 1700여 명이었다. 조정에서는 수시로 위문선을 보내 주민을 돌보았다. 이때 독도는 칙령에 따라 석도로 명명되었으며 완전하게 중앙관제의 통제를 받았다. 석도를 한자어로 표기한 것이 독도다.

1904년 러일전쟁 시기에 일본은 러시아 함대의 동태를 감시하기 위해 울진군 죽변을 비롯해 20여 개소에 해군 망루(감시탑)를 설치했다. 그러면서 울릉도와 독도에도 망루를 세울 계획을 세웠다. 일본 내각에서는 1905년에 무인도인 다케시마(독도)를 점령해 일본 영토로 편입했다는 결정을 내렸다. 이에 따라 시마네현(島根縣) 고시 40호로 영토 편입을 공고하고, 오키섬(隱岐島)의 소관으로 했다. 1905년 2월 22일자였다. 러시아와의 전면 해전을 앞두고 비밀로 고시했던 것이다. 이 사실은 시네마현의 지방 신문에 보도되었으나 대한제국에서는 전혀 알지 못했다. 일방적 조치였던 것이다.

일본은 러일전쟁을 마무리한 뒤인 1905년에 대한제국을 보호국으로 만들어 반식민지 상태로 전락시켰다. 외교권이 박탈된 대한제국은 이를 뒤늦게 알고 1906년 지령을 통해 우리의 영토임을 확인했으며 강원도에서 경상북도로 이관했다. 1914년 조선총독부에서는 조선의 전국행정제도를 전면 개편했다. 당시 일제는 울릉도를 경상북도(울릉군)로 지정하고 시마네현으로 하지 않았다. 왜 그랬을까? 조선 땅이 일본의 식민지가 되었으므로 굳이 시마네현으로 편입하지 않아도 되었겠으나 간접적으로 조선의 영토임을 확인시켜준 사례가 될 것이다.

이 대목에서 한 가지 밝혀둘 것은 두 나라 영토의 접근성이다. 독도는 일본의 이키섬에서는 160킬로미터, 조선의 울릉도에서는 89.5킬로미터쯤 떨어져 있다. 곧 울릉도와 독도의 거리가 이키섬과 독도의 거리보다 68킬로미터 더 가까운 것이다. 하지만 일제 식민지 시기에 어로 기술과 장비가 월등한 시마네현 등지의 일본 어부들은 독도에서 출어해 이곳에서 풍부하게 서식하는 바다사자인 강치 등 해산물을 마음대로 포획했다.

끝나지 않은 분쟁

해방 뒤 분쟁 야기의 과정은 이러하다. 패전국 일본은 1945년 연합국에 항복한 뒤에도 여전히 로비를 벌여 울릉도와 독도의 일본 영유권을 주장했다. 하지만 1945년 포츠담회담과 1951년 샌프란시스코 강화조약에는 "조선의 본토와 제주도, 거문도, 울릉도(독도 포함)에 일본의 모든 권리와 청구권을 박탈한다"라는 기록이 있고 일본 대표의 서명이 있다. 따라서 연합국에서는 독도를 한국령으로 인정한 것이다.

그런데 어찌된 일인지 샌프란시스코 6차 기본서에는 독도가 일본 영토라는 문구가 들어가 있었다. 이는 말할 것도 없이 일본에서 끊임없이 독도의 영유권을 주장하면서 로비를 벌인 결과였다. 물론 여기에는 한국 대표가 참석하지 않은 약점을 이용한 부분도 있었다.

1952년 이승만은 '인접 해양에 관한 주권 선언'(평화선)을 선포했다. 여기에는 두말할 나위 없이 독도를 포함시켰다. 이승만 정부는 평화선을 침범하는 일본 어선을 나포하면서 강경 자세를 유지했다. 그러나 일본은 물러서지 않았다. 1953년 일본인들이 독도에 상륙, 어민피해위령비를 파괴했다. 1952년 독도에 미 공군 연습장을 설치하고 연습 도중 광영호의 어민 30여 명이 희생을 당한 적 있었는데 이를 기리기 위해 정부에서 위령비를 세웠던 것이다.

이어 일본인들은 독도에 일본 영토 표지판을 설치했다. 이에 1954년 정부에서는 독도에 접근하는 일본 경비정에 포격을 가하고 침범이 계속되면 전투기로 포격하겠다고 선포했다. 또 일본측에서 독도의 영유권을 두고 국제재판소에 재소해 국제법적 분쟁으로 몰고 가려 하자 이를 전면 거부했다.

이 시기에 민간의용대의 활동이 있었다. 정부 공식 기록에 따르면 33명의 제대 군인들이 모여 독도의용수비대를 결성해 3년 8개월 동안 활동했다. 이는 최초로 민간인이 독도 수호에 나섰다는 기록을 세웠다. 그런데 대장 홍순칠이 남긴 수기에 적힌 이야기, 즉 이들이 필요한 무기를 부산에 주둔하는 미군 부대에서 절취했다거나 현지 조사를 나온 치안국장 김종원과 국회조사단을 쫓아냈다는 따위의 이야기는 자신들의 공적을 과시하려 왜곡했다는 문제가 제기되었다. 독도 문제 전문가인 김점구 등이 대원으로 활동한 서기종의 증언을 통해 33명은 17명을 과장되게 기록했고 기간도 8개월이었다고 주장해 논란이 일었다.

아무튼 이들은 1954년 4월부터 8개월 동안 경비 임무를 맡았다. 중앙정부에서는 휴전 이후 독도 경비를 강화하기 위해 수비 대원 아홉 명을 골라 특채하여 울릉경찰서 경찰과 함께 조를 짜서 1955년부터 독도 수비를 맡겼다. 이렇게 하여 독도 등대에 불을 환하게 밝혔고 일본 어선은 접근을 하지 못했다.

1965년 이른바 한일협정에서 평화선을 철폐하는 대신 독도 주변에 3해리의 영해와 12해리의 전관 수역을 설정하는 데 합의했다. 1998년에 발효된 한일어업협정에는 공동 어로를 할 수 있는 공동 관리 수역으로 지정했다. 비록 영해와는 관련이 없는 중간 수역을 설정했으나 영해를 확실하게 규정하지 않은 분쟁의 꼬투리를 만들었다. 더욱이 이 협정에 따라 한국 어민의 독도 출어를 금지시키고 어민의 대피도 막았으며 유일한 독도 거주 가족인 김성도 부부를 철수시키기도 했다.

그뒤에도 오늘날까지 일본은 독도 영유권 주장을 계속하고 있다. 특히 시마네현 의회는 1905년 처음 독도 영유를 고시한 2월 22일을 독도의 날로 지정하는 조례를 통과시켰으며 주한일본대사는 독도가 일본의 영유라고 버젓이 서울에서 공언했다. 일본 국수주의자와 군국주의자 잔당 등 우파의 책동이었다. 영토 확장주의와 자원의 확보 의도로 보인다. 이 대목에서 지금도 영토 분쟁을 벌이고 있는 센카쿠 열도와 쿠릴 열도의 사정을 간단히 살펴보자.

대만 위쪽과 오키나와 열도 아래쪽에 위치한 센카쿠 열도(댜오위다오)는 현재 일본이 실효적 지배를 하고 있다. 일본이 1895년 청일전쟁의 승리로 시모노세키조약에 따라 대만과 함께 그 부속 도서인 센카쿠 열도를 할양받았다. 1945년 미군이 이 섬을 점령했고 1972년에 오키나와와 함께 이 섬을 일본에 반환했다.

쿠릴 열도에 속하는 네 개의 섬은 사할린 남쪽과 홋카이도 북방에 위치해 있는데, 1855년에 러시아와 조약을 맺어 일본 영유가 되었고 1905년에는 일본이 러일전쟁의 승리로 사할린 남부를 넘겨받았다. 1945년 제2차세계대전이 끝난 뒤 사할린 남부는 러시아 영토로 넘어갔으며 쿠릴 열도는 러시아가 실효적 지배를 해왔다.

두 열도는 모두 본디 중국과 러시아의 영토였던 것이요, 독도는 분명 한국의 영토로 현재 한국이 실효적 지배를 하고 있다. 세 섬 모두 근대 시기에 일본 제국주의 침략에 따라 분쟁이 야기되었다는 점에서는 공통점을 지니고 있다.

이명박 대통령이 임기 말에 뜬금없이 정치적 제스처로 독도를 방문해 더욱 논란을 빚었고 이를 분쟁화시키는 데 빌미를 주었다. 그러나 영토 주권 수호라는 점에서 볼 때에는 나무랄 수 없을 것이다. 우리는 독도에 대해 역사적 과정을 정확히 인식하고 마음의 끈을 늦추어서는 안 될 것이다. 아무튼 일본의 역사 왜곡 또는 조작은 앞으로도 계속 이어질 전망이며 독도 문제는 국제사법재판소로 가져가서 국제적 분쟁지역으로 삼으려는 의도를 갖고 있다.

마지막 한 가지 제언할 것은 두 나라가 역사 문제로 평화를 깨서는 안 될 것이며 정치, 경제 등 여러 분야에서 교류의 장애 요인이 되어서도 안 될 것이다. 현재 일본의 군국주의 잔재인 극우 세력은 과도한 구호를 외치면서 시위를 벌이고 있다. 이에 양식 있는 일본 사람들이 반대하는 행동을 보여 테러 등 극단적 방법은 자제하고 있는 모습을 보이고 있다. 우리 사회의 사정도 이와 마찬가지다. 극단적 민족 감정은 자제해야 할 것이다. 우리는 근본적 해결책이 무엇인지 지혜를 짜내야 할 것이다.

현재 김점구 등이 독도수호대를 조직해 여러모로 연구와 답사를 거듭하며 일본의 주장에 대응하고 있다. 한편, 오랫동안 한일 역사 교류사를 연구해온 이신철은 우리 어민의 피해가 더 크다고 하여 공동 관리를 주장하기도 했다. 어찌되었건 독도의 영유 문제는 해방 이후 여러 일본의 국내 문제와 얽혀 수시로 제기되고 있다.

동북공정의 실상과 허구

2000년대 첫 무렵 중국의 고구려 역사 왜곡 문제는 민족 감정과 결부되어 국민들의 관심이 높아졌으며 그 대응에도 열띤 반응을 보인 적이 있었다. 연구자들과 양식 있는 시민들의 관심 고조에 따라 뒤늦게 노무현 정부 당국도 일단 그 대책에 나섰다. 이에 고구려사가 중국사가 아닌 한국사에서 차지하는 의미와 이른바 '동북공정'의 실상을 현재적 관점에서 살펴보는 것이 필요하다.

동북공정은 동북변강사여현상계열연구공정(東北邊疆史與現狀系列硏究工程)의 줄임말로 이름만큼 사실도 복잡하게 얽혀 있다. 중국 사회과학원에서는 동북지방, 곧 랴오닝성, 지린성, 헤이룽장성의 개발 프로젝트로 1차 5개년 계획을 세워 8조 원을 쏟아부어 진행했다. 한마디로 말해 동북공정은 고대사 역사 조작을 펴려는 작업이다. 이는 '고구려 역사 왜곡이 아니라 고구려를 도둑질하고 있다'고 해야 옳을 것이다. 결론부터 말하면 동북공정에 따른 고구려 역사 서술은 고구려의 옛 영역이 현재 중국의 영토 안에 있다는 사실 외에는 하나도 맞는 논리가 없다.

동북공정 이전의 고구려사 인식 태도

1980년대 이전에는 중국에서 고구려사를 이론(異論)의 여지 없이 한국사로 보았다. 베이징 대학교와 푸단 대학교의 동양사 교재와 일반 중고등학교 교과서에도 이런 내용이 그대로 기술되어 있다. 중국 왕조 시대의 전통적 고구려 역사관에 대해서는 뒤에서 다시 이야기하겠지만 중화인민공화국이 성립한 1850년대에도 이런 고구려의 역사관은 변함이 없었다.

중화인민공화국 성립 시기에는 오히려 고구려사를 조선의 역사로 보면서 소수민족의 왕조를 동등한 역사적 위치에서 보아야 한다는 주장이 제기되었다. 이는 사회주의적 민족관과 결부되어 나타났다. 중국의 근대 사학에서는 중국이 천하의 중심이라는 전통적 관념과 중국의 천자가 천하의 주인이라는 중화질서를 반성하는 데서 출발했다.

저우언라이의 견해는 이를 단적으로 알려주는 사례다. 그는 소수민족을 보호하고 소수민족의 역사를 존중해야 한다는 논지를 폈다. 저우언라이는 이런 의식을 바탕에 깔고 김일성과 조중 국경 문제를 해결했던 것이다. 그 배경에는 역사적 근거가 깔려 있다. 곧 중국이 일제의 침략을 받으면서 민족 모순과 계급 모순의 선결 문제를 두고 논쟁이 벌어졌다. 마오쩌둥(毛澤東)은 민족 모순의 해결을 선결 과제로 제시했다. 이 원리에 따라 중국의 주변 국가들이 일제의 식민지 또는 침략을 받는 현실 조건에서 소수민족을 보호하거나 동지관계로 공동 전선을 펴야 하는 당면 과제가 놓여 있었던 것이다. 특히 식민지 한국과의 관계가 주변 어느 국가보다도 관심의 대상이 되었다.

이런 역사적 배경을 지니고 있는데도 1980년대 이후 중국의 역사학자들은 일사양용(一史兩用)의 이론을 내세웠다. 곧 한 역사를 두 나라에 적용할 수 있다는 이론이었다. 이에 따르면 고구려 역사는 한국사가 될 수도 있고 중국사가 될 수도 있다. 그러나 2001년에 펴낸 교과서에는 고구려사를 한국사로 인정하는 내용이 쓰여 있다. 미처 새로운 이론을 교과서에 반영하지 못했을 것이다. 아니면 일부 학자의 견해로 보아 국가 공식적인 이론으로 받아들이지 못한 것일 수도 있다.

중국 역사학자들은 1994년부터 국제학술회의 등에서 고구려는 중국의 변방 정권이었으므로 당연히 중국사에 포함되어야 한다고 주장하기 시작했다. 군불 때기가 아닌가? 아울러 고구려를 세운 민족은 중국의 소수민족이므로 중국 소수민족 역사에 포함시켜야 한다고도 주장했다. 엉성하기 짝이 없는 이론이었다. 그물 구멍이 넓은 어망으로 새우를 잡으려는 꼴이었다. 그리고 이를 주장하는 학자들은 본격적으로 고구려사를 전공한 자들도 아니었다.

2000년대부터는 고구려사 연구자를 양성하는 사업을 벌여 100여 명의 학자가 자료 수입 또는 유적 발굴에 참여했다. 중국으로서는 거대한 국책사업이라고 해도 지나친 말이 아닐 것이다. 이들 학자는 고구려의 역사에서 국내성을 수도로 정한 시기는 중국사, 평양 천도 이후는 한국사에 포함된다고 주장했다. 지금의 영토를 기준으로 고구려사의 정의를 규정하고 있는 것이다. 한 민족은 이동할 수도 있고 한 국가는 영토를 빼앗길 수도 있다. 그러나 역사가 바뀌는 것은 아님을 간과한 것이다.

한편, 2001년 북한은 평양 일대에 보존된 고구려 고분 벽화를 유네스코에 세계문화유산으로 등재해달라고 신청했다. 이때 중국은 심사국의 자격으로 북한의 유적을 돌아보고 관리 소홀과 접근의 어려움을 들어 등재를 보류시키는 데 앞장섰다. 저의가 없다면 상당히 합리적 근거가 있다고 볼 수 있다. 이어 중국은 그동안 팽개쳐두었던 자국에 있는 고구려 유적을 대대적으로 보수하고 발굴해 세계문화유산 등재를 신청했다. 유네스코 총회는 지난 2004년 7월 이 두 가지 등재 신청을 받아들이는 결정을 내렸다.

동북공정이란 무엇인가

동북공정의 과정을 좀더 구체적으로 살펴보자. 중국은 2002년 2월부터 동북지역의 역사와 현황에 관한 학술 작업인 동북공정을 대형 국책사업으로 지정하여 고구려 편입 작업을 본격적으로 시작했다. 3조여 원의 예산을 투입해 동북공정 5개년 계획을 수립했다. 동북공정은 일종의 학술 프로젝트로 국가연구기관인 사회과학원에서 주도했다. 중국의 사회과학원은 행정구역 단위마다 설치했다. 사회과학원에는 국가기관 요원들, 곧 공산당 간부, 고위 행정관 들이 고문 등의 이름으로 참여했다.

오늘날 동북지방은 동삼성(東三省), 곧 랴오닝성, 지린성, 헤이룽장성을 일컫는 지역으로 예전 만주 일대를 말하며 옛 고구려와 발해의 영역에 해당한다. 물론 국내성이 있던 지안과 우리나라 사람들이 간도라 부르는 연변이 이 지역에 있다. 백두산은 북한과 1960년대 협의를 거쳐 천지를 반토막 내서 국경선을 그어 각기 영토로 확정했다.

동북공정의 기본 목적은 고구려와 고구려 유민이 세운 발해를 중국의 고대 지방정권으로 보고 자료 수집 발굴, 유물·유적의 발굴과 보존, 정비 등이었다. 이 프로젝트에 따라 먼저 지안현의 광개토대왕릉비와 장군총 등 유적의 정비사업을 벌였다. 주변에 널려 있는 수천 채의 민가를 헐고 내부를 대대적으로 보수했으며 보호를 구실로 관람객의 출입을 막았다. 또 랴오양(遼陽) 지방과 선양(瀋陽) 지방의 고구려 성곽을 수리하고 출입을 완전히 통제했다. 조금 늦게 동경성 등 발해 유적에도 비슷한 조치를 취했다. 고구려 유적사업 다음으로 발해 유물 보전사업을 벌이고 있다. 고구려와 발해를 동일 선상에 놓고 접근하는 것이다. 따라서 발해도 중국 소수민족 지방정권으로 규정하고 있다.

아무튼 이와 함께 중국 정부는 공식적으로 고구려사를 자국의 역사로 규정했다. 이를 주도한 지방은 고구려 유적 유물을 가장 많이 보유하고 있는 랴오닝성이었고 랴오닝성 사회과학원이 이를 맡았다. 그들은 고구려사를 자국의 역사로 규정한 근거를 다음과 같이 크게 다섯 가지로 들었다. 첫째, 고구려의 시조인 주몽이 중국의 고대 역사에 등장하는 고이족과 고양씨(高陽氏)의 후손이라는 것이다. 둘째, 고구려가 중국에 조공했기 때문에 고구려는 중국의 속국이라는 것이다. 셋째, 고구려가 벌인 수나라와 당나라와의 전쟁은 국가와의 전쟁이 아니라 중앙정부와 지방정부가 벌인 통일전쟁이라는 것이다. 넷째, 고구려가 멸망한 뒤 그 유민들이 거의 당나라로 끌려가 한반도에서 고구려의 혈연적 계승이 단절되었다는 것이다. 다섯째, 고구려의 왕족은 고씨, 고려의 왕족은 왕씨라는 근거를 들어 고려가 고구려를 계승하지 않았다는 것이다. 그 중간에 낀 발해의 왕족은 대씨였으니 말할 나위도 없이 여기에 포함될 것이다.

매우 비합리적이고 비과학적인 역사 인식에 바탕을 둔 터무니없는 근거의 제시였다. 이 근거의 오류에 대해서는 뒤에서 좀더 자세히 살펴볼 것이다.

동북공정의 추진 배경

중국은 1960년대에 주변 국가인 티베트와 민족 분쟁이 일어나 오늘날까지 이어지고 있다. 중국은 티베트를 자국의 영토로 인정하여 독립국가로 인정하지 않고 티베트자치구를 선포했다. 이어 1970년대에는 베트남과 국경 분쟁이 야기된 뒤 지금도 잦은 분쟁을 일으키고 있다. 1992년에는 한중수교가 이루어져 많은 한국인이 만주 일대로 몰려가 고구려와 발해 유적을 찾아갔다. 이때 한국인들은 단순한 관광이나 유적 답사의 차원을 넘어서는 행태를 보였다. 그 사례를 들면 다음과 같다.

그들은 승용차에 "고구려는 우리 땅" 또는 "백두산은 우리 땅" 따위의 현수막을 달고 돌아다녔고, 많은 제물과 제주를 꾸려서 울긋불긋한 제복을 입고 천지를 바라보며 제사를 올리거나 제주를 뿌렸다. 또한 백두산 정상에서 태극기를 휘날리며 만세 삼창을 소리 높여 외치기도 했다. 이에 중국의 경비원이나 감시원 들은 안내를 맡은 조선족에게 벌금을 물리는 등 제재를 가했다. 연변 일대를 돌아다니면서도 거리나 술집에서 "고구려는 우리나라" 또는 "간도는 우리 땅"이라고 외치면서 통일이 되면 우리가 찾아야 한다고 떠들었다. 과격한 인사들은 이 문제를 놓고 조선족이나 중국측 학자들과 "연변조선족자치주(간도)는 한국의 영유"라는 주장을 폈다. 그리하여 많은 마찰을 빚었다.

구소련이 해체된 뒤 많은 소수민족은 독립을 외치며 분쟁을 일으켰다. 중국의 소수민족, 특히 900만 명에 이르는 만주족이 독립을 주장하려는 낌새도 있었다. 또 자치구를 형성하고 1000만 명이 넘는 소수민족인 티베트족과 위구르족, 몽골족은 끊임없이 분리 독립을 요구하는 분위기에 휩싸여 있다. 현재 중국의 국경지대에는 소수민족이 8퍼센트쯤 살고 있는데 언제든지 중국과 분리 독립을 요구하려는 분위기에 놓여 있다. 특히 연변지역의 조선족이 한국과 연대해 앞으로 연변 일대와 백두산을 중심으로 독립을 요구할지 모른다는 의구심도 있었다. 이는 조선족 이중국적 문제와도 맞물려 있다. 실제 1990년대에 조선족 노인들이 톈안먼(天安門) 광장에 모여 '연변 독립을 건의했다'는 이야기가 나돈다. 중국 당국에서는 이를 철저히 통제해 언론에 보도하지 못하게 막았다는 풍문도 있다. 중국 땅에는 50여 개의 소수민족이 있으며 소수민족 수가 많은 경우에는 자치주, 자치구를 형성해 고유의 언어와 풍속을 지키면서 살고 있다.

아무튼 동북공정의 목표를 "동북 변경지역의 안정을 유지하고 발전을 촉진시키기 위한 것"이라 전제하고 "동북아시아는 10년 전부터 세계의 주목을 받는 지역이 되었고 이 지역에서의 러시아, 북조선, 한국, 몽골, 일본, 미국 등의 국가와 중국이 갖는 쌍방관계 및 다자관계는 매우 큰 변화를 일으키고 있으며 부단히 변화하고 있는 중이다"라고 그 배경을 설명하고 있다.(중국 사회과학원 홈페이지) 이 설명은 학술 연구와는 관련이 없는 내용이다.

고구려 정권의 특징과 후기의 역사 인식

고구려의 국가체제는 천자를 중심으로 한 중앙집권제적 군현제를 골간으로 한 중국의 역대 정권과 달랐는데, 그 역사적 실체를 살펴보면 다음과 같다.

첫째, 정치제도에서 나타난다. 고구려는 고대국가를 형성하면서 독자적 정치체제를 갖추었다. 이는 국가 형성 초기의 독자적인 왕의 칭호나 관직명에 잘 드러나 있다. 관직명에서 태대형, 대형, 소형 등에서 나타나는 형(兄)은 족장 세력을 편제하는 관직이었으며 태대사자, 대사자, 상위사자 등에서 나타나는 사자(使者)는 왕권을 수행하는 관직이었다.(임기환, 『고구려 정치사 연구』) 곧 초기 5부체제의 부족연맹체에서 중앙집권적 관료체제로 발전하는 과정에서 그 특징을 드러내는 관직명이었다.

둘째, 고구려는 다종족 국가로 북방문화를 수용했다는 데 또다른 특징이 드러난다. 곧 부여를 중심으로 옥저, 동예, 숙신, 선비 등 만주와 한반도 북부의 여러 종족집단을 통합한 최초의 통일국가였다는 점이다. 이는 중국 본토에서 성립한 한족 국가와는 사회 성격이 완전히 달랐다. 후기에 와서 중국문화와 정치체제를 수용하면서도 그 한계를 그어 몰입하지 않고 북방 유목민족의 문화와 생활 풍습을 바탕으로 유지, 발전시켰던 것이다. 그 예는 관직명뿐 아니라 음식, 온돌, 씨름에서도 드러나고 있으며 고구려 고분 벽화에서 여자들의 치마에 중국 여성의 옷과 달리 주름이 잡혀 있는 그림이 그려져 있는 데서 찾아볼 수 있다.

한편, 국어학자들은 초기 고구려 왕의 호칭과 여러 가지 용어에서 중국과 다른 고유 용어를 추적해 설명한 연구서를 발표했다. 중국의 제도와 문화를 받아들이면서도 고유의 호칭을 그대로 고수했다는 설명이다. 또한 700여 년 동안 국가를 유지하고 요동 일대에서 중국의 나라들과 맞서 싸우고 영역을 확장하거나 보존했으며 후기 단계에 대동강 가의 평양에 수도를 정했다. 고구려가 멸망한 뒤 고구려 유민이 세운 발해가 그 정통을 이었으며 발해가 멸망한 뒤 고려가 그 정통을 계승했다.

발해를 세운 대조영은 중국의 기록대로 "고구려의 별종"이었다. 대조영은 발해를 건국한 뒤 고구려처럼 독자적 연호를 사용했다. 대조영은 고구려의 경우처럼 당나라에 맞서 영토를 확장하고 독립국가를 건설했다. 지방정권의 수준이 아니었다. 대조영의 아들 무왕은 일본에 글을 보내면서 "대국을 맡아 여러 변방을 총괄하며 고구려의 옛 땅을 회복하고 부여의 풍속을 이어가고 있다"라고 천명했다. 발해의 뿌리가 부여와 고구려에 있음을 분명하게 표현한 것이다.

일본 학자들은 흔히 발해의 상층부는 고구려 유민, 하층부는 말갈족이라 규정한다. 그 지배 세력은 왕족인 대씨와 고구려 왕실의 혈연관계에 있는 고씨였다. 말갈족을 포함한 고구려 유민들은 거의 발해의 땅에 살았다. 비록 유민들이 당나라로 끌려가기도 하고 신라로 귀화하기도 했으나 이는 어디까지나 소수였다.(이이화, 『해동성국 발해』)

다음 고려는 분명하게 국명에서 나타나듯이 고구려와 발해를 계승한다고 표방했고 이를 국가 이데올로기로 내세웠다. 거란족이 세운 요나라가 발해를 멸망시켰을 때 고려는 동족의 나라를 멸망시킨 거란을 적으로 돌려 고토 회복전을 폈다. 그 결과 압록강 일대를 확보했던 것이다. 또 왕자 대광현을 비롯해 유민 10만여 명을 받아들였다. 혈연 계승이 아니라 정신적 정통의 계승이었다.

993년 요나라의 소손녕이 대거 침입해왔을 때 서희는 화의의 교섭에 나가 "우리나라는 고구려의 옛 땅에 터전을 잡았소. 그러기에 나라 이름을 고려라 하지 않소? 도읍도 평양에 정했소. 만일 땅의 경계로 따져볼 것 같으면 그대 나라의 동경은 우리 지경에 들어오게 되오"라고 주장했다. 이 주장은 바로 고려가 고구려를 계승했다는 역사 인식을 단적으로 알려주는 대목이다.

이런 기본 인식에서 김부식이 『삼국사기』를 편찬하면서 고구려사를 본기에 편집해 한국사로 규정했으며 일연도 『삼국유사』를 쓰면서 고구려를 신라, 백제와 같은 민족국가로 단정했다. 실학자 유득공은 "그 대씨는 누구였던가? 그는 고구려 사람이었다. 그들이 차지했던 땅은 어디였던가? 그곳은 우리의 고구려였다"라고 했다. 중국 기록에서는 전혀 찾아볼 수 없는 내용이다.

고려 말기 이규보는 『동명왕편(東明王篇)』을 지어 고구려의 건국과 그 시조를 찬양하면서 신라의 시조인 '혁거세편'을 쓰지 않았다. 또 이승휴는 『제왕운기』를 쓰면서 발해는 고구려를 이은 나라이며 그 계통이 고려로 이어졌다는 역사 인식을 보여주었다.

조선시대에도 고구려에 대한 인식은 크게 달라지지 않았다. 건국 초기부터 이런 인식이 전해졌다. 세종은 평양에 고구려 시조를 모시는 묘사(廟祠)를 새로 짓게 하고 몸소 제사를 올렸다. 국조를 받드는 의식이었다. 또 세종은 고구려가 수나라와 당나라를 물리친 무용담을 책으로 엮어 무신들의 교재로 삼게 했다.

조선 전기에 최부는 표류하여 베이징까지 갔을 때 그곳 사람들이 "그대의 나라에 무슨 장기가 있기에 수나라와 당나라의 군대를 물리칠 수 있었느냐"라고 묻자 "고구려는 관민이 단결하여 변방의 소국이었으나 천하의 백만 대군을 두 번이나 물리칠 수 있었으며 지금은 신라, 백제, 고구려를 합쳐 한 나라가 되었다"(최부, 『표해록』)라고 대답했다. 연산군 때 영의정을 지낸 한치형은 요동 일대에 사는 주민을 "우리나라 사람"이라고 말했다. 숙종은 신하들을 대하여 살수대첩의 고사를 떠올리며 을지문덕을 모신 사우에 제사를 지내게 했으며 영조는 동명왕릉을 수축하고 자신이 직접 제문을 지어 제사를 올렸다.

한편, 고구려는 백제, 신라와 한 민족국가임을 증명하는 요소가 많다. 민족 구성의 기본 요건은 혈연, 언어, 문화, 풍습을 공유하는 것이다. 삼국 백성은 혈연은 물론 언어가 똑같았으며 씨름, 온돌, 음식 등에서 한 문화권을 형성했다. 이는 거칠부와 혜량법사의 이야기에서 확인할 수 있다. 거칠부는 고구려를 정탐하기 위해 잠입했고 그는 고승인 혜량법사에게 가서 설법을 들었다. 혜량법사는 신라로 망명했는데, 그는 죽령을 넘어올 때 길가에서 거칠부를 만났다. 두 사람은 정담을 나누면서 신라로 들어왔다. 이 기록에는 통역을 두고 대화를 나누었다는 이야기가 없다. 고구려와 신라의 말이 같았음을 단적으로 보여주는 사례일 것이다.

고구려를 중국사로 주장하는 논리의 허구

앞에서 지적한 대로 중국측 주장의 다섯 가지 논리의 허구를 지적해보자.

첫째, 고이족과 고양씨의 후예 문제다. 고이족은 산둥 지방에 살던 부족이었으나 고구려 영토로 이동했다는 증거가 하나도 없다. 고양씨(전욱의 호)는 중국 고대사(기원전 2500년)에 제왕으로 등장하는 전설의 인물이다. 중국의 근대 역사학자들도 그 인물의 실체를 인정하지 않는다. 고구려 왕실이 고씨 성을 가졌다 할지라도 고양씨의 시대와는 2000여 년(고구려 건국은 기원전 37년)이나 차이가 난다. 뒤에 중국 고씨의 후손을 빗댔다는 일부 기록이 있으나 과시하기 위한 조작이었다. 주몽은 해씨(解氏) 아버지를 두었으나 고대국가의 일반적 관례처럼 창성(創姓)하여 고를 성으로 삼았을 뿐이다.

둘째, 중국에 조공했다는 근거도 논리에 맞지 않는다. 중국 제국은 명분을 중시해 스스로를 천자국이라 표방하고 주변 국가에서 조공을 받았다. 이를 거절하면 천자의 명예를 더럽혔다고 하여 정벌했다. 따라서 조공은 명분을 주는 외교 형식이었다. 종주국과 복속국의 관계라 할지라도 통치와 내정에는 간섭하지 않는 엄연한 독립국가라 보장했다. 조공한 나라가 중국의 속국이라고 한다면 일본과 유구(오키나와), 태국, 베트남 등 동남아국가가 모두 포함될 것이다. 또 조공을 성실하게 한 조선이 가장 우선순위일 것이다.

셋째, 수나라, 당나라와의 전쟁을 통일전쟁으로 보는 주장은 더더욱 논리에 어긋난다. 고구려는 요동 일대의 영유권을 주장하고 천리장성을 쌓고 대항했다. 엄연히 지방정부 차원이 아닌 독립국가로 견고한 방어망을 구축하고 700여 년을 지탱했다. 중국에 그런 지방정권이 역대로 있었는가.

역사적으로 중국에서는 수나라, 당나라와 싸운 고구려를 매우 간악한 오랑캐로 보아왔다. 수나라 군사들의 시체가 고구려 땅에 널려 있자 뒤를 이은 당나라는 이들 시체를 거두게 해달라고 요청하고 위령제를 지냈다. 또 당나라 태종은 "수나라의 원수를 갚겠다"고 공언하면서 고구려 정벌에 나섰다. 이는 수나라, 당나라는 한 민족이 건설한 왕조였다는 인식을 보여주는 사례일 것이다.

넷째, 고구려 유민들이 거의 당나라로 끌려가 혈연적 계승이 단절되었다는 주장도 언어도단이다. 포로로 100만 명쯤 끌려갔다고 하여 고구려 유민을 모두 이주시켰다는 강변이다. 그야말로 대다수 유민은 그 영토 안에 살면서 안동도호부에 저항했고 뒤에 발해를 건국했다. 또 많은 유민은 당나라로 끌려간 것과는 달리 자발적으로 신라로 투항했다. 오늘날처럼 손쉽게 생활 터전을 바꿀 조건이 아니었다.

다섯째, 고구려와 고려와는 계승성이 없다는 주장이다. 그 근거로 세습 왕조의 성을 달리했다고 말한다. 성이 같은 왕조로 계승성을 따진다면 중국의 역사 정권은 하나도 동일한 성을 가진 적이 없다. 다만 예외로 유비가 변방에 세운 촉한(蜀漢)만이 한나라의 성을 이은 국가였을 뿐이다.

고려는 고구려가 멸망한 지 250여 년이 지났으나 신라를 정통으로 계승하지 않고 고구려를 계승했다고 내세웠고, 고구려에서 조성한 동명왕릉을 시조의 능으로 받들고 보존했으며, 평양을 서경(西京)이라 하여 제2의 수도로 삼았다.(이이화, 『찬란했던 700년 역사 고구려』) 또 고려는 고구려를 계승한 발해의 왕족을 받아들이고 발해 역대 왕의 묘우(廟宇)를 세우게 하고 대대로 받들었다. 발해를 고구려와 동일 선상에서 놓고 보았던 것이다. 이런 바탕에서 고려는 요동을 '우리 땅'으로 보아 중국이 쇠약한 틈을 타서 고려 말기에 이성계를 시켜 요동 정벌을 시도했던 것이다.

중국의 전통적 고구려 역사관

한편, 역대 중국의 역사책에는 고구려를 어떻게 인식했는가? 역대 중국의 주변 민족에 대한 인식은 민족 차별적인 동이(東夷), 서융(西戎), 남만(南蠻), 북적(北狄)으로 일컬으면서 끊임없이 복속국으로 만들려 했다. 동쪽의 이민족을 '동이'라 했는데 그 범위는 만주의 말갈족, 동쪽의 예맥족, 남쪽의 한족과 바다 건너 왜족까지 포함시켰다. 이런 의식의 바탕에서 중국의 정사인 『삼국지』에 고구려를 동이전에 포함시켰다. 고구려 역사를 중국의 정사 부분인 본기에 넣지 않고 외전(外傳)에 넣었던 것이다. 이런 역사 기술 방법은 고구려에만 해당되는 것이 아니었다. 네 방면의 오랑캐에 모두 적용되었고 이는 『수서(隋書)』, 『당서(唐書)』로 그대로 이어졌다. 『송사(宋史)』와 고려에 와서 살았던 송나라 사람 서긍이 쓴 『고려도경(高麗圖經)』에도 고려는 고구려를 계승했다고 분명하게 쓰여 있다. 평양을 서경으로 삼아 왕조마저 계승하려 했다고 기술했던 것이다. 이런 역사 기술 방법은 적어도 근대 이전까지 계속되었다.

당나라 시기에 고구려 유민 고선지는 실크로드 일대에서 많은 정벌전을 벌여 전공을 세웠으나 이민족 출신이라 하여 많은 핍박을 받은 끝에 죽임을 당했으며 일반 유민들도 이민족의 대우를 받아 압박을 당했다. 그리하여 욕을 할 때에도 "가오쥐리 방쯔(高句麗帮子)"라고 하면서 얕보거나 무시했다. 중국측의 역사 기록에서도 고려는 고구려의 후예라고 보았다. 더욱이 명나라는 처음 조일전쟁이 일어났을 때 조선이 고구려의 옛 땅을 찾기 위해 일본을 끌어들였다고 의심했다. 그리하여 이 문제를 두고 많은 논란을 벌였다. 이런 사실은 분명하게 『명사(明史)』에 기록되어 있다.

중국 역대 정권과 일반 국민들은 근대와 현대 시기에도 조선 사람을 고구려 후예로 보았다. 중국 사람들은 우리의 독립투사들을 보고 "왕궈누(亡國奴)"라는 말과 함께 앞에서 말한 "가오쥐리 빵쯔"라 욕했던 것이다. 지금도 만주 일대에서는 중국족과 조선족 아이들이 싸움을 할 때 이 욕설을 한다.

그 저의는 무엇일까

거듭 말하면 앞에서 이야기한 대로 고구려사를 중국의 변방사로 편입하려는 것은 고구려사를 왜곡하는 수준이 아니라 고구려를 도둑질하는 것이나 다름없다. 그 의도가 순수한 소수민족의 동화 정책에서 나왔다면 수긍할 수 있을 것이다. 또 고구려의 유적을 인류 공유의 세계문화유산으로 보아 보존하고 관리한다면 보편사적 관점에서 나무랄 일이 아니라 칭찬을 해야 할 것이다. 하지만 이와 관련이 깊은 국경 문제에 관심을 돌려보자.

고구려사와 맞물린 간도 문제만 하더라도 1880년대에 두 차례에 걸쳐 국경 문제와 관련지어 회담을 벌인 적이 있다. 조선 쪽 감계사 이중화는 우리 영토임을 강력하게 주장했다. 그뒤 일제는 1909년 이른바 중국과 간도협약을 맺어 간도 영유를 넘겨주었다. 이는 분명히 무효이나 오늘날 간도를 찾기 위해 전쟁을 벌일 수는 없을 것이다. 이 문제도 두

나라는 이성적인 관점에서 포괄적으로 다루어야 할 것이다.

　북한과 중국은 1960년대부터 두만강과 압록강의 수위가 나타나지 않은 백두산 근처에 21개의 국계비(國界碑)를 세웠다. 이들 비에는 한쪽에는 한글, 한쪽에는 한자가 적혀 있다. 천지의 경계선도 이때 이루어졌다. 천지는 5호 경계비와 6호 경계비를 기준으로 각기 영유를 약속했으나 북한 지도에는 경계선을 긋지 않았으며 중국 지도에는 분명하게 경계선을 그어놓았다. 한편, 중국 당국에서는 2003년부터 국경지대에 15만 명의 군대를 투입하여 국경선을 지키고 있다. 탈북자를 막기 위한 조치일까, 아니면 사후의 어떤 대비를 위해서일까? 그 저의를 깊이 생각해볼 필요가 있을 것이다.

　현재 동북공정은 현대사에 70퍼센트 정도의 초점을 두고 있다고 보는 학자도 있다.(박영선 포항공과대학교 교수) 이런 관점에도 유의해야 한다. 따라서 '고구려사는 현대사'라는 주장이 제기되는 것이다. 중국에서는 세계문화유산 등재를 한 뒤 대대적으로 고구려가 자국의 역사라는 점을 각인시키기 위해 백일장, 서예대회, 그리고 모든 교과서에 고구려가 조선 고대 삼국의 하나라는 구절을 빼는 작업을 벌이고 있다 한다.

　조선족 자치주의 각급 학교에서 우리말과 우리글을 가르치고 우리 풍속을 인정하면서도 우리 역사는 가르치지 못하게 하고 있다. 다시 말해 조선족의 뿌리는 중국에 있다는 뜻이다. 또 근래에는 조선족의 조상을 '신라의 후예'라고 강변하고 있다. 곧 조선민족은 중국의 지방정권인 고구려의 후예가 아니라는 점을 시사하려는 것이다.

한편, 2006년 동북공정에 따른 중간 계획의 논문이 발표되었는데, 고조선이 중국 민족이 세운 나라로 규정했고 백두산의 영역을 완전한 중국 영토라 주장했다. 곧 북한과 1963년에 맺은 북경조약을 부정하고 있다. 다시 말해 북경조약에서 백두산 천지를 반토막으로 나눈 협약을 인정할 수 없다는 것이다. 그야말로 억지를 더욱 강화한 셈이다.

아무튼 현재에는 한국 내의 세찬 여론과 외교통상부의 항의를 받고 각종 교과서의 수정 작업을 중단하고 있다. 또 랴오닝성 등 지방에서도 관광 책자의 수정 작업을 중지하고 있으나 예전에 발행된 것은 그대로 두고 있다. 하지만 언제 다시 본격적으로 수정 작업을 펼칠지 모른다. 이와 관련하여 미래에 일어날 다음의 몇 가지 사항을 가정해볼 수도 있다. 무엇보다 통일과 관련이 깊을 것이다. 무력통일이든 흡수통일이든 한국 통일이 이루어지면 중국은 북한지역에 대해 고구려 땅의 영유권을 주장할 명분을 만들어낼 수 있다. 만일의 경우 대동강을 경계선으로 삼자고 우길 수도 있을 것이다.

다음으로는 통일에 즈음하여 북한의 주민들이 대량으로 국경을 넘어 연변 일대로 이주할 것이다. 이렇게 되면 조선족의 수가 늘어나 민족적 갈등을 일으키고 연변조선족자치주의 독립을 주장할 수도 있을 것이다. 고구려, 발해의 영토와 간도의 영유권을 확실하게 하여 이런 요구를 원천적으로 봉쇄할 수 있는 근거가 될 수 있을 것이다. 이는 어디까지나 가상의 일임을 밝혀둔다.

현재 우리는 어떻게 대응할 것인가

동북공정에 대한 우리의 대응 논리는 이런 관점에 맞추어져야 할 것이다. 그러므로 적어도 다음 세 가지의 당면 과제가 놓여 있다.

첫째, 고구려에 대한 철저한 연구가 이루어져야 한다. 그동안 고구려사는 북한 또는 만주 일대를 마음대로 답사하거나 조사할 여건이 되지 못했고, 남쪽에서는 고구려 전공학자의 강좌가 적거나 북한이 고구려의 정통성을 계승했다는 문제와 관련되어 연구를 기피하는 경향이 있었다. 다시 말해 신라사 연구에 열중하면서 고구려 전공학자는 극히 소수였다. 중국의 동북공정이 진행되어 사회적 논란이 일어나자 정부의 지원에 힘입어 뒤늦게야 고구려연구재단이 발족되었다. 지금은 동북아역사재단의 역할에 주목하고 있다. 또 국회에서는 특별법을 준비중인데, 그 진행과정을 지켜보아야 할 것이다.

둘째, 고구려 정신과 기상을 추상이 아닌 구체적으로 접근하여 선양 사업이 이루어져야 한다. 이는 남쪽에 널려 있는 고구려 유물, 유적을 발굴하고 보존하여 박물관을 지어 전시하거나 고구려 테마공원을 조성해 광개토대왕릉비 등을 모형으로 만들어 전시하고 고구려 벽화와 문화 등을 담은 영상물을 대중화시키는 작업을 서둘러야 한다.

아차산의 두 보루성에서 1990년부터 유물 1500여 점을 발굴했는데도 현재 서울대학교 박물관에 방치되어 있다. 경기도 구리시와 서울 광진구청 등 관련 있는 지방단체가 고구려 박물관과 자료관의 건립운동을 벌이고 있으나 정부에서는 별 관심을 기울이지 않고 있다. 그리하여 이 사업을 추진하려 고구려역사문화보전회가 시민 차원에서 발족되어 활동하고 있다.

셋째, 북한과 긴밀한 관계를 구축하고 공동 대응해야 한다. 2004년 여름, 남북한 역사학자들은 금강산에 모여 최초로 공동발표회를 가졌다. 남북 역사학자들은 남북역사학자교류협의회(남측 대표 강만길, 북측 대표 허종호)를 발족했다. 금강산에서는 남북역사학자교류협의회 소속 학자들(남측 200여 명, 북측 60여 명)이 진지하고 활발한 토론을 벌이고 벽화 전시회도 가졌다.

북측은 정치적 문제와 결부되어 그 한계가 있을 수 있다. 그들은 중국측의 왜곡된 주장에 대해 직접적으로 거론하지 못하는 듯하다. 다만 고구려가 1000년의 '강성 대국'이라는 추상적 접근방식을 보인다. 하지만 남북 학자들은 꾸준한 상호 토론을 이룩해야 할 것이다. 또 필요한 정보와 자료도 활발히 교환해야 할 것이다.

마지막으로 현재적 관점에서 고구려사가 우리의 역사임을 밝히고 그 왜곡 문제에 접근해야 한다. 또 관련 유물은 인류 보편적 가치라는 의식을 잊어서는 안 될 것이며 옛 영토를 회복하자는 운동은 절대 지양해야 할 것이다. 앞으로 통일이라는 민족적 과제를 앞두고 먼저 영토 분쟁을 일으키는 것은 바람직한 방향이 아닐 것이다.

더욱이 중국 동북지방에는 우리 기업이 활발하게 진출하는 지역이며 많은 조선족이 사는 곳이다. 중국에서 벌이는 이 지역 경제 개발에 동참하면서 신중한 대응 자세가 필요하다. 정부에서도 이 문제는 민족사 또는 현대사와 깊은 관련이 있다는 인식을 갖고 적절히 대응해야 할 것이다. 관광객들도 비이성적인 태도로 중국인의 감정을 자극해서는 안 될 것이다. 현대의 상황에서 옛 고구려 땅 또는 간도 일대의 영유권을 주장할 수 없다는 인식을 가져야 한다. 그러면서 고구려의 역사와 기상을 제대로 이해하고 선양하는 작업을 벌여야 한다.

아무튼 중국의 왜곡된 역사공정을 바로잡지 못한다면 주변의 현대 민족국가들은 까마득한 고대국가 시기부터 이어져온 차별적인 중화사상 또는 중화주의에 매몰될 것이다. 그리하여 의식의 사대화, 민족의 차별화를 탈피할 수 없게 될 것이다. 이들 공정은 중국 패권주의와 맞물려 있다. 우리는 오늘날 미국 패권주의를 경계하고 있다. 중국 패권주의의 부활은 주변 국가의 긴장을 불러일으킬 것이다. 우리의 연대는 이런 미래상과 연결되어 있다.

마지막으로 일러둘 말이 있다. 들리는 말에 따르면 근래에 들어 중국 사회과학원에서는 동북공정의 방향을 전환하고 있다고 한다. 곧 남북한 또는 몽골족에게 반감을 사고 민족 감정을 일으키는 정책에 대한 반성이 있다는 것이다.

중국의 중화주의와 동북공정의 역사 조작

지금 중국은 동북공정을 비롯해 서남공정과 서북공정을 함께 진행하고 있는데, 그 의식의 바탕에는 중화주의가 깔려 있다. 중화주의는 한마디로 말해 문화 또는 민족우월주의다. 그들이 벌이는 공정을 이해하려면 중화주의를 알아야 한다.

중화주의의 태동

중화주의는 중국이 사방의 중앙에 있는 나라라는 뜻으로 고대 중국인이 스스로 지어 불렀다. 고대의 중국은 북쪽의 황허 문명권을 중심으로 전개되었는데, 당시 중국의 고대국가는 진시황이 통일하기 이전이어서 황허 유역을 중심으로 했다. 고대국가에는 주나라 왕조에 앞선 왕조로 요(堯)와 순(舜)이 임금 노릇을 했다는 당우(唐虞)가 있었다 하고 우(禹)가 임금 노릇을 한 하(夏)나라 왕조가 뒤를 이었다 한다. 이들 왕조는 전설상에 나타날 뿐 실체가 없었다. 한(漢)대 역사학자들이 조작해낸 것이다. 근대 사학에서는 중국의 역사시대를 갑골문자에 나타나는 은(殷)나라 왕조부터 보고 있다. 그런데 황허의 홍수를 다스린 공로로 순임금의 선양을 받은 우나라 왕조를 화하(華夏)라 불렀다. 화(華)는 '꽃' 또는 '교화(敎化)'로 풀이된다. 우 왕조는 실체가 없는데도 그 치적을 치켜세웠던 것이다. 그리하여 중국의 중과 화를 합해 '중화(中華)'가 생겨났다.

중화주의의 민족 차별관

중국은 주변의 이민족을 동이, 서융, 남만, 북적이라 불렀고 이들을 묶어 오랑캐라 했다. 중국은 끊임없이 중국을 침입하는 오랑캐들을 깔보고 문화를 열등하게 보고 그들에 대해 차별관과 적대관을 갖게 되었다. 이런 차별관은 한나라와 당나라 시대에 들어 그 개념이 정리되었다고 차츰 중화사상과 중화주의가 등장했다.

한나라 대에 들어 유학을 진흥하고 유교 왕도정치의 이념을 정립했다. 이 시기 중국의 통일 왕조의 왕을 천자(天子)라 불렀다. 천명을 받아 만백성을 다스린다는 것이다. 따라서 오랑캐들도 천자의 왕화를 입어 중화문화에 흡수되어야 한다는 것이다. 이것이 중화사상의 바탕이었다. 따라서 다른 민족의 문화와 풍속은 야만스러워 버려야 하며 천자의 질서에 복속해야 한다는 것이다.

진나라가 통일한 뒤에도 주변의 이민족이 끊임없이 중국을 침략했고 때로는 베이징을 중심으로 강력한 왕조를 세우기도 했다. 한나라의 광무제와 당나라의 현종 등은 주변 이민족이 세운 국가를 토벌하고 평정했다. 당나라 왕조는 고구려를 멸망시키고 안동도호부를 두어 다스리려 했으며 서쪽에는 안서도호부, 남쪽에는 안남도호부를 두었다. 이를테면 오랑캐를 정벌하고 복속시키려 한 것이었다.

이와 함께 조공질서를 만들었다. 이들 오랑캐는 정기적으로 중국 황제에게 신하의 예를 표하고 예물을 바치는 대신 중국 황제는 이들을 어루만지고 하사품을 주었다. 이 관계는 정치적 예속뿐 아니라 문화 교류, 무역 교류의 성격을 띠었다. 만약 이를 거부하면 천자의 군사를 보내 토벌했다. 그러나 주변의 이민족들은 쉽게 중화사상 또는 사대질서를 따르지 않고 저항했으며, 때때로 중원을 차지하고 한족의 왕조를 멸망시키고 자기네 왕조를 건설했다. 특히 북쪽의 만(蠻)과 동쪽의 이(夷) 들이 왕성한 군사력으로 중원을 차지한 경우가 많았다. 곧 북방민족인 거란족이 요나라, 몽골족이 원나라를 세웠고 동이족인 말갈족의 후예 여진족이 금나라와 청나라를 세웠으며 동이족의 한 갈래인 예맥족이 고구려를 세워 요동 일대를 차지했다.

남송(南宋)의 주희는 중원의 왕조 송나라가 북방민족에 밀려 남쪽으로 쫓겨온 뒤 화이론(華夷論) 또는 존왕양이(尊王攘夷)를 정신적·민족적 무기로 내세웠다. 주희의 이런 이론은 조선의 사대주의를 흔들어놓았다.

특히 청나라 왕조의 지배를 받던 시기인 17세기에서 18세기에 들어 존왕양이 사상은 중국을 풍미했다. 한족의 민족적 과제는 오랑캐 청나라 왕조를 타도하고 정통의 한족 왕조를 건설하는 것이었다. 청나라 왕조의 문화가 융성하고 덕화가 아무리 미쳐도 이 민족 감정은 결코 사라질 줄을 몰랐다. 그리하여 근대 시기에 들어 쑨원(孫文)은 왕조를 타도하여 입헌군주제 또는 공화국을 건설하려 했다. 그가 청나라 왕조 타도에 나선 북벌 서사식(誓師式)에서 내건 슬로건은 '멸청흥한(滅淸興漢)'이었다. 곧 청나라 왕조를 멸망시키고 한족 왕조를 일으킨다는 것이다. 근대에 들어서도 이와 같은 한족 중심의 중화사상은 불식되지 않았다. 이렇게 하여 중화사상은 교조성을 띤 중화주의로 자연스럽게 흘러갔다. 하지만 청나라 왕조 말기, 제국주의의 침략을 받을 때 중화사상 또는 중화주의는 한낱 허구임이 단적으로 증명되었다.

조선에서 중화주의의 전개

우리나라는 중국에 이웃해 있으면서 중국 문화에 가장 많은 영향을 받았다. 조선 왕조는 유학의 가르침을 따랐다. 그리하여 주희의 사상은 조선시대에 널리 퍼졌다. 이로 인해 고려 말기부터 조선 왕조 초기에 존화론이 등장했고 존명배원(尊明排元)으로 이어졌다. 사대는 명나라 왕조를 받드는 외교 정책이었다. 1592년 조일전쟁, 1636년 조청전쟁의 발발은 새로운 전기를 마련했다. 명나라 왕조는 조선이 일본의 침략을 받았을 때 원군을 보내주었다. 이어 황제의 나라를 표방한 청나라가 조청전쟁을 통해 조선을 침략하고 명나라 왕조를 굴복시켜 중원을 차지하자 청나라를 오랑캐로 본 조선의 유학자와 벼슬아치 들은 존명배청 의식에 빠졌다.

이런 과정에서 소중화(小中華) 의식이 싹텄다. 곧 중원에는 중화가 사라지고 오랑캐가 들어섰으므로 조선이 중화를 대신했다고 주장했다. 이 소중화 의식은 18세기와 19세기에 서학이 유입되었을 때 척화파 계열이 내세운 척사위정론(斥邪衛正論) 또는 화이론(華夷論)을 발전시킨 인수론(人獸論)으로 이어졌다. 곧 서양 세력은 중화와 오랑캐의 관계가 아니라 사람과 짐승의 관계라는 것이다. 척사위정론과 인수론은 서양 세력이나 일본과의 교류 또는 그들 제도와 문화 수용에도 적용되었다. 그리하여 개항을 반대하고 신문물의 수용을 거부했다. 척화파들은 중화주의를 거부한 개화파를 적으로 돌렸다.

한편, 중국의 근대 사학은 19세기 초기부터 수용, 전개되었다. 특히 마르크스주의 역사학이 수용된 뒤 중화주의 또는 한족 우월주의는 빛을 잃었다. 마오쩌둥이 민족 모순을 주요 변수로 내세웠지만 이는 민족주의와는 구분된다. 1949년 중화인민공화국을 수립한 뒤 소수민족 정책은 중화주의에 바탕을 두지 않았다. 다만 소수민족을 보호하고 소수민족의 언어와 풍습, 문화를 인정하고 존중하는 방향으로 나아갔다. 이런 바탕에서 소수민족 자치구와 자치주를 설정하여 소수민족 정책을 폈다. 이들은 중국 국적을 갖고 있으나 고유의 민족 정서를 지닌 채 살 수 있었다. 중국에서 벌이는 정책은 소수 민족을 무마, 회유하기 위한 방법이라 볼 수 있었으니 중화주의 수정인 셈이다.

1990년에 들어 중국 사회과학원에서는 일부 학자를 동원해 고구려 역사에 대해 일사양용의 이론을 제기했다. 다시 말해 고구려 역사는 한국사가 될 수도 있고 중국사가 될 수도 있다는 교묘한 역사 이론이었다. 그뒤부터 본격적으로 동북공정이 전개되었다.

이어진 랴오허문명론은 또 무엇인가? 현재 중국 사회과학원 등 여러 관련 단체는 동북공정에 이어 랴오허문명권 5개년(2006~2010) 작업을 벌였다. 중국의 문명 발상지로 황허, 창장, 화이허, 랴오허 등을 꼽고 그 지역의 문명을 중화문화의 원류로 보고 탐원(探源)한 것이다. 랴오허문명론은 중국 고대 전설에 나타나는 제왕을 주요 구성체로 내세우고 있다. 랴오허문명은 랴오둥뉴허량(牛河梁) 적석총 유적을 통해 신석기시대에 고대국가 단계에 접어들었는데, 이를 홍산(紅山)문화라 부르며 샤자뎬(夏家店) 하층문화 유적을 통해 청동기시대 황허문명에 영향을 주었다고 보는 것이다. 따라서 황허문명, 곧 중화문명은 여러 문명이 어우러져 중국 문명을 이룩했다는 결론을 얻으려 하고 있다.

고대의 랴오허는 동이족에 속하는 지역이었고 샤자뎬 하층문화는 연대로나 문화의 특성으로 보나 단군설화와 깊은 관련이 있다고 보고 있다. 우리 역사에서는 단군이 백두산에서 하강했다는 건국 설화를 갖고 있다. 랴오허문명론이 북방계 문화임을 인정하고 있으나 결국 중국 문명에 동화되었고 이어 랴오둥을 거쳐 한반도로 이어졌으므로 단군은 결국 중국 고대 황제의 갈래로 풀이할 수 있다. 그에 따라 우리의 백두산 이미지도 달라질 수 있다.

다음 랴오허문명론의 일환으로 기자조선을 들 수 있다. 기자는 은나라 왕족인데 주나라 무왕이 조선의 왕으로 책봉하여 평양에서 단군의 뒤를 이어 왕이 되었다는 전설 같은 기록이 있지만 거의 부정되어왔다. 그런데 이를 정사로 다루는 작업을 하고 있다.(황빈, 『기씨조선사화』) 또 한사군의 영역을 조선의 황해도 지역까지 연결시키고 조선을 식민지 상태로 지배했다고 해석하기도 한다. 조선의 유학자들은 기자를 정통으로 보려는 사관이 있었는데, 이를 정사로 규정하려는 의도가 깔려 있다.

서북공정과 서남공정의 실상

이와 함께 중국은 서북공정, 서남공정을 계획하여 지금도 진행하고 있다. 이를 통해 중앙아시아 국가와 동남아시아 국가를 고구려와 같이 중국사에 편입시키려는 것이다. 곧 동투르키스탄, 타슈켄트, 키르키스스탄, 티베트가 여기에 해당한다. 두 가지 예를 들어보자. 중국은 1949년 중앙아시아에 있는 위구르족의 나라 동투르키스탄을 점령하고 신장위구르자치구를 설치했다. 이곳에 사는 위구르족은 1000만 명을 헤아리는데, 이들이 독립을 요구하자 대량 학살을 감행했다. 이곳에서 생산되는 석유와 가스는 중국 본토로 보내진다. 하지만 주민들에게 돌아가는 혜택은 거의 없다. 지금도 신장위구르자치구에서는 독립운동이 활발히 전개되고 있고 무수한 학살도 저질러지고 있다.

또한 중국은 독립국인 서남쪽의 티베트를 1950년에 점령하고 티베트자치구를 설정했다. 이에 티베트족이 줄기차게 자치국을 요구하자 고문과 학살을 자행했다. 그 과정에서 1959년에 10만여 명을 비롯해 수십만이 희생되었다. 중국은 티베트를 개발해 무진장 묻혀 있는 석탄을 본국으로 실어날랐지만 티베트 주민은 가난에 허덕이고 있다. 두 자치구에는 한족들이 이주해 모든 이권을 거머쥐면서 주민들은 영세 상인이나 저급 노동자로 전락했다. 이것이 서북공정과 서남공정의 실상이다.

또 내몽골을 점령해 내몽골자치구를 설정했는데, 몽골족이 세운 원나라 왕조를 비롯해 내몽골의 역사도 중국사에 편입되는 효과를 기할 수도 있다. 이어 중국에서는 몽골의 초원지대를 개발해 광물자원을 캐내어 실어 나르고 있다. 이곳 초원은 양과 말이 풀을 뜯어먹고 사는 몽골인의 삶의 터전이다. 1950년대에는 국경 분쟁으로 베트남과 전쟁을 벌인 적도 있다.

이는 바로 중화주의의 부활이요, 자원을 수탈하는 방법이다. 하나 다른 점은 중화사상은 민족 차별관에서 출발했으나 이 공정 작업은 소수민족의 자원과 인권을 짓밟는 도구로 쓰이고 있다.

오늘날 우리가 해야 할 일

우리는 현재 중국의 동북공정으로 말미암아 우리 민족의 뿌리가 사라지고 역사 판도는 형편없이 축소, 왜곡되는 역사 환경에 가로막히게 되었다. 우리는 다음과 같은 대처 방안을 모색해야 할 것이다. 첫째, 고구려 등 고대사 역사 이론을 합리적이고 실사구시(實事求是)의 방법으로 체계화해야 한다. 동북아역사재단 등의 연구자들은 다양한 연구 업적을 내놓아야 한다. 둘째, 정부 또는 민간 차원에서 끊임없이 항의하고 감시하고 의식을 넓혀야 한다. 민족적 대응방식이 필요하다. 다만 국수적 접근방식이 아니어야 할 것이다. 셋째, 무엇보다 현실적으로 요구되는 것은 연대 활동이다. 먼저 남북한 관련 학자들과 공동 연구, 공동 발굴 등을 통해 이론을 개발해야 할 것이다. 현재 진행중인 공동 작업을 더욱 심도 있게 전개해야 할 것이다.

우리는 오늘날 중국의 전통적 중화주의에 토대를 둔 영토팽창주의를 우려하고 있다. 그들의 현실적 목적은 혹시라도 있을지도 모르는 중국 내부의 소수민족 분열을 통합하고 미래의 남북통일에 대비하는 데에도 있을 것이다. 우리는 고대사의 무대가 동북지방에서 전개되었고, 고구려의 역사가 우리 역사가 아님을 한 번도 상상해본 일이 없으며, 백두산이 우리 조상의 발상지임을 오랫동안 굳게 믿어왔다. 이것을 소중하게 지켜야 한다. 그리고 우리의 미래 세대에게도 개척자적 정신을 키우는 유산으로 물려주어야 한다.

그러므로 고대사를 깊이 있고 차분하게 연구하여 무리한 역사 왜곡을 논리적으로 대응하면서 중화 패권주의에 논증적으로 맞서야 할 것이다. 그들 이론의 허구성을 여지없이 파헤쳐야 한다. 이런 바탕에서 국가 정책과 공동보조를 맞추어야 할 것이다. 또 북한과는 자료 교환과 학자 교류를 통해 공동 모색과 공동 대응을 더욱 강화해야 한다. 그런 다음 중국 내 소수민족의 민간인 또는 역사학자, 티베트와 카자흐스탄 등 공정에 포함된 국가 인사들과 공동 모색을 이룩하고 연대해야 한다.

위대한 봄을 만났다
— 이이화의 역사 노트

초판 인쇄 2018년 3월 5일
초판 발행 2018년 3월 15일

지은이 이이화 | 펴낸이 염현숙 | 편집인 신정민

편집 신정민 박민영 | 디자인 김이정 이주영
마케팅 정민호 이숙재 정현민 김도윤 오혜림 안남영
홍보 김희숙 김상만 이천희 | 모니터링 이희연
제작 강신은 김동욱 임현식 | 제작처 한영문화사

펴낸곳 (주)문학동네
출판등록 1993년 10월 22일 제406-2003-000045호
임프린트 교유서가

주소 10881 경기도 파주시 회동길 210
문의전화 031) 955-3578(마케팅), 031) 955-3583(편집)
팩스 031) 955-8855
전자우편 paper@munhak.com

ISBN 978-89-546-5058-8 03900

www.munhak.com